国家社科基金
后期资助项目
GUOJIA SHEKE JIJIN HOUQI ZIZHU XIANGMU

宣州片吴语语音演变研究

袁 丹 著

上海教育出版社
SHANGHAI EDUCATIONAL
PUBLISHING HOUSE

国家社科基金后期资助项目
出版说明

后期资助项目是国家社科基金设立的一类重要项目,旨在鼓励广大社科研究者潜心治学,支持基础研究多出优秀成果。它是经过严格评审,从接近完成的科研成果中遴选立项的。为扩大后期资助项目的影响,更好地推动学术发展,促进成果转化,全国哲学社会科学工作办公室按照"统一设计、统一标识、统一版式、形成系列"的总体要求,组织出版国家社科基金后期资助项目成果。

全国哲学社会科学工作办公室

目　　录

第一章 绪 论

1.1 宣州片吴语的分区和本书的选点说明

据《中国语言地图集(第 2 版)》(2012)的划分,汉语方言可以分为 10 区:官话区、晋语区、吴语区、闽语区、客家话区、粤语区、湘语区、赣语区、徽语区、平话和土话区。吴语可分为 6 片:太湖片、台州片、瓯江片、金衢片、上丽片、宣州片。宣州片吴语又可下分为太高、铜泾以及石陵 3 个小片。本书详细调查了 8 个宣州片吴语方言点,分别为:

太高小片 2 个方言点:高淳城关镇(本书简称"高淳")、湖阳大邢村(本书简称"湖阳")

铜泾小片 5 个方言点:东北部——博望、新博、年陡,西南部——泾县园林村(本书简称"泾县")①、茂林

石陵小片 1 个方言点:桃花潭镇厚岸乡(本书简称"厚岸")

需要特别说明的是新博、博望两地方言的小片归属问题。《中国语言地图集(第 1 版)》(1987:B10)将博望乡归入太高小片,其他当涂县的方言则归属于铜泾小片(当时新博、年陡、博望都属于当涂县);《中国语言地图集(第 2 版)》(2012:103)将博望镇和新博乡归入太高小片,其他当涂县吴语则归属于铜泾吴语②。《中国语言地图集》第 1 版和第 2 版判定铜泾小片和太高小片的标准一致,都是以古全浊声母今读作为判定标准。太高小片特点:古全浊声母字基本还保持或部分保持浊塞音的读法。北部的高淳、溧水、当涂等地已出现 b、d 向 ɓh、ɗh 或 hβ、hr 转化的趋势,例如高淳城关淳溪镇,d 在快读时变成滚音 r;当涂博望 d 变成 hr,而 b 与 hβ 可以任意互读。

---

① 泾县县城说江淮官话,县城郊外园林村距中心城区大概 5 千米,该村说宣州片吴语。

② 博望和新博原为马鞍山市当涂县管辖的两个镇,2012 年博望镇改为博望区,新博镇并入博望区,新博距博望镇大约 6 千米。

铜泾小片特点：古全浊声母读[v、ɹ、z、ɤ]等一类通音，多数地点带清喉擦成分，即并奉母今读[hv]或者[hβ、hw]，定母今读[hl]或者[hɹ]，澄从邪船禅等母依今音洪细读[hz-、hʐ]或者[hz-、hj-]，群匣母依今音洪细读[h-、hɦ-]或者[hʐ-、hj-]（郑张尚芳，1986）。本书对新博和博望的归属小片与《中国语言地图集》第1版和第2版略有差异，笔者在2011年、2016年、2021年分三次赴新博和博望调查，两个地点方言均做了多人次调查（新博为5男5女，年龄在27—68岁之间；博望为5男3女，年龄在43—57岁之间）。调查结果表明：新博和博望方言所有发音人全浊声母字的读音都已经读为通音，体现铜泾小片的特点。这说明近三十年来苏皖交界地带宣州片吴语变化较快，铜泾型吴语有扩大的趋势。鉴于实际调查结果，本书将新博和博望两个方言点划归到铜泾小片。

从地理分布来看，太高小片高淳、湖阳方言处于苏皖交界地带；石陵小片厚岸方言则地处宣州片吴语的西南部；博望、新博、年陡、泾县、茂林方言虽属于铜泾小片，但在地理分布上差异较大，博望、新博、年陡属于铜泾小片的东北部，与高淳、湖阳方言地理上邻近，处于江淮官话和吴语的交界地带，邻近的马鞍山、芜湖和南京都属于江淮官话；泾县_{园林村}、茂林则属于铜泾小片的西南部，地处西南山区，邻近方言为徽语和赣语。东北部铜泾小片和西南部铜泾小片由于地理分布上的差异，导致其语音演变的方向也有差别，因而我们在本书的各专题讨论中都区分了东北部铜泾小片和西南部铜泾小片。

1.2　宣州片吴语的前人研究

宣州片吴语的研究起步较晚，而且较为薄弱。最早合肥师范学院方言调查工作组在《安徽方言概况》（1962）中对这一区域的吴语有所描述；方进（1966：137-138）详细描写了芜湖县方村话的音系特征。20世纪80年代，颜逸明、叶祥苓、许宝华、汤珍珠、游汝杰、郑张尚芳、孟庆惠等学者率先开始关注这一地区吴语的语音面貌，分别发表了《高淳方言调查报告》（颜逸明，1983）、《苏浙皖三省交界处的方言》（叶祥苓，1984）、《吴语在溧水县境内的分布》（许宝华、汤珍珠、游汝杰，1985）、《皖南方言的分区（稿）》（郑张尚芳，1986）、《皖南铜太方言与吴语的关系》（孟庆惠，1988）等论文，较为全面、详实地报道了该区域吴语的语音面貌，为方言分区、分片提供了详实的材料。

近年来，随着学界对宣州片吴语的关注，对该片吴语的研究在广度和深度上都有了极大发展，主要表现在以下四个方面：

一是逐渐开始关注这一区域吴语的调查和研究,如蒋冰冰《吴语宣州片方言音韵研究》(2003)对安徽境内湖阳、年陡、黄池、芜湖等20个点的宣州片吴语进行了声、韵、调的全面调查,并分析其语音演变;史皓元、石汝杰、顾黔(2006)详细调查了溧水境内宣州片吴语的语音、词汇;汪平《高淳方言的特点》(2006)记录了高淳漕塘话的语音词汇特点,并与高淳境内龙潭、淳溪、漆桥、定埠方言进行比较,归纳了宣州片太高小片的特点;邓岩欣(2008)分析了当涂境内吴语的特点;郑张尚芳(2016)根据其在20世纪80年代的田野调查详细介绍和分析了古全浊声母在皖南吴语中的演变类型及其地理分布;游汝杰(2016a)分析了吴语在溧水县内的分布及其语音特点,并比较了溧水县吴语与高淳话的差异。另外也有一些单篇论文和博士论文开始关注宣州片吴语的历史音变问题,如蒋冰冰(2000)对宣州片吴语全浊声母音变做了综合的分析研究;张薇(2014)在全面调查了高淳各镇方言的基础上,着重探讨高淳方言的共时音变;侯超(2016a、2016b、2018)分析了高淳方言山咸摄、声调以及微母的演变;张爱云(2020)分析了宣州片吴语上声的分化。

二是对宣州片吴语的单点方言进行详尽细致的描写分析,如铜陵方言(张林、谢留文,2010)、当涂湖阳大邢村方言(郑伟等,2012)、安徽雁翅方言(沈明,2015、2016a、2016b)、高淳古柏方言(谢留文,2016、2018)、芜湖六郎方言(刘祥柏、陈丽,2017)、高淳方言(诸萍,2016)、繁昌方言(赵国富,2020;程宗洋,2019)、黄山焦村方言(夏才发,2007)、芜湖县方言(苏寅,2010)、泾县查济方言(刘祥柏、陈丽,2017)。

三是对宣州片吴语若干声母现象进行实验语音学分析,如平悦玲(2001)运用声学实验的方法分析了泾县方言单音节和双音节变调;袁丹(2018,2019;Yuan etc., 2019)在声学实验分析的基础上分别研究了湖阳方言的定母字、新博方言送气擦音以及湖阳方言舌尖-齿龈唇颤音[tʙ]的音变;侯超(2019、2020)对苏皖交界地区宣州片吴语的浊音声母进行了声学实验分析;汤威(2020)对南陵吴语单字、非叠字两字组、叠字两字组声调进行了细致的声学实验分析;卫子豪(2020)详细分析了繁昌话浊擦音声母产出线索。

四是利用韵书和现代宣州片吴语比较来研究音变,如高永安(2005、2007)利用明清宣州片吴语材料与现代宣州片吴语记音材料比较了宣城方音的古今差异;朱蕾(2006、2007、2009、2011)结合《泾县志》的记载,深入探讨了泾县吴语全浊声母、入声以及声化韵的演变;丁治民(2016)把宋末梦真诗与明末《音韵正讹》、清朝早期《泾县志》和现代宣城方言作了比较,认为移民不是导致宣城方言音变的主要因素,语音的内在需求才是宣城方言演变的原因。

综观前人研究,虽然前贤已经开始逐渐关注宣州片吴语的调查研究,研究的理论、方法和手段也逐渐多样化,但仍存在以下三个方面的局限。

(1) 研究旨趣主要集中在该区域吴语声、韵、调的描写或方言的分区分片,以及吴语和江淮官话边界性的确立上,目前采用实验方法对该区域宣州片吴语的语音性质做详细的定性、定量分析,并在此基础上讨论音变的研究仍属少数。

(2) 研究音变仍局限于宣州片吴语内部片区来考察演变,而没有联系江淮官话以及其他北部吴语。例如,蒋冰冰(2003、2005)采用宣州片吴语20点的调查材料分析了全浊声母和入声韵的演变;朱蕾(2007、2009、2011)讨论了铜泾小片泾县内部的语音演变问题;侯超(2016a、2016b、2018)局限在高淳方言内部讨论其音变。我们认为,宣州片吴语的底子就是吴语,要考察宣州片吴语的语音演变必须从分析典型吴语开始,并考察其与江淮官话的接触影响。

(3) 对音变现象关注较多,而在观察音变现象之上,对宣州片吴语语音演变规律做出归纳总结、考察其在汉语语音史研究上的意义仍属空白。

1.3　本研究的目的和意义

其一,填补宣州片吴语语音实验研究的空白,深化对宣州片吴语特殊语音现象的认识。前人对宣州片吴语调查、描写的材料虽然已比较丰富,但是运用实验分析方法进行调查研究却仍属少数。

其二,丰富世界语音类型的库藏。宣州片吴语的语音类型不仅在汉语方言中比较特殊,在世界语音类型中也相当罕见。Maddieson(1984)、Ladefoged & Maddieson(1996)、Blevins(2004)等西方语音学家讨论了世界语言的若干语音类型和普遍音变,但是对于汉语方言的语音了解甚少。汉语方言是研究世界语音类型的丰富宝藏,也是补充和修正普通语言学理论的重要材料。

其三,完善和丰富语言演变和语言接触理论。宣州片吴语是研究自然音变和接触音变的一片沃土。本书中东北部和西南部铜泾小片古全浊声母的音变差异,正是由于接触音变和自然音变不同作用造成的。东北部和西南部铜泾小片古全浊声母音变的案例分析能够丰富我们对语言演变和语言接触理论的认识。

其四,对该区域方言的分区、分片研究也有重要意义。本书对宣州片吴语的调查研究,地域上横跨江苏、安徽两省,对该区域方言语音面貌的调查有利于共同音征的提取,确定该区域方言分区、分片的标准。

1.4　各章简介

本书在研究宣州片吴语语音演变时并非面面俱到地全面描写和分析所有声母、韵母和声调的音变,而是在全面考察宣州片吴语语音面貌后,选取有特色的语音项目进行单点的实验语音分析,判定某个语音项目的声学性质,在实验分析的基础上,结合个体变异和地理变异,分析语音演变的路径。

第一章为绪论。主要内容包括:阐明宣州片吴语的分区以及本书选取代表方言点的地理位置、归属;介绍宣州片吴语前人研究的贡献及局限性,提出本书可进一步突破的方向;介绍本书的研究目的和意义;介绍本书各章的内容安排。

第二章为宣州片吴语古全浊声母字的读音及其演变。本章共分为七节:2.1—2.5节分别分析古全浊声母单字的读音及其演变;2.6节分析古全浊声母字在两字组后字中(语流)的读音及其演变;2.7节是在前面六节分析的基础上,综合讨论宣州片吴语全浊声母字的音变问题,包括全浊声母单字和语流中音变的异同、全浊声母"弱化"与"清化"的先后顺序、全浊声母弱化音变的不同步、元音高化与全浊声母弱化的关系。

第三章为宣州片吴语韵母的声学分析及其音变。本章分为四个专题:3.1节和3.2节分别为博望方言单元音和复元音的声学分析及其音变讨论;3.3节为年陡方言单元音声学空间格局的讨论,在声学分析的基础上,结合周边宣州片吴语和当涂江淮官话,分析年陡方言特殊声学空间格局形成的原因;3.4节分析苏皖交界地带高淳、湖阳、塘南、定埠方言中摩擦圆唇高元音 $-u_\beta/-y_z$ 引发的唇颤现象。

第四章为宣州片吴语声调的读音类型及其演变。本章分为两个专题;4.1节主要关注宣州片吴语"二分型"入声的性质及其演变,本节以入声正在舒化中的新博方言作为实验分析对象,并比较厚岸(保留短调)和泾县(已经舒化)方言,分析宣州片吴语"二分型"入声三个阶段的特征及演变;4.2节在对苏皖交界地带高淳、湖阳和新博方言声调进行深入实验分析的基础上,讨论了次浊字的声调分化,并讨论了高淳和新博方言"次浊上归阴平"形成的原因。

第五章为宣州片吴语语音特征形成的原因。本书的第二章至第四章从声母、韵母和声调三个角度分别考察宣州片吴语的特殊语音现象,而本章将在前四章的基础上,综合讨论宣州片吴语语音特征形成的原因。本章旨在考察"自然音变"和"语言接触"在宣州片吴语特殊语音现象形成中的作用,通过与上海方言(典型吴语)、当涂_{城关镇}(江淮官话)比较,指出宣州片吴语特殊语音现象是在吴语自然音变基础上演变而来的,并非江淮官话强势影响的结果。但分析也表明,江淮官话的影响正在逐渐增强,特别是临近江淮官话的宣州片吴语中江淮官话的成分越来越多,未来这些宣州片吴语可能会被江淮官话完全覆盖。

第六章为回顾与展望。本章主要分为两个部分:第一部分,回顾了本书在研究中所采用的理论和方法,强调本书综合利用了各种理论和方法来研究宣州片吴语的语音演变,包括声学实验分析、感知实验、历史比较语言学、语言类型学、变异理论和扩散理论,除此以外,也用到了韵书、译音材料以及曲韵资料等文献资料;第二部分,讨论了宣州片吴语语音演变研究对汉语语音史研究的启发意义,汉语语音史中仍有很多音变现象存在争议,例如闽北建阳方言全浊声母无条件多分现象、汉语方言中细音前来母字读塞音现象、汉语西北方言及彝语中清舌齿塞音[tʙ]、客家话和赣语中"次浊上归阴平"现象、汉语方言中"阴低阳高"现象等,本书的研究能给这些课题引入新的角度和思路。

第七章为代表点同音字汇。本章详细描写了湖阳_{太高}和茂林_{铜泾}两个代表方言点的音系及同音字汇。

第八章为各方言点音系及说明。本章共列出了 8 个方言点,包括高淳_{太高}、湖阳_{太高}、博望_{铜泾}、新博_{铜泾}、年陡_{铜泾}、泾县_{铜泾}、茂林_{铜泾}和厚岸_{石陵},共 9 个音系,其中新博方言分为邰家村和童王村,两地相距并不远,但声调系统有差异。本书中出现的"新博"指的都是"新博_{童王村}",除非特别注明"新博_{邰家村}"。本章还详细说明了本书各点记音和音系处理的原则。

第九章为各方言点字音对照表。

本书中的语料如非注明出处,均为笔者调查的第一手材料。

本书体例

(1) 表示声母使用音标后加短横"C-",例如匣母字的读音为"h-",端母字的读音为"t-";韵母使用音标前加短横"-V",例如"-u""-iŋ";介音使用音标前后加短横,例如"-i-""-u-""-y-"。

(2) 例字读音都方括号表示,例如"帮[pɑ⁴⁴]"。

(3) 若记音遵照一般惯例,但实际读音有差异,我们处理为先记惯例读音,然后在括号中给出实际读音,例如吴语的"浊音"一般惯例是记为浊音 b-,然而其实际读音应为"清音浊流"[pʰ],我们记为"b-([pʰ])"。

第二章　宣州片吴语古全浊声母字的
读音及其演变

2.1　古"从邪澄崇禅船群匣_细"母
单字的读音及其音变

　　宣州片吴语太高小片"从邪澄崇禅船群匣_细"声母字与其他北部吴语一致，读为"浊"擦音 z-/ʐ-（洪音前为 z-，细音前为 ʐ-）。然而这类字在铜泾片中的读音则较为特殊，听感上有时像是清送气塞擦音 tsʰ-/tɕʰ-，有时又像是浊擦音 z-/ʐ-（逢低调）或清擦音 s-/ɕ-（逢高调）①。关于这类字的记音尚存在争议：郑张尚芳（1986、2016）、蒋冰冰（2003）将其记录为 ɦz-/ɦʐ-（"从邪澄崇禅船"声母字依今音逢洪音读作 ɦz-，逢细音读作 ɦʐ-；"群匣"母依今音逢洪音读作 ɦ-/ɦɦ-，逢细音读作 ɦʐ-②），ɦ-表示清喉擦成分，以区别于浊擦音 z-/ʐ-、清送气塞擦音 tsʰ-/tɕʰ-以及清擦音 s-/ɕ-；《安徽省志·方言志》（1997：291－297）指出宣州片吴语的古浊擦音音值在各地并不相同，太平、南陵和铜陵仍读浊擦音 z-/ʐ-，泾县、繁昌和芜湖县读成先清后浊的送气化擦音 sɦ-/ɕɦ-，石台话读成全清的送气化擦音 sh-/ɕh-；朱蕾（2009：178－181）则将泾县内各点方言古浊擦音的音值统一为 sʰ-/ɕʰ-。根据笔者近几年的田野调查，虽然各家对该类特殊声母的记音不尽相同，但实质上却是同质的。本节拟解决以下三个问题：

　　（1）以宣州片吴语铜泾片的新博方言为代表点③，通过实验分析来探

---

① 关于这类特殊声母在听感上的似是而非，安徽师范大学朱蕾老师也曾表达过同样的困惑（私下交流）。

② 部分方言点（如年陡）"从邪澄崇禅船"声母洪音字分平翘，"从邪"读为 ɦz-，"澄崇禅船"读为 ɦʐ-。

③ 新博原为安徽省马鞍山市当涂县的一个镇，距博望镇大约 6 千米，2012 年新博撤镇并入博望区。新博方言和博望方言在声调和韵母上略有不同，声母表现较为一致。

讨这一类特殊声母性质。

（2）该类特殊声母的来源是什么？演变机制是怎样的？

（3）宣州片吴语"从邪澄崇禅船群匣细"声母字的演变路径是怎样的？

2.1.1 新博方言特殊声母字的语图分析

要判定这类特殊声母的语音性质，可以通过语图观察来达成这一目的。这类特殊声母字在听感上有时近似于浊擦音 z-/ʑ-，那么吴语的浊擦音 z-/ʑ-语图表现怎样呢？要探讨这个问题，我们首先要厘清一个术语问题，吴语中所谓的"浊音"，并非真浊音，而是"清音浊流"（赵元任，1928），学界对这一现象已经做了大量的实验研究（参看石锋，1983；曹剑芬，1982；任念麒，2006；陈忠敏，2010；袁丹，2015a：77－126）。现在比较一致的看法是，吴语的"清音浊流"是一种气化发声态，朱晓农（2010：83）称之为"弛声"，Ladefoged 和 Maddieson（1996：178）指出吴语所谓的"浊"擦音其实和"浊"塞音一样都是气化的发声态。图 2－1－1 为上海方言发音人 ZYJ"罪"的声波图和语图，这个音从语图上看大致可以分为三个部分，左边为声母段清擦音 s，中间为气化的元音段[ɛ̤]（元音下标" .. "表示气化），右边为常态元音段[ɛ]，气化元音段和常态元音段差异表现为：从语图来看，气化元音段高频区有较多乱纹，共振峰模糊；从声波图来看，气化元音段振幅较小。为讨论方便，避免不必要的混淆，在涉及讨论吴语的浊擦音时，仍按照传统的记音习惯写为 z-/ʑ-。

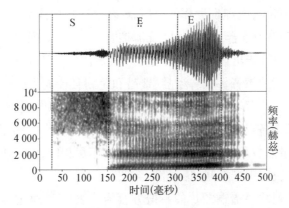

图 2－1－1　上海方言发音人 ZYJ"罪"[zɛ¹³]的声波图和语图

弄清了吴语中浊擦音的语音性质后，我们可以进一步来观察新博方言中这类特殊声母字及其与清擦音[s]、清送气塞擦音[tsʰ]的语图差异。图 2－1－2 中黑色框体部分为新博方言"茶"的语图，录音时"茶"字放在"我讲＿＿＿拨你听"的负载句中（为清晰起见，图 2－1－2 只显示了"我讲___拨")。图中显示"茶"可以分解为四个部分:左起第一部分为清擦音[s],语图表现为擦音能量的集中区在6 000赫兹以上;第二部分为清喉擦音[h],语图表现为擦音能量覆盖了从低频到高频整个频率区域;第三部分为元音浊流段[a̰],语图表现为高频区有乱纹,共振峰模糊;第四部分为常态元音。图2-1-3(左)是新博方言"沙[sa⁴⁴]"的语图和声波图,图中可见"沙[sa⁴⁴]"分为两个部分,左边为声母清擦音 s 段,右边为常态元音段。图2-1-3(右)为新博方言"差[tsʰa⁵¹]"的语图和声波图,由图可见"差[tsʰa⁵¹]"可以分为5个部分,从左到右分别为:塞音[t]的持阻段、清擦音[s]、送气段[h]、元音气化段[a̰]以及常态元音段[a]。

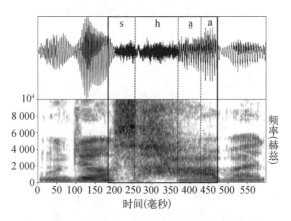

图2-1-2 新博方言"茶"[sʰa³⁵]的语图和声波图

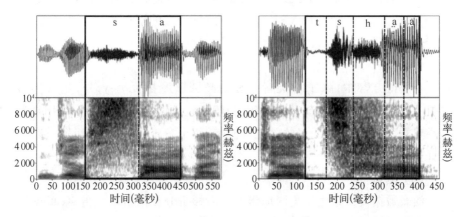

图2-1-3 新博方言"沙"[sa⁴⁴](左)和"差"[tsʰa⁵¹](右)的语图和声波图

以上的语图分析显示:新博方言中,这类来自中古"从邪澄崇禅船群匣_细"的特殊声母,确实既不同于吴语的浊擦音 z-/ʐ-,也不同于清擦音 s-/ɕ-和清送气塞擦音 tsʰ-/tɕʰ-,从实际语音性质看,宜标写为 sʰ-/ɕʰ-,即所谓的

"送气擦音"（为行文简洁，以下我们在讨论音变时以 s^h-来指代 s^h-/$ç^h$-）。

众所周知，吴语的"清浊对立"其实并非真正对立，因为清音总是伴随高调，而浊音则总是伴随低调。新博方言共有 3 个声调：阴平/阴上 44、阳平/阴入 35[①]、去声/阳上/阳入 51，阳上和阳去中的"从邪澄崇禅船群匣_细"母字在变读为送气擦音 s^h-同时，也发生了低调向高调的转变，与阴去字合并，形成 s^h-和 s-的最小对立，例如：坐 $s^hu_β{}^{51}$：素 $su_β{}^{51}$[②]｜在 s^he^{51}：赛 se^{51}｜受 $s^hɜ^{51}$：碎 $sɜ^{51}$｜像 $ç^hiɔ^{51}$：相_貌 $çiɔ^{51}$｜剩 $s^həŋ^{51}$：胜 $səŋ^{51}$。

2.1.2　新博方言中 s^h-、s-和 ts^h-三组字的声学分析

上文我们通过语图分析指出，新博方言来自"从邪澄崇禅船群匣_细"的特殊声母字为送气擦音 s^h-，与清擦音 s-和清送气塞擦音 ts^h-不同，本节将通过声学参数的计算分析来比较这三组声母的差异。

2.1.2.1　实验方法

（1）发音人、数据获取

参加本次实验的有 4 男 4 女，共 8 位发音人，年龄在 31 岁至 55 岁之间，都是土生土长的新博人，并且没有长期外出经历，目前仍在新博当地工作和生活。使用录音器材包括联想 Thinkpad X240s 笔记本电脑、SoundDevices Usbpre 2 外置声卡、AKG－C544L 头戴式指向性话筒，使用录音软件为 Cooledit Pro。录音地点在新博中学办公室，比较安静。根据新博方言的情况，从《方言调查字表》中挑选单字，将这些单字做成字表，导入斐风软件（TFD），逐条播放，让发音人朗读。为了使发音人的语速和音量保持稳定，录音采取负载句的方法，句子为"我讲 X 拨你听"。

（2）语料

在新博方言中，除了舌尖音-ɿ 和前高圆唇摩擦元音-yʐ外，送气擦音 s^h-几乎能与其他所有的韵母相搭配，但我们在选取实验例字时仅选用具有最小对立、韵母为非高元音的单元音例字，每个发音人每个例字读一遍，例字详见附表 2.1。

（3）测量

语音数据测量采用了美国加州大学洛杉矶分校语言学系的 Keating 等人开发的 VoiceSauce 软件。VoiceSauce 是一款基于 matlab 开发的声学分析软件，它能够自动完成批量参数提取，并把结果直接输出到 Emu 语音数

---

① 进一步的多人次实验分析表明，阴入仍显著短于阳平（详见 4.1），在语流中尤为明显。

② $u_β$ 表示并非一般的 u，而是带有摩擦化、敛唇的。

据库(参看凌锋等,2019)。提取的参数包括两个:A. 时长:主要为声母段时长和整个音节的时长,通过两者的比值(以下简称"音节声母比")来比较 s-、s^h-和 ts^h-三组声母的时长差异。B. H1*−H2* 值和 CPP 值:将整个元音段 9 等分,提取从起始到结束共 10 个点的 H1*−H2* 值和 CPP 值。这两种声学参数都是测量发声态的有效方法,H1*−H2* 值是计算共振峰经过校准后的第一谐波与第二谐波的差值,H1*−H2* 值越大,说明越接近于气化的发声态;CPP 是倒谱突显峰值(cepstral peak prominence)的简称,测量的是倒谱峰与倒谱回归线的距离,与 H1*−H2* 值相反,CPP 值越小则说明越接近于气化发声。无论是哪种声学参数都可能存在测量准确性的问题,比较合理的方法是尽量不采用单一参数,而是综合采用多种参数,因此本文在考察 s-、s^h-和 ts^h-三组声母的发声态差异时综合考察了 H1*−H2* 值和 CPP 值两种参数。

2.1.2.2　实验结果及讨论

(1) 音节声母比测量结果

"音节声母比"即声母和整个音节的比值,通过这一参数来考察三组声母的时长差异。图 2−1−4 是 s-、s^h-和 ts^h-三组声母"音节声母比"图。图中显示:三组声母的音节声母比为 ts^h->s->s^h-,单因素重复测量方差分析(one-way repeated measures ANOVA)统计结果显示有显著差异〔$F(2,94)=50.71, p<0.001$〕;其中 ts^h-组音节声母比均值为 0.61,大大长于 s^h-组的 0.53($p<0.001$),s-组音节声母比为 0.56,略长于 s^h-组($p<0.001$)。

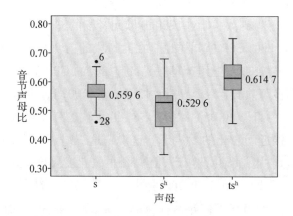

图 2−1−4　s-、s^h-和 ts^h-三组声母音节声母比

(2) H1*−H2* 值和 CPP 值

H1*−H2* 值和 CPP 值用于考察 s-、s^h-和 ts^h-三组声母发声态的差异。图 2−1−5 是 s-、s^h-和 ts^h-三组声母元音段的 H1*−H2* 值(左)和 CPP 值

(右),横轴线中数字 1 代表元音起始点,数字 10 代表元音终点。任念麒
(2006)认为元音段气化虽然为元音段的表现,但实际上是声母辅音对后接
元音的影响,因此元音起始处的影响最大,随着时间推移影响会慢慢减弱。
基于此,我们选取三组声母元音起始点(图中 1 位置)的 H1*－H2* 值和
CPP 值进行比较。

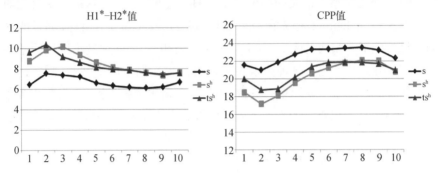

图 2－1－5　s-、s^h-和 ts^h-三组声母元音段 H1*－H2* 值(左)和 CPP 均值(右)

图 2－1－5 显示:s-、s^h-和 ts^h-三组声母的 H1*－H2* 值在元音段的前
30%差异较大,随着时间的推移,差异慢慢变小,元音起始处三组声母
H1*－H2* 值为 s-<s^h-<ts^h-,统计分析结果显示有显著差异〔$F(2,94)=$
13.08,$p<0.001$〕,s-组显著小于 s^h-组($p<0.01$)和 ts^h-组($p<0.001$),s^h-组与
ts^h-组比较未达显著($p=0.40$),H1*－H2* 值越大越接近于气化的发声态。
这说明这三组声母中,s-组是常态发声,而 s^h-组和 ts^h-组则是气化发声态。
图 2－1－5(右)是 s-、s^h-和 ts^h-三组声母元音段的 CPP 值,图中显示:s-、
s^h-和 ts^h-三组声母的 CPP 值同样也是在元音段的前 30%差异较大,随着时
间的推移差异慢慢变小,三组声母在元音起始点的 CPP 值为 s->ts^h->s^h-,统
计结果显示有显著差异〔$F(2,94)=13.84,p<0.001$〕,s-组显著大于 s^h-组
($p<0.001$)和 ts^h-组($p<0.05$),s^h-组与 ts^h-组比较也有显著差异($p<0.01$),
CPP 值越小越接近于气化的发声态。这说明这三组声母中,s-组是常态发
声,而 s^h-组和 ts^h-组是气化发声态,但 s^h-组的气化度要显著大于 ts^h-组。

综合 H1*－H2* 值和 CPP 值两种声学参数的统计结果来看,s-组的发
声态和 s^h-组、ts^h-组有显著差异,s-是常态发声,而 s^h-组和 ts^h-组则是气化发
声态。

(3) 小结

结合音节声母比和发声态的实验分析结果,可得出以下结论:和语图
分析的结果一致,虽然新博方言的 s^h-组声母从听感上来判断游移不定,有

时听起来像清擦音 s-,有时又像是清送气塞擦音 tsʰ-,但实际语音性质不同。从音节声母比来看,送气擦音 sʰ 要显著小于清擦音 s-和清送气塞擦音 tsʰ-,tsʰ-组的音节声母比最大,语图也显示 tsʰ-组声母有一段较为明显的持阻段(图2-1-3右);从发声态来看,送气擦音 sʰ-是气化的发声态,而清擦音 s-组为常态发声,两者是完全不同的发声类型。

2.1.3 新博方言送气擦音 sʰ-的来源

上文通过语图观察和实验分析证明了新博方言中来自古"从邪澄崇禅船群匣细"的这一类特殊声母,实质上是送气擦音 sʰ-,而且该方言中存在清不送气擦音 s-和清送气擦音 sʰ-的对立。从类型学的角度来看,送气擦音是一种罕见的语音类型。Craioveanu(2013)曾对 UCLA 的语音数据库(UPSID;Maddieson,1984;Maddieson & Precoda,1990)和 Mielke 的 P-Base 数据库(2008)中清送气与清不送气的对立进行过统计,UPSID 数据库的统计结果显示:世界语言中 91.6% 的语言有清擦音,但是仅有 0.9% 的语言有送气擦音;P-Base 数据库的统计结果大同小异,93.8% 的语言有清擦音,仅有 0.4% 的语言有清送气擦音。Jacques(2011)根据目前已有的报道指出,具有清送气擦音的语言主要分布在亚洲的汉藏语系和中美洲的奥托-曼格安语系(Oto-Manguean languages)中。汉语方言具有丰富的语音类型,但目前可见的具有清送气擦音和清不送气擦音对立的报道,却只出现于宣州片铜泾小片吴语。那么铜泾小片吴语中的送气擦音又是如何产生的呢?

Jacques(2011)将世界语言中送气擦音的来源归纳为三大类,第一类和第二类音变普遍发生在亚洲的语言中,而第三类音变只出现在中美洲语言中:

1)送气擦音来源于一般擦音的音变,即 *s->sʰ-,如藏语(Sun,1986)和韩语(Jacques,2011)。

2)保留原始语言中的送气,擦音则来源于其他语音的音变,如缅甸语中的送气擦音 sʰ-来自送气塞擦音 tsʰ-的弱化,即 *tsʰ->sʰ-;王双成(2015)通过藏语方言语音对应的分析指出,藏语的送气擦音也可能来源于 *tsʰ->sʰ-的音变。

3)送气擦音是清擦音 s 和喉擦音 h 的融合,如印第安土著语 Ofo 语和 Chumashan 语就发生了 *s+h->tsʰ 的音变。

宣州片铜泾小片吴语的送气擦音来自中古的"从邪澄崇禅船群匣细"声母字,从现代方言看,也有塞擦音和擦音两类读音。表2-1-1是新博以及周边方言中这几类字的读音,其中当涂(城关镇)属于江淮官话,新博则属于宣州片吴语铜泾小片,湖阳和高淳则是宣州片吴语太高小片,厚岸和横渡属于宣州片吴语石陵小片①。

表 2-1-1　新博及周边方言从、邪、澄、床、禅、群、匣母的读音

声类	调类	例字	当涂	新博	湖阳	高淳	厚岸	横渡
从	平	才	$tsʰæ^{24}$	$sʰe^{35}$	$dzɐi^{13}$	$zɛ^{22}$	se^{24}	$tsʰɛ^{33}$
	仄	在	$tsæ^{54}$	$sʰe^{51}$	$sɐi^{51}$	$zɛ^{14}$	se^{51}	$tsʰɛ^{13}$
邪	平	详	$çiæ^{24}$	$çʰio^{35}$	$ziɑ^{13}$	$ziɑ̃^{22}$	$çiɜ^{24}$	$tçʰiŋ̍^{33}$
	仄	象	$çiæ^{54}$	$çʰio^{51}$	$çiɑ^{13}$	$ziɑ̃^{14}$	$çiɜ^{51}$	$çiŋ̍^{35}$
澄	平	潮	$tsʰɔ^{24}$	$sʰo^{35}$	$zɔ^{13}$	$zɔ^{22}$	$tçʰiɯ^{24}$	$tçʰiau^{33}$
	仄	赵	$tsɔ^{54}$	$sʰo^{51}$	$sɔ^{51}$	$zɔ^{14}$	$tçʰiɯ^{51}$	$tsʰau^{13}$
船	平	乘~法	$tsʰən^{24}$	$sʰən^{35}$	$zən^{13}$	$zən^{22}$	$sən^{24}$	$tçʰin^{33}$
	仄	剩	$sən^{54}$	$sʰən^{51}$	$sən^{51}$	$zən^{14}$	$sən^{51}$	$çin^{13}$
禅	平	辰	$tsʰən^{24}$	$sʰən^{35}$	$dzən^{13}$	$zən^{22}$	$sən^{24}$	$çin^{33}$
	仄	肾	$sən^{54}$	$sʰən^{51}$	$sən^{35}$	$sən^{35}$	$sən^{51}$	
群	平	桥	$tçʰiɔ^{24}$	$çʰio^{35}$	$ziɔ^{13}$	$ziɔ^{22}$	$tçʰiɯ^{24}$	$tçʰiau^{33}$
	仄	轿	$tçiɔ^{54}$	$çʰio^{51}$	$çiɔ^{51}$	$ziɔ^{14}$	$tçʰiɯ^{51}$	$tçʰiau^{13}$
匣②	平	霞	$çia^{24}$	$çʰia^{35}$	zia^{13}	zia^{22}	$çiɜ^{24}$	
	仄	下	$çia^{54}$	$çʰia^{51}$	$çia^{51}$	zia^{14}	$hoʰ^{51}$	$xɒ^{13}$

从表 2-1-1 中的记音来看,如果我们通过方言间的语音对应来分析新博方言送气擦音 $sʰ$- 的来源问题,同样也会得到两个不同的结论:有些对应材料显示来源于 $*z$->$sʰ$- 的音变,而有些对应材料则显示来源于 $*tsʰ$->$sʰ$- 的音变。那么新博方言的送气擦音 $sʰ$- 到底来源于哪条音变路径呢?我

---

① 当涂城关镇的材料引自孙宜志(2006),横渡的材料引自蒋冰冰(2003),灰色方框表示未找到记录,其余材料都为笔者田野调查所得。

② 铜泾片宣州片吴语中读为送气擦音 $çʰ$- 的匣母字仅限于开口二等的文读层,为便于比较,部分有文白两读的方言点仅列出了文读音。

们认为只有可能是 *z->sʰ-的音变,而不可能是 *tsʰ->sʰ-,我们将从周边吴语读音、音变逻辑、个体变异这三个方面来论证这一观点。

第一,从周边吴语的读音情况来看,新博方言中的送气擦音 tsʰ-来源于浊擦音 z-的可能性更大。与新博临近的高淳、和凤、晶桥等地吴语"从邪澄崇禅船群匣ₓ"声母字读音都只有擦音一类,湖阳方言比较特殊,既有浊擦音又有浊塞擦音,但读为浊塞擦音 dz-的只有 9 个例字,分别为:治 dzʅ¹³ | 拳 dzʮy¹³ | 豻 dzɐi¹³ | 健 dʑi¹³ | 程陈沉辰 dzəŋ¹³ | 及 dʑiəʔ⁵¹,其余则都读作浊擦音 z-/z̧-,而且其中"拳"字有 dʑy¹³ 和 zy¹³ 两读,"健"和"治"两个非阳平字也读作了阳平,这说明湖阳方言中的浊塞擦音极有可能是从官话中折合而来,属于文读层,浊擦音 z-才是白读,也就是说周边吴语该类字的白读层都只有浊擦音一类。

第二,从音变逻辑来看,新博方言中的送气擦音 sʰ-不可能来自江淮官话或横渡方言中送气塞擦音 tsʰ-的弱化。新博方言与江淮官话(如当涂城关镇)相邻,江淮官话中虽有清送气塞擦音 tsʰ-,但江淮官话的特点是平送仄不送,而新博方言的送气擦音 sʰ-却是平仄皆送,如果认为该地的 sʰ-来自于江淮官话中清送气塞擦音 tsʰ-的弱化,显然无法解释仄声读为送气擦音的问题。石陵小片的横渡方言倒是平仄都读为 tsʰ-,是否可以认为横渡方言 tsʰ-保留了宣州片吴语"从邪澄床禅群匣ₓ"母字的早期形式,而铜泾小片的送气擦音 sʰ-则是横渡方言 tsʰ-发生弱化音变的结果? 我们认为并非如此,新博方言处于安徽省东部,与南京相邻,属于宣州片吴语铜泾小片,横渡方言则处于安徽省西南部石陵小片的西部边缘,与赣语区怀岳片比邻,其特点则正是古全浊声母逢塞音、塞擦音,不论平仄一律读送气清音(郑张尚芳,1986:17)。因此横渡方言中"从邪澄床禅群匣ₓ"母字读为 tsʰ-并非宣州片吴语的早期形式,而是受赣语影响所致,越是远离赣语区的方言,受到的影响就越小,厚岸方言(详见表 2-1-1)虽同属石陵小片,但读为 tsʰ-的例字明显较横渡要少得多。

第三,从新博方言内部的个体变异来看,该方言中送气擦音的产生仍在进行之中,并未完成,被调查的 8 位发音人中,年纪较大的 M2 发音人大部分"从邪澄崇禅船群匣ₓ"母字仍保留了早期读音,不论平仄都读为浊擦音 z-/z̧-。

综上所述,新博方言中的送气擦音来源于 *z->sʰ-的音变,而并非 *tsʰ->sʰ-的音变。早期吴语中"从邪澄床禅群匣ₓ"母字确实有浊塞擦音和浊擦音的分化,但在新博方言中读浊塞擦音的这类字首先发生了弱化音变,并入浊擦音,而后才共变为送气擦音 sʰ-。

2.1.4 新博方言 *z->s^h-的音变机制

上文 2.1.1 节中,我们已经通过图 2－1－1 和图 2－1－2 展示了上海方言浊擦音 z-和新博方言清送气擦音 s^h-的差异,图中可见 s^h-在 z-的基础上增加了一段送气段 h,那么这一段 h 是怎么产生的呢? 最合理的推测是,s^h-中的送气段 h 是清化了 z-中的元音气化段而产生的。如果这一推测成立,那么在 s^h-的声母时长中必定有所体现,因为元音段如果发生清化,时长定会减缩,而相应的声母段则会增加,因此送气擦音 s^h-的音节声母比必定显著长于浊擦音 z-的音节声母比。上海方言的"从邪澄床禅群匣细"母字保留了浊擦音 z-,而新博方言中这组字则音变为了送气擦音 s^h-,并且这两个方言中的清擦音字 s-性质相同,因此这两个方言刚好可以用来比较。上海方言和新博方言的实验例字详见附表 2.2,上海方言发音人共 10 人(5 男 5 女)[1],表中的两组例字每个读 3 遍;新博方言发音人共 8 人(4 男 4 女),表中的六组例字每个读 1 遍,选取例字时主要考虑 z-组和 s^h-组的调型相似。

图 2－1－6 是上海方言和新博方言浊擦音 z-(s^h-)和清擦音 s-音节声母比均值图,为便于比较,图中深灰色柱体 z 代表上海方言的浊擦音以及新博方言送气擦音的擦音段,淡灰色柱体 h 代表送气段,黑色柱体 s 代表两个方言中的清擦音。图中显示上海方言中 z-的音节声母比大大小于 s-的,差异达到了 10.2%;而新博方言中 s^h-的声母比虽然也小于 s-,但其差异比较小,仅为 1.4%,s^h-组声母总占比为 51%,其中擦音段占比为 32.7%,而送气段占比为 18.3%,也就是说新博方言中浊擦音字的声母时长被大大拉长了,而拉长的这一段就是送气段时长。

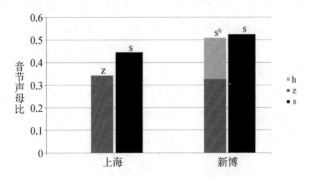

图 2－1－6 上海方言和新博方言浊擦音字和
清擦音字音节声母比均值图

① 上海方言 10 位发音人的材料由凌锋提供,在此表示感谢。

图 2-1-7 是上海方言和新博方言每个发音人浊擦音字 z-(sʰ-)和清擦音 s-的音节声母比均值图。图中虽然显示有明显的人际差异,但两地方言中 z-(sʰ-)和 s-的音节声母比差异还是显示了各自不同的特点。具体而言,上海方言发音人的浊擦音字音节声母比都大大小于清擦音字,除了发音人 F2 差异较小外,其他 9 位发音人差异都较显著,差值为 5.76%—20.2%不等。新博方言则不同:8 位发音人中有 3 位发音人 sʰ-的音节声母比大于清擦音字的音节声母比(M3 和 F1)或基本持平(F4),另外 5 位发音人(M1、M2、M4、F1、F2、F3)浊擦音字的音节声母比小于清擦音字,除了男性发音人 M2 以外(差异达到 7.3%),其他几位的差异都非常小,差值仅在 0.4%—5.1%之间。据分析,男性发音人 M2 浊擦音字的音节声母比显著小于清擦音字,是因为这位发音人的大部分浊擦音例字仍保留了典型吴语的浊音,并未发生送气化。

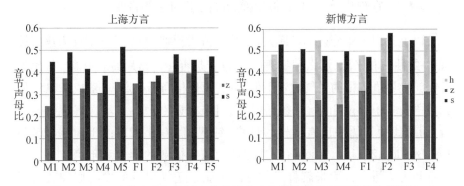

图 2-1-7　上海方言和新博方言浊擦音字和清擦音字音节声母比均值图

实验分析的结果显示,新博方言中的 sʰ-的声母时长确实显著长于上海方言中 z-的声母时长。这也就证实了我们的推测,新博方言中送气擦音 sʰ-的产生是浊擦音 z-清化元音起始气化段的结果。汉语史上的浊塞音清化有两条路径,以浊双唇塞音 b-为例,或清化为清不送气塞音 p-,或清化为清送气塞音 pʰ-,大部分官话方言根据声调平仄的不同分化为平送仄不送,而赣语区的特点则是平仄皆送。朱晓农(2016:18)构建了弛/气化和消弛/气的机制与过程,他指出汉语方言中 *b->pʰ-的音变就是由整个元音段都气化的强气化,变为元音起始段为气化的弱气化,再变为部分元音起始段清化的弱送气,最终变为送气的过程,弛/气化的过程与之相反。新博方言浊擦音 *z->sʰ-的音变,实际上与汉语史中浊塞音 *b->pʰ-音变是一致的,也是通过清化元音起始段来完成送气化的过程。由此可见,汉语方言中浊擦音的音变路径也有两条,一条是清化为清擦音 s-,另一条则是清化为送气擦音 s^h-,只不过气擦音是一种罕见的语音类型,这也使得后一条清化路径不像前者那么普遍。

吴语的"浊"擦音 z-为何能送气化为 s^h-? 这个问题需要从 s^h-的发音步骤来解释:

第一步:发清擦音时,口腔内压力增大并在口腔内形成阻碍,同时喉头打开。

第二步:解除阻碍,同时喉上气压下降。

第三步:声门调节,开始发元音,边振动边漏气。

送气擦音 s^h-的产生,在第二步过渡到第三步时发生。当口腔内除阻后,喉上气压没有马上下降,而声门调节又没有及时到位,形成喉上和喉下气压差,这样就会产生一段送气擦音 h-。

2.1.5　宣州片吴语"从邪澄崇禅船群匣_细"母字的音变

以上我们主要分析了新博方言"从邪澄崇禅船群匣_细"母字读为送气擦音 s^h-的性质和来源,那么 s^h-这种特殊读音是否在宣州片吴语中能较好地保存呢? 世界语言中的送气擦音不但罕见,而且相当不稳定,王双成(2015)提到藏语安多乐都南山话、同德话部分人群送气擦音 s^h-与不送气擦音 s-合流,而现代缅甸语中也有同样的趋势(钟智翔,2010:214;Wheatley,2003:199;Bradley,2011)。Jacques(2011)认为送气擦音的罕见和不稳定可以从发音和听感两个方面来解释。一方面可能是送气擦音的发音原理较为复杂,发音时需要协调喉上收紧、喉下压力和声门状态三者间的不一致,不符合发音的经济性原则。另一方面,若从感知上来解释,可能擦音送气和不送气的感知差异远没有塞音来得明显。王双成(2015)也认为"强摩擦"和"强气流"会给语言的听觉感知带来很大的不便。

同样,苏皖边界吴语中的送气擦音也不稳定,但由于其处于江淮官话和吴语的交界地带,来自外部江淮官话的强势冲击以及语言内部强烈的弱化趋势,使得该区域内送气擦音呈现出了不同于藏语和缅甸语的演变路径。表 2-1-2 是宣州片吴语高淳_{太高}、湖阳_{太高}、博望_{铜泾}、新博_{铜泾}、年陡_{铜泾}、泾县_{铜泾}和茂林_{铜泾}方言"从邪澄崇禅船群匣_细"母字的读音。需要说明的是,宣州片吴语-ɿ 韵母和-y̠ 韵母前的全浊声母是同部位的擦音,例如茂林"字"[zɿ²⁴],与其他韵母前全浊声母字不同,若-ɿ 韵母和-y̠ 韵母前全浊声母发生音变,一般变为清擦音,如年陡方言"字"[sɿ⁵⁵],鉴于-ɿ 韵母和 y̠ 韵母前全浊声母字的音变与其他官话的清化一致,我们不作为本节讨论的重点。

表 2-1-2　宣州片吴语各方言点"从邪澄崇禅船群匣细"母字的读音

韵母洪细	例字	太高小片		东北铜泾小片			西南铜泾小片	
		高淳	湖阳	博望	新博	年陡	泾县	茂林
洪	坐从	zu^{14}	zu^{51}	$s^ɦu_ᵦ{}^{51}$	$s^ɦu_ᵦ{}^{51}$	$s^ɦo^{55}$	$hɣ^{31}$	hu^{51}
	茶澄	za^{22}	za^{13}	$ʂ^ɦa^{35}$	$ʂ^ɦa^{35}$	$ʂ^ɦa^{13}$	ho^{25}	$hɔ^{24}$
	柴崇	$zɛ^{22}$	ze^{13}	$ʂ^ɦe^{35}$	$ʂ^ɦe^{35}$	$ʂ^ɦɛ^{13}$	ha^{25}	ha^{24}
	神船	$zən^{22}$	$zəŋ^{13}$	$ʂ^ɦən^{35}$	$ʂ^ɦən^{35}$	$ʂ^ɦən^{13}$	$həŋ^{25}$	$həŋ^{24}$
	上禅	$zã^{14}$	$zɑ^{51}$	$ʂ^ɦɔ^{51}$	$ʂ^ɦɔ^{51}$	$ʂ^ɦæ̃^{55}$	$hɜ^{31}$	$hɜ^{51}$
细	前从	$ʑi^{22}$	$ʑi^{13}$	$ɕ^ɦi^{35}$	$ɕ^ɦi^{35}$	$ɕ^ɦĩ^{13}$	hi^{25}	hi^{24}
	斜邪	$ʑia$	$ʑia^{13}$	$ɕ^ɦia^{35}$	$ɕ^ɦia^{35}$	$ɕ^ɦia^{13}$	$ɕ^ɦia^{31}$	hia^{51}
	琴群	$ʑin$	$ʑiŋ^{13}$	$ɕ^ɦin^{35}$	$ɕ^ɦin^{35}$	$ɕ^ɦien^{13}$	$ɕ^ɦiŋ^{25}$	$hieŋ^{24}$
	夏匣	$ʑia^{22}$	$ɕia^{51}$	$ɕ^ɦia^{51}$	$ɕ^ɦia^{51}$	$ɕia^{55}$	$ɕ^ɦio^{23}$	$hiɔ^{24}$

　　表中可见，"从邪澄崇禅船群匣细"母字在太高小片的高淳和湖阳方言中仍读为"清音浊流"z-/ʑ-(实际音值为[sɦ]/[ɕɦ])，与其他北部吴语一致，但是到了太高和铜泾交界的博望和新博方言中就变为了送气擦音 sʰ-/ɕʰ-。需要说明的是，新博和博望方言"从邪澄崇禅船群匣细"声母的送气化还在进行之中，除了送气段外，还有元音浊流段(详见图 2-1-3)。而到了西南部宣州片吴语泾县和茂林方言，"从邪澄崇禅船群匣细"声母都音变为了 h-。也就是说宣州片吴语中的"从邪澄崇禅船群匣细"声母经历了 z-/ʑ->sʰ-/ɕʰ->h-的音变，"清音浊流"z-/ʑ-(sɦ-/ɕɦ-)元音起始段先发生送气化(需要强调的是，元音起始段送气化是一个渐变的过程，浊流段逐渐变短，送气段逐渐变长，并非指送气化后浊流段就消失了)，而后清擦音 s 脱落，变为喉擦音 h-，可见茂林和泾县方言中"从邪澄崇禅船群匣细"声母读为 h-是"清声母弱化"和"浊流清化"叠加音变的结果。音变过程如下图：

$$弱化\quad s/ɕ>ø$$
$$+\quad\quad\Rightarrow\quad s^ɦ/ɕ^ɦ>h$$
$$浊流清化\quad ɦ>h$$

　　事实上，新博方言部分发音人部分字已经有 s 脱落变为 h-的表现了，例如：女发音人 F4"在"读为[he^{51}]。可见，宣州片吴语"从邪澄崇禅船群匣_细"母字的音变是从部分字部分人慢慢开始的词汇扩散过程。年陡和湖阳方言中"夏"文读为清擦音[ç]，是江淮官话接触替代的结果。

2.1.6　结语

本节通过实验分析证明，新博方言来自中古"从邪澄崇禅船群匣_细"的特殊声母实质上是送气擦音 s^h-/ç^h-。送气擦音是世界语言里一种罕见的语音类型，但与其他语言中的送气擦音来源不同，宣州片吴语中的送气擦音来源于吴语浊擦音 *z->s^h-的音变。由此可见汉语方言中浊擦音的清化也和浊塞音清化一样，有清不送气和清送气两条路径，只不过后一种音变路径较为罕见。"从邪澄崇禅船群匣_细"在太高小片读为 z-/ʐ-，在新博和博望方言中送气化为 s^h-/ç^h-，在西南部宣州片吴语里则进一步脱落清擦音 s，变为喉擦音 h-，这是"清声母弱化"和"浊流清化"叠加音变的结果。

2.2　古並母单字的读音及其演变

宣州片铜泾小片吴语並母字的读音较为特殊，郑张尚芳（1986、2016）、蒋冰冰（2003）将其记录为 hv-，朱蕾（2009：178 - 181）则将泾县内这类字记为 f^h-/ɸ^h-。f^h-/ɸ^h-属于送气擦音，这类音在汉语方言中除了宣州片吴语以外未曾见过报道，在世界语言里也属于罕见音型。Jacques（2011）列举了世界语言里具有 f-、f^h-对立的语言，仅有养蒿苗语、鹤庆白语和 Ofo 语言（美洲印第安语），其出现的语言远远少于 s^h-。Jacques（2011）指出，"虽然蒲立本（Pulleyblank，1984）晚期中古汉语中构拟过 f^h-，但是现代汉语方言中并没有送气擦音的报道"。那么，宣州片铜泾小片吴语的送气擦音性质是怎样的，是否为送气擦音 f^h-/ɸ^h-呢？ 其来源是什么？ 又是否发生了进一步的音变？

本节我们先通过铜泾小片新博、年陡方言並母字 f^h-/ɸ^h-的语图分析来考察 f^h-/ɸ^h-的性质；然后，再通过与其他宣州片吴语並母字的读音比较分析並母字的音变。需要说明的是，新博和年陡方言中的並母字的读音根据韵母不同可分为两类：第一类，摩擦高元音-i_z/-ʐ 和-u_β 前，下文以［+摩擦元音］来指称；第二类，在其他韵母前，下文以［-摩擦元音］来指称。

2.2.1　新博和年陡方言並母字的性质

图 2 - 2 - 1 为新博方言中"爬"[ɸ^h a^{35}]的读音（放在负载句"我讲 X 拨

你听"中),图中虚线框为双唇擦音[ɸ],语图显示擦音的频率分布较为分散,能量也较弱;实线框为清喉擦音[h],语图中隐约可见有一些能量较强的频率区域与后接元音共振峰的频率区域一致,说明是元音的清化段[h]。

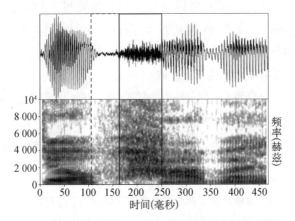

图 2-2-1　新博方言"爬"[ɸʰa³⁵]的声波图和语图

图 2-2-2 为年陡方言"腹"[foʔ⁵](左)和"白"[fʰoʔ⁵](右)的声波图和语图。图中可见,左图"腹"擦音段只有[f]一段,而右图"白"则可以分为[f](虚线框)和[h](实线框)两段。新博方言中的 ɸʰ-并没有相应的清擦音 ɸ-与之对立,ɸ-只出现在[+摩擦元音]-uᵦ和-ʅ 前,ɸʰ-出现在[-非摩擦元音]前,两者出现环境互补,并不对立。而年陡方言则不同,并母字读为 fʰ-与非敷母的 f-形成最小对立。

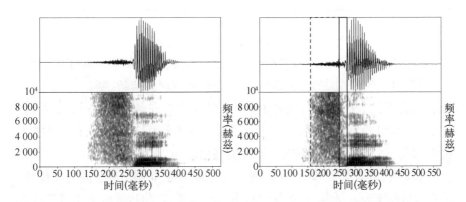

图 2-2-2　年陡方言"腹"[foʔ⁵](左)和"白"[fʰoʔ⁵](右)的声波图和语图

卫子豪(2020)对繁昌方言并母 ɸʰ-做了实验分析,其结果与我们新博方言 sʰ-/ɕʰ 的实验结果一致:有送气段,且是气化发声态(breathy),宣州片铜泾小片吴语的送气擦音性质内部较为一致,可见年陡和新博的并母字读为f^h-/ɸ^h-,也应该是带有气化发声态的送气擦音,本文在此不再赘述。

2.2.2 宣州片吴语並母单字的音变

本节我们将分韵母条件来讨论宣州片吴语並母字的音变:(一)摩擦高元音-i$_z$/-ʅ 前;(二)摩擦高元音-u$_β$ 前;(三)[-摩擦元音]前,也就是非-i$_z$/-ʅ/-u$_β$韵母前。

2.2.2.1 前高摩擦元音-i$_z$/-ʅ 前

表 2-2-1 为高淳$_{太高}$、湖阳$_{太高}$、博望$_{铜泾}$、新博$_{铜泾}$、年陡$_{铜泾}$、泾县$_{铜泾}$和茂林$_{铜泾}$方言摩擦高元音-i$_z$/-ʅ 前並母字的读音。博望、新博和年陡方言的"被"字韵母读为-ɜ 和-ɪ,并非摩擦元音,所以博望方言"被"的读音我们暂不考虑,放到 2.2.2.3 中讨论。

表 2-2-1 宣州片吴语各方言摩擦高元音[i$_z$]/[ʅ]前並母字的读音

例字	太高小片		东北铜泾小片			西南铜泾小片	
	高淳	湖阳	博望	新博	年陡	泾县	茂林
皮$_{支韵}$	bi$_z$^{22}	bi$_z$^{13}	p^{h}ʅ^{35}	p^{h}ʅ^{35}	p^{h}ʅ^{13},ɕʅ^{35}	ɸʅ^{25}	ɸʅ^{24}
琵$_{脂韵}$	bi$_z$^{14}	bi$_z$^{13}	p^{h}ʅ^{35}	ɕʅ^{35}	p^{h}ʅ^{13}	ɸʅ^{25}	ɸʅ^{24}
被$_{支韵}$	bi$_z$^{14}	p^{h}i$_z$^{51}	ɸ^{h}ɜ^{51}	ɸ^{h}ɜ^{51}	f^{h}ɪ^{55}	ɸ^{h}ʅ^{31}	ɸʅ^{51}
币$_{祭韵}$	bi$_z$^{14}	pi$_z$^{51}	p^{h}ʅ^{51}	pɜ^{51}	pɪ^{55}	ɸʅ^{23}	ɸʅ^{24}

表 2-2-1 中的记音材料实际可以分为以下几类:

第一类,"清音浊流"b-(即[p^ɦ]),出现在太高小片高淳和湖阳方言中。

第二类,不论平仄都读为送气清塞音 p^h-,出现在博望、新博、年陡这三个东北铜泾小片中,且韵母条件为-ʅ。虽然这些方言点与江淮官话交界,但并非是移借江淮官话的读音,因为江淮官话是平送仄不送。这批字可能先读为[ɸ^h],后在江淮官话影响下又发生塞化读[p^h]。

第三类,擦音类 ɕ-和 ɸ-,ɕ-出现于新博和年陡,ɸ-则出现于泾县和茂林。从发音机制来看,ɕ-和 ɸ-两种擦音应有音变关系,宣州片吴语全浊声母普遍发生弱化音变,並母字也不例外,高淳方言的 p^ɦ-(即/b/)闭塞减弱,弱化为同部位的清擦音 ɸ-,由于韵母-ʅ 收紧较厉害,无法发生"浊流清化",所以只发生弱化,且在后接元音-ʅ 的逆同化作用下,ɸ-音变为-ʅ 同部位的擦音 ɕ-。

因此从高淳、博望、年陡、泾县、茂林的地理变异来看,宣州片吴语摩擦高元音-i$_z$/-ʅ前並母字发生了 p^h->ɸ-的弱化音变,年陡和新博方言中出现的 ç-,应是后接元音-ʅ 的逆同化声母 ɸ-使其音变为同部位的擦音 ç-的结果。

2.2.2.2 后高摩擦元音-u$_β$前

表2-2-2为高淳$_{太高}$、湖阳$_{太高}$、博望$_{铜泾}$、新博$_{铜泾}$、年陡$_{铜泾}$、泾县$_{铜泾}$和茂林$_{铜泾}$方言摩擦高元音-u$_β$前並母字的读音,表中可见七个方言读音比较统一,主要读为唇擦音 ɸ-或 v-(v-实际读音为[f],记为 v-是音系处理的需要),新博和泾县的"菩"进一步擦音脱落为零声母,湖阳方言"簿"读为 p-则应是借自江淮官话。因此,摩擦高元音-u$_β$前並母字的音变为 *b->ɸ-/f->ø-。

表2-2-2 宣州片吴语各方言摩擦高元音[u$_β$]前並母字

例字	太高小片		东北铜泾小片			西南铜泾小片	
	高淳$_{太高}$	湖阳$_{太高}$	博望$_{铜泾}$	新博$_{铜泾}$	年陡$_{铜泾}$	泾县$_{铜泾}$	茂林$_{铜泾}$
菩	vu$_β^{22}$	u$_β^{13}$	ɸu$_β^{35}$	u$_β^{35}$	fu$_β^{13}$	u$_β^{25}$	ɸu$_β^{24}$
簿	vu$_β^{14}$	pu$_β^{51}$	ɸu$_β^{51}$	pu$_β^{51}$	p^{h}u$_β^{55}$	ɸu$_β^{31}$	ɸu$_β^{51}$
步	vu$_β^{14}$	pu$_β^{51}$	ɸu$_β^{51}$	ɸu$_β^{51}$	pu$_β^{55}$	ɸu$_β^{23}$	ɸu$_β^{24}$

2.2.2.3 [-摩擦元音]前並母字的音变

表2-2-3为高淳$_{太高}$、湖阳$_{太高}$、博望$_{铜泾}$、新博$_{铜泾}$、年陡$_{铜泾}$、泾县$_{铜泾}$和茂林$_{铜泾}$方言[-摩擦元音]前並母字的读音。

表2-2-3 宣州片吴语各方言[-摩擦元音]前並母字的读音

例字	太高小片		东北铜泾小片			西南铜泾小片	
	高淳	湖阳	博望	新博	年陡	泾县	茂林
婆$_{戈韵}$	bu^{22}	bu$_β^{13}$	ɸu$_β^{35}$	ɸu$_β^{35}$	ɸu$_β^{35}$	hɤ^{25}	hu^{24}
爬$_{麻韵}$	ba^{22}	ba^{13}	ɸ^{h}a^{35}	ɸ^{h}a^{35}	f^{h}A^{13}	ho^{25}	ɸ^{h}ɔ^{24}
倍$_{灰韵}$	bei^{14}	bɤi^{33}	ɸ^{h}ɜ^{51}	ɸ^{h}ɜ^{51}	pɿ^{55}	ɸ^{h}ɛ^{31}	ɸ^{h}e^{51}
抱$_{豪韵}$	bo^{14}	pɔ^{51}	ɸ^{h}o^{51}	ɸ^{h}o^{51}	f^{h}ɔ^{55}	ɸ^{h}ɔ^{31}	ɸ^{h}ɤ^{51}
便$_{\sim宜 仙韵}$	bi^{22}	bi^{13}	ɸ^{h}i^{35}	ɸ^{h}i^{35}	p^{h}ĩ^{13}	ɸ^{h}i^{25}	ɸ^{h}i^{24}

例字	太高小片		东北铜泾小片			西南铜泾小片	
	高淳	湖阳	博望	新博	年陡	泾县	茂林
棚_{登韵}	bən²²	bəŋ¹³	ɸʰoŋ³⁵	ɸʰoŋ³⁵	fʰən¹³	ɸʰəŋ²⁵	ɸʰəŋ²⁴
白_{陌韵}	bə̆	pɐʔ⁵¹	ɸʰə⁵¹	ɸʰə⁵¹	fʰoʔ⁵	ɸʰɛ³⁵	ɸʰɛ⁵
薄_{铎韵}	bɑ¹³	pɐʔ⁵¹	pə⁵¹	po³⁵	pʰoʔ⁵	ho³⁵	ɸʰu⁵¹

表2-2-3记音材料显示：

太高小片高淳和湖阳方言並母字仍保留了"清音浊流"的 b-（[pʰ]）；东北铜泾小片的博望和新博方言读为双唇送气擦音 ɸʰ-，年陡方言则读为唇齿送气擦音 fʰ-（部分字如"倍""薄"读为 p-/pʰ-是江淮官话影响的结果）；西南铜泾小片泾县和茂林方言有 ɸʰ-和 h-两读，读为 h-的是泾县的"婆""爬""薄"以及茂林方言的"婆"，其他字则读为 ɸʰ-。那么，ɸʰ-和 h-两类读音是什么关系呢？通过进一步考察茂林方言並母字的个体变异，我们发现並母字的 ɸʰ-和 h-两读是普遍现象，h-是 ɸʰ-进一步弱化丢失唇擦音的结果。表2-2-4为茂林方言9位发音人[-摩擦元音]前並母字的读音，年龄在39—71岁之间（其中发音人 S4 为音系发音人，年龄71岁）。

表2-2-4　茂林方言9位发音人並母字的读音变异

	韵母	例字	S1	S2	S3	S4	S5	S6	S7	S8	S9
细音	i	便_{~宜}	ɸʰ	h	h	ɸʰ	ɸʰ	ɸʰ	ɸʰ	h	ɸʰ
	iɔ	嫖	ɸʰ	h	ɸʰ	ɸʰ	h	h	ɸʰ	ɸʰ	ɸʰ
		瓢	ɸʰ	h	h	ɸʰ	h	h	ɸʰ	ɸʰ	ɸʰ
	iɐɯ	平	ɸʰ	h	h	ɸʰ	h	h	ɸʰ	ɸʰ	ɸʰ
		裙	h	h	h	ɸʰ	h	h	ɸʰ	h	h
洪音	æ	办	h	h	h	ɸʰ	h	h	h	h	h
		防	h	h	h	ɸʰ	h	h	h	h	h
	a	排	h	h	h	ɸʰ	h	h	h	h	h
		牌	h	h	h	ɸʰ	h	h	h	h	h

	韵母	例字	S1	S2	S3	S4	S5	S6	S7	S8	S9
洪音	ɛ	盘	h	h	h	ɸʰ	h	h	h	h	h
	e	陪	h	h	h	ɸʰ	h	h	h	h	h
		赔	h	h	h	ɸʰ	h	h	h	h	h
	ɔ	爬	h	h	h	ɸʰ	h	h	h	h	h
		耙	h	h	h	ɸʰ	h	h	h	h	h
	ɤ	袍	h	h	h	ɸʰ	h	h	h	h	h
		跑	h	h	h	ɸʰ	h	h	h	h	h
	u	婆	h	h	h	h	h	h	h	h	h

表2-2-4记音材料显示：

茂林方言9位发音人并母字读音有人际变异，韵母为洪音的并母字除了S4以外都变成了h-；细音前则变异更大，发音人S4和S7仍保留ɸʰ-，发音人S2已经全部弱化为h-，其他发音人有ɸʰ-和h-两读，且不同发音人保留ɸʰ-的字不尽相同，例如：S3"嫖"仍读为ɸʰ-，而S5则是"便"和"平"仍读为ɸʰ-。前贤的记音材料中也有并母字ɸʰ-和h-两读的情况：郑张尚芳（2016：4）指出茂林方言中如"盘"［he¹³］、"爬"［hɔ¹³］、"别"［hɛ³ʔ⁵］都以喉擦音h-代唇擦音了（郑张尚芳以hv-指代唇擦音），蒋冰冰（2003）将茂林方言并母字中的"婆"［hu³⁵］、"爬"［ho³⁵］、"耙"［ho³⁵］都记为h-，朱蕾（2009）的记音材料中"婆""跑"声母都读为h-。

综上，高淳（下标：太高）、湖阳（下标：太高）、博望（下标：铜泾）、新博（下标：铜泾）、年陡（下标：铜泾）、泾县（下标：铜泾）和茂林（下标：铜泾）方言的地理差异实际反映了［-摩擦元音］前并母字的音变链 *pʰ->ɸʰ->h-，这条音变链实际是"浊流清化"和声母辅音弱化的叠加音变造成的。

$$
\begin{array}{lll}
\text{弱化} & p>ɸ>ø & \\
& + & \Rightarrow\ p^ɦ>ɸ^ʰ>h \\
\text{浊流清化} & ɦ>h &
\end{array}
$$

2.2.3　余论

本节分析了宣州片吴语中并母字的读音及其音变，从中我们可以看出三个趋势：

1)［-摩擦元音］前並母字从高淳到茂林的地理变异,体现了弱化和清化的趋势,即 *pʰ->ɸʰ-/fʰ->h-的音变。这一趋势是宣州片吴语全浊声母音变的普遍趋势,前一章我们所讨论的"从邪澄崇禅船群匣ₓ₋"母字的音变也体现了这一趋势。

2)［-摩擦元音］前並母字从高淳到年陡的地理变异,体现了齿唇化趋势,即 *pʰ->ɸʰ->fʰ-。所谓"齿唇化"是指汉语很多方言中的原本不读唇齿音的字会音变为唇齿音 v-或 f-,吴永奂(2004)列举了汉语方言中大量齿唇化的例子,例如济南、太原、绥德、灵宝等地方言将"蛙"读为［va］(详见吴永奂,2004)。

3)前高摩擦元音-iᵤ/-ʅ 前擦音声母具有逆同化趋势。在茂林和年陡方言中-uᵦ韵母前並母字的双唇擦音 ɸ-更容易保留,不易发生弱化和唇齿化的音变;而在年陡和新博方言中-ʅ 韵母前的双唇擦音 ɸ-,则更易音变为同部位的舌叶擦音 ɕ-,这是后接元音逆同化所造成的结果。

2.3　古奉母单字的读音及其音变

宣州片太高小片吴语奉母字读为 b-的现象历来为学者所关注,清代学者钱大昕在其《十驾斋养新录》中指出"古无轻唇音",也就是说在上古只有重唇帮组声母"帮滂並明",轻唇音"非敷奉微"并不存在,到中古它们才从重唇中分化出来。那么宣州片太高小片吴语奉母字读为重唇 b-是否为存古特征呢? 关于宣州片吴语奉、微母字读为 b-的现象,学界目前有两种不同的观点:一种观点认为是存古现象,如高淳县地方志编纂委员会(1988:759)指出奉、微母读 b-的来源是保留了较古时期的语音层次,汪平(2006)同样提到"部分奉、微母字保留重唇,读 b-声母",谢留文(2016:274)也持同样的看法认为"古並母和奉母读 b-是同步演变"。另外一种观点认为是创新型音变,侯超(2018:289)指出"高淳方言奉、微母读 b-是一种相当晚近的创新音变",但侯文同时指出,"高淳方言奉、微母所发生的 v->b-的音变在汉语方言中尚未见报道……这种音变在世界语言里也很罕见,其中音理有待进一步考证"。那么太高小片的奉母字读为重唇 b-到底是存古特征,还是创新音变? 如果是创新音变,是不是发生了 *v->b-这种世界罕见的音变现象呢? 宣州片吴语其他小片方言中奉母字的读音是否也读为 b-呢? 其来源又是什么呢? 本节我们首先将细致分析宣州片吴语奉母字的语音性质,在此基础上讨论太高小片高淳、湖阳方言奉母字读为 b-的来源问题，以及其在其他宣州片吴语中的音变。

2.3.1　宣州片吴语奉母字的读音

2.3.1.1　[-u_β]韵母前奉母字的读音

表 2 - 3 - 1 为高淳_{太高}、湖阳_{太高}、博望_{铜泾}、新博_{铜泾}、年陡_{铜泾}、泾县_{铜泾}和茂林_{铜泾}方言[-u_β]韵母前奉母字的读音，读音类型有六种：b-、ɸʰ-、fʰ-、ʋ-、w-和 f-，其中读为 f-声母的应该是受江淮官话影响的读音。

表 2 - 3 - 1　宣州片吴语各方言中[-u_β]韵母前奉母字的读音

韵类	例字	太高小片		东北铜泾小片			西南铜泾小片	
		高淳	湖阳	博望	新博	年陡	泾县	茂林
微韵	肥	bei²²	biᶻ¹³	ɸʰʒ³⁵	ɸʰʒ³⁵	fʰɪ¹³	wei²⁵	yᶻɹ²⁴
凡韵	凡	bie²²	bie¹³	fɛ³⁵	ʋɛ³⁵	fʰɐ̃¹³	wæ²⁵	wæ²⁴
元韵	饭	bie²²	bie⁵¹	uɛ³⁵	ʋɛ⁵¹	ʋɐ̃⁵⁵	wæ²³	wæ²⁴
臻韵	坟	bən²²	bəŋ¹³	ɸʰən³⁵	ɸʰən³⁵	fʰən¹³	wəŋ²⁵	wəŋ²⁴
阳韵	房	bɑ̃²²	bɑ¹³	ɸʰɔ³⁵	fʰɔ³⁵	fʰɐ̃¹³	ɸʰʒ²⁵	wʒ²⁴
东韵	冯	bən²²	bəŋ¹³	fon³⁵	ɸʰon³⁵	fʰən¹³	ɸʰoŋ²⁵	ɸʰəŋ²⁴
月韵	罚	bɑʔ¹³	faʔ⁵¹	ɸʰaʔ⁵¹	ɸʰaʔ⁵¹	fʰaʔ⁵	waʔ³⁵	waʔ⁵
物韵	佛	foʔ³	foʔ⁵¹	foʔ⁵	fəʔ³⁵	foʔ⁵	ɸʰɪ³⁵	ɸʰəʔ⁵
屋韵	服	bəʔ¹³	foʔ⁵¹	ɸʰoʔ⁵¹	ɸʰəʔ⁵¹	foʔ⁵	ɸʰi³⁵	ɸʰəʔ⁵

表中读音显示，太高小片、东北铜泾小片以及西南铜泾小片奉母字的读音可以按照地域分为三个类型：

第一，"太高小片"型，除了部分字受江淮官话影响读为 f-以外（例如"佛"[foʔ⁵¹]），高淳、湖阳方言奉母字都读为 b-；

第二，"东北铜泾小片"型，博望、新博和年陡方言奉母字绝大多数字都读为双唇或唇齿送气擦音 ɸʰ-/fʰ-，除了"饭"读为近音 ʋ-，部分字受江淮官话影响读为 f-以外。

第三，"西南铜泾小片"型，泾县和茂林方言奉母字读音分为 ɸʰ-和 w-两类,两类的划分并没有韵母条件,如:"房"在泾县读为[ɸʰɜ²⁵],而在茂林读为[wɜ²⁴]。

2.3.1.2　[uᵦ]韵母前奉母字的读音

表 2-3-2 为宣州片吴语[uᵦ]韵母前奉母字的读音,读音类型有:v-、ø-、f-和ɸ-四种,高淳方言读为 v-,而其他方言则均为 ø-和 f-混杂型。[uᵦ]韵母前奉母字读为零声母应为"浊"声母 v-弱化所致;而 f-声母则是江淮官话影响所致,从湖阳、博望、新博到年陡,越接近于江淮官话的方言其[uᵦ]韵母前奉母字读为零声母的越少,年陡方言则完全读为 f-。可见,年陡方言受江淮官话影响较大。

表 2-3-2　宣州片吴语各方言[uᵦ]韵母前奉母字的读音及其音变

例字	太高小片		东北铜泾小片			西南铜泾小片	
	高淳太高	湖阳太高	博望铜泾	新博铜泾	年陡铜泾	泾县铜泾	茂林铜泾
扶	vuᵦ²²	uᵦ¹³	uᵦ³⁵	uᵦ³⁵	fuᵦ¹³	uᵦ²⁵	uᵦ²⁴
浮	vuᵦ²²	uᵦ¹³	fuᵦ³⁵	fuᵦ³⁵	fuᵦ¹³	uᵦ²⁵	ɸuᵦ²⁴
妇	vuᵦ²²	uᵦ⁵¹	uᵦ³³	fuᵦ⁵¹	fuᵦ⁵⁵	fuᵦ²³	uᵦ⁵¹
负	vuᵦ¹⁴	fuᵦ⁵¹	fuᵦ³⁵	fuᵦ⁵¹	fuᵦ⁵⁵	fuᵦ²³	uᵦ²⁴

2.3.2　奉母字读音的语音性质考察

2.3.2.1　[-uᵦ]韵母前奉母字读音的语音性质考察

根据 2.3.1 节的研究,[-uᵦ]韵母前奉母字读音主要分为三类:(1)双唇"浊"塞音 b-;(2)双唇或唇齿送气擦音 ɸʰ-/fʰ-;(3)双唇或唇齿近音 ʋ-/w-。以下我们将逐一来分析这三类的语音性质。

第一类,双唇"浊"塞音 b-。前贤一般将高淳方言"浊"塞音记为 b-(颜逸明,1983;鲍明炜,1998;汪平,2006;侯超,2018),但实际上高淳方言包括整个北部吴语记为 b-只是音位记音,b-在单字中并非真浊音,而是"清音浊流"[pɦ],只有在后字位置才是真浊音(赵元任,1934),这一现象实验语音的研究成果也较为丰富,在此不再赘述,详细可参看本书 2.1.1 节。因本节的讨论同样也要涉及真浊音,因而本节一律以实际音值[pɦ]来记录太高小片中的"清音浊流"b-的声母。

第二类,双唇或唇齿送气擦音 ɸʰ-/fʰ-,这一类奉母字读音与并母字合并,其声学性质详细可参看 2.2.1 节,在此也不再赘述。

第三类,双唇或唇齿近音 w-/ʋ-。茂林和泾县方言的近音为双唇声母[w],但在韵母-æ 前实际读音是唇齿近音[ʋ],在其他韵母前听感上介于[ʋ]和[w]之间,两类读音是互补关系,因而我们主要分析[w]的语音性质。不同于其他方言,茂林方言[w]的唇形是敛唇,而其他方言则是撮唇。Lindau(1978)、Ladefoged 和 Maddieson(1996:295 - 296)都指出语言中存在着两种不同的圆唇。一种是"水平撮唇"(horizontal lip protrusion),说话人双唇沿着咬合面向前撮圆,普通话的[u]就采用这一种圆唇动作;另一种是"垂直敛唇"(vertical lip compression),说话人双唇垂直与咬合面的方向向内收敛构成圆唇,也称之为"内圆"(inrounding),茂林方言中[w]采用这一种圆唇动作(详见胡方,2020:166)。从语图和声波图可见[w]是较明显的近音,图中虚线框体为[w]部分,声波振幅随着时间的推移渐次增大,语图上可见清晰的脉冲,是近音的表现。

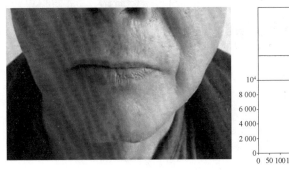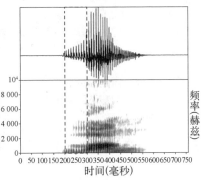

图 2-3-1　茂林方言"坟"[wəŋ²⁴]的唇形图(左)和语图(右)

2.3.2.2　[uᵦ]韵母前奉母字读音的语音性质考察

侯超(2018)将摩擦元音[uᵦ]韵母前的唇齿音声母记为[f],与非敷母字合并,颜逸明(1983)、鲍明炜(1998:149)和汪平(2006)也做同样的记音处理,但颜逸明(1983:225)在音系说明里提到,"f 唇齿清擦音……阳调类字略带浊流"。图 2-3-2 为高淳方言奉母字"浮"[vuᵦ¹¹]的声波图和语图,图中 f-声母确实是清音,且从语图上看浊流并不明显。根据我们对高淳方言一位男性发音人非敷母字和奉母字读音的比较,非敷母字的声母辅音音节时长比显著长于奉母字的声母辅音音节时长比(见图 2-3-3),这符合吴语中"清音浊流"的擦音 z-([sʱ])的声母时长音节比显著长于清擦音 s-的特点〔详见袁丹(2019)关于上海方言擦音 z-和 s-的声母时长音节比的研究]。卫子豪(2020)对繁昌方言高元音前浊擦音的实验分析也表明,f-和 v-实际并没有发声态的差异,其对立主要体现在擦音的声母音节比上,f-的 声母音节比显著大于 v-的。综合前贤的听感记音以及实验分析来看,高淳 方言中[u_β]韵母前非敷母字和奉母字读唇齿音是有对立的,但其对立体现 在声母时长的音节比上,奉母字的发声态并没有"浊流"。高淳方言仍保留 了吴语"清高浊低"的声调格局,所以前贤将非敷母字和奉母的对立,处理为 声调的高低对立,而非发声态的清浊对立,也是合理的。

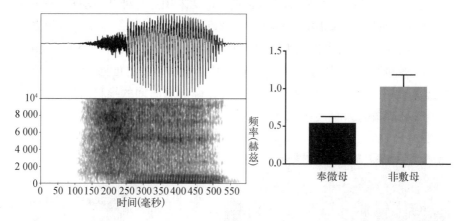

图 2 - 3 - 2　高淳方言奉母字"浮"[vu_β^11] 的声波图和语图

图 2 - 3 - 3　[-u_β]韵母前奉微母和非 敷母的声母音节时长比

2.3.3　高淳方言[-u_β]韵母前奉母字读为[p^ɦ]的原因分析

2.3.3.1　奉母字读为[p^ɦ]"存古说"和"创新说"讨论

表 2 - 3 - 3 为高淳方言奉、微母字的读音,表中显示高淳方言奉母字读 为[p^ɦ],而微母字则有[p^ɦ]和[m]两读。需要注意的是,"尾"在上海、常熟 等苏沪嘉吴语中读为[ȵi],在毗陵片常州吴语中韵母摩擦化读为[mi_z](钱 乃荣,1992:217),高淳方言中读[m̩^24]应该是元音进一步高化读为声化韵 的结果,这种音变在宣州片吴语中比较常见(详见朱蕾,2011),实际也应该 归入[m]的读音类别。北部吴语中微母读为[m]是白读层的读音,一般都 有文白两读,如常熟方言:晚_娘 mɛ^44/晚_会 øuɛ^44,味_道 mi^213/味_精 vi^213,问_动 mən^213/问_题 vən^213。高淳方言比较特殊,微母没有一字文白异读的现象,读 为[m]和读为[p^ɦ]或[f]的是不同的字。那么是不是[p^ɦ]的读音来源于 [m]呢? 我们认为不是,原因有以下两点:(1)高淳方言明母字也读为 [m],却并没有音变为[p^ɦ];(2)虽然微母字没有一字文白异读的现象,但

并不代表没有白读层和文读层,实际上高淳方言微母字和奉母字合流读为[pʰ]就是文读层的表现。从汉语音韵史来看,明代以后的一些韵书,如王应电《声韵会通》(1540)、无名氏《并音连声字学集要》(1574)、沈宠绥《度曲须知》(1639)等韵书、曲论著作对微奉合流这种语音现象都有记录(冯蒸,1997),它在南曲念唱、吴语文读层中出现,而并非吴语白读音的体现。因此,高淳方言微母字读为[m]是白读层的读音,而奉母字读为[pʰ]是文读层的读音,也就是说高淳方言奉、微母字读为[pʰ]是微奉合流以后的音变,是较为晚近的音变,并非存古现象。

表 2 - 3 - 3　高淳方言奉、微母字的读音

		微韵	凡韵	元韵	臻韵	阳韵	东韵	月韵	物韵	屋韵
高淳	奉	肥 pʰei²²	凡 pʰie²² 烦 pʰie²²	范 pʰie²² 饭 pʰie²²	坟 pʰən²² 份 pʰən¹⁴	房 pʰã²² 防 pʰã²²	冯 pʰən²² 凤 pʰən¹⁴	罚 pʰɑʔ¹³	佛 pʰəʔ¹³	服 pʰəʔ¹³
	微	味 pʰei²⁴ 尾 m̩⁵⁵		万 pʰie¹⁴ 晚 mie⁵⁵	文 pʰən²² 蚊 pʰən²²	网 mã⁵⁵ 望 mã³⁵		袜 mɑʔ¹³	物 pʰəʔ¹³	

2.3.3.2　奉、微母不可能发生 v>b([fʰ]>[pʰ])的音变

侯超(2018)指出,"高淳方言奉、微母所发生的 v>b(实际为[fʰ]>[pʰ])的音变在汉语方言中尚未见报道……这种音变在世界语言里也很罕见,其中音理有待进一步考证"。但我们认为高淳方言奉、微母字读为[pʰ]不可能由"清音浊流"的[fʰ]音变而来,原因可以从发音生理和历时语音类型学两个角度分析。

首先,从发音生理来考虑,[fʰ]>[pʰ]音变不太可能发生,原因是[fʰ]>[pʰ]的音变涉及两个改变:第一个改变需要条件;第二个改变则需要[ɸ]的中间阶段,但[f]>[ɸ]的音变较为少见。第一,从擦音[f]到塞音[p]发生了辅音阻塞度的改变,辅音阻塞度增强了。在世界语言中,弱化音变是普遍发生的,但是强化音变却需要条件。以清塞音[p]为例,发塞音[p]时双唇完全闭塞,气流要冲破阻碍,才能发出[p]来,但在语流中省力的情况下,双唇闭塞减弱,留出窄缝,气流从窄缝中摩擦而出,就会弱化音变为同部位的双唇擦音[ɸ]。反之,发生强化音变则需要增强两个发音部位阻塞度,是有条件的,例如汉语方言中普遍发生的[l]>[d]的音变就以细音-i/-y 为条件,由于协同发音的缘故,韵母为细音会增强前面辅音声母[l]的阻塞度,发生[l]>[d]的塞化音变。第二,从擦音[f]到塞音[p]还发生了发音部位的改变,从唇齿擦音[f]变为双唇塞音[p]。不论是弱化音变还是强化音变,

都应该是同一发音部位阻塞度的增强或减弱,高淳方言如果发生了擦音[f]到塞音[p]的强化音变,应该有[ɸ]这一中间阶段,即为[f]>[ɸ]>[p]的音变。但从信息传递的角度来看,[ɸ]>[f]的音变较易发生,而[f]>[ɸ]的音变则较为少见,原因是唇齿音[f]比双唇[ɸ]能量集中更明显,英语中[f]的频率集中区就在 8 000 赫兹左右(Jongman,2000),[f]的听感远比[ɸ]显著。因而汉语方言中齿唇化现象比较普遍,如济南、太原、绥德、灵宝等地方言将"蛙"读为[va](详见吴永焕,2004)。

其次,从历时语音类型学来考虑,汉语史上中古后期就有重唇(帮组)弱化为轻唇(非组)的演变(即 *[p]>[f]的音变),轻唇音非敷母从重唇帮母 *[p]和滂母 *[pʰ]中分化出来,大概先是唇齿塞音 *[pf]、[pfʰ],然后才变为擦音 *[f](麦耘,2009:55)。现代汉语方言中,除了闽语、湘语、粤语中的少数方言外,绝大多数方言也都发生了重唇弱化为轻唇的演变(即 *[p]>[f])(详见曹志耘,2008:语音卷51),而反向的[f]>[p]的音变则从未有过报道。

综上,不管从发音生理还是历时语音类型学来看,[fʰ]>[pʰ]音变都不可能发生,因而我们有必要思考,高淳方言的奉、微母字读为双唇塞音[pʰ]的原因到底是什么。

2.3.3.3　高淳方言奉母字读[pʰ]的来源拟测

上文我们的分析表明宣州片奉母字的读音有双唇"浊"塞音[pʰ-]、双唇或唇齿送气擦音 ɸʰ-/fʰ-、双唇或唇齿近音 ʋ-/w-三类,那么这三类读音是否有演变关系呢? 另外,高淳方言中奉、微母字合流,那么其他宣州片吴语是否也是奉、微合流呢? 根据我们调查,"微奉合流"并非只在高淳方言中出现,西南铜泾小片的泾县和茂林方言也发生了奉微合流,但合流的音值与高淳方言有差异。表2-3-4为茂林方言微、凡、元、臻、阳、东、月、物和屋韵奉、微母字的读音情况。

表2-3-4　茂林方言奉、微母字的读音

		微韵	凡韵	元韵	臻韵	阳韵	东韵	月韵	物韵	屋韵
茂林	奉	肥 yʑʅ^{24}	凡 wæ^{24} 烦 wæ^{24}	范 wæ^{24} 饭 wæ^{24}	坟 wəŋ^{24} 份 wəŋ^{24}	房 w3^{24} 防 ɸʰ3^{24}	冯 ɸʰəŋ^{24} 凤 ɸʰəŋ^{24}	罚 wa^{5}	佛 ɸʰəʔ^{5}	服 ɸʰəʔ^{5}
	微	味 yʑʅ^{24} 尾 mʅ^{51}		万 wæ^{24} 晚 mæ^{51}	文 wəŋ^{24} 蚊 məŋ^{24}	网 m3^{51} 望 m3^{24}		袜 wa^{5}	物 ɸʰəʔ^{5} 物 məʔ^{5}	

比较表2-3-3高淳方言和表2-3-4茂林方言奉、微母字的读音：

高淳方言奉母字和微母字的读音较有规律，微母白读为[m]，文读与奉母字合并为[pɦ]；茂林方言奉、微母的读音比较复杂，有[m][w][ɸʰ]和零声母四类：微母白读为[m]，微母文读与奉母合流读为[w][ɸʰ]和零声母三类。需要说明的是微韵奉、微母字读为[yʑ̩ɻ]，实际是微韵字高化并逆同化前面声母辅音的结果(wei>wɪ>yʑ̩ɻ)，这一音变过程可在泾县其他宣州片吴语中观察到（具体研究我们将另文详述），因而实际茂林方言奉、微母的读音可以归纳为[w]和[ɸʰ]两类，两类读音除了阳韵字以外按照中古韵类条件分化，东韵、物韵和屋韵奉母字读为[ɸʰ]，其他韵类则读为[w]，阳韵字内部并无条件可言，例如：同为阳韵字"房"读为[w3²⁴]，而"防"则读为[ɸʰ3²⁴]，邻近的泾县$_{园林村}$方言中"房"和"防"则都读为[ɸʰ3²⁵]。从奉母和微母文读层发生了平行演变来看，[w]和[ɸʰ]两类读音的分化也应该是微奉合流之后的音变。那么茂林和高淳方言"奉微合流"后的[w][pɦ]和[ɸʰ]这三个音之间是什么关系呢？

首先，来考察[pɦ]和[ɸʰ]的关系。宣州片吴语中除了奉、微母合并读为[pɦ]或[ɸʰ]以外，并母字也读为[pɦ]或[ɸʰ]（详见2.2节），并、奉、微母字合流为[pɦ]后发生了清塞音弱化和浊流清化的叠加音变，变读为[ɸʰ]，即清塞音[p]由于阻塞度的减弱弱化为[ɸ]，而叠加在元音上的浊流[ɦ]则清化为[h]（详见2.2节）。

其次，来考察[w]和[pɦ]的关系，是"[w]>[pɦ]"还是"[pɦ]>[w]"音变呢？我们认为[pɦ]不可能是早期形式，因为"微奉合流"是明代以后吴语中微母文读层和奉母合流的现象，既然是微母文读层，那就应该折合了官话的语音，而官话的重唇变轻唇早在中古早期就完成了，因此宣州片吴语中奉母和微母文读层的早期形式不可能是重唇[pɦ]。Shen（沈钟伟，2008：97）指出，"《蒙古字韵》八思巴文字的译音显示，当时官话微母字的拟音是一个双唇半元音[w]（bilabial semivowel）"。《蒙古字韵》成书于13世纪中叶，远早于吴语中"微奉合流"的时代，所以我们可以推测宣州片吴语中微母文读层和奉母合流应该读为[w]或者是近似[w]的音。这里需要解决的另外一个问题是，奉母字早期拟音为"浊"擦音v-，而且北部吴语的奉、微母字也合流为"清音浊流"[fɦ]（一般记为v-），那为何高淳方言在早期奉母字和微母文读层会合流为[w]呢？这个问题需要从奉母字在高淳方言中的读音以及微母文读在高淳方言中折合的读音两个方面来考量。首先，一般而言，借自官话的文读音在进入某个方言时，会折合为该方言中近似的音，官话中的圆唇半元音[w]是"水平撮唇"，而宣州片吴语(包括高淳)的圆唇是"垂直敛唇"(详见图2－3－1),因而,借自官话的微母文读[w]实际折合为宣州片吴语的"垂直敛唇"[w]。另一方面,"北部吴语的奉微母字合流为'清音浊流'[fʰ](一般记为v-)"这样的说法实际并不确切,因为在田野调查中我们经常会发现"清音浊流"[fʰ](一般记为v-)有唇齿近音[ʋ]的变体。我们推测宣州片吴语中奉母字早期可能读为唇齿近音[ʋ],这个音与微母文读折合后的敛唇的[w]有很大的相似性。由于[w]是敛唇,双唇内敛相互靠近,导致双唇收紧较为厉害,这与[ʋ]的唇齿收紧类似,因而唇齿近音[ʋ]和双唇近音[w]合并。这也可以解释茂林方言中在奉、微母字合流后读音以韵母元音分化,奉、微母字合流后在-æ韵母前实际读音是唇齿近音[ʋ],在其他韵母前则为[w](详见2.3.3节)。

根据上文分析可知,[w][pʰ]和[ɸʰ]三者的音变关系为[w]>[pʰ]>[ɸʰ]。我们推测宣州片吴语奉母和微母文读层先合流为[w],之后发生了[w]>[pʰ]的强化音变。高淳方言奉母和微母文读层字从音变开始到结束只发生了[w]>[pʰ]一种音变,因而奉、微母字都变为了[pʰ];而茂林方言奉、微母字[w]>[pʰ]音变的时间较长,王士元(2000:3)指出,"一种语音演变持续的时间越长,遇到竞争演变的可能性就越大",奉、微母字[w]>[pʰ]的扩散音变还没结束,[pʰ]>[ɸʰ]弱化音变就加入进来,由此形成了现代茂林方言奉母和微母文读层有[w]和[ɸʰ]两种读音并存的局面。

以上我们通过茂林和高淳方言奉、微母字读音的比较,推测高淳方言奉、微母字今读[pʰ]是[w]>[pʰ]音变的结果,那么这一音变是怎样完成的呢?近音[w]属于响音,是声带振动的,按照音理,其阻塞度增强应该向"真浊音"[b]演变(同样是声带振动),那为什么在高淳方言中是塞化为"清音浊流"的[pʰ]呢?

2.3.3.4 高淳方言[w]>[b]>[pʰ]音变的解释

宣州片吴语太高小片方言(高淳、湖阳等)奉、微母字都已读为[pʰ],也就是说奉、微母字[w]>[pʰ]的这一音变已经完成,无法通过观察奉、微母字的微观音变来构建[w]>[pʰ]的历史音变,但我们发现宣州片吴语茂林、厚岸、高淳、雁翅这四个方言"奉、微母"都与"影/云/以母合口字"合流,而恰好这几个方言中"影/云/以母合口字"的读音变异能证明我们推测的[w]>[pʰ]的音变。表2－3－5为茂林、厚岸、高淳、雁翅方言中奉母字、微母字、影/云/以母合口字的读音。

表 2-3-5　茂林、厚岸、高淳和雁翅方言中奉、微、影/云/以母合口字例字

	茂　林	厚　岸	高　淳	雁　翅
奉母	坟 wəŋ²⁴	坟 wən²⁴	肥 pʱei²²	肥 pfʱəi²¹³
微母	文 wəŋ²⁴	文 wən²⁴	味 pʱei¹⁴	味 pfʱəi⁵⁵
影/云/以母合口字	温 wəŋ⁵¹	温 wəŋ²²	维~生素 pʱei²²	维~护 pfʱəi²¹³

　　表中记音显示茂林和厚岸方言中"奉、微、影/云/以母合口字"合流读为[w];高淳方言"影/云/以母合口字"一般读为零声母,例如:"位"[uei³⁵]、"围"[uei²²],但也有部分老派发音人部分非常用字读为[pʱ],例如:维~生素[pʱei];除了高淳城关镇以外,高淳(古柏)方言中有影、以母字读为[pʱ]的现象(谢留文,2016)①,例如:"湾台~"[pʱie⁵⁵]、"唯~"[pʱei²²]、"维~护"[pʱei²²];雁翅方言中"影/云/以母合口字"一般也读为零声母,例如:"威"[uəi³³]、"唯"[uəi²¹³],也有部分字读为弱化的[pfʱ],例如:"维~护"读为[pfʱəi²¹³]〔语例和记音引自沈明、黄京爱(2015)〕。

　　通过以上方言变异,我们可以构建奉母字、微母字、影/云/以母合口字合流后[w]>[pʱ]>[pfʱ]的音变,那么[w]>[pʱ]的音变是怎样实现的呢?我们认为首先第一步双唇近音[w]先强化音变塞化为真浊塞音[b],然后[b]在音系适切性原则的作用下进一步调整为[pʱ]。

　　第一步:强化音变 *[w]>[b]。图 2-3-4 左为茂林方言"坟"[wəŋ²⁴]的声波图和语图,虚线框体部分为近音[w],近音的声学特征为:从声波图来看,声波规则振动,且振幅要大大小于元音的振幅;从语图来看,有共振峰,但能量比元音段小,表现为语图要比元音段淡,[w]和后接元音部分有断层。图 2-3-4 右为湘语安化方言"跑"[bɔ²²]的声波图和语图。近音[w]和真浊音[b]的差别表现在三个方面:(1)[b]有明显的爆破冲直条,而[w]没有,这是因为[w]并非完全闭塞,气流不需要冲破阻碍。(2)[w]由于是半元音的性质,高频区有共振能量;而[b]只有浊音杠,高频区没有共振能量。(3)另外一个很重要的区别是,[b]在除阻后,后接元音的振幅是瞬间增大的,而[w]的振幅逐渐增大。这是因为[b]是双唇闭塞,导致收紧点后的气压增加,除阻后口内气压会发生明显变化,导致

————————

① 高淳(古柏)方言谢留文(2016)音位记音记为/b/,我们为讨论方便按照实际音值改写为"清音浊流"[pʱ]。

振幅瞬间改变,而[w]并非完全闭塞,气流不需要冲破阻碍,口内气压不会骤变,因此从辅音到后接元音段振幅逐渐增大(Mack & Blumstein,1983:1746)。

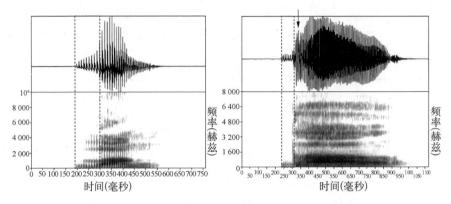

图2-3-4　茂林方言"坟"[wəŋ²⁴](左)和湘语安化方言
"跑"[bɔ²²](右)的声波图和语图

当然两者的共同点也非常明显,都是浊音,都有规则振动,两者在听感上近似,常常使得两者相互转化。感知实验有很多[w]和[b]听辨的案例,例如利用合成的刺激项改变元音F2共振峰滑动段的时长,随着滑动段时长的增加[b]会逐渐听辨为[w](Liberman 等,1956);Miller 和 Liberman(1979)的研究表明[b]-[w]范畴边界的变化也会受到语速的影响;Shinn 等(1985)的研究则表明F2滑动段的时长并非影响[b]-[w]听辨的唯一因素,塞音爆破(burst)、振幅以及滑动段共振峰频率等因素也会对[b]-[w]听辨产生影响。

我们在厚岸方言中也观察到了[wᵇ]的变异,例如:"温"和"挖"。"温"听感上接近双唇浊塞音b-,图2-3-5是"温"(左)和"挖"(右)的声波图和语图,"温"的声学性质介于[w]和[b]之间:语图上只能看到浊音杠,而且[w]段振幅也不像图2-3-4"坟"那样逐渐增大,但从辅音[w]过渡到元音段的振幅又不像图2-3-4"跑"那样瞬间增大,而是渐次增大。因此,我们将厚岸方言的"温"标记为[wᵇ],表示介于[w]和[b]之间的音。

那么,为什么宣州片吴语中的[w]会强化音变为真浊音[b]呢?弱化音变较容易发生,但是强化音变相对来说比较罕见,且汉语很多方言都有近音[w],为何其他方言中 *[w]>[b]并不多见,唯独发生在宣州片吴语中呢?原因就在于,宣州片吴语中的[w]是敛唇,而并非普通话那样的竖唇,由于是敛唇,导致了双唇收紧加强,从而发生强化音变(详见图2-3-1)。Ohala

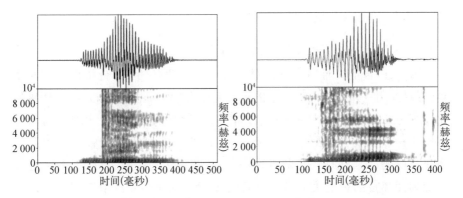

图 2 - 3 - 5　厚岸方言"温"[wᵇən²²](左)和"挖"[wᵇɔ²²](右)的声波图和语图

(1989)指出,"语音演变来自于共时变异的蓄水池(Sound change is drawn from a pool of synchronic variation)",一开始是一些字或词的零星变异,但这可能就是语音演变的起点,慢慢发生音变的字词越来越多,最后同一条件下的所有字都完成音变。

第二步:音系适切性原则导致[b]音值调整为[pʱ]。徐通锵(1996: 157)指出:"语音系统的一个特点是它的结构对称性,……双向聚合是音位系统的主流,因而平行、对称也就成为音位系统的一个重要特点。"表 2 - 3 - 6 为高淳方言声母音系,表中显示/p-/组塞音声母和/t-/组塞音声母仍保留了塞音三分的对立,/k-/组的"浊"塞音声母已经弱化为软腭擦音,当高淳方言中发生了 *[w]>[b]的音变后,音位系统中会多出一个真浊音[b]来,但是在原有的音系中又没有其他同类的音和它组成平行、对称,因而[b]的存在必定是短暂且不稳定的,势必会向邻近的音位调整,因而 *[b]>[pʱ]的变化就发生了。

表 2 - 3 - 6　高淳方言声母音系

p 包把班帮	pʰ 泡攀派胖	pʱ 拔肥烦爬	f 非方昏分	m 门毛袜兔	
t 带到堆低	tʰ 推坦套体	tʱ 逃台头提		n 聂糯怒拿	l 鹿牢农例
ts 真扎左蔗	tsʰ 村插搓车	sʱ 池坐杂瓷	s 失私所襄		
tɕ 举酒交姐	tɕʰ 俏腔金产	ɕʱ 情穷全强	ɕ 虚写三小	ȵ 年律饶认	
k 缸广夹滚	kʰ 坤扩枯汉	χʱ 下匣鞋韩	χ 欢虾海瞎	ŋ 鸭安藕额	
ø 袄要翁稳		ɦ 握王摇羊			

2.3.4 宣州片吴语奉母字的音变讨论

2.3.4.1 [-u_β]韵母前奉、微母字的读音及其音变

第一,结合上文对高淳方言奉微母字读为/b/([pʰ])分析以及方言变异,可以推测宣州片吴语奉母字的音变起点为[w](现代茂林方言),然后强化音变为真浊音[b],并在音系制约作用下音值调整为[pʰ](现代高淳方言),进一步又弱化、送气化为[ɸʰ](现代博望方言以及茂林方言中发生强化音变的字),在现代年陡方言中[ɸʰ]齿唇化为[fʰ],年陡新派则进一步受到江淮官话影响丢失送气化音变为[f],而茂林新派中的[ɸʰ]则进一步弱化脱落擦音[ɸ]读为[h](详见表2-3-1)。音变步骤如图2-3-6所示。

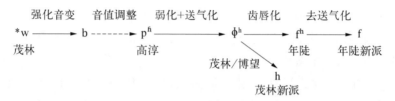

图2-3-6 宣州片吴语奉母字音变

第二,东北部铜泾小片和西南部铜泾小片奉母字在音变方向上有差异。西南部宣州片吴语与徽语、赣语相邻,地处山区比较保守,奉母字读为h-是弱化和送气化叠加音变形成的,是自然音变的结果;而东北部则与江淮官话相连,江淮官话奉母字读为[f],奉母字先由[pʰ]弱化、送气化为[ɸʰ],进一步齿唇化为[fʰ],然后去送气特征,保留唇齿擦音[f],是接触影响的结果。

2.3.4.2 [u_β]韵母前奉母字的音变

宣州片吴语奉、微母字读音根据韵母条件的不同分化,摩擦高元音[u_β]韵母前读为v-([fʰ])或者零声母。那么为何同为奉、微母字在[-u_β]韵母前和[u_β]韵母却有读音差异呢?

我们推测,宣州片吴语奉、微母在[u_β]韵母前读为v-([f])与-u_β的强摩擦性相关,汉语方言中有很多因为韵母主元音或介音是强摩擦的-u_β而导致声母辅音变为/pf/例子,如西安话、兰银官话,可见[u_β]韵母与唇擦音(包括双唇和唇齿)关系密切。而读为零声母则与宣州片吴语全浊声母字的弱化趋势相关。[u_β]韵母前奉母字的读音也体现了东北部铜泾小片和西南部铜泾小片的音变差异,以茂林方言为代表的西南部铜泾小片弱读为零声母;而东北部铜泾小片从博望到新博到年陡,越接近于江淮官话的方言

其[u_β]韵母前奉母字读为零声母的就越少,年陡方言完全读为 f-(详见表 2-3-2),可见这是受到江淮官话的强势影响所致。

2.3.5　余论

本节首先考察了宣州片吴语中奉母字的读音及其语音性质,在此基础上分析了高淳方言奉母字读为 b-([p^ɦ])的原因。分析表明:高淳方言的奉、微母字合流后经历了[w]>[b]>[p^ɦ]的音变,高淳方言中奉、微母字早期应为双唇近音[w],在经历了[w]>[b]的强化音变后,在音系适切性原则的作用下又调整为"清音浊流"[p^ɦ]。本节的研究也提醒我们在研究语音演变时,除了要考虑自然音变的语音机制和来自外部的语言接触以外,也要考虑音系内部的制约带来的语音调整。

另外,我们的研究也表明,东北部铜泾小片和西南部铜泾小片奉母字的音变发展方向不同:西南部铜泾小片(茂林)奉母字读为 h-是自然音变的结果,而东北部铜泾小片(年陡新派)最终读为 f-是受到江淮官话的强势影响所致。

2.4　古定母单字的读音及其音变

关于宣州片太高小片吴语浊声母的语音演变问题,前贤已有较多关注。郑张尚芳(1986:17)归纳了宣州片吴语的语音特点:"太高小片古浊塞音声母基本上还保持或部分保持浊塞音的读法。北部的高淳、溧水、当涂等地已出现了 b、d 向 ɓh、ɗh 或 hβ、hɾ 的趋势。例如高淳城关淳溪镇,d 在快读时变成滚音 r,当涂博望 d 变为 hɾ,……铜泾小片定母今读[hl-]或者[hɾ-]。"

我们在调查宣州片吴语时发现,定母单字在太高小片高淳方言中读为"浊塞音"d-(实际为"清音浊流"[t^ɦ]),铜泾小片内部读音较为一致,不论平仄都读为清闪送气音[ɾ̥^h]。但我们发现太高小片和铜泾小片交界的湖阳大邢村方言中定母单字有人际和字际的语音变体,这说明湖阳方言的定母字正处于变化之中。本节先讨论湖阳方言定母单字的语音变体,然后联系其他宣州片吴语定母字的读音讨论其音变。

2.4.1　湖阳方言定母单字的语音变体

2.4.1.1　变体 1:"浊"塞音 d-([t^ɦ])
男性发音人 XZM(6 位发音人中年纪最大,65 岁)定母阳平单字(声调

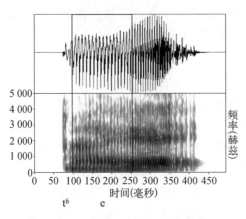

图 2-4-1 发音人 XZM"台"[tʰe¹³]的声波图和语图

为 13)的读音仍保留"浊"塞音读法,也就是吴语的"清音浊流"。从语音学来看,其实并非浊音,从语图(见图 2-4-1 左)上可以看到在其阻塞破裂前没有浊音杠。另外从图 2-4-1 中可见,元音起始部分(黑色框体部分)高频区的共振峰模糊,这说明元音起首位置是气声,实际音值为[tʰ](下文都记录为[tʰ])。

2.4.1.2 变体 2:送气塞音[r̥ʰ]

绝大多数的发音人定母阳平单字或前字读音为[r̥ʰ],一般方言学者记为[ɖ̥ʰ],表示正在清化之中(郑张尚芳,1986:17;蒋冰冰,2003:14-15)。我们的听感以及语图观察实际有[tʰ]和[r̥ʰ]两种,以[r̥ʰ]居多。以下我们将从闭塞度和送气两个角度来讨论湖阳方言的[r̥ʰ]。

(1)闭塞度的考察:和一般的清送气塞音[tʰ]不同,[r̥ʰ]是一个清送气闪音,也就是说并不是像塞音那样完全闭塞,而是舌尖拍闪上齿龈,闪音和塞音的声学特征有两个不同:① 由于并不是完全闭塞,所以闪音的爆破冲直条并不明显,如图 2-4-2 发音人 XZM"潭"的发音,没有明显的爆破冲直条;② 闪音一般有卷舌特征。发"r-"音时具有卷舌化的倾向在世界语言中也是比较普遍的,比如英语中就有 *water*、*city*、*rider*、*body* 中的舌尖-齿龈塞音[t]和[d]弱化为闪音[ɾ]的情况(详见 Monnot & Freeman,1972,引自 Ladefoged & Maddieson,1996:232),标准意大利语的发音人在发"r-"音时也有卷舌和不卷舌两种(Ladefoged & Maddieson,1996:219)。据郑张尚芳教授告知,湖阳塘沟村的定母单字为舌尖-齿龈音,而湖阳西峰村的定母单字为卷舌音。颜逸明(1983:223)记录的高淳县城淳溪镇的定母字也是非卷舌的舌尖-齿龈塞音。塘沟村为湖阳乡镇府所在地,靠近高淳县城,大邢村位于塘沟村以北 3 千米,湖阳大邢村与西峰村相近(相隔一条大马路),由此可见定母单字弱化为闪音,应该是大邢、西峰村一带的特点。国际音标表中的闪/颤音[ɾ]和[r]实际是浊音,世界语言中记为拍闪音[ɾ]的音,都在两个元音之间,即使是词首的[ɾ]实际前面也都有个央元音[ə],清闪音几乎没有,因此清闪音很难维持,又由于湖阳方言地处江淮官话和宣州片吴语的交界地带,很容易受到江淮官话影响读为清塞音[t],例如图 2-4-2 发音人 XXC 在发"同"[tʰəŋ¹³]时在语图上看爆破冲直条就非常明显(图中箭头处)。

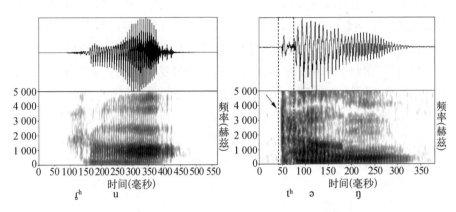

图 2-4-2　发音人 XZM"潭"[ɕʰu¹³](左)和发音人 XXC "同"[tʰəŋ¹³](右)的声波图和语图

(2) 送气段的考察: 根据我们的调查,除了发音人 XZM 外,其他 5 位发音人的阳平全浊塞音声母字都有一定量的送气,事实上发音人 XZM 的小部分字也会有一些送气,例如图 2-4-2"潭"就有 43 毫秒的送气。部分发音人部分字送气段较短,仅为 30 毫秒左右,如图 2-4-2 中男性发音人 XXC"同"[tʰəŋ¹³]的送气段仅为 32 毫秒(虚线框体部分)。Cho & Ladefoged(1999:223)对世界上 18 种语言进行了研究,认为可以根据"嗓音起始时间"(VOT)的时长将塞音分成四个语音范畴: 不送气(30 毫秒左右)、弱送气(50 毫秒左右)、送气(90 毫秒左右)、强送气(像 Tlingit 语和 Navajo 语那样,130 毫秒以上),研究指出 30 毫秒左右大概可以作为送气和不送气的分界,听感上也是如此。郑张尚芳(1986)、蒋冰冰(2003)认为定母阳平字是正在清化的[dh],这一判断可能正与送气段的长短相关。我们对母语为吴语并接受过方言学记音训练的受试做了一个简单的听辨实验,将发音人 XXC"同"的送气时长递减 10 毫秒和 20 毫秒,得到"同₁"(送气时长为 22 毫秒)、"同₂"(送气时长为 12 毫秒),将"同""同₁""同₂"让吴语受试进行听辨,听辨结果为"同"有的听为[tʰ],有的听为[tɦ],但多数听为[tʰ],"同₁""同₂"都听为[tɦ]。这说明受试对大邢村阳平定母字的感知和送气段时长相关,送气段时长小于 30 毫秒的时候,较容易听为"浊"塞音[d],当送气段时长大于 30 毫秒的时候,则较容易听为送气清塞音[tʰ]。因此湖阳方言中阳平字还处于送气化的过程中。

2.4.1.3　变体 3：[ɻ̥]

定母阳上、阳去和阳入单字读音为[ɻ̥]。湖阳大邢村方言中阳上并入阳去，调值为 51，阳入调为 51，阳入的调型和阳去调相似，都是一个高降调，但阳入的时长明显短于阳去调（阳入时长均值为 154 毫秒，阳去时长均值为 209 毫秒，t 检验结果有显著性差异）。图 2－4－3 是发音人 XZM "到"（端母）和"道"（定母）的声波图和语图。从图中可见，清塞音"到"[to³⁵]和清闪音"道"[ɻ̥o⁵¹]的差别有两个：①"到"有比较明显的爆破（虚线箭头处），但是"道"没有；②"道"有卷舌的声学表现，而"到"没有。"到"的 F3、F4 从起始点到终点较为平直（黑色箭头处）；而"道"的 F3、F4 从起始点到元音的 1/3 处（黑色箭头处）有较明显的有上升。这说明"道"的声母有卷舌动作，使得后接元音在起始位置的 F3、F4 降低，随着时间推移，声母影响渐渐减弱，元音的 F3、F4 逐渐上升。

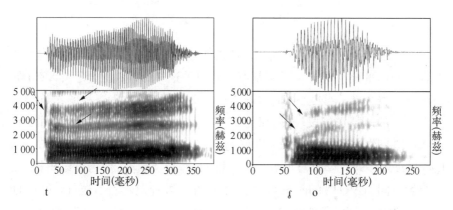

图 2－4－3　发音人 XZM "到" [to³⁵]（左）和"道" [ɻ̥o⁵¹]（右）的声波图和语图

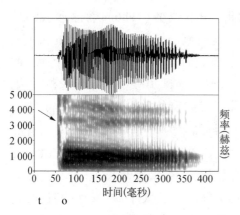

图 2－4－4　发音人 XYZ "道" [to⁵¹] 的声波图和语图

由于清闪音较为罕见，又加上江淮官话的影响，实际定母阳上、阳去和阳入单字还有清塞音[t]的变体，比如图 2－4－4 的例子，VOT＝12 毫秒，没有送气段，且塞音爆破明显（黑色箭头处）。

有一位女性发音人 XCH 和一位男性发音人 XXC 的定母阳上、阳去和阳入单字读音为清送气闪音[ɻ̥ʰ]。定母字不论平仄都读为[ɻ̥ʰ]，是铜泾片定母字的特征，这说明定母字的送气化正在音变进程中。

从上文的分析中可以看出，湖阳大邢村老派发音人还保留了"浊"音 [tʰ]，但中派和新派则根据声调条件的不同，读为不同的条件变体。阳上、阳去、阳入定母单字演变为清不送气闪音 [ɾ̥]，声调为高调；保留低调的阳平字，则变读为清送气闪音 [ɾ̥ʰ]。需要特别注意的是，阳平读为清送气闪音 [ɾ̥ʰ]，送气段时长要比其他铜泾片吴语要短很多，因此阳平定母字的送气化正在进程中。另外，阳上、阳去、阳入定母单字大多读为不送气清闪音 [ɾ̥]，但也有两位年轻发音人，读为送气清闪音 [ɾ̥ʰ]，这说明，阳上、阳去、阳入定母单字的送气化也在进行过程中。

2.4.2 宣州片吴语定母单字的读音及其音变

表2-4-1为高淳_太高_、湖阳_太高_、博望_铜泾_、新博_铜泾_、年陡_铜泾_、泾县_铜泾_和茂林_铜泾_方言不同韵摄定母单字的读音。

表2-4-1 宣州片吴语各方言定母字的读音

韵类	例字	太高小片		东北铜泾小片			西南铜泾小片	
		高淳	湖阳	博望	新博	年陡	泾县	茂林
歌韵	驮_动_	du²²	ɾ̥ʰu¹³	ɾ̥ʰuᵦ³⁵	ɾ̥ʰuᵦ³⁵	tʰo¹³	ɾ̥ʰɤ²⁵	hu²⁴
	大_~小_	du¹⁴	ɾ̥u⁵¹/ɾ̥a⁵¹	ɾ̥ʰa⁵¹	ɾ̥ʰa⁵¹	ɾ̥ʰa⁵⁵	ɾ̥ʰɤ²³	hu²⁴
模韵	图	duᵦ²²	ɾ̥uᵦ¹³	ɾ̥ʰuᵦ³⁵	ɾ̥ʰuᵦ³⁵	ɾ̥ʰuᵦ¹³	ɾ̥ʰuᵦ²⁵	ɸuᵦ²⁴
	杜	duᵦ¹⁴	tʃuᵦ⁵¹	ɾ̥ʰuᵦ⁵¹	ɾ̥ʰuᵦ⁵¹	tuᵦ⁵⁵	ɾ̥ʰuᵦ²³	ɸuᵦ⁵¹
哈韵	袋	dɛ¹⁴	ɾ̥e⁵¹	ɾ̥ʰe⁵¹	ɾ̥ʰe⁵¹	tɛ⁵⁵	ɾ̥ʰɛ²³	he²⁴
齐韵	提	diᵤ²²	ɾ̥ʰiᵤ¹³	ʃʰʅ³⁵	ʃʰʅ³⁵	tʰiᵤ¹³	ɾ̥ʰʅ²⁵	tʰʅ²⁴
	弟	diᵤ¹⁴	ɾ̥iᵤ⁵¹	ɾ̥ʰʅ⁵¹	ʃʰʅ³¹²	tiᵤ⁵⁵	ɾ̥ʰʅ³¹	tʰʅ⁵¹
豪韵	桃	do²²	ɾ̥ʰo¹³	ɾ̥ʰo³⁵	ɾ̥ʰo³⁵	tʰɔ¹³	ɾ̥ʰɔ²⁵	hɤ²⁴
	道	do²⁴	ɾ̥o⁵¹	ɾ̥ʰo⁵¹	ɾ̥ʰo⁵¹	tɔ⁵⁵	ɾ̥ʰɔ³¹	hɤ⁵¹
侯韵	头	dei²²	ɾ̥ʰɤi¹³	ɾ̥ʰɜ³⁵	ɾ̥ʰɜ³⁵	tʰɯ¹³	ɾ̥ʰi²⁵	tʰy²⁴
	豆	dei¹⁴	ɾ̥ɤi⁵¹	ɾ̥ʰɜ⁵¹	ɾ̥ʰɜ⁵¹	tɯ⁵⁵	ɾ̥ʰi²³	tʰy⁵¹
谈韵	谈	die²²	ɾ̥ʰɪ¹³	ɾ̥ʰɛ³⁵	ɾ̥ʰɛ³⁵	ɾ̥ʰẽ¹³	ɾ̥ʰæ²⁵	hæ²⁴
	淡	die¹⁴	ɾ̥ɪ⁵¹	ɾ̥ʰɛ⁵¹	ɾ̥ʰɛ⁵¹	tẽ⁵⁵	ɾ̥ʰæ³¹	hæ⁵¹

续 表

韵类	例字	太高小片		东北铜泾小片			西南铜泾小片	
		高淳	湖阳	博望	新博	年陡	泾县	茂林
寒韵	蛋	die¹⁴	ʐ̥l̩⁵¹	ʐ̥ʰɛ⁵¹	ʐ̥ʰɛ⁵¹	ʐ̥ʰẽ⁵⁵	ʐ̥ʰæ̃³¹	hæ⁵¹
先韵	填	di²²	ʐ̥ʰi¹³	ʐ̥ʰi³⁵	ʐ̥ʰĩ³⁵	tʰĩ¹³	tʰi²⁵	tʰi²⁴
桓韵	团	dy²²	ʐ̥ʰu¹³	ʐ̥ʰiʉ³⁵	ʐ̥ʰʉ³⁵	tʰũ¹³	ʐ̥ʰɛ²⁵	hɛ²⁴
唐韵	糖	dɑ̃²²	ʐ̥ʰa¹³	ʐ̥ʰɔ³⁵	ʐ̥ʰɔ³⁵	ʐ̥ʰẽ¹³	ʐ̥ʰɜ²⁵	hɜ²⁴
	荡	dɑ̃¹⁴	ʐ̥a⁵¹	tɔ³⁵	tɔ³¹²	tẽ⁵⁵	ʐ̥ʰɜ²³	hɜ⁵¹
登韵	藤	dən²²	ʐ̥ʰəŋ¹³	ʐ̥ʰən³⁵	ʐ̥ʰən³⁵	tʰən¹³	ʐ̥ʰəŋ²⁵	tʰiɐŋ²⁴
青韵	亭	din²²	ʐ̥ʰiŋ¹³	ʐ̥ʰin³⁵	ʐ̥ʰin³⁵	tʰien¹³	ʐ̥ʰiŋ²⁵	tʰiɐŋ²⁴
	定	din¹⁴	ʐ̥iŋ⁵¹	ʐ̥ʰin⁵¹	ʐ̥ʰin⁵¹	tien⁵⁵	ʐ̥ʰiŋ²⁵	tʰiɐŋ²⁴
东韵	同	dəŋ²²	ʐ̥ʰəŋ¹³	ʐ̥ʰon³⁵	ʐ̥ʰon³⁵	tʰən¹³	ʐ̥ʰoŋ²⁵	həŋ²⁴
	动	dəŋ¹⁴	ʐ̥əŋ⁵¹	ʐ̥ʰon⁵¹	ʐ̥ʰon⁵¹	tʰən⁵⁵	ʐ̥ʰoŋ³¹	həŋ⁵¹
曷韵	达	dɑʔ¹³	ʐ̥aʔ̲⁵̲¹̲	taʔ⁵/ʐ̥ʰaʔ⁵	tɐʔ³⁵	tɐʔ⁵	ta³¹	haʔ⁵
	夺	dɒʔ¹³	ʐ̥ɒʔ̲⁵̲¹̲	təʔ⁵	ʐ̥ʰəʔ⁵¹	təʔ⁵	ʐ̥ʰɤ³⁵	hɛʔ⁵
锡韵	敌	diəʔ¹³	ʐ̥iəʔ̲⁵̲¹̲	ʐ̥ʰiɿʔ⁵¹	ʐ̥ʰieʔ⁵¹	tiɿ⁵	ʐ̥ʰʐ̩³⁵	tʰiəʔ⁵
屋韵	毒	dəʔ¹³	ʐ̥əʔ̲⁵̲¹̲	ʐ̥ʰəʔ⁵¹	ʐ̥ʰəʔ⁵¹	təʔ⁵	ʐ̥ʰɤ³⁵	huʔ⁵

表2-4-1中记音材料表明：

（1）太高小片高淳方言定母字仍保留了其他北部吴语的"浊"塞音/d/（实际为[tʰ]，详见图2-4-1），而靠近铜泾小片的太高片吴语湖阳方言定母字则已经弱化为闪音，且根据平仄分化，平声低调为[ʐ̥ʰ]，仄声高调为[ʐ̥]（详见2.4.1节）。

（2）东北部铜泾小片吴语新博和博望方言不论平仄都读为清送气闪音[ʐ̥ʰ]，且送气段时长显著长于湖阳方言的，大概为80—100毫秒，可认为是送气。年陡方言大部分定母字受江淮官话影响读为平送仄不送塞音，只有个别字还读为清送气闪音[ʐ̥ʰ]。

（3）西南部铜泾小片吴语泾县方言与新博、博望方言一致，读为清送气闪音[ɾʱ]，而茂林方言定母字的读音根据韵母的不同有差异：[uᵦ]前定母字读为双唇擦音[ɸ]，齐齿呼前定母字读为送气塞音[tʰ]，其他韵母前则读为[h]。需要注意的是，[uᵦ]前定母字读为双唇擦音[ɸ]，应该是[ɾʱ]脱落清闪音变为[h]，[h]又受到后面[uᵦ]同化的结果；关于齐齿呼前读为[tʰ]的原因，朱蕾（2009）将章渡和茂林方言齐齿呼前定母字读为tʰ-归因于ɾʱ-在-i-介音前读得较紧，所以逐渐和tʰ-接近并最后混合。但实际上我们无法单纯从发音的角度来解释这一现象，因为这无法解释为何在其他太高和铜泾小片的宣州片吴语中这类字能够保持ɾʱ-的读音，而仅在章渡、茂林方言变为tʰ-。我们认为造成这一现象的原因既有发音的因素也有音系的因素，可能语言接触的影响也参与其中。第一，齐撮呼和舌尖元音涉及高元音韵母-i-、-y-、-ɿ，这些韵母的特点是收紧比较厉害，气流通道狭窄，与舌尖闪音ɾʱ-相配进一步弱化并不容易，反而塞化更容易；第二，定母字在齐撮呼和舌尖元音前读为tʰ-的现象只出现在铜泾小片的章渡和茂林方言中，其他铜泾小片吴语无此现象，章渡和茂林方言的全浊声母的特点是：除了齐撮呼和舌尖元音前读为tʰ-以外，其他韵母前定母字都弱化为了h-，而其他铜泾小片吴语则所有定母字都读为ɾʱ-（详见朱蕾，2009），这说明ɾʱ-在章渡和茂林方言中音系的系统性已经打破，变得不稳定，更容易发生音变；第三，章渡和茂林方言都靠近厚岸、查济等石陵小片皖南吴语，厚岸、查济定母字读为tʰ-（刘祥柏、陈丽，2017），因而接触外因的影响可能也在起作用。综合太高小片和铜泾小片方言定母字的读音，我们可以构建定母字弱化音变的路径（不考虑年陡方言中江淮官话的替代）：

$$\begin{array}{ccccccc}
\text{高淳} & & \text{湖阳} & & \text{新博/博望/泾县} & & \text{茂林}\\
t^ɦ & \rightarrow & ɾ^ɦ/ɾ & \rightarrow & ɾ^ɦ & \rightarrow & h\\
\text{清音浊流} & & \text{弱送气} & & \text{送气} & & \text{清喉擦音}
\end{array}$$

　　以上分析表明，定母单字音变与并母单字一样，是辅音塞音弱化和发声态"浊流"送气化叠加音变的结果（详见 2.2 节），舌尖塞音 t 弱化为零声母，最终留下的喉擦音[h]实际是发声态"浊流"送气化的结果，如下图所示：

$$\begin{array}{lll}
\text{弱化} & t>ɾ>\emptyset & \\
& + & \longrightarrow \quad h\\
\text{浊流清化} & ɦ>h &
\end{array}$$

2.4.3 结语

本节首先分析湖阳方言定母字的语音变体,分析表明,湖阳方言定母字语音变体较为复杂,老派仍保留了"浊"塞音 d-([tʰ]);中派和青派则根据平仄不同,平声读为弱送气清闪音[ɾʰ],仄声则主要读为不送气清闪音[ɾ]。铜泾片吴语博望、新博、泾县方言不论平仄都读为清送气闪音[ɾʰ],茂林方言则进一步辅音脱落读为清喉擦音[h]。根据宣州片吴语定母字的地理变异和湖阳方言内部的人际和字际变异,构建了定母字音变的路径:tʰ>ɾʰ/ɾ(弱送气或不送气)>ɾʰ(送气)>h。宣州片吴语定母字的音变与并母字一样,是辅音塞音弱化和发声态"浊流"送气化叠加音变的结果。

2.5　古匣母洪音字的读音及其演变

宣州片吴语匣母的读音及演变应分洪细来讨论,匣母细音字包括匣母四等字以及匣母二等字文读音,而匣母洪音字则包括匣母一等字和匣母二等字白读音。宣州片吴语匣母细音字与"从邪澄崇船禅群"母字细音字合并读为ɕ-组,其读音及其演变详见本书 2.1 节。本节主要讨论匣母洪音字的读音及其演变。根据郑张尚芳(1986:16)的描述铜泾小片的匣母洪音字多读为 h-/ɦ-,而且浊音来源的 h-与清音来源的 x-在宣州片吴语的多数方言里是对立的,例如:"贺"[ho⁵]≠"货"[xo⁵];朱蕾(2009)描写了岩潭、黄田、丁桥、章渡和茂林五个方言点的匣母洪音字分开合读为 h-和 ø-;颜逸明(1983)、汪平(2006)、沈明(2016)、刘祥柏和陈丽(2018)、赵国富(2020)以及谢留文(2016)分别描写了高淳淳溪镇,高淳漕塘镇,宣城雁翅,芜湖六郎、繁昌和高淳古柏匣母字的读音,与郑张尚芳的描写一致,在此不再一一赘述。虽然前贤对宣州片吴语匣母字做了大量的单点描写,但我们认为仍需要将整个宣州片吴语作为一个整体来考察其演变规律,并联系太湖片吴语和江淮官话分析其音变路径。

2.5.1　匣母字的语音性质分析

宣州片吴语中的匣母字大多弱读为 h-,而晓母字则读为 χ-,晓匣母字在发音部位上形成对立。这一点与官话和其他吴语不同,北京话晓母字和匣母字合并读为舌根擦音 x-,例如:货＝祸[xuo⁵¹];其他吴语中匣母字和晓母字发音部位都为"深喉音",但发声态有差异,晓母字是清喉擦音 h-,匣母字是浊喉擦音 ɦ-,实际为叠加在元音上的"浊流",例如"崇启海"①方言为 hɦ-,表示元音前有清喉擦且带浊流。从发音部位上来看宣州片吴语晓母字的发音部位与北京话的软腭擦音不同,是比较明显的小舌擦音,小舌摩擦较为厉害,有些方言部分字甚至是轻微的小舌颤音。图 2－5－1(左)为茂林方言"耗"[χɤ²⁴]的声波图和语图,声波图中可见擦音段振幅有比较大的波动(箭头处),语图上则表现为黑白相间的开闭相,这是气流通过时,撞击小舌引发的颤动造成的;比较右图茂林方言"豪"[hɤ²⁴]的声波图和语图,都没有类似表现,但可见擦音段有较淡的共振峰,走向与元音段一致,是清喉擦音[h]的声学表现。

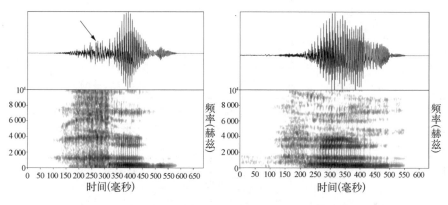

图 2－5－1 茂林方言发音人 WZL 的"耗"[χɤ²⁴](左)和 "豪"[hɤ²⁴](右)的声波图和语图

2.5.2 宣州片吴语洪音匣母字的读音及其音变分析

宣州片吴语的匣母洪音字根据现代方言韵母开合分化(元音高低),因此下文我们在讨论时也根据韵母开合考察匣母字的读音和演变。需要说明的是,这里所指的"韵母开合"是按照现代宣州片吴语韵母读音的开合来分类的,而并非中古韵母的开合。

2.5.2.1 开口呼匣母字的读音及其演变

表 2－5－1 为宣州片各方言开口呼匣母字的读音。需要特别说明的是,戈韵字在高淳、博望、湖阳、新博和茂林都读为-u,这是因为原来读-u 的模韵字高化为摩擦化的-uᵦ之后,戈韵字也相应发生高化的结果,戈韵字原

---

① 指崇明、启东和海门,下同。

来应该读为后半高元音-o/-ɤ,匣母字的弱化音变应该发生在元音高化之前,所以音变也遵循开口呼匣母字的规律。

表 2－5－1　宣州片吴语各方言开口呼匣母字的读音

韵类	例字	太高小片		东北铜泾小片			西南铜泾小片	
		高淳	湖阳	博望	新博_{邸家村}	年陡	泾县	茂林
歌韵	贺	ʁu¹⁴	χu³⁵	ɸuᵦ⁵¹	χuᵦ³¹²	χo⁵⁵	hɤ²³	hu²⁴
戈韵	和	ʁu²²	ʁu¹³	ɸuᵦ³⁵	huᵦ³⁵	χo¹³	hɤ²⁵	hu²⁴
	祸	ʁu¹⁴	χu⁵¹	ɸuᵦ⁵¹	χuᵦ³¹²	χo⁵⁵	hɤ³¹	hu⁵¹
麻韵	下	ʁa¹⁴	χa⁵¹	ha⁵¹	χa⁵¹	χa⁵⁵	ho³¹	ho⁵¹
哈韵	害	ʁɛ¹⁴	χe⁵¹	he⁵¹	he⁵¹	χɛ⁵⁵	hɛ²³	he²⁴
泰韵	鞋	ʁɛ²²	ʁe¹³	he³⁵	he³⁵	χɛ¹³	ha²⁵	ha²⁴
豪韵	豪	ʁo²²	ʁo¹³	ho³⁵	ho³⁵	χɔ¹³	hɔ²⁵	hɤ²⁴
	号	ʁo¹⁴	χo⁵¹	ho⁵¹	χo³¹²	χɔ⁴⁴	hɔ²⁴	hɤ²⁴
侯韵	侯	ʁei²²	ʁɤi¹³	hɜ³⁵	χɜ³⁵	χɯ¹³	hɪ³¹	hy²⁴
	厚	ʁei¹⁴	χɤi⁵¹	hɜ⁵¹	χɜ³¹²	χɯ⁵⁵	hɪ³¹	hy⁵¹
覃韵	含	ʁei²²	ʁɤi¹³	hɛ³⁵	hɛ³⁵	χɛ̃¹³	hæ²⁵	hæ²⁴
寒韵	韩	ʁei²²	ʁɤi¹³	hɛ³⁵	hɛ³⁵	χũ¹³	hɛ²⁵	hɛ²⁴
	汗	χei³⁵	χɤi⁵¹	hɛ⁵¹	hɯ³¹²	χũ⁵⁵	hɛ²³	hɛ²⁴
痕韵	恨	ʁəŋ¹⁴	χəŋ³⁵	hən⁵¹	χən³¹²	χən⁵⁵	həŋ²³	həŋ²⁴
庚韵	衡	ʁəŋ²²	ʁəŋ¹³	hən³⁵	χən³⁵	χən¹³	həŋ²⁵	həŋ²⁴
耕韵	宏	ʁəŋ²²	ʁəŋ¹³	hon³⁵	χon³⁵	χən¹³	hoŋ²⁵	həŋ²⁴
合韵	盒	ʁaʔ¹³	χɐʔ⁵¹	χəʔ⁵¹	χaʔ⁵¹	χəʔ⁵⁵	hɛʔ³⁵	hɛʔ⁵
没韵	核	ʁəʔ¹³	χəʔ⁵¹	χəʔ⁵¹	χəʔ⁵¹	χəʔ⁵	hɛʔ³⁵	ɸʰəʔ⁵

表 2－5－1 中记音材料显示:

第一,太高小片匣母字读为"浊"小舌擦音 ʁ-(实际为"清音浊流"

的[χ^6]）；西南铜泾小片匣母洪音字读为h-，与晓母字的χ-形成对立，例如茂林方言：货[χu^{24}]≠和[hu^{24}]，汉[$\chi æ^{24}$]≠潭[$hæ^{24}$]，化[$\chi ɔ^{24}$]≠茶[$hɔ^{24}$]，耗[$\chi ɤ^{24}$]≠桃[$hɤ^{24}$]；东北部铜泾小片匣母字读音博望方言与新博_{郜家村}、年陡方言有差异，博望方言与西南铜泾小片一致读为h-（入声字除外），而年陡方言则读为清小舌擦音χ-，与晓母字合并。需要注意的是博望方言中舒声匣母字读为h-，但入声匣母字却读为χ-，与晓母字合并（详见表2－5－1灰体）；新博_{郜家村}方言匣母字分化有声调条件，上升调[35]的匣母字读为h-，与晓母字不合并，例如：喊[$\chi ɛ^{35}$]≠韩[$hɛ^{35}$]，海[$\chi ɛ^{35}$]≠鞋[$hɛ^{35}$]，好[χo^{35}]≠豪[ho^{35}]，屈折调[312]的匣母字则与晓母字合并读为χ-，例如：耗＝号[χo^{312}]，汉＝汗[$\chi ɛ^{312}$]，货＝祸[χu^{312}]。新博_{童王村}方言发音人匣母和晓母字全部合并为χ-，与年陡方言一致（详见第九章）。由此可推测，东北铜泾小片匣母字与西南铜泾小片一样早期也都有过弱化为h-的阶段，但在江淮官话影响下，逐渐与晓母字合并为χ-，而且合并过程表现为调类不同步，入声匣母字与晓母字先合并，再是去声匣母字与晓母字合并，最后是平声匣母字与晓母字合并。西南部铜泾小片匣母开口字的音变可表示为：ʁ->h-；东北部铜泾小片匣母开口字的音变可表示为：ʁ->h->χ-。

第二，博望的戈韵匣母字读为双唇擦音ϕ-，与并奉母字合并，例如：荷和＝婆菩[$\phi u_β^{35}$]，贺祸＝簿步[$\phi u_β^{51}$]，其他方言点的戈韵开口呼匣母字读为h-/χ-/ʁ-，与并奉母字不合并（详见表2－5－2）。这是因为博望的戈韵字与模韵字合并读为唇擦元音-$u_β$，-$u_β$本质上是自成音节的唇辅音$β$，会同化前面的辅音变为同部位的唇擦音ϕ-，博望方言的戈韵匣母字实际应归入合口呼匣母字。

2.5.2.2　合口呼匣母字的读音及其演变

表2－5－2为高淳_{太高}、湖阳_{太高}、博望_{铜泾}、新博_{铜泾}、年陡_{铜泾}、泾县_{铜泾}和茂林_{铜泾}各方言合口呼匣母字的读音。

表2－5－2　宣州片吴语各方言合口呼匣母字的读音

韵类	例字	太高小片		东北铜泾小片			西南铜泾小片	
		高淳	湖阳	博望	新博_{郜家村}	年陡	泾县	茂林
模韵	胡	$vu_β^{22}$	$u_β^{13}$	$\phi u_β^{35}$	$hu_β^{35}$	$\phi u_β^{13}$	$u_β^{25}$	$u_β^{24}$
	户	$vu_β^{14}$	$u_β^{51}$	$\phi u_β^{51}$	$\chi u_β^{312}$	$\phi u_β^{55}$	$\phi u_β^{23}$	$u_β^{51}$

续表

韵类	例字	太高小片		东北铜泾小片			西南铜泾小片	
		高淳	湖阳	博望	新博_{部家村}	年陡	泾县	茂林
灰韵	回	ʁuei²²	uei¹³	χuɜ³⁵	huɜ³⁵	χuɪ¹³	wε²⁵	we²⁴
	汇	uei³⁵	χuei⁵¹	χuɜ⁵¹	χuɜ³¹²	χuɪ⁵⁵	wε³¹	we²⁴
皆韵	坏	uε¹⁴	ue⁵¹	ha⁴⁴	χue³¹²	χuε⁵⁵	wa²³	wa²⁴
佳韵	画	ua³⁵	ua³⁵	ua³⁵	ua³¹²	χua⁵⁵	øo³⁵	wɔ²⁴
桓韵	换	u³⁵	u³⁵	u³⁵	u³¹²	χon⁵⁵	wE²³	wε²⁴
删韵	还	ʁuε¹⁴	yɪ¹³	ɦuε³⁵	uε³⁵	χuɑ̃¹³	wæ̃²⁵	wε²⁴
魂韵	魂	ʁuən²²	uəŋ¹³	huən³⁵	χuən³⁵	χuən¹³	wəŋ²⁵	wən²⁴
唐韵	黄	ʁuɑ̃²²	uɑ¹³	uɔ³⁵	uɔ³⁵	χuɑ̃¹³	wɜ²⁵	wɜ²⁴
庚韵	横	u²²	ua¹³	huən³⁵	χuən³⁵	χuən¹³	wE²⁴	wε²⁴
末韵	活	uaʔ¹³	xuɐʔ⁵¹	uəʔ⁵¹	uəʔ⁵¹	χuoʔ⁵	weʔ³⁵	weɜʔ⁵
黠韵	滑	uaʔ¹³	uɐʔ⁵¹	uaʔ⁵¹	uɐʔ⁵¹	χuɐʔ⁵	waʔ³⁵	wɑʔ⁵

表中的记音材料显示：

第一，西南铜泾小片的合口匣母字洪音字读音较为规整，基本都读为 [wV]形式（V 为主元音）或者是[uᵦ]（泾县园林村"户"读为 ɸ-是例外，可能是普通话的读音）；比较太高小片和太湖片吴语可知，读为[wV]的字，实际应来源于声母为零声母且以-u-为介音的韵母，u 介音近音化后读为 [wV]，如：茂林方言"换"[øuε²⁴]>[wε²⁴]。因此，我们可以将西南部铜泾小片合口呼匣母字的特征概括为"无擦型"。东北部铜泾小片中年陡方言的合口呼匣母字读音也较为规整，与江淮官话一致都读为小舌擦音 χ-，可以概括为"有擦型"。太高小片和东北部铜泾小片的博望和年陡方言合口呼匣母字的读音则较为混乱，"有擦型"和"无擦型"皆有，且两者并无条件分化，例如："黄"在高淳方言中读为"有擦"的 ʁ-，但在湖阳、博望、新博方言中读为"无擦"，又如"魂"在高淳、博望和新博方言中都读为"有擦"，但在湖阳方言中读为"无擦"（详见表 2－5－2 灰体）。事实上，一个方言中匣母字兼有"有擦型"和"无擦型"并非宣州片吴语独有,"崇启海"吴语(如崇明方言,详见张惠英,2009)就分为"无擦"ɦ-和"有擦"hɦ-两类,且两类原来是互补分布,[+高元音]前是"无擦"ɦ-,[-高元音]前是"有擦"hɦ-,由于果摄一等字和咸山见系一等字韵母高化为-u 和-ie,导致 hɦ-和 ɦ-对立;王福堂先生(2021:135)对崇明方言匣母字的分析也持同样观点①。袁丹(2015b)曾指出:官话(如当涂城关镇)匣母字的读音是"有擦"类(洪音前为 x-,细音前为 ç-),典型吴语匣母字的读音是"无擦"类,如常熟话记为[ɦ]代表叠加在元音上的浊流,实际是零声母,"崇启海"方言匣母字两类读音的分化是与江淮官话接触的结果,而宣州片吴语"有擦型"和"无擦型"无条件分化,扩大到合口呼例字,则说明宣州片吴语与江淮官话的接触更深,所受影响更大。

第二,宣州片吴语模韵字大多读为唇擦元音-uᵦ,如果匣母字受江淮官话影响模韵字读为"有擦",那么其声母擦音必然会受韵母同化变为唇擦音 v-或 ɸ-,与并母字合并,例如:高淳方言"胡"[vuᵦ²²],博望方言"胡"[ɸuᵦ³⁵],年陡方言"胡"[ɸuᵦ¹³]。

2.5.3　结论

本节分析了宣州片吴语匣母洪音字的读音,分析表明匣母洪音字的读音根据韵母的开合分化:开口匣母字为"有擦"类,太高片读为"浊"小舌擦音ʁ-,在其他方言中发生了ʁ->h-的弱化音变,弱读为 h-与晓母字 χ-形成对立,从博望到新博到年陡,匣母字读音受到江淮官话影响读为 χ-的字渐次增加;合口匣母字原来应为"无擦"类(如茂林、泾县),然而太高小片高淳、湖阳方言和东北部铜泾小片博望、新博方言中也有部分字受江淮官话的影响,变读为有擦的 χ-,与晓母字合并,到了年陡方言则全部读 χ-。

2.6　古全浊声母字在语流中的读音及其演变

本章的前面五节讨论了宣州片吴语古全浊声母单字的读音及其音变,本节我们分析古全浊声母字在语流中的读音及其音变,为了便于与单字读音进行比较,我们将语流中的读音控制为考察两字组后字的读音。从音节

① 王先生将崇明方言韵母分为"齐合撮呼"和"开口呼"两类,分别对应于袁丹(2015b)的[+高元音]和[-高元音]。

结构的角度来看,单字为 CV 结构,全浊声母辅音位于词首;而两字组则为 $C_1V_1C_2V_2$ 结构,全浊声母辅音为 C_2 位置,处于两个元音之间。两者出现的语音环境不同,导致音变也有差异。事实上,前贤也已经注意到了宣州片吴语古全浊声母字在单字和语流中的读音差异,颜逸明(1983:225)指出高淳方言舌尖中闭塞音,清音浊流,快读时部位后移成滚音,如:晚头(晚上)mie reɪ|学堂(学校)ʑyaʔ raŋ,"木头、锄头、里头、外头、额头、墙头"的"头"经常读为滚音,"黄豆、青豆"的"豆"也经常读滚音。本节我们将通过考察湖阳太高、茂林铜泾和查济石陵三个代表点全浊声母在两字组后字位置的读音,来分析全浊声母在语流中的音变原因。然后,通过考察湖阳方言定母字的语音变异来分析古全浊声母在语流中的音变路径。

2.6.1 宣州片吴语全浊声母在语流中的读音

2.6.1.1 全浊声母在语流中的读音

（一）茂林方言全浊声母在语流中的读音

表 2-6-1 为茂林铜泾方言全浊声母单字和后字的读音(表中空格表示没有相应的类型)。表中茂林方言全浊声母单字除并母读为清送气擦音 ɸʰ-外,大多读为清喉擦音 h-。全浊声母后字有"浊音型"和"清音型"两种类型:"浊音型"即全浊声母在后字中弱读为近音[l]/[w],读为零声母的也归入这一类,零声母实际是近音型的进一步弱化;"清音型",全浊声母后字读音与单字的读音一致。茂林方言"浊音型"的特点为:多为茂林方言日常口语的常用词汇,从构词来看以偏正结构为主,前字声调为定式,后字附着;"清音型"的特点为:并非日常生活的常用词(例如:练习簿、味道),构词方式较为多样,除了偏正结构外(例如:秤盘、练习簿),还有动宾结构(例如:挂钱、喝茶),声调特点为后字基本不变调。

表 2-6-1 茂林方言全浊声母单字和后字的读音类型

声母类型	全浊声母单字	全 浊 声 母 后 字	
		"浊音型"	"清音型"
并母	盘 ɸʰɛ²⁴ 簿 ɸuᵦ⁵¹	算盘子 sɛ³³wɛ⁵⁵tsʅ²¹ 账簿 tsɜ³³uᵦ⁵⁵	秤盘 tsʰən³³ɸʰɛ²⁴ 练习簿 li²²ɕiɪʔ⁵ɸuᵦ⁵¹
定母	道 hɤ²⁴ 头 tʰy²⁴	厚道 hy⁵⁵lɜ²¹ 晏头晚 ɛ³³ly⁵⁵	味道 yʅ⁵¹hɤ²⁴ 山头 tsɜ³³tʰy⁵⁵

声母类型	全浊声母单字	全 浊 声 母 后 字	
		"浊音型"	"清音型"
从组_{洪音}	船 hɜ²⁴ 茶 hɔ²⁴		轮船 ləŋ²²ɜɛ⁵⁵ 喝茶 χoʔⁿhɔ²⁴
从组_{细音}	匠 hiɜ²⁴ 钱 hi²⁴ 县 hi²⁴	铁匠 tʰiɪʔ³iɜ⁵⁵ 泾县 tɕiŋ³³i⁵⁵	挂钱 kuɔ³³hi²⁴
匣母_{洪音}	号 hɤ²⁴ 鞋 ha²⁴	一号 jiəʔ⁵ɤ²¹	拖鞋 tʰu³³ha⁵⁵

（二）查济方言全浊声母在语流中的读音

表 2 - 6 - 2 为查济方言全浊声母单字和后字的读音，表中查济方言全浊声母单字都读为清送气音，全浊声母在语流中也有"浊音型"和"清音型"两种类型。刘祥柏、陈丽(2017：8 - 16)指出，"宣州片吴语查济方言全浊声母单字读清音，在后字位置的非轻声音节中也读清音，但在后字位置的轻声音节中弱读为浊擦音或零声母，相近部位的声母有较大的合并"①。查济方言"浊音型"和"清音型"特点与茂林方言较为一致，但茂林方言"清音型"要多于"浊音型"，有些查济方言读为"浊音型"的词在茂林方言读为"清音型"，例如"拖鞋""轮船"等。

表 2 - 6 - 2　查济方言全浊声母后字的读音类型

声母类型	全浊声母单字	全 浊 声 母 后 字	
		"浊音型"	"清音型"
並母	牌 pʰa²⁵	招牌 tɕiɐ³¹va⁰	水牌 çi⁴²⁴⁻⁴²pʰa²⁵
奉母	房 fə²⁵	磨坊 mo⁵⁵⁻²⁵və⁰	平房 pʰin²⁵fə²⁵
定母	稻 tʰθ⁵⁵ 头 tʰy²⁵	早稻 tsə⁴²⁴⁻⁵⁵lθ⁰ 枕头 tsən⁴²⁴⁻⁵⁵ly⁰	割稻 kɤʔ⁴tʰθ⁵⁵ 山头 sã²¹tʰy²⁵
从组_{洪音}	船 sɛ²⁵ 上 sə⁵⁵	轮船 lən²⁵zɛ⁰ 地上 tʰi⁵⁵lə⁰	晕船 in⁴⁴sɛ²⁵ 七上八下 tɕʰiʔ⁴sə⁵⁵paʔ⁴xɔ⁵⁵

① 查济方言语例引自刘祥柏、陈丽(2017)。

续　表

声母类型	全浊声母单字	全浊声母后字	
		"浊音型"	"清音型"
从组细音	钱 çiã²⁵	工钱 koŋ²¹ iã⁰	零钱 lin²⁵ çiã²⁵
匣母洪音	鞋 xa²⁵	拖鞋 tʰo²¹ a⁰	棉鞋 miã²⁵ xa²⁵

（三）湖阳方言全浊声母在语流中的读音

湖阳方言全浊声母单字按声调条件分化,在语流中则大多读为"浊音型",只有少数两字组读为"清音型",例如:"下"单字读为[χa⁵¹],在语流中读为[ʁa](例如"躺下来"[tʰa³³ ʁa³³ lɐi³³]),只有在"乡下"[çia⁴⁴ χa³¹]才读为"清音型"的[χ](详见表2-6-3)。湖阳方言"浊音型"的特点是数量多,都为口语常用词,构词方式覆盖面广,以偏正式为主,但还囊括动宾式(例如:看病)、补充式(例如:躺下来)、并列式(例如:裁缝)等;"清音型"的特点为:均为非常用口语词,构词方式限于动词并列式(例如:逃跑、传递)、补充式(例如:乡下)、动宾式(例如:打仗),并没有偏正式构词,后字不变调。

表 2-6-3　湖阳方言全浊声母后字的读音

声母类型	全浊声母单字	全浊声母后字	
		"浊音型"	"清音型"
並母	盘[pʰu¹³] 病[piŋ⁵¹]	算盘[su³³ bu⁵⁵] 看病[kʰɤi³³ biŋ⁵¹]	逃跑[ʐɔ⁵¹ pʰɔ⁵¹]
奉母	坟[pʰəŋ¹³] 服[poʔ⁵¹]	上坟[sʰa²¹ bəŋ³³] 不服[pəʔ³³ boʔ⁵¹]	
定母	头[ʐɤi¹³] 道[ʐɔ⁵¹]	妹头[mɤi³³ ɤi⁵⁵] 公道[kəŋ⁴⁴ ɤɔ²¹]	传递[sʰu¹³ ti⁵¹]
从组洪音	尚[sa³³] 船[sʰu¹³]	和尚[ɦiu²¹ za³³] 渔船[ŋ²¹ zu³³]	打仗[ta³³ tsa³⁵]
从组细音	匠[çia⁵¹] 钱[çi¹³]	铁匠[tʰiəʔ²¹ ia³³] 本钱[pəŋ³¹ zi³³]	凯旋[kʰɐi³³ çi⁵¹]
匣母洪音	鞋[χʰɐi¹³] 下[χa⁵¹]	拖鞋[tʰu⁴⁴ ʁɐi²¹] 躺下来[tʰa³³ ʁa³³ lɐi³³]	乡下[çia⁴⁴ χa⁵¹]

2.6.1.2　全浊声母在语流中的音变分析

上文的分析表明,湖阳_{太高}、茂林_{铜泾}和查济_{石陵}古全浊声母字在语流中的读音有相同点也有差异。

首先,相同点表现为这三个方言点都有"浊音型"(轻声)和"清音型"(非轻声)两大类别,实际上正好对应与其他北部吴语连读变调的广用式和窄用式。许宝华等(1981)指出上海话两字组和多字组的连读变调有两大类:广用式和窄用式(实际为多数北部吴语的特征)。广用式的组合在一个连读字组的各音节之间关系很紧密,内部没有停顿,特点是:前字为定式,后字附着,即在一个连读字组里(不论两字组或多字组),第一个字(称前字)定下一个字调,第一字以后的字(称后字)都失去本调,不分阴阳,与前字一起共用一个固定的变调格式,从而形成一个紧密的语音组合。与广用式相比,"窄用式"内部结构比较松散,而且使用的范围窄,主要是动宾式、后补式、主谓式和联合式中的不成词词组。窄用式如果后字是单字,一般读本调,即不变调。"广用式"和"窄用式"的差异比较著名的例子是 Kennedy(金守拙,1953:373)所举塘栖方言的广用式"炒饭"(偏正)和窄用式"炒饭"(动宾)的差异,这一语例在北部吴语中普遍存在,如常熟方言中偏正式"炒饭"连读变调模式为 33+55,后字为附着调,而动宾式"炒饭"连读变调模式为 44+213,前字拉平,后字不变调。因而,实际只有"浊音型"(轻声)才是结构紧密的词,"清音型"(非轻声)实际是单字和单字组合成的词组,这也是为什么"清音型"的读音和单字读音一致且不变调。

其次,湖阳_{太高}、茂林_{铜泾}和查济_{石陵}方言古全浊声母字在语流中的读音也有差异,表现在两个方面:第一,从数量来看,湖阳方言"浊音型"的数量最多,"清音型"则较为少见,而茂林方言则相反,"清音型"数量很多,"浊音型"则较少,查济方言"浊音型"略多于茂林方言;第二,从构词方式来看,湖阳方言"清音型"没有偏正式,局限于动宾、补充等松散结构,而茂林、查济方言则相反,"清音型"也普遍见于偏正式。这说明茂林、查济方言全浊声母后字"清音型"的读法正在扩大,逐渐取代语流中的"浊音型"读法。

2.6.2　湖阳方言全浊声母在语流中的读音变异

本节我们将通过考察湖阳大邢树方言(以下简称"湖阳方言")定母字的语音变异,来分析全浊声母字在语流中的音变。湖阳方言定母字语流中有 4 个语音变体,分别为:浊塞音[d]、拍闪音[ɾ]/[ɽ]、颤音[r]、近音[ɹ]

（或浊擦音［ʐ］）。其中拍闪音、颤音和近音（擦音）变体都属于"r-音"这个大类。

2.6.2.1 变体1：浊塞音［d］

和其他北部吴语一样，湖阳方言的定母字在后字位置时是一个真浊音，图2-6-1（左）是发音人XYQ发的"吐痰"的声波图和语图，图中可见在低频区300赫兹左右有浊音杠，高频区没有能量（黑色框体部分），因此是完全闭塞，是一个浊塞音，持阻时长为35毫秒。图2-6-1（右）为太湖片苏沪嘉小片常熟方言"山洞"的声波图和语图，图中可见浊塞音时长要显著长于湖阳方言的为62毫秒。可见，湖阳方言虽然部分字在听感还是一个浊塞音［d］，但持阻时长显著小于其他北部吴语。

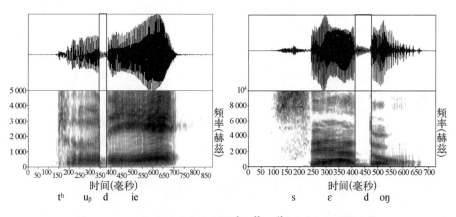

图2-6-1 湖阳方言"吐痰"［tʰuᵦ²²die¹³］（左）和常熟方言"山洞"［sɛ⁵⁵doŋ²¹］（右）的声波图和语图

2.6.2.2 变体2：拍闪音［ɾ］/［ɽ］

拍音是指一个快速的塞音（Ladefoged，2011：175）。图2-6-2（左）为发音人XYZ"课堂"的声波图和语图，图中可见在低频区300赫兹左右有浊音杠，高频区没有能量，因此是完全闭塞，从发音方法来看是一个塞音发音，但是和图2-6-1的浊塞音相比，持阻段时长较短，仅为17毫秒，也就是说虽然它保持塞音的发音姿态，但是除阻非常快，和典型的塞音有差别，可看作拍音。大多数的拍音由于发音时速度很快，往往不能形成完全闭塞。图2-6-2（右）为发音人XYG发的"凉亭"的声波图和语图，从图中可以看出，［ɾ］除了持阻时长短外（仅为19毫秒），还有另外一个特点，高频区（到3600多赫兹）有能量，高频区有能量是没有完全闭塞的表现。

有的学者不区分闪音（flap）和拍音（tap），如Lindau（1985，转引自

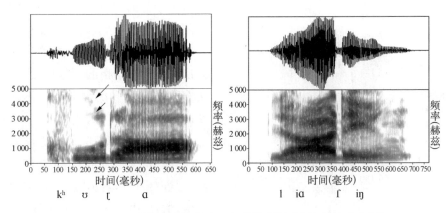

图 2 - 6 - 2 **湖阳方言发音人 XYZ"课堂"（左）和 XYQ"凉亭"**
（右）的声波图和语图

Ladefoged & Maddiesion，1996：230），但是 Ladefoged 认为应该区分闪音和拍音。发拍音时，舌尖直接拍击齿或龈部位（dental or alveolar）；而发闪音时，舌尖后缩然后在前移过程中划过齿龈脊，闪音通常是卷舌音（Ladeforged & Maddieson，1996：231；Ladeforged，2011：176）。在湖阳方言中，定母字在后字位置时，既有拍音[ɾ]，又有闪音[ɽ]。图 2 - 6 - 2（左）就是一个闪音，[ɽ]前的元音段 F3、F4 明显下降（黑色箭头），是卷舌的表现。图 2 - 6 - 2（右）[ɾ]前元音段 F3、F4 下降不明显，是一个拍音。

2.6.2.3 变体 3：颤音[r]

颤音是一个发音器官碰击另一个发音器官所引发的振动，是由空气动力条件引发的（Ladeforged & Maddieson，1996：217）。颤音[r]和拍闪音[ɾ]不同，它是齿龈和上腭之间多次不连续的快速碰触（Recasens & Pallarès，1999：143）。在湖阳方言中，颤音[r]同样也是定母字在两字组后字位置时十分常见的语音变体。

典型的舌尖颤音，一般为 2—3 个颤动，但是也有 3 个颤动以上的。每个周期包含一个闭相和一个开相，闭相是两个发音器官相接触的时候，开相是两个发音器官稍微分开的时候。两者在语图和声波图上的表现为：从语图上看，闭相表现为颜色较淡的区域，高频的能量较弱，甚至是缺失，开相表现为颜色较浓的区域，高频能量较强；从声波图上看，闭相表现为振幅较小，而开相表现为振幅较大。

图 2 - 6 - 3 是发音人 XYQ"国道"的发音，从图中可以看出有两个闭相，即颤动了两次，两个闭相的时长都为 17 毫秒左右，中间开相的时长也为 17 毫秒左右，因此一个周期为 34 毫秒左右，计算下来 1 秒钟有 30 个周期，

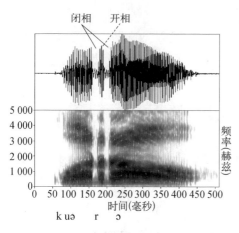

图 2 - 6 - 3　湖阳方言发音人 XYQ"国道"的声波图和语图

即这个颤音的频率为 30 赫兹。两次闭相都比较明显,高频区能量都较弱。但是在湖阳方言中,像这样两次颤动比较均衡的颤音比较少,大多数情况下多次颤动都是不均衡的。

图 2 - 6 - 4(左)为发音人 XYZ 发"问题"时的声波图和语图。从图中可以看出"题"[ri]有 4 次颤动,图中 3 个箭头处分别为 3 个开相,有 4 个闭相(其中第一个闭相和鼻音叠加在一起)。第二个闭相最明显,振幅最小,语图上高频区能量最弱,1 500 赫兹以上几乎没有能量;第三、第四个闭相很弱,整个高频范围都有能量,只是比开相的高频能量要相对弱一些。从时长上看,4 次振动中闭相、开相的时间大概为 17 毫秒左右,振动频率也为 34 赫兹。这说明虽然 4 次颤动频率差不多,但是后两次舌尖和上腭的碰触已经没有前两次那么紧密了。图 2 - 6 -4(右)为发音人 XYQ 发"问题"时的声波图和语图,从图中可以看出"题[ri]"这个音有 6 次颤动,与图 2 - 6 - 4(左)不同,发音人 XYQ 第二个闭相时长很长,达到 60 毫秒左右,但是图中隐约可见第二共振峰,说明不是完全闭塞。

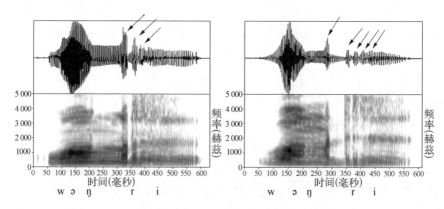

图 2 - 6 - 4　湖阳方言发音人 XYZ"问题"(左)和发音人 XYQ
"问题"(右)的声波图和语图

湖阳方言定母后字与定母单字一样,也有卷舌的表现。舌尖颤音[r]一般是舌尖在空气动力学的作用下引起的颤动,但是不同的发音人在发舌尖颤音[r]的时候舌头有前伸和后缩的差别。图 2 - 6 - 5 是发音人 XYZ 和

XZM发"国道"时的声波图和语图,定毋后字"道"都是颤音[r],但是图2-6-5(左)发音人XYZ[r]前后的元音段F3、F4下降不明显,图2-6-5(右)发音人XZM[r]前后的元音段F3、F4(黑色箭头处)下降明显。F3、F4下降明显,说明舌头更加后缩。

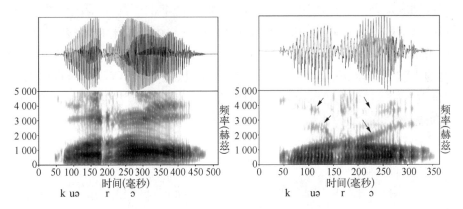

图2-6-5　湖阳方言发音人XYZ"国道"(左)和发音人
XZM"国道"(右)的声波图和语图

为何非卷舌的舌尖-齿龈塞音[d]在弱化为"r-音"时会倾向于卷舌化?国际音标中没有单独列出"卷舌化"的附加符号,而只有"r-音化"的符号,这是因为卷舌化只是"r-音化"的一种形式。从气流机制看,我们认为可能是发这类音时,舌头前部上抬,舌尖处于放松的状态,气流冲出时,更容易颤动舌尖,发出颤音或闪音来。就好比吹一张纸条,如果将纸的一端折起,对着折起的一端吹气,比只是把纸条放平,要更容易颤动。

2.6.2.4　变体4：浊擦音和近音：$[z̞]/[ɹ]$

如果在发颤音和拍闪音时,主动发音器官和被动发音器官之间没有接触,那么很容易会产生擦音或近音变体。如果主动器官和被动器官之间缝隙非常狭窄,气流在窄缝中流出,就会变成浊擦音$[z̞]$①,图2-6-6是发音人XYZ发"地图"时

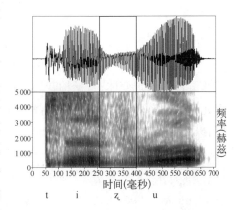

图2-6-6　湖阳方言发音人XYZ"地图"
的声波图和语图

---

① 如果表述得更加准确一点,应该是近音[ɹ]同部位的一个浊擦音,但具体部位到底是齿龈还是齿龈后,或者甚至是卷舌则不一定,暂以$[z̞]$这个音标来代替。

的声波图和语图,从图中可见定母后字高频区有大量噪音乱纹,底部有浊音杠(黑色框体),是一个浊的舌冠擦音(voiced alveolar fricative)。

如果主动发音器官和被动发音器官之间的缝隙比较宽,则会产生近音变体[ɹ],如图2-6-7是发音人 XZM 发"地图"(左)和"问题"(右)时的声波图和语图。从语图中可以看出,高频区基本没有乱纹,第一、第二共振峰都清晰可见,第三共振峰略微有些模糊;从声波图来看,振幅比元音段振幅略小,是近音的表现。而图2-6-7(右)为发音人 XZM 发"问题"时的声波图和语图,上文中我们已经讨论过,发音人 XYZ 和 XYQ 发的"问题"中"题"的声母都是颤音,而发音人 XZM 发的"问题"中的"题"则是近音。

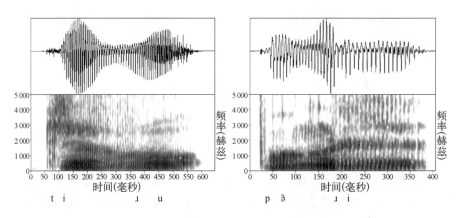

**图2-6-7　湖阳方言发音人 XZM"地图"(左)和
"问题"(右)的声波图和语图**

湖阳方言的定母后字的擦音和近音变体,都出现在高元音的语音环境中,如"地图""问题""稻田"这样的例子中。Solé(1998:412)指出舌尖颤音有非颤音的语音变体,包括拍音、近音、擦音,特别是在快速的语流中以及前高元音的语音环境里,拍闪音和颤音变为擦音(近音)最为普遍,因为时间限制,以及受到相邻音段(i)的影响导致肌肉收缩,影响到了舌尖的紧张度。"r-音"类的擦音、近音变体在欧洲大陆的西班牙语(Navarro Tomás, 1950:117)和美国西班牙语(Zlotchew, 1971)、Toda 语(Spajic、Ladefoged & Bhaskararao, 1996:8),以及标准瑞典语(Lindau, 1985:164)中也都有报道(参看 Solé, 1998:412)。

综上,通过湖阳方言定母字的变体,我们大致可以推测定母字早期应读为真浊音[d],由于在语流中闭塞时长缩短,闭塞强度减弱,而弱化为同部位的拍闪音[ɾ]/[ɽ]、颤音[r]、浊擦音和近音[z̺]/[ɹ](高元音环境中),而

如果进一步联系茂林和查济方言,则会发现还可能弱化为同部位的边音
[1]。这说明宣州片吴语全浊声母在语流和单字环境下音变的路径并不
一致。

2.6.3　余论

本节的分析表明:宣州片吴语古全浊声母在两字组后字(语流)位置弱
化音变与单字不同,且古全浊声母字在语流中的音变与连读变调相关,只有
在成词变调中才会发生弱化音变,在不成词的词组中古全浊声母字的读音
与单字一致。湖阳方言定母字语音变异的分析表明,宣州片吴语定母字在
语流中由于闭塞时长减短,闭塞强度减弱,弱化为同部位的"响音",其他全
浊声母语流中弱化音变的原理也同定母字一致。从读音来看,都弱化为同
部位的拍闪音、颤音、浊擦音、近音或零声母,具体如下:

并奉母字:[b]>[v]/[w]>[ø](零声母在-u$_\beta$韵母前)

定母字:[d]>[ɾ]/[ɽ]/[r]/[z̩]/[ɹ]/[l]

从组洪音字:[z]>[l]

从组细音字:[ʑ]>[ø]

匣母字:[ʁ]>[ø]

2.7　宣州片吴语古全浊声母字音变的讨论

本章2.1—2.5节分析了宣州片吴语古全浊声母单字的读音及音变,2.6
节为古全浊声母语流中的读音及演变。夏俐萍(2015)提出了汉语方言中全
浊声母演变的两个趋势:"弱化"和"清化"。弱化,是指声母辅音的发音阻
塞度变化,"弱化"的表现多
样。本书所讨论的"弱化"是
Hock(1991:80)从阻塞程度
角度画出的弱化音变链(详
见图2-7-1),以[d]>[r]/
[l]>[ø](路径②)和[t]>
[θ]>[h]>[ø](路径①)清浊
两条弱化音变路径为例。发
塞音[d]/[t]时,舌尖和齿龈
两个发音部位完全闭塞,阻碍

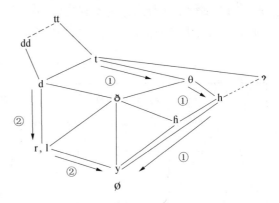

图2-7-1　弱化音变图(引自 Hock,1991:80)

程度大(其中清塞音[t]的阻碍程度又要大于浊塞音[d]);而发颤音[r]时,主动发音器官舌尖拍打齿龈,闭塞程度比之浊塞音[d]有所减弱;发擦音[θ]时,舌尖和齿龈不闭塞,形成窄缝,气流从窄缝中摩擦而出,比之清塞音[t]阻碍程度也有所减弱,[r]/[l]进一步弱化为零声母。这里需要特别说明的是[h],[h]在汉语里一般都称为"喉擦音",似乎属于擦音类。但实际上,发[h]时气流从声门通过,形成喉擦后,在口腔里并未受到阻碍,因而西方的语音学教材或论著中都将[h]看作是清化的元音,而不是放在擦音类里(详见 Ladefoged, 1996;Reetz & Jongman, 2011)。因此[θ]>[h]的音变也是阻碍程度的进一步减弱。

清化,通常指声母辅音从带音(voiced)变成不带音(voiceless),是发声类型的变化。夏俐萍(2015)指出"浊音清化"包含了"清浊""送气/不送气"这些字眼(这里的"浊"包含了"真浊"和"清音浊流"),说明"浊音清化"在发声类型包含了清化为清不送气和清送气两种类型。我们同意夏俐萍(2015)的看法,宣州片吴语古全浊声母字的音变也符合弱化和清化这两大趋势。本节我们将根据前六节的分析讨论宣州片吴语古全浊声母的音变的相关问题。具体包括以下几个方面:

(1)全浊声母单字和语流中音变的异同;

(2)"弱化"与"清化"的先后顺序;

(3)古全浊声母单字演变的不同步;

(4)宣州片吴语元音高化与弱化的关系。

2.7.1 全浊声母单字和语流中音变的异同

表2-7-1为高淳、湖阳、博望、新博、年陡、泾县和茂林方言古全浊声母单字代表例字"排""同""动""斜""茶""鞋"的读音。表中年陡方言因受到江淮官话影响定母变读为不弱化的[tʰ],匣母变读为[χ],并非自然音变的结果,其他几个宣州吴语方言点都体现古全浊声母的自然音变。

表2-7-1　宣州片吴语各方言不同声类全浊声母字的读音

声类	发音部位	例字	太高小片		东北铜泾小片			西南铜泾小片	
			高淳	湖阳	博望	新博	年陡	泾县	茂林
並母	双唇	排	bɛ²²	be¹³	ɸʰe³⁵	ɸʰe³⁵	pʰɛ¹³	ɸʰa²⁵	ɸʰa²⁴
定母洪音	舌尖中	同	dən²²	ɦʰəŋ¹³	ɾ̥ʰon³⁵	ɾ̥ʰon³⁵	tʰən¹³	ɾʰoŋ²⁵	hən²⁴
		动	dən¹⁴	ɾʰəŋ⁵¹	ɾ̥ʰon⁵¹	ɾ̥ʰon⁵¹	tʰən⁵⁵	ɾʰoŋ³¹	hən⁵¹

声类	发音部位	例字	太高小片		东北铜泾小片			西南铜泾小片	
			高淳	湖阳	博望	新博	年陡	泾县	茂林
从组_{细音}	舌面前	斜	$ʑia^{22}$	$ʑia^{13}$	$ç^hia^{35}$	$ç^hia^{35}$	$ç^hia^{13}$	$ç^hia^{31}$	hia^{51}
从组_{洪音}	舌尖前	茶	za^{22}	za^{13}	s^ha^{35}	s^ha^{35}	$ʂ^ha^{13}$	ho^{25}	$hɔ^{24}$
匣母_{洪音}	舌根	鞋	$ʁɛ^{22}$	$ʁe^{13}$	he^{35}	he^{35}	$χɛ^{13}$	ha^{25}	ha^{24}

表中记音材料显示：宣州片吴语的太高小片的高淳方言全浊声母单字仍为"浊"塞音 b-/d- 或浊擦音 z-/ʑ-/ʁ；湖阳方言定母字率先弱化 ɾ-，且定母平声字发生了弱送气的音变（详见 3.4 节）；博望、新博、年陡方言中除了匣母字以外都变为了送气化闪擦音，博望和新博方言送气化实际还在进行过程中（详见 2.1 节）；泾县方言大多数声母还是读为送气闪擦音，到了茂林方言老派大多数声类都已经变读为清喉擦音 h-，只有并母字还保留了送气擦音 ɸʰ-，但浊流完全清化。由此可见，宣州片吴语的古全浊声母单字发生了以下音变，"浊"塞音或"浊"擦音最终都弱化为清喉擦音 h-。

并母字：b->ɸʰ->h-

定母字：d->ɾ̥ʰ->h-

从组洪音字：z->sʰ->h-

从组细音字：ʑ->çʰ->h-

匣母字：ʁ->h-

宣州片吴语古全浊声母在两字组后的音变，在不同的方言中读音较为统一，具体归纳为以下音变，详见本书 2.6 节。

并母字：b->v-/w->ø-

定母字：d->l-/r-/ɾ-

从组洪音字：z->-l

从组细音字：ʑ->ø-

匣母洪音字：ʁ->ø-

那么，为什么全浊声母在单字和语流中会走不同的弱化路径呢？这实际上跟吴语全浊声母字在单字和语流中的发声类型不同相关。赵元任在 *Changchow dialect*（1970）一文中早就指出，"常州话浊塞音记为：b，d，dz，ɡ，ɡ，但实际上只在两个元音之间的非重读的时候（unstresssed intervocalic positions）才是'真浊音'，当重读的时候它们是'清音浊流'，这是江苏境内吴语的共同特征"①。

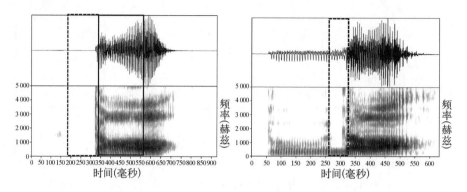

图 2-7-2　上海方言"桃"［tʰɔ²⁴］（左）和"蒲桃"
［pʰu²²dɔ⁴⁴］的声波图和语图

　　图 2-7-2 左是上海话单字"桃"的声波图和语图，黑色虚线框是清音［t］，黑色实线框是叠加在元音上的浊流［ɦ］；右图是上海话词汇"蒲桃"的声波图和语图，"桃"字处于后字，语图显示声母辅音变为了"真浊音"［d］，且后接元音没有浊流，是常态发声。正是因为吴语中全浊声母在单字和非重读后字中的语音性质差异，决定了两者走不同的弱化音变路径：非重读后字中的"真浊音"［d］会往近音［l］或颤闪音［r］/［ɾ］弱化。而全浊声母单字语音性质为"清音浊流"，其音变由两部分组成：清声母弱化和浊流清化，清声母弱化为同部位的擦音，进而变为零声母，以［t］为例，其音变路径为 *［t］>［ɾ］>［ø］；浊流清化则是 *［ɦ］>［h］，在浊流清化的过程中，某些方言点会有［hɦ］的中间阶段，即元音浊流段中的前半部分已经清化为［h］，后半部分仍保留浊流，是气化发声态。宣州片吴语新博方言就处于这样的中间阶段（详见袁丹，2019），声母弱化和浊流清化两条路径的叠加发生的音变为［tʰ］>［ɾʰ］>［h］。

　　综上，茂林方言全浊声母单字和语流中的弱化音变完全符合 Hock（1991）提出的弱化音变链，全浊声母单字除了声母弱化以外，还叠加了浊流清化。具体如下：

---

① 赵元任所说"非重读"和"重读"的差异，从连读变调模式来看可概括为"广用式"和"窄用式"的差异（金守拙，1953：373；许宝华等，1981）。

全浊声母单字

弱化　　$[t]>[\mathfrak{l}]>[\emptyset]$

　　　　　　　　　　＋　　　⇒　$[t^{\mathtt{h}}]>[\mathfrak{l}^{\mathtt{h}}]>[h]$

清化　　$[\mathfrak{h}]>[h]$

全浊声母后字

弱化　　$[d]>[l/r/\mathfrak{r}]$

需要特别指出的是,舌尖/摩擦元音-ʅ/-ɿ/-uᵦ韵母前的全浊声母单字大都不走送气化的路径,或只清化,例如茂林方言:序 ɕʅ⁵¹|似 sʅ⁵¹|祀 sʅ⁵¹|治 sʅ⁵¹;或只弱化,例如茂林方言:扶 øuᵦ²⁴|父 øuᵦ⁴²|肚 ɸuᵦ²⁴|菩 ɸuᵦ²⁴。这是因为宣州片吴语-ʅ/-ɿ/-uᵦ这样的舌尖/摩擦元音韵母实际并不带浊流,自然在音变时也就无法送气化[1]。

宣州片吴语全浊声母在单字和语流中因为声母性质差异而导致的不同弱化音变路径,也提醒我们在考察汉语方言中全浊声母的弱化音变时要厘清全浊声母的语音性质,湘语中很多方言全浊声母单字都往近音或鼻音弱化,我们推测这些方言点的全浊声母在弱化时应该是"真浊音",而非吴语单字的"清音浊流",例如[2]:

永州₍邮亭墟₎:图 lu³³|头 ləu³³|田 lie³³|豆 ləɯ²⁴|达 la³³

涟源:提 li¹³|淡 lã²¹|袋 læ²¹|皮 mi¹³|陪 mæ¹³|袍 mə¹³|病 miã²¹

新宁:停 lin²¹¹|蝶 lie¹³|田 lian²¹¹

2.7.2　"弱化"与"清化"的先后:弱化先于清化

上文论证了宣州片吴语古全浊声母单字的音变是辅音"弱化"和发声态"浊流清化"的叠加音变。朱蕾(2009)讨论了宣州片吴语音值演变的步骤。她指出,"音值演变可以概括为以下三个步骤:第一步,全浊声母的弱化;第二步,送气特征的产生;第三步,全面喉擦音化及零声母化"。但她也同时指出,"分步骤是为了方便讨论,几个步骤之间未必有绝对的时间先后"。从我们收集的宣州片吴语的材料来看,与朱蕾(2009)提出的三个步骤大致相同,但我们认为这三个步骤之间是有时间先后的,弱化应该先于清化。证据主要来自于高淳和湖阳的材料:

表2-7-1中的材料显示,高淳方言中全浊声母单字既不弱化也不送气化,但若考察高淳方言的语流中的定母字或元音 uᵦ 前并母字的话,我们会

---

[1]　定母字齐韵字(例如"题")和果摄戈韵字(例如博望方言"坐")除外,这批字可能是先送气化,而后韵母再发生高化。

[2]　语例引自夏俐萍(2015:422)。

发现弱化已经发生。颜逸明(1983：225)在高淳方言的音系说明里提到，"d 舌尖中音，清音浊流，快读时部位后移成滚音，如：'晚头(晚上)'[mie reɪ]，'学堂(学校)'[zyaʔ raŋ]，'木头、锄头、里头、外头、额头、墙头'的'头'经常读滚音，'黄豆、青豆'的'豆'也经常读滚音"。我们调查的高淳方言老年男性发音人DZG，唇擦元音-uβ前的并母字弱化为了唇擦音v-，例如：蒲~扇 vuβ²² | 菩~萨vuβ²²，中年女性发音人则进一步弱读为零声母，但送气化则未观察到。这说明宣州片吴语全浊声母的弱化要先于送气化，且是从语流环境先开始的。

上文表2-7-1中显示湖阳方言全浊声母字的弱化音变是从定母开始的，其他声母字则还未开始弱化的进程。湖阳方言定母单字按平仄读音有差异，平声定母字读为弱送气的清闪音[ɾʰ]，仄声定母字则读为不送气的清闪音[ɾ]，这说明定母单字是先弱化而后才开始送气化的。

综上，宣州片吴语全浊声母的音变是有步骤的：第一步，全浊声母先在语流中发生弱化音变，如高淳方言；第二步，全浊塞音声母在音节首位置开始弱化，且平声开始有弱送气，如湖阳大邢村方言；第三步，全浊声母单字不论平仄都送气化，如新博和博望方言；第四步，擦音脱落开始喉擦化，如泾县和茂林方言。因此，实际上朱蕾(2009)指出的三个音变步骤是有先后顺序的，以定母字开口字为例，其音变链可拟为：*d->ɾ->ɾʰ->h-。注意，匣母字没有经过送气擦音的阶段。

2.7.3 全浊声母弱化音变的不同步

表2-7-1中的记音材料显示：高淳、湖阳、博望、新博、年陡、泾县和茂林方言中古全浊声母单字弱化音变并非所有字同步发生，而是有先后顺序的。夏俐萍(2015：424)指出，"全浊声母弱化的过程中，并不是处于同一条件下的语音整齐地发生弱化音变，而是往往一部分字先发生弱化，再扩散到另一部分字音，属于扩散式音变或离散式音变"。我们同意夏俐萍(2015)的看法，并且我们认为"弱化音变的不同步"可以分三个维度来考察：(1) 声类不同步；(2) 同一声类内部韵类的不同步；(3) 同一声类韵类内部词频的不同步。

2.7.3.1 声类不同步

宣州片吴语全浊声母字的弱化音变体现了声类的不同步：匣母洪音>从组洪音>从组细音>定母>并母(越靠左边越早音变)。弱化音变的声类顺序可以从发音方法和发音部位两个方面来分析：(1) 发音方法：浊擦音>浊塞音，也就是说，从发音方法来看，浊擦音先于浊塞音弱化音变为h-。这条规则很容易解释,浊擦音变为送气擦音后,只需一步脱落擦音就能变成 h-,以 z-为例,*z->sʰ>h;但是浊塞音需要两步走,先弱化为擦音,然后再脱落擦音。

(2) 发音部位: 舌根>舌尖前/舌面前,舌尖中>双唇,也就是说在同一发音方法内部,发音部位靠后的先于发音部位靠前的全浊声母发生弱化音变。这可能可以解释为宣州片吴语中弱化是一种趋势,当除阻部位离喉部的距离越远时,除阻后到发出喉擦音[h]的准备越充分,这样的送气擦音也比较能够维持。舌根声母 ʁ-,最先弱化为 h,甚至没有经过 χʰ-的中间阶段,也是因为两个发音部位距离太近,除阻后根本没有发喉擦音的时间,但弱化又是趋势,所以直接弱化为 h-。

2.7.3.2 同一声类内部弱化音变的韵类不同步

表 2-7-2 统计了茂林方言 9 位发音人(39—71 岁,平均年龄 53 岁)在细音和洪音韵母前读为 ɸʰ-、h-声母的比例。可以发现洪音韵母前发音人基本已都弱读为 h-,细音韵母前则更多地保留了 ɸʰ-的读法,且如果洪音前并母音变未完成,细音前也不会发生音变(例如: 发音人 S4)。因此,并母的弱化音变规则是洪音前并母字先于细音前并母字发生。

表 2-7-2 茂林方言 9 位发音人并母字的读音变异

韵母	ɸʰ: h								
	S1	S2	S3	S4	S5	S6	S7	S8	S9
细音	4:1	0:5	1:4	5:0	2:3	1:4	5:0	3:2	4:1
洪音	0:12	0:12	0:12	11:1	0:12	0:12	0:12	0:12	0:12

2.7.3.3 相同声类韵类内部弱化音变的词频不同步

上文我们指出细音前并母字保留 ɸʰ-的读法更多,那么细音韵母内部并母字的音变是否有规则可循呢? 表 2-7-3 是茂林 9 位发音人细音前并母字的例字读音。虽然 9 位发音人弱化的例字各不相同,但从中也能提取出一条规则:"裙">其他,即如果有一个字先发生弱化音变的话,必定是"裙"字,而"裙"字相对于其他几个字来说更常用。实际在前贤的调查中也发现了这一规则,朱蕾(2009)的记音材料中"婆""跑"声母都读为[h]。朱文用"常用"和"其他"来标记"婆"和"跑"两个字,"婆"在茂林、岩潭、黄田、丁桥、章渡等所有方言点中都弱读为 h-,但"跑"只在茂林弱读为 h-,其他方言点都保留了唇擦 ɸʰ-/fʰ-。我们同意朱蕾的观点,不管从方言地理变异,还是方言内部的人际变异来看,并母开口和齐齿呼的弱化音变都是从常用字开始向非常用词扩散发生音变的。

表 2-7-3　茂林方言 9 位发音人细音前并母字的读音变异

韵母		例字	S1	S2	S3	S4	S5	S6	S7	S8	S9
细音	i	便~宜	ɸʰ	h	h	ɸʰ	ɸʰ	ɸʰ	ɸʰ	h	ɸʰ
	ɕi	嫖	ɸʰ	h	ɸʰ	ɸʰ	h	ɸʰ	h	ɸʰ	ɸʰ
		瓢	ɸʰ	h	ɸʰ	ɸʰ	ɸʰ	ɸʰ	h	ɸʰ	ɸʰ
	ɕiəŋ	平	ɸʰ	h	h	ɸʰ	ɸʰ	h	ɸʰ	ɸʰ	ɸʰ
		裙	h	h	h	ɸʰ	h	h	ɸʰ	h	h

总结而言,茂林方言的全浊声母弱化音变是有先后顺序,但音变顺序又是有规则的,受制于发音生理和词频使用。

2.7.4　元音高化与全浊声母弱化的关系

宣州片吴语中普遍发生了元音高化,朱晓农(2004)指出舌面元音[i][u][y]高化到顶后继续擦化或舌尖化是汉语方言的一种普遍现象。以茂林方言为例,茂林方言中存在与北京话一样的、正则的[i]/[u]/[y],也有高顶出位后擦化或舌尖化的[ʅ]/[uᵝ]/[yᵤʅ],详见表 2-7-4。

表 2-7-4　北京话和茂林方言"烟""衣""窝""乌""优""雨"的读音

韵类	先韵	脂韵	戈韵	模韵	侯韵	虞韵
例字	烟	衣	窝	乌	优	雨
北京	ian^{55}	i^{55}	uo^{55}	u^{55}	iou^{55}	y^{213}
茂林	i^{51}	$ʅ^{51}$	u^{35}	$uᵝ^{35}$	y^{51}	$yᵤʅ^{51}$

比较北京话和茂林方言同源字的读音,会发现北京话中先韵、歌韵和侯韵字,在茂林方言中高化读为[i][u]和[y],而北京话中的脂韵、模韵和鱼韵字则在茂林方言中进一步高化读为[ʅ]/[uᵝ]/[yᵤʅ],而且这两类元音前全浊声母弱化音变的方向不同,详见表 2-7-5。

表2-7-5　茂林方言[i]/[u]/[y]和[ʅ]/[u_β]/[y_zʅ]前声母的读音差异

[i]/[u]/[y]	[ʅ]/[u_β]/[y_zʅ]
前 hi²⁴ | 全 hi²⁴ | 旋 hi²⁴ |	齐 zʅ²⁴ | 序 ɕʅ²⁴ | 旗 zʅ²⁴ |
大~小 hu²⁴ | 读 huʔ⁵ | 毒 huʔ⁵	橱 ɸu_β²⁴ | 柱 ɸu_β⁵¹ | 部 ɸu_β⁵¹ | 涂 ɸu_β²⁴
厚 hy²⁴ | 后 hy²⁴ | 候 hy²⁴ | 猴 hy²⁴	葵 ɸʅ²⁴ | 柜 ɸʅ²⁴

　　需要说明的是,表中"葵柜"的读音和第一行"齐序旗"的韵母读音都为[ʅ],但我们放在第三行与[y]相对应,是因为茂林方言中止合三脂微韵字读为-y_zʅ,如微韵:肥 yi_z²⁴ \| 微 yi_z²⁴ \| 味 yi_z²⁴ \| 胃 yi_z²⁴。"葵柜"实际读音为[ɸy_zʅ²⁴],表中"葵柜"记为[ɸʰʅ]是音系处理的需要。左右两列韵母前全浊声母演变非常有规律,正则的[i]/[u]/[y]前弱化为h-,说明正则的[i]/[u]/[y]前声母是可以弱化为h-的;而摩擦化的[ʅ]/[u_β]/[y_zʅ]却走了不同的音变方向,[ʅ]前的全浊声母不弱化或弱化为ɸ-,[u_β]/[y_zʅ]前全浊声母都弱化为ɸ-。

　　那为何两类元音会走不同的弱化音变方向呢?原因是[i]/[u]/[y]和[ʅ]/[u_β]/[y_zʅ]的语音性质不同,[ʅ]/[u_β]/[y_zʅ]摩擦性很强,实际语音性质是自成音节的辅音,[ʅ]可以看作是前面同部位擦音[ʐ]的延长,所以没有办法弱化也不能送气化;[u_β]/[y_z]由于其唇音性对前面的声母有极大的同化作用,因此不管什么声母弱化后都会同化为[ɸ]。而茂林方言中的[u]和[y]则是竖唇的,没有摩擦性,与北京话的[u]和[y]性质相同,发音时气流通过声门,形成喉擦,再到口腔里,不受到阻碍,不再形成其他擦音。由此也可以反过来推测,如果合口呼和撮口呼类中全浊声母弱化为[ɸ],其介音或主元音应该是[u_β]/[y_z],因为只有摩擦化的[u_β]/[y_z]才会将前面的浊擦音同化为双唇擦音同化[ɸ];而弱化为h的,则其介音或主元音应该是[u]/[y]。例如,茂林方言"旬 ɸʰyeŋ²⁴ \| 巡 ɸʰyɑŋ²⁴ \| 循 ɸʰyɑŋ²⁴ \| 核 ɸʰuə?5 \| 获 ɸʰuə?5 \| 蟥 ɸʰuɐ⁴²"这些字属于邪母和匣母字,按理应该读为h-,但却读为了ɸʰ-,说明其介音也为摩擦化、敛唇的[u_β]和[y_z]。

2.7.5　余论

　　本节详细讨论了宣州片吴语浊声母音变的相关问题,本节的研究也带来一些启示:第一,吴语中全浊声母单字和语流中非重音位置发声类型的差异,导致了宣州片吴语在这两个条件下弱化音变方向的差异。单字是"清音浊流",发生了清音弱化并脱落以及浊流清化为 h-的叠加音变,最终弱化为 h-,而语流中非重音位置是"真浊音",则发生了真浊弱化为近音最终弱化为零声母的演变。这一点提醒我们,汉语方言中全浊声母弱化音变的类型多样,可能和弱化时全浊声母的语音性质不一致相关。第二,正则的[i]/[u]/[y]和高化后的[ɿ]/[u_β]/[y_zɿ]弱化音变方向不同。这也提醒我们,研究语音演变要尽可能区分近似音位的语音性质差异,这样在后续分析语音弱化音变时,才能准确地把握其音变规律。

第三章　宣州片吴语韵母的声学 分析及其音变

3.1　博望方言(C)V音节中元音的声学分析

博望隶属于安徽省马鞍山市,位于马鞍山市最东端,与南京江宁、溧水、高淳三区接壤。《中国语言地图集》将博望方言归属于宣州片太高小片,但据我们的调查,博望方言的语音特点更接近于铜泾小片吴语。本章将对博望方言元音系统进行详细的声学实验分析,并在此基础上讨论相关的音变问题。沈瑞清、林晴(2015)对上海话元音演变研究结果显示:上海话中(C)V和(C)VC中元音的演变是两个不同元音空间的演变,"同一个"元音在(C)V和(C)VC两个不同的语音环境中具有不同的演变路径,我们对其他吴语中元音演变的观察也证实了这一点。因此,本章我们将分(C)V音节(3.1节)和(C)VC音节(3.2节)两节来展开分析和讨论。

博望方言 (C)V音节根据V的元音类型可以分为单元音和复元音两类。(C)V音节中的单元音共有13个: /a、ɔ、e、ɛ、ɜ、o、ɤ、i、ɿ、u、ʊ、y、ʏ/,需要说明的是博望方言蟹止摄三四等字零声母以及端透母字已经读为[ɿ],在其他声母字后听感上介于摩擦化的[i]和[ɿ]之间,我们暂处理为/ɤ/和/i/两类,待实验分析后再考虑这两类是否合并;复元音共有8个: /ia、ɔi、io、ua、uɔ、ue、ɜu、uɜ/。

3.1.1　实验方法

3.1.1.1　语料

考虑到声调可能对元音的测量产生影响,例字选用高平调44或中平调33的(C)V音节字。部分元音没有平调音节或者平调音节为非常用字,则采用其他声调例字来代替,例如:/y/选择了24调的"鱼"和51调的"雨"。声母尽量选择零声母的音节或者声母为/p/ /k/的音,例字放在负载句

"我讲X给你听"中。单元音例字详见表3-1-1,复元音例字详见表3-1-2。需要说明的是,博望方言中前高元音圆唇元音和后高圆唇元音各有两套,但为了便于元音声学空间画图,表中高元音例字读音暂参考相邻方言前贤记音,暂记为/u/和/ʊ/对立,/y/和/ʏ/对立。

表3-1-1 (C)V音节中单元音例字

元音	测试例字	元音	测试例字	元音	测试例字
a	巴哑	ɜ	杯钩	u	歌五
ɔ	帮榜	o	袄宝	ʊ	搬安
e	改爱	i	比题	y	鱼雨
ɛ	间扮	ɪ	烟边	ʏ	远渊
ɿ	衣医				

表3-1-2 (C)V音节中复元音例字

元　音	测试例字	元　音	测试例字
ia	爷夜	ua	画瓜
iɔ	养秧	uɔ	网光
io	妖表	ue	外歪
		uɜ	弯官
		uɜ	尾龟

3.1.1.2　发音人

发音人男性和女性各3人,年龄在38—52岁之间,都是土生土长的博望人,并且没有长期外出经历,目前仍在新博当地工作和生活,发音人信息详见附表1.3①。

3.1.1.3　数据获取

使用录音器材包括联想 Thinkpad X240s 笔记本电脑、SoundDevices Usbpre 2 外置声卡、AKG - C544L 头戴式指向性话筒,使用录音软件为

---

① 发音人信息不包含附表1.3中的S6和S8。

Cooledit Pro。录音地点在博望中学办公室,比较安静。为了使发音人的语速和音量保持稳定,录音采取负载句的方法,句子为"我讲 X 给你听",每个例字读 3 遍。

3.1.1.4 数据分析和画图

元音的声学数据分析使用 Praat 软件,声学参数主要是元音的前三个共振峰: F1、F2、F3。测量时,不同的元音会选择不同的共振峰提取数量,如[u][o]这样的元音 F1 和 F2 的距离比较接近,选择共振峰的数量为 6;如[i][e]这样的元音 F1 和 F2 的距离比较远,则选择共振峰的数量为 4。每位发音人每个元音的数据为 2×3(2 个例字,读 3 遍),考虑到部分发音人有部分例字读错的情况,在数据分析和画图时选取 5 个数据(剔除异常值)。

3.1.2 单元音实验结果

3.1.2.1 单元音实验结果分析

图 3-1-1 显示了 3 个男性发音人(左)和 3 个女性发音人(右)的元音系统。表 3-1-3 和表 3-1-4 分别为女性和男性发音人 13 个单元音的F1、F2 和 F3 的均值、标准差。

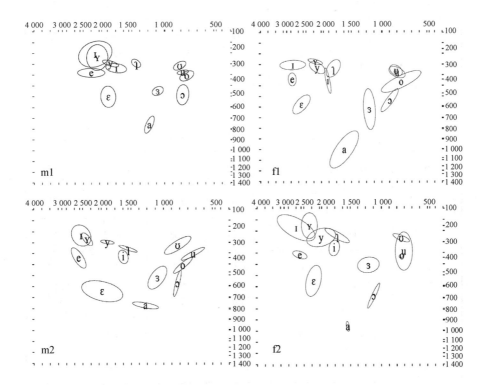

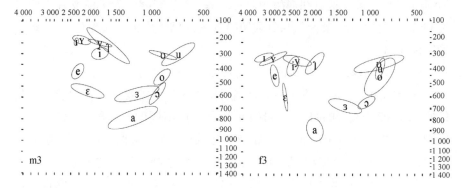

图 3-1-1　博望方言 6 位发音人(C)V 音节的元音系统

表 3-1-3　女性发音人(C)V 音节单元音共振峰数据

vowel	F1		F2		F3	
	mean	s.d.	mean	s.d.	mean	s.d
a	952	78	1 644	172	3 123	617
e	409	37	2 737	157	3 615	425
i	375	43	1 997	260	3 382	272
o	418	48	805	85	3 105	623
u	369	43	810	60	2 294	342
y	312	37	2 135	160	2 953	398
ɔ	627	65	1 012	92	3 221	313
ɛ	584	49	2 432	189	3 278	275
ɜ	584	109	1 222	108	3 347	115
ʊ	326	43	830	91	2 381	515
ɪ	279	54	2 885	297	3 794	306
ʅ	315	50	1 777	111	3 096	186
ɣ	270	59	2 461	338	3 168	295

表 3－1－4　男性发音人(C)V音节单元音共振峰数据

vowel	F1 mean	F1 s.d.	F2 mean	F2 s.d.	F3 mean	F3 s.d
a	766	36	1 229	110	2 779	278
e	390	35	2 341	168	3 224	354
i	338	44	1 695	109	2 843	151
o	429	42	813	64	2 827	72
u	343	37	738	70	2 397	308
y	274	31	1 829	87	2 546	148
ɔ	558	51	862	63	2 949	203
ɛ	575	61	1 967	166	2 858	445
ɜ	534	49	1 121	102	3 008	328
ʊ	311	19	852	59	2 631	139
ɪ	238	31	2 301	174	3 404	211
ɿ	294	47	1 510	152	2 839	286
ʏ	249	36	2 195	126	2 954	447

声学实验分析的结果表明：

（1）6 位发音人表现一致，元音声学空间处于前高元音位置的是传统方言学记音中记为/ɪ/（例如："烟边"）和/ʏ/（例如："远渊"）的字，而传统上记为/i/（例如："比题"）和/y/（例如："鱼雨"）的字则更为央化。表 3－1－5 中统计分析结果也显示"/i/：/ɪ/"和"/y/：/ʏ/"F1、F2 都有显著差异。凌锋（2011）对苏州方言元音的研究结果表明：苏州方言摩擦元音[iz]和正则前高元音[i]的最大区别在于 F2，不论男性还是女性[iz]的 F2 要显著小于[i]，而[iz]的 F1 虽然在数值上大于[i]，但统计结果却无显著差异。博望方言中"/i/：/ɪ/"和"/y/：/ʏ/"与苏州方言"[iz]：[i]"相比有相同点也有差异：① 相同点表现为/i/和/y/的 F2 都显著小于/ɪ/和/ʏ/的 F2；博望方言的/i/和/y/的 F3 也都小于/ɪ/和/ʏ/的 F3，且除了女性发音人"/y/：/ʏ/"

以外都有显著差异。可见博望方言中记为/ɪ/和/ʏ/的才是正则的[i]和[y],/i/和/y/则是摩擦元音。需要说明的是,女性发音人 f1 的/ʏ/较为央化,与/y/重合部分较大,与其他 5 位发音人不一样,这是因为这位女性发音人发的/ʏ/的 F2 有较明显滑动,元音起始处 F2 较大,随着时间的推移 F2 逐渐减小,由于我们在取值时是取中点,导致 F2 较小,这也可能影响到了女性发音人"/y/:/ʏ/"的统计结果。② 不同点表现为,博望方言的/i/和/y/的 F1 都显著大于/ɪ/和/ʏ/的 F1,而苏州方言则并不显著。

表 3 - 1 - 5 "/i/∶/ɪ/"和"/y/∶/ʏ/"统计结果

性别	韵母	F1	*p*-value	F2	*p*-value	F3	*p*-value
女性	/i/	375	***	1 997	***	3 382	**
	/ɪ/	279		2 885		3 794	
	/y/	312	**	2 135	**	2 953	n.s.
	/ʏ/	270		2 461		3 168	
男性	/i/	338	***	1 695	***	2 843	***
	/ɪ/	238		2 301		3 404	
	/y/	274	**	1 829	***	2 546	**
	/ʏ/	249		2 194		2 954	

(2) 博望方言的后高元音同样也有/u/和/ʊ/两个。从声学空间图来看,男性和女性有差异,男性/ʊ/比/u/更加央化,而女性发音人/u/和/ʊ/差异不明显。从表 3 - 1 - 6 中数据来看,/ʊ/的 F1 要显著小于/u/的 F1,因而/ʊ/比/u/舌位更高;而从 F2 来看,女性发音人没有显著差异,男性发音人则是/ʊ/的 F2 要显著大于/u/的 F2;听感上,男性的/ʊ/比/u/更加央化,接近于[ʉ],而女性则听感上没有这种差异。

表 3 - 1 - 6 /u/∶/ʊ/的统计分析结果

性别	韵母	F1	*p*-value	F2	*p*-value	F3	*p*-value
女性	/u/	369	**	810	n.s.	2 294	n.s.
	/ʊ/	326		830		2 381	

续　表

性别	韵母	F1	p-value	F2	p-value	F3	p-value
男性	/u/	343	*	738	***	2 397	*
	/ʊ/	311		852		2 631	

（3）博望方言中的/ɿ/和/i/出现环境互补,并不对立,零声母以及端透母字后读为/ɿ/,在其他声母字后读为/i/。从声学空间图来看,/i/比/ɿ/舌位更加靠前、更低。从表3-1-7中数据来看,不管是男性还是女性/i/的F1和F2都显著大于/ɿ/的F1和F2,这说明两者有差异,并非同一个音;上文分析已经表明,/i/是一个摩擦元音,听感上和普通话的/ʅ/较为近似,但摩擦性要强于普通话的/ʅ/,我们将其音系处理为/ʅ/;而/ɿ/则是舌尖元音,和普通话的/ɿ/一致。

表3-1-7　/i/：/ɿ/的统计结果

性别	韵母	F1	p-value	F2	p-value	F3	p-value
女性	/i/	375	***	1 997	**	3 382	**
	/ɿ/	315		1 777		3 096	
男性	/i/	338	***	1 695	***	2 843	n.s.
	/ɿ/	294		1 510		2 839	

（4）博望方言中后半高元音/o/的舌位也需要注意,女性发音人f2和f3的/o/与高元音/u/都有很大部分的重合,这说明博望女性发音人后半高元音/o/的舌位较高,与高元音/u/也开始有合并的趋势。

3.1.2.2　小结

通过单元音的声学实验分析,我们可以对原来的记音做一个修正(修正后的记音详见表3-1-16):

（1）原来记为/i/的字具有很强的摩擦性,但与苏州话的摩擦元音[iᶻ]在听感上和声学数据上仍有差异,听感上更接近于普通话的/ʅ/,因而我们将其音系处理为/ʅ/以区别于苏州话的前高摩擦元音[iᶻ],相应地原来记为/ɿ/的字修正为/i/。

（2）原来记为/y/的字同样具有较强的摩擦性,不同于普通话的/y/,且声学空间图上显示央化较为明显,因而处理为摩擦元音/y_z/,相应地原来记为/ʏ/的字修正为/y/。

(3)/ʊ/和/u/的问题较为复杂。首先,/ʊ/男性和女性差异较大,男性/ʊ/和/u/相比央化、高化显著,而女性则只表现为显著高化,央化并不显著,鉴于男性/ʊ/听感上央化明显,实际音值接近[ʉ],但在音系中我们仍处理为[u]。博望方言中的/u/虽然摩擦性比湖阳、高淳、茂林等强摩擦的方言弱很多,但其发音唇形仍然是敛唇(参看图3-1-2),且在/t/后有轻微的唇颤,因而我们参照湖阳、高淳方言处理为摩擦元音[u_β]。

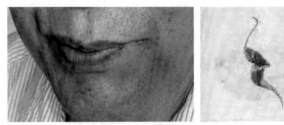

图3-1-2 博望方言[u_β](左)和普通话[u]唇形图(引自周殿福、吴宗济,1963:70)

3.1.3 复元音实验结果

图3-1-3是女性发音人和男性发音人的复元音图,图中箭头的起点是前元音,终点则是后元音。图中可见,男性和女性在发音的动程上基本一致,同一个元音如[a]和[ɔ],介音为i和介音为u时,两者在舌位上有一些差异,[ia]和[iɔ]中的[a]和[ɔ]舌位更靠前,[ua]和[uɔ]中的[a]和[ɔ]的舌位则更靠后。

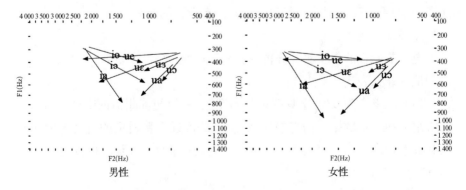

图3-1-3 博望方言(C)V音节中的复元音系统

3.1.3.1　复元音/ia/和单元音系统的比较

图 3-1-4 为复元音/ia/叠加在单元音系统上的元音图,图中的单元音系统去除了摩擦元音和舌尖元音,只保留了舌面元音(下同)。图中可见,不管是男性还是女性复元音/ia/中的主元音/a/的发音部位相对于单元音来说都要靠前,这说明/a/在韵母-ia 的中受到前面介音的影响舌位前移了;女性发音人/a/在-ia 中的舌位比单元音/a/略低,但是男性发音人并不明显。表 3-1-8 中的数据显示:不管男性还是女性-ia 中/a/的 F2 均值明显大于单元音的 F2 均值(女性 $p<.01$,男性 $p<.05$),但 F1 值男女都没有显著差异。

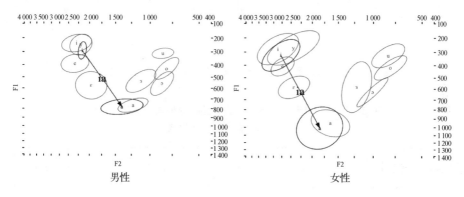

男性　　　　　　　　女性

图 3-1-4　男性和女性发音人复元音/ia/与单元音系统的比较

表 3-1-8　单元音/i/和/a/的共振峰数值与复元音/ia/中
[i]和[a]的共振峰数值的比较

性别	韵母	F1	F2	F3		F1	F2	F3
女性	i	279	2 885	3 794	a	952	1 644	3 123
	i(a)	325	2 793	3 793	(i)a	1 013	1 852	3 167
男性	i	238	2 301	3 404	a	766	1 229	2 779
	i(a)	291	2 159	3 179	(i)a	782	1 400	2 424

3.1.3.2　复元音/iɔ/和单元音系统的比较

图 3-1-5 为复元音[iɔ]叠加在单元音系统上绘制出来的元音图。图中可见,与/ia/一样,/iɔ/的主元音/ɔ/受到前面介音的影响发音部位前移了,不管是男性发音人还是女性发音人都有相同的表现。表 3-1-9 中的

数据显示/iɔ/中/ɔ/的 F2 均值显著大于单元音/ɔ/的 F2 均值(女性 $p<.05$,男性 $p<.01$),但 F1 值男女都没有显著差异。

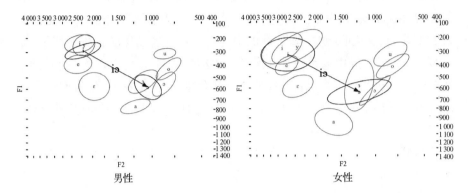

男性　　　　　　　　　　　　　女性

图 3-1-5　男性和女性发音人复元音/iɔ/与单元音系统的比较

表 3-1-9　单元音/i/和/ɔ/的共振峰数值与复元音/iɔ/中/i/和/ɔ/的共振峰数值的比较

性别	元音	F1	F2	F3		F1	F2	F3
女性	i	279	2 885	3 794	ɔ	627	1 012	3 221
	i(ɔ)	326	2 718	3 368	(i)ɔ	638	1 232	3 129
男性	i	238	2 301	3 404	ɔ	558	862	2 949
	i(ɔ)	289	2 221	3 040	(i)ɔ	583	1 057	2 601

3.1.3.3　复元音/io/和单元音系统的比较

图 3-1-6 为复元音/io/叠加在单元音系统上绘制出来的元音图。图中可见,/io/中的主元音/o/也受到前面介音的影响发音部位发生了前移,而且前移的幅度要大于与/ia/和/iɔ/前移的幅度,不管是男性还是女性[i]元音椭圆的右边界和[o]元音椭圆的左边界已经相当靠近了。表 3-1-10中数据显示:(1) /io/中的/o/的 F2 值明显大于单元音/o/的 F2 值(女性: $p<.01$,男性: $p<.001$);/io/中的/o/的 F1 值女性显著小于单元音 /o/($p<.01$),男性则没有显著差异($p>.05$)。(2) /io/中的/i/的 F3 要显著小于单元音/i/,这说明/io/中的[i]由于受到主元音[o]的影响,也具有了圆唇性,更接近于[y]。

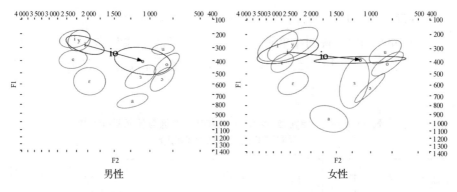

图 3 - 1 - 6　男性和女性发音人复元音[io]与单元音系统的比较

表 3 - 1 - 10　单元音/i/和/o/的共振峰数值与复元音/io/中
**　　　　　/i/和/o/的共振峰数值的比较**

性别	元音	F1	F2	F3		F1	F2	F3
女性	i	279	2 885	3 794	o	418	805	3 105
	i(o)	325	2 605	3 563	(i)o	385	1 167	3 362
男性	i	238	2 301	3 404	o	429	813	2 827
	i(o)	281	2 066	2 858	(i)o	404	1 099	2 706

3.1.3.4　复元音/uɔ/和单元音系统的比较

图 3 - 1 - 7 为复元音/uɔ/叠加在单元音系统上绘制出来的元音图。图中可见,/uɔ/中的介音/u/相较于单元音中的/u/(/ʊ/)舌位更加后缩,特别

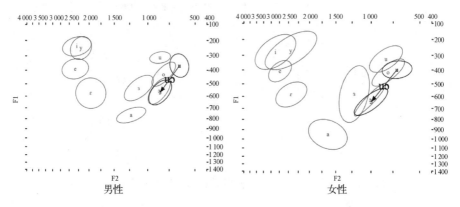

图 3 - 1 - 7　男性和女性发音人复元音/uɔ/与单元音系统的比较

是男性发音人更加明显,而主元音/ɔ/却没有受到/u/太多影响,从图中来看/uɔ/中/ɔ/的元音椭圆与单元音/ɔ/的元音椭圆重合度较高。表 3-1-11 也显示复元音/uɔ/中主元音/ɔ/的 F1 和 F2 均值与单元音/ɔ/的差异并不显著(男性 $p>.05$,女性 $p>.05$)。

表 3-1-11　单元音/u/和/ɔ/的共振峰数值与复元音/uɔ/中
/u/和/ɔ/的共振峰数值的比较

性别	元音	F1	F2	F3		F1	F2	F3
女性	u	326	830	2 381	ɔ	627	1 012	3 221
	u(ɔ)	398	713	2 847	(u)ɔ	645	1 001	3 070
男性	u	311	852	2 631	ɔ	558	862	2 949
	u(ɔ)	367	648	2 420	(u)ɔ	570	851	2 860

3.1.3.5　复元音/uɛ/和单元音系统的比较

图 3-1-8 是用复元音/uɛ/叠加在单元音系统上绘制出来的元音图。图中可见,/uɛ/中/ɛ/的元音椭圆与单元音/ɛ/的元音椭圆重合度也较高,这说明/ɛ/并没有受到介音 u 的影响;男性发音人/uɛ/中的/u/舌位较为后缩,但女性发音人没有相同的表现。表 3-1-12 中数据显示:不管是男性还是女性/uɛ/中/ɛ/的 F1 和 F2 均值与单元音/ɛ/的差异并不明显(男性 $p>.05$,女性 $p>.05$)。

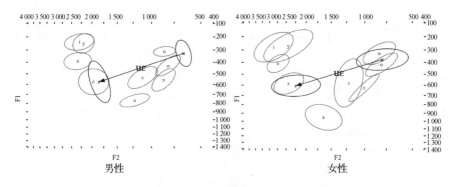

图 3-1-8　男性和女性发音人复元音/uɛ/与单元音系统的比较

表 3 - 1 - 12　单元音/u/和/ε/的共振峰数值与复元音/uε/中
/u/和/ε/的共振峰数值的比较

性别	元音	F1	F2	F3		F1	F2	F3
女性	u	326	830	2 381	ε	584	2 432	3 278
	u(ε)	376	800	2 797	(u)ε	606	2 256	3 243
男性	u	311	852	2 631	ε	575	1 967	2 858
	u(ε)	327	657	2 373	(u)ε	578	1 841	2 716

3.1.3.6　复元音/uɜ/和单元音系统的比较

图 3 - 1 - 9 为复元音/uɜ/叠加在单元音系统上绘制出来的元音图。图中显示,不论男性还是女性,/uɜ/中的主元音/ɜ/比单元音的/ɜ/略微后化、高化。表 3 - 1 - 13 中统计结果显示:男性主元音/ɜ/的 F1 显著小于单元音/ɜ/($p<.01$),女性则没有显著差异;女性主元音/ɜ/的 F2 显著小于单元音/ɜ/($p<.01$),男性则没有显著差异。这说明/uɜ/中的主元音/ɜ/的后高化并非男女发音人的普遍特征。

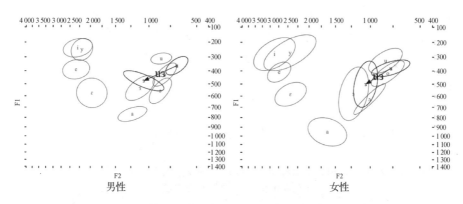

图 3 - 1 - 9　男性和女性发音人复元音/uɜ/与单元音系统的比较

表 3 - 1 - 13　单元音/u/和/ɜ/的共振峰数值与复元音/uɜ/中
/u/和/ɜ/的共振峰数值的比较

性别	元音	F1	F2	F3		F1	F2	F3
女性	u	326	830	2 381	ɜ	584	1 222	3 347
	u(ɜ)	379	775	3 064	(u)ɜ	504	1 060	3 383

续　表

性别	元音	F1	F2	F3		F1	F2	F3
男性	u	311	852	2 631	ɜ	534	1 121	3 008
	u(ɜ)	363	685	2 428	(u)ɜ	476	1 073	2 700

3.1.3.7　复元音/ua/和单元音系统的比较

图3-1-10为复元音/ua/叠加在单元音系统上绘制出来的元音图。图中显示,男女发音人复元音/ua/中的主元音/a/都要比单元音更加后高化;表3-1-14中的数据显示男女发音人的F2均值差异较大,而F1的差异则不明显,统计结果也表明/ua/中的主元音/a/的F2值显著小于单元音/a/(女性 $p<.01$,男性 $p<.05$),而F1则没有显著差异。这说明/ua/中的主元音/a/有较明显的后缩。

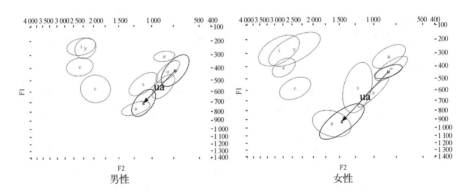

图3-1-10　男性和女性发音人复元音/ua/与单元音系统的比较

**表3-1-14　单元音/u/和/a/的共振峰数值与复元音/ua/中
/u/和/a/的共振峰数值的比较**

性别	元音	F1	F2	F3		F1	F2	F3
女性	u	326	830	2 381	a	952	1 644	3 123
	u(a)	444	834	3 284	(u)a	929	1 470	3 147
男性	u	311	852	2 631	a	766	1 230	2 779
	u(a)	422	734	2 448	(u)a	710	1 113	2 303

3.1.3.8 复元音/ue/和单元音系统的比较

图 3-1-11 为复元音/ue/叠加在单元音系统上的元音图,图中可见,主元音/e/跟单元音/e/几乎重合,也就是说/e/并未受到介音/u/的影响。表 3-1-15 中数据显示,复元音/ue/中主元音/e/的 F1 和 F2 均值与单元音/e/差异不大,统计分析结果显示:除了男性发音人/ue/中主元音/e/的 F1 显著小于单元音/e/以外,其他均无显著差异,这说明/ue/中的主元音/e/并无明显后缩或高化现象。

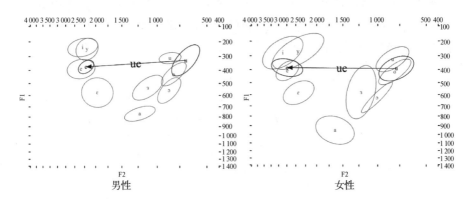

图 3-1-11 男性和女性发音人复元音/ue/与单元音系统的比较

表 3-1-15 单元音/u/和/e/的共振峰数值与复元音/ue/中 /u/和/e/的共振峰数值的比较

性别	元音	F1	F2	F3		F1	F2	F3
女性	u	326	830	2 381	e	409	2 737	3 615
	u(e)	393	788	2 744	(u)e	386	2 750	3 450
男性	u	311	852	2 631	e	390	2 341	3 224
	u(e)	328	692	2 261	(u)e	374	2 216	2 789

3.1.3.9 小结

以上复元音实验分析的结果表明:

(1) 由于协同发音的缘故,介音-i-会影响后接主元音的舌位,从而导致其一定程度的前移,而介音-u-对后接主元音的舌位则基本没有影响。

(2) 复元音中的主元音同样也会对介音产生影响,例如博望方言中

/io/ 中的-i-介音由于其后接主元音为圆唇元音-o,使得-i-介音圆唇化,向-y-介音靠近。

3.1.4 余论

本节我们对博望方言(C)V 结构的中的单元音和复元音进行了声学实验分析,单元音实验分析的结果表明:表 3-1-1 中原有的记音并不能满足博望方言单元音的记音需求,其中记为高元音/i//u//y/的字实际应为摩擦元音[i_z][$u_β$][y_z],而传统上记为松元音/ɪ//ʊ//ʏ/的字实际应为正则的高元音[i][u][y]。根据声学实验分析的结果,表 3-1-1 中的记音应修正为表 3-1-16(修正的音标粗斜体标出)。

表 3-1-16 修正后的博望(C)V 元音表

元音	测试例字	元音	测试例字	元音	测试例字
a	巴哑	ɜ	杯钩	***u***_β	歌五
ɔ	帮榜	o	祅宝	***u***	搬安
e	改爱	***i***_z	比题	***y***_z	鱼雨
ɛ	间扮	***i***	烟边	***y***	远渊
ʅ	衣医				

复元音实验分析的结果表明,由于协同发音的结果,介音和主元音会相互影响,但是-i-介音对主元音的影响程度要大于-u-介音对主元音的影响。-i-介音会促使主元音前高化,而主元音的圆唇化(例如-o)则会使得-i-介音圆唇化,若进一步发展则会促使复元音-io 单化为圆唇单元音-y。我们在调查中发现,邻近博望的新博方言中韵母-io 具有-y 的变异。这和新博方言中主元音-o 的进一步高化,以及-i-介音和主元音-o 的相互影响都有关系。

3.2 博望方言(C)VC 音节中元音的声学分析

博望方言的(C)VC 音节包括两类:一类是(C)VN 音节,即带鼻韵尾 n

的音节；另一类是(C)VʔV音节，即带喉塞尾ʔ的音节，部分发音人喉塞尾开始丢失，但仍然保留了相对的短时特征。（C）VN音节中的单元音有三个：/ən、in、on/，(C)Vʔ音节中的单元音也为三个：/aʔ、əʔ、oʔ/。需要说明的是，听感上博望方言中-əʔ和-oʔ韵母有别，但两者并不对立，是互补分布，p-声母后为-oʔ，其他声母后为-əʔ，本节暂分为两类，观察其是否有显著差异。

3.2.1 实验方法

3.2.1.1 语料

（C）VN音节中的测试例字都选用高平调44或中平调33，（C）Vʔ音节中的例字都采用阴入调5；声母一般采用零声母或塞音声母。（C）VN和（C）Vʔ音节中的单元音实验例字见表3-2-1；（C）VN和（C）Vʔ音节中的复元音实验例字见表3-2-2。例字放在负载句"我讲X给你听"中。数据获取和数据分析同3.1节。

表3-2-1 （C）VC音节中的单元音例字

韵 母	例 字	韵 母	例 字
ən	恩根	aʔ	鸭八
in	音冰	əʔ	恶格
on	工东	oʔ	北剥

表3-2-2 （C）VC音节中的复元音例字

韵母	例字	韵母	例字	韵母	例字
ion	拥永	iaʔ	药乐音~	uaʔ	挖刮
uən	温稳	iɪʔ	笔一	uəʔ	屋郭
yən	匀云			yəʔ	月肉

注意：/iən/只出现在"人认任"这几个字中，作为/ən/的变体。

3.2.2 （C）VC音节中单元音实验结果

3.2.2.1 单元音实验结果

图3-2-1为博望方言(C)VC音节中单元音的声学空间图,包括三个(C)VN音节: -ən、on 和-in,以及三个(C)VʔV音节: -əʔ、-oʔ 和-aʔ。图中可见,6位发音人(C)VN 音节的元音/ə/比(C)Vʔ 中的更加前低化,相反(C)VN音节的元音/o/则比(C)Vʔ中的更加后高化。表3-2-3为男女性发音人发的-əʔ、-oʔ、-ən、on 中/ə/和/o/的 F1、F2、F3 均值以及统计分析 p 值结果。

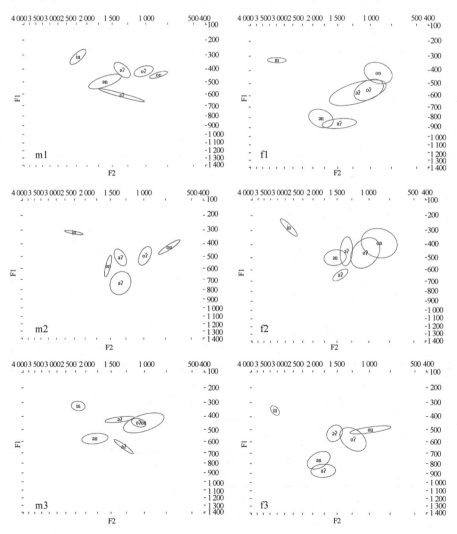

图3-2-1 博望方言6位发音人(C)VC音节的单元音系统

表 3 - 2 - 3　（C）VN 和（C）Vʔ 音节中/ə/和/o/的 F1、F2、F3 均值以及 p 值结果

性别	元音	F1	p-value	F2	p-value	F3	p-value
女性	ə(n)	687	***	1 740	***	3 177	**
	ə(ʔ)	520		1 359		3 427	
男性	ə(n)	552	***	1 658	***	2 495	N.S.
	ə(ʔ)	447		1 345		2 588	
女性	o(n)	438	***	924	***	3 412	N.S.
	o(ʔ)	532		1 106		3 360	
男性	o(n)	441	N.S.	858	***	2 494	N.S.
	o(ʔ)	454		1 031		2 620	

　　-əʔ 和-oʔ 的发音人个体变异较为明显，图中可见，m1 和 m2 的-əʔ 和-oʔ 分化较为明显，两个音的元音椭圆基本不相交；而 m3、f1 和 f2 的声学空间图显示-əʔ 和-oʔ 的元音椭圆开始相接，说明差异缩小；而 f1 中-oʔ 与-əʔ 的元音椭圆部分重合，-əʔ 的元音椭圆面积较大，涵盖了-oʔ 的部分，这说明-əʔ 的读音离散度较大，部分字的读音已经开始和-oʔ 重合了。博望方言中 f1 的声学空间图反映了-əʔ 和-oʔ 合并的趋势，距离博望镇 6 千米以外的新博镇方言的-əʔ 和-oʔ 就已经完全合并为-əʔ 了。

　　3.2.2.2　（C）V 音节中单元音与（C）VC 音节中单元音的比较

　　图 3 - 2 - 2 为（C）VC 音节的单元音系统叠加在（C）V 音节单元音系统

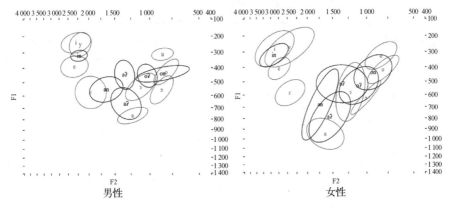

图 3 - 2 - 2　博望方言男性和女性发音人（C）V 音节中的
单元音与（C）VC 音节中的单元音

上绘制的元音图。图中可见,男性和女性发音人(C)VC 音节中的-in、-aʔ和-on(-oʔ)与(C)V 音节中的-i、-a 和-o 相比都更加央化。

3.2.3 （C）VC 音节中复元音实验结果

图 3-2-3 为(C)VC 音节中男女性发音人的复元音图,图中箭头的起点是前元音,终点则是后元音。

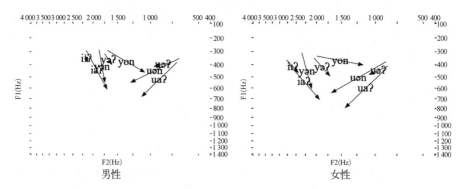

图 3-2-3　博望方言(C)VC 音节中的复元音系统

图中表现了以下 3 个特征:

（1）男性发音人/iɪʔ/几乎没有动程,这说明男性发音人的/iɪ/有单元音化的趋势,而女性发音人/iɪʔ/的动程则较为明显。表 3-2-4 显示女性发音人-i-介音的 F1 显著小于主元音-ɪ,-i-的 F2 则显著大于-ɪ,这说明女性发音人的/iɪ/是典型的复元音;而男性发音人仅在 F1 上有弱显著,F2 则并不显著,说明男性发音人/iɪ/正在向单元音化发展。

表 3-2-4　/iɪʔ/中介音-i-和主元音-ɪ 的共振峰均值和 F1、F2、F3 均值以及 *p* 值结果

性别	元音	F1	*p*-value	F2	*p*-value	F3	*p*-value
女性	i	358	***	2 766	***	3 517	N.S.
	ɪ	471		2 425		3 352	
男性	i	314	*	2 190	N.S.	3 030	N.S.
	ɪ	392		2 107		2 978	

（2）不论是男性还是女性-yəʔ、-yən、-iaʔ 中的主元音/ə/和/a/舌位较为靠前,而-uəʔ、-uən、-uaʔ 中的主元音/ə/和/a/则舌位较为靠后。其中

-yəʔ 和-uəʔ 中的主元音/ə/前化和后缩尤为明显。

（3）男性发音人-yon 中/o/的主元音比女性更低。

3.2.3.1　（C）VN 音节复元音中主元音与单元音的比较

图 3-2-4 是博望方言 6 位发音人（C）VN 音节复元音中主元音与单元音的比较,其中灰色线椭圆为单元音（C）VN 音节元音舌位,黑色线椭圆为复元音（C）VN 音节的主元音舌位,（C）VN 音节复元音中主元音和单元音的共振峰均值及比较详见表 3-2-5。图中显示:

（1）按照上文（C）V 音节复元音实验分析的结果,如果介音是前高元音-i-时,复元音中的主元音会受到-i-介音的影响舌位显著前移,而当介音是后高元音-u-时,复元音中的主元音受-u-介音的影响不大。但是在（C）VN

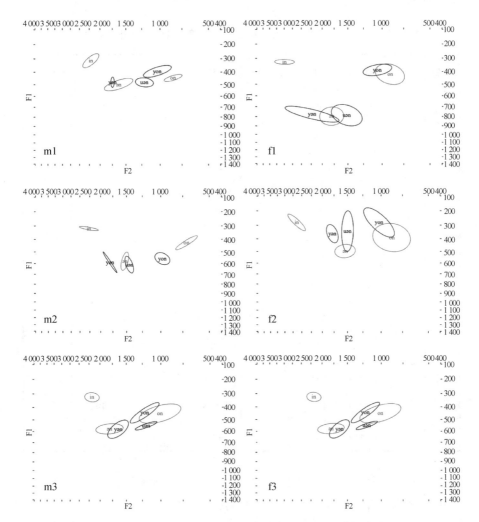

图 3-2-4　（C）VN 音节复元音中主元音与单元音的比较

音节情况却并非如此，图中显示-yən 只有发音人 m2、f1 和 f2 有较明显的前化现象，而 m3 和 f3 甚至表现出-yən 中/ə/舌位的后缩；而相反在-uən 中（除 m2 和 f2 以外），大多数发音人都有明显的主元音/ə/的舌位后缩现象。究其原因是：（C）VN 中复元音的主元音除了受到介音 -i- 和-u-舌位的影响，还会受到韵尾-N 舌位的影响，博望方言的鼻尾只有一套，不区分前后鼻音，因而不同的发音人在发韵尾-N 时有前后鼻音的差异。我们详细考察了6 位发音人的鼻韵尾后发现：-uən 中主元音后缩明显的几位发音人（m1、m3、f3）鼻尾都发的是后鼻音，而这三位发音人刚好-yən 中的主元音也发生了后缩。这说明，在（C）VN 音节中复元音的主元音受鼻尾舌位的影响比介音的更大。

表 3－2－5　（C）VN 音节复元音中主元音和单元音的共振峰均值及比较

韵母	性别	元音	F1	p-value	F2	p-value	F3	p-value
ən：uən	女性	ən	687	N.S.	1 740	N.S.	3 177	N.S.
		（u）ən	662		1 702		3 220	
	男性	ən	552	N.S.	1 658	***	2 495	N.S.
		（u）ən	553		1 295		2 494	
ən：yən	女性	ə（n）	687	N.S.	1 740	***	3 177	N.S.
		（y）ən	622		2 118		3 294	
	男性	ə（n）	552	N.S.	1 658	N.S	2 495	*
		（y）ən	554		1 740		2 788	
on：yon	女性	o（n）	438	N.S.	924	***	3 412	N.S.
		（y）on	407		1 168		3 161	
	男性	o（n）	441	N.S.	858	***	2 494	N.S.
		（y）on	465		1 078		2 412	

（2）所有发音人，不论男性女性-yon 中的/o/主元音舌位受到-y-介音舌位的影响，都发生了前化（女性 $p < .001$，男性 $p < .001$）。由于主元音 o 为后高圆唇元音，其鼻尾实际音值为后鼻尾[ŋ]，这和-yən 和-uən 的主元音/ə/不

同,/ə/为央元音,具有混音性质,与鼻尾相配,可前可后,因而不同的发音人的鼻尾音值也有个体变异,-n 或-ŋ 都可,这导致鼻尾的音值对/ə/舌位前后的影响更大,而非介音。相反,-yon 中的-y-介音对主元音/o/的前化影响较大。

3.2.3.2　(C)Vʔ 音节复元音中主元音与单元音的比较

图 3-2-5 中灰色线椭圆为单元音(C)Vʔ 音节元音舌位,黑色线椭圆为复元音(C)Vʔ 音节的元音舌位。从图中可以看出:

(1) 6 位发音人-iaʔ 中的主元音/a/与单元音-aʔ 相比有较为明显的前高化,而-uaʔ 中的主元音/a/则后缩并不明显。表 3-2-6 中数据显示男女性发音人-iaʔ 中的主元音/a/与单元音-aʔ 的 F1 和 F2 值都有显著差异;而

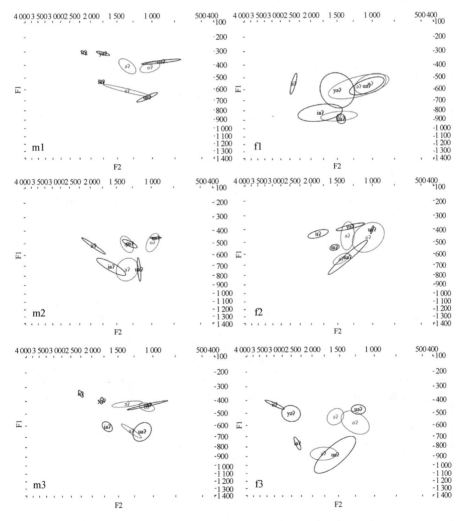

图 3-2-5　(C)Vʔ 音节复元音中主元音与单元音的比较

-uaʔ 中则只有男性发音人的主元音/a/的 F2 显著小于单元音-aʔ,这说明-i 介音对-aʔ 舌位的影响较大,-u 介音对-aʔ 舌位的影响则较小。

表 3-2-6 复元音/iaʔ/和/uaʔ/中主元音和单元音
/aʔ/的共振峰均值及 *p* 值

韵母	性别	元音	F1	*p*-value	F2	*p*-value	F3	*p*-value
aʔ : iaʔ	女性	aʔ	792	***	1 565	***	3 283	N.S.
		iaʔ	717		1 949		3 395	
	男性	aʔ	665	**	1 326	***	2 569	N.S.
		iaʔ	617		1 692		2 734	
aʔ : uaʔ	女性	aʔ	792	N.S.	1 565	N.S.	3 283	N.S.
		uaʔ	803		1 448		3 025	
	男性	aʔ	665	N.S.	1 326	**	2 569	N.S.
		uaʔ	685		1 124		2 527	

(2)-yəʔ 中的主元音/ə/的舌位个体差异较大,m1、m3 和 f3 这 3 位发音人-yəʔ 中/ə/前化较为明显,f3 发音人-yəʔ 中/ə/甚至接近于/ɪ/的舌位;但 m2、f1 和 f2 这 3 位发音人-yəʔ 中的主元音/ə/的舌位则几乎和单元音-əʔ 重合。6 位发音人-uəʔ 中的主元音/ə/的舌位则普遍都后缩,与单元音-oʔ 的舌位更接近,甚至比-oʔ 舌位还要后缩。表 3-2-7 中数据显示-yəʔ 中的主元音/ə/的 F2 值显著大于单元音-əʔ,而-uəʔ 中的主元音/ə/的 F2 值则显著小于单元音-əʔ。这也说明了(C)Vʔ 音节复元音中/ə/舌位的前移或后缩。

表 3-2-7 复元音/yəʔ/和/uəʔ/中主元音和单元音
/əʔ/的共振峰均值及 *p* 值

韵母	性别	元音	F1	*p*-value	F2	*p*-value	F3	*p*-value
əʔ : yəʔ	女性	ə(ʔ)	520	N.S.	1 359	*	3 427	*
		yəʔ	499		1 771		3 112	
	男性	ə(ʔ)	447	N.S.	1 345	**	2 588	N.S.
		yəʔ	404		1 614		2 469	

续　表

韵母	性别	元音	**F1**	*p*-value	**F2**	*p*-value	**F3**	*p*-value
ə? : uə?	女性	ə(?)	520	N.S.	1 359	***	3 427	N.S.
		uə?	483		1 088		3 221	
	男性	ə(?)	447	*	1 345	***	2 588	N.S.
		uə?	419		966		2 641	

表 3 - 2 - 8 为男女性发音人-uə? 中主元音[ə]和单元音韵母-o? 的共振峰比较,表中数据显示,除了男性发音人-o? 的 F1 显著大于-uə? 中主元音[ə]外,其他都没有显著差异,反而与单元音韵母-ə? 的差异明显(详见表 3 - 2 - 7),因而-uə? 中的[ə]实际音值应该为[o]。这与新博方言不同,新博方言中的(C)V? 系统中只有[ə],没有[o]。但我们也发现发音人 f1 的 -ə?、-o? 和-uə? 中的主元音是重合的,说明博望方言-ə?、-o? 合并已经开始了。

表 3 - 2 - 8　复元音/uə?/中主元音[ə]和单元音韵母/o?/的共振峰均值及 *p* 值

韵母	性别	元音	**F1**	*p*-value	**F2**	*p*-value	**F3**	*p*-value
ə? : uə?	女性	o(?)	532	N.S.	1 106	N.S.	3 360	N.S.
		uə?	483		1 088		3 221	
	男性	o(?)	454	***	1 031	N.S.	2 620	N.S.
		uə?	419		966		2 641	

3.2.4　余论

本节我们对博望方言(C)VC 音节中的单元音和复元音进行了声学实验分析,实验分析的结果表明:

(1) (C)VC 音节中单元音的舌位比 CV 音节中的更加央化,这一实验结果符合世界语言的普遍规律。

(2) -yən 和-uən 中主元音[ə]的实验结果与(C)V 音节复元音实验分析的结果不同。在(C)V 音节中,如果介音是前高元音-i 时,复元音中的主元音不会受到-u 介音的影响。而在(C)VN 音节中,韵尾 N 的舌位对主元音-ə-的影响比介音的影响更大。

（3）博望方言（C）Vʔ音节中有-əʔ和-oʔ差异，但实际上-əʔ和-oʔ是互补的，在p-声母后读为-oʔ，而在其他声母后则读为-əʔ。从声学分析的结果来看，绝大多数发音人（除了f1以外）-əʔ和-oʔ的分化都很明显，因而从音质的角度来看这两个音还有差异，但从音系的角度看可以合并。博望方言中-əʔ和-oʔ已经开始有合并趋势，而且是-oʔ向-əʔ靠拢，到了新博方言则已合并为了-əʔ。

（4）-yəʔ中的主元音-əʔ部分发音人舌位前移较为明显，女发音人f3已经前移到-ıʔ的位置；-uəʔ中的主元音[ə]与单元音oʔ并没有显著差异，反而与单元音-əʔ差异明显，因而-uəʔ可以修正为-uoʔ。

3.3　年陡方言单元音的声学分析及其相关音变问题的讨论

从类型学上来看，元音三角/i/ /u/ /a/在世界语言中是最普遍的（Maddieson,1984：125）。Crothers（1978：114）根据已知的世界语言元音类型构建了元音等级的普遍共性，元音三角/i/ /u/ /a/处于最高等级，也就是说不管哪种语言必须有元音/i/ /u/ /a/，才可能有其他元音类型。宣州片吴语年陡方言的元音系统也符合这一条蕴涵共性，但较为特殊的是，高元音/i/和/u/并非出现在口元音系统中，而是出现在鼻化元音系统中，那么这样特殊的元音系统是怎样形成的呢？本文将通过声学实验分析，详细描写年陡方言元音的声学空间，并分析年陡方言鼻化元音的来源及其音变，在此基础上解释年陡方言特殊元音格局的成因。

年陡镇位于安徽省马鞍山市当涂县东部，与芜湖市（江淮官话）交界，属于宣州片吴语铜泾小片〔《中国语言地图集（第二版）》，2012年〕。由于地处江淮官话与宣州片吴语的交界地带，年陡方言受江淮官话的影响较大。

3.3.1　实验程序

3.3.1.1　发音人、数据获取

参加本次实验的有3男4女，共7位发音人，年龄在25岁至70岁之间，均为土生土长的年陡人，并且没有长期外出经历，在年陡当地生活；部分发音人在芜湖打工，每天往返，发音人信息详见附表1.5。

使用录音器材包括联想 Thinkpad X240s 笔记本电脑、SoundDevices Usbpre 2 外置声卡、AKG－C544L 头戴式指向性话筒,使用录音软件为 Cooledit Pro。录音地点在年陡当地的一个宾馆内,录音环境安静。为了使发音人的语速和音量保持稳定,录音采取负载句的方法,句子为"我讲 X 拨你听"。

3.3.1.2　语料

年陡方言 CV 音节中的元音共有 14 个,包括 11 个口元音和 3 个鼻化元音,口元音分别为:/iᵤ/、/yᵤ/、/uᵦ/、/o/、/ɐ/、/æ/、/ɿ/、/ɔ/、/ɯ/、/ɤ/、/ʅ/,鼻化元音分别为:/ũ/、/ɐ̃/、/ĩ/。每个元音音位选取 2 个例字(部分元音由于内部有变异,只有 1 个例字),每个发音人每个例字读 3 遍,例字详见附表2.3。

3.3.1.3　测量和统计

声学测量采用阿姆斯特丹大学 Paul Boersma 和 David Weenink 开发的 Praat 软件。观察元音稳定段,手动提取元音共振峰 F1、F2、F3 数据。在 R 软件(R Core Team, 2014)中进行 F1、F2、F3 平均值(mean)和标准差(.s.d)的统计。[①]

3.3.2　实验结果

图 3－3－1 为年陡方言 CV 音节中女性和男性发音人元音声学空间图(数据详见附表 3.2 和附表 3.3),左图为 3 位男性发音人的元音椭圆,右图为 4 位女性发音人的元音椭圆。图中可见以下两个特点:

(1) 高元音/i/和/u/出现在鼻化元音系统(/ĩ/和/ũ/)中,而不是在口元音系统中。图中黑色实线框体中显示:不管是男性还是女性,/ĩ/都要比

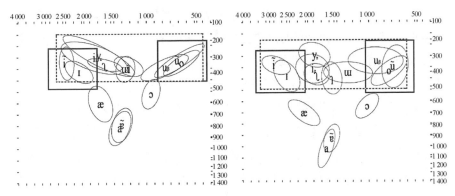

图 3－3－1　年陡方言男性(左)和女性(右)元音声学空间图

---

① 元音声学空间图绘制脚本由上海大学的凌锋老师提供。

/ɿ/更加前高化,女性发音人的/ʊ̃/也比/o/更加后高化,男性发音人的/ʊ̃/,元音椭圆面积较大,说明其变异范围较大,/ʊ̃/已经出现和/o/重合的趋势。女性发音人鼻化元音/ɐ̃/的舌位比口元音/a/更加央化,男性发音人/ɐ̃/和/a/的元音椭圆则几乎重合。

(2)年陡方言元音系统中高元音占绝对优势,CV 音节的 14 个元音中,高元音有 10 个(黑色虚线框体),其中/ĩ/ /ʊ̃/ /ɿ/ /o/和/ɯ/是舌面元音,/ʅ/和/ɻ/是舌尖元音,/iz/ /yz/ /uβ/是摩擦元音。从声学空间来看,舌尖元音和摩擦元音的位置和央高元音/ɯ/的位置比较接近,/iz/和/yz/的 F2 数值明显小于/ĩ/。

3.3.3　讨论

从年陡方言 CV 音节元音声学实验结果来看,以下两个问题值得关注:

第一,年陡方言的高元音[i]和[u]出现在鼻化元音系统(/ĩ/和/ʊ̃/)中,这与鼻化元音比相应的口元音的更加央化的音理不相符。就音理而言,鼻化元音的声学空间相较于同舌位的口元音要更为央化,这是因为鼻化元音的共振峰带宽更宽,这使得 F1 上升 F2 下降(Johnson,2003:165),例如上海话中带鼻韵尾或鼻化的元音就要比相应的口元音更加央化(Chen,2015)。由此推测,年陡方言的高鼻化元音/ĩ/和/ʊ̃/可能并非来源于鼻尾脱落 *VN>ṽ(N 代表鼻尾,包括 m、n、ŋ,下同,如:iŋ、oŋ 等)的演变。因为就音理以及上海方言的事实来看,如果年陡方言中的/ĩ/和/ʊ̃/是鼻尾脱落而来,其元音音值必然不可能处于整个元音系统的最外围,而是更加央化。那么这样的特殊元音系统到底是怎样形成的呢?

第二,从声学空间来看,舌尖元音和摩擦元音的位置比高元音/ĩ/和/ʊ̃/更加央化,与央高元音/ɯ/的位置比较接近,但实际发音上舌尖元音和摩擦元音要更靠前,声学结果和发音结果产生了矛盾。凌锋(2011:185)指出单纯从语音学角度来看,苏州话的摩擦元音[iz]可以描写成[ʒ]"音节化的舌叶(或舌面前)"-齿龈后浊擦音。实际上,不仅是/iz/和/yz/,年陡方言中摩擦化的高元音/uβ/其性质也更接近成音节的唇音/β̍/。年陡方言读为摩擦元音/iz/ /yz/和/uβ/的字在北京话中读为正则的/i/ /y/和/u/(例如表 3-3-1),那么高元音的辅音化,是否对这一特殊格局的形成产生影响?

以下,我们将通过考察年陡方言中鼻化元音的中古来源以及周边方言的读音,来详细讨论这两个问题。

表 3-3-1　北京话和年陡方言"衣""雨""五"读音差异

例　字	年　陡	北　京
衣	$i_z{}^{41}$	i^{55}
雨	$y_z{}^{35}$	y^{213}
五	$u_\beta{}^{35}$	u^{213}

3.3.4　年陡方言鼻化元音的中古来源及其音变路径分析

表 3-3-2 为年陡方言鼻化元音的中古来源。表中可见:(1)鼻化元音/ĩ/的来源实际可以分为两类:一类来自舒声韵的假开三麻韵字,例如"写"/çĩ³⁵/和"谢"/çĩ⁴⁴/。年陡方言的其他精组麻韵字读为不鼻化的/ia/,例如斜/çʰia¹³/、卸/çʰia⁴⁴/,可以推测读为鼻化元音/ĩ/的应该为借自官话的文读层,/ia/为白读层。另一类来自于阳声韵,包括咸山摄开口二等字的文读层以及咸山摄开口三、四等字。(2)鼻化元音/ũ/来源于古咸、山摄一等字,表中例字读音显示,咸山摄开口一等字有两类读音:一些字读为/ũ/,另一些字则读为/ɐ̃/,从例字的口语性以及与官话读音的近似度来看,/ũ/应为白读层,/ɐ̃/则为借自官话的文读层。(3)鼻化元音/ɐ̃/来源于古咸摄开合口字、山摄开口一二三等字以及宕江摄字,/ɐ̃/是古咸山摄字文读层的读音。

表 3-3-2　年陡方言鼻化元音的中古来源

读音	韵　类	例　　字
ĩ	假开三麻	写 çĩ³⁵｜谢 çĩ⁵⁵
	咸开二咸/衔	减 tçĩ³⁵｜监 tçĩ³¹｜陷 çʰĩ⁵⁵
	咸开三盐/严	帘 lĩ¹³｜检 tçĩ³⁵｜盐 jĩ¹³
	咸开四添	点 tĩ³⁵｜甜 tʰĩ¹³｜兼 tçĩ⁴¹｜嫌 çʰĩ¹³
	山开二山/删	奸 tçĩ⁴¹｜简 tçĩ³⁵｜闲 çʰĩ¹³｜限 çʰĩ⁵⁵
	山开三仙/元	仙 çĩ⁴¹｜煎 tçĩ⁴¹｜连 lĩ¹³｜乾 çʰĩ¹³
	山开四先	边 pĩ⁴¹｜眠 mĩ¹³｜典 tĩ³⁵｜年 ŋĩ¹³｜肩 tçĩ⁴¹｜显 çĩ⁴¹

续 表

读音	韵 类	例 字
ũ	咸开一覃/谈	贪 tʰũ⁴¹｜南 nũ¹³｜蚕 sʰũ¹³｜庵 ũ⁴¹｜甘 kũ⁴¹
	山开一寒	干 kũ⁴¹｜汗 χũ⁵⁵
	山合一桓	搬 pũ⁴¹｜端 tũ⁴¹｜钻 tsũ⁴¹｜酸 sũ⁴¹｜官 kũ⁴¹｜碗 ũ³⁵
ẽ	咸开一覃/谈	潭 ʐʰẽ¹³｜谈 ʐʰẽ¹³｜男 nẽ¹³｜胆 tẽ³⁵｜篮 lẽ¹³｜参 tsẽ⁴¹｜感 kẽ⁴¹｜勘 kʰẽ⁴¹｜喊 χẽ³⁵｜含 hẽ¹³
	咸开二咸/衔	搀 tʂẽ⁴¹｜馋 tʂʰẽ¹³｜衫 sẽ⁴¹
	咸开三盐	沾 tʂẽ⁴¹｜占 tʂẽ⁴¹｜陕 ʂẽ³⁵
	咸合三凡	凡 fʰẽ¹³｜范 fẽ⁵⁵
	山开一寒	餐 tsʰẽ⁴¹｜残 tsʰẽ¹³｜灿 tsʰẽ⁴¹｜珊 sẽ⁵⁵｜肝 kẽ⁴¹｜看 kʰẽ⁵⁵｜刊 kʰẽ⁴¹｜岸 ɰẽ⁵⁵｜安 ẽ⁴¹
	山开二山/删	山 ʂẽ⁴¹｜产 tʂẽ³⁵｜间₍房~₎kẽ⁴¹｜眼 ɰẽ³⁵｜班 pẽ⁴¹｜蛮 mẽ¹³｜删 ʂẽ⁴¹
	山开三仙	展 tʂẽ³⁵｜缠 tʂʰẽ¹³｜禅 tʂʰẽ¹³
	宕开一唐	帮 pẽ⁴¹｜榜 pẽ³⁵｜党 tẽ³⁵｜郎 lẽ¹³｜缸 kẽ⁴¹｜行 xẽ¹³
	宕合三阳	方 fẽ⁴¹｜纺 fẽ³⁵｜放 fẽ⁵⁵
	江开二江	邦 pẽ⁴¹｜胖 pʰẽ⁵⁵｜棒 pẽ⁵⁵

　　从上文的分析来看,除麻三韵字"写"和"谢"的文读音为/çĩ³⁵/和/çĩ⁵⁵/外,其他读为鼻化元音的字都来源于古阳声韵,最合理的推测是年陡方言的阳声韵字经历了鼻尾脱落为鼻化的音变:*VN>ṽ。但从音理和其他方言的语音事实来看,却并非如此。我们认为应该是古阳声韵字先脱落了鼻尾和鼻化,变为口元音,后又在江淮官话的接触影响下,发生了反向音变,重新增生鼻化。

3.3.4.1　鼻化元音/ĩ/的音变路径

　　表3-3-3为当涂城关镇、年陡及其周边宣州片吴语、常熟等7个方言点来源于古麻三韵、咸山摄二三四等字的读音。其中当涂城关镇方言属于江淮官话洪巢片,年陡、新博、博望方言属于宣州片铜泾小片吴语,湖阳和高淳方言属于宣州片太高小片吴语,常熟为太湖片苏沪嘉小片吴语。

表 3-3-3　各方言点来源于古麻三韵、咸山摄二三四等字的读音

韵摄	例字	当涂江淮	年陡铜泾	新博铜泾	博望铜泾	湖阳太高	高淳太高	常熟苏沪嘉
麻假开三	写	ς_1^{35}	$\varsigma\tilde{i}^{35}$	si^{44}	si^{22}	ςi^{33}	ςia^{33}	sia^{44}
	谢	ς_1^{54}	$\varsigma\tilde{i}^{55}$	si^{51}	si^{51}	ςi^{51}	ςia^{22}	zia^{314}
咸咸开二	减	$t\varsigma\tilde{i}^{35}$	$t\varsigma\tilde{i}^{35}$	tsi^{44}	tsi^{22}	$t\varsigma i^{33}$	$t\varsigma i^{33}$	$k\varepsilon^{44}$
衔咸开二	监	$t\varsigma\tilde{i}^{21}$	$t\varsigma\tilde{i}^{41}$	tsi^{44}	tsi^{44}	$t\varsigma i^{44}$	$t\varsigma i^{55}$	$k\varepsilon^{51}$
盐咸开三	帘/镰	$l\tilde{i}^{24}$	$l\tilde{i}^{13}$	li^{35}	li^{35}	li^{13}	li^{22}	lie^{24}
添咸开四	点	$t\tilde{i}^{35}$	$t\tilde{i}^{35}$	ti^{44}	tsi^{22}	ti^{33}	ti^{33}	tie^{44}
山山开二	艰	$t\varsigma\tilde{i}^{21}$	$t\varsigma\tilde{i}^{41}$	tsi^{44}	tsi^{44}	$t\varsigma i^{44}$	$t\varsigma i^{55}$	$t\varsigma ie^{51}$
删山开二	奸	$t\varsigma\tilde{i}^{21}$	$t\varsigma\tilde{i}^{41}$	tsi^{44}	tsi^{44}	$t\varsigma i^{44}$	$t\varsigma i^{55}$	$t\varsigma ie^{51}$
仙山开三	仙	$\varsigma\tilde{i}$	$\varsigma\tilde{i}^{41}$	si^{44}	si^{44}	ςi^{44}	ςi^{44}	sie^{51}
先山开四	边	$p\tilde{i}^{21}$	$p\tilde{i}^{41}$	pi^{44}	pi^{44}	pi^{44}	pi^{55}	pie^{51}

　　表中记音材料表明：（1）常熟和高淳方言中麻三韵的"写"和"谢"只有白读层，今读为/ia/，而湖阳、博望、新博和年陡方言中"写"和"谢"则只有文读层，与咸山摄开口二三四等字合并。另外，当涂江淮官话麻三韵字读为口元音，咸山摄开口二三四等字则读为鼻化元音，两者不合并。（2）就具体音值而言，湖阳、博望和新博方言今读为口元音/i/，而年陡方言则今读为鼻化元音/ĩ/。（3）咸山摄开口三四等字中古拟音韵腹为-jɛN-（麦耘，2009：77），常熟方言韵母音值-ie，除了鼻音成分脱落外，韵母主元音也发生了高化，而到了宣州片吴语则进一步高化为i。

　　由此可见，咸山摄开口字读为/ĩ/并非鼻尾脱落变为鼻化的音变，而是与其他宣州片吴语一样，先脱落鼻尾、鼻化，变为口元音/i/，与麻三韵文读层合并，然后在当涂江淮官话的接触影响下又增生出鼻化，变为鼻化元音/ĩ/。那么，是否有可能年陡方言的咸山摄开口二三四等字本来就是江淮官话的性质呢？通过分析当涂江淮官话可知，虽然在当涂江淮官话中咸山摄二三四等字也读为/ĩ/，但其麻三韵的文读层和咸山摄开口二三四等字并不合并，例如"写"/ɕ̩3/ ≠ "薛"/ɕĩ/，也就是说在当涂江淮官话中麻三韵文读层并没有与咸山摄合并的阶段。可见，虽然从音值来看年陡方言与当涂

江淮官话相似,但从韵类分合来看仍是宣州片吴语的特征,而与江淮官话音值相似正是由于受到江淮官话影响,发生反向音变,增生鼻化所致。而且鼻化增生应该是较为晚近的音变,发生在咸山摄开口二三四等字元音高化之后。

3.3.4.2 鼻化元音/ũ/的音变路径

表3-3-4为当涂城关镇、年陡及其周边宣州片吴语、常熟等7个方言点来源于古覃、谈、寒、桓韵字的读音。

表3-3-4 各方言点来源于古覃、谈、寒、桓韵字的读音

韵摄	例字	当涂$_{江淮}$	年陡	新博	博望	湖阳	高淳	常熟
覃$_{咸开一}$	南	læ̃^{24}	nũ^{13}	nu^{35}	ny^{35}	nu^{13}	ɳy^{22}	nəŋ^{24}
谈$_{咸开一}$	甘	kæ̃^{21}	kũ^{41}	ku^{44}	kɛ^{44}	kɣi^{44}	kei^{55}	kɜ^{51}
寒$_{山开一}$	鞍/安	æ̃^{21}	ũ^{41}	u^{44}	u^{44}	ɣi^{44}	ŋei^{55}	kɜ^{51}
桓$_{山合一}$	端	tũ^{21},tæ̃^{21}	tũ^{41}	tu^{44}	tu^{44}	tu^{44}	tu^{55}	tɜ^{51}

表中记音材料表明:(1)除了当涂江淮官话和年陡方言读为鼻化元音以外,古覃、谈、寒、桓韵字在其他方言点都读为口元音。需要说明的是,常熟方言覃韵字保留了鼻韵尾,例如"南"/nəŋ^{24}/,这是存古的体现。(2)上文中的分析表明,年陡方言的古覃、谈、寒、桓韵字有文白异读两个层次,白读层为/ũ/,文读层为/æ̃/,从表3-3-4中博望、湖阳、高淳等地的记音来看,这几个方言点也有文白两个层次,读为高圆唇元音/u/和/y/的应为白读层,读为/ɛ//ɣi//ei/为文读层。常熟方言的[ɜ]应为白读层读音,常熟方言寒韵部分字有文白异读,如"餐$_{快~}$"/tsʰɜ^{51}/、"餐$_{~饭}$"/tsʰɛ^{51}/。(3)年陡方言虽然与当涂江淮官话一样都读为鼻化,但从音类分合和音值来看,与新博、博望等宣州片吴语一致,覃、谈、寒、桓韵字合并,当涂江淮官话的桓韵字虽然也有/ũ/的读音,但覃、谈、寒只有/æ̃/一读,因此年陡方言覃、谈、寒、桓韵字的读音实际也还是反映的宣州片吴语的特征。可以推测,年陡方言古覃、谈、寒、桓韵字白读层原来应该读为口元音/u/,后受到当涂江淮官话的影响,发生了反向音变,读为鼻化元音/ũ/。

3.3.4.3 鼻化元音/ẽ/的音变路径

表3-3-5为当涂城关镇、年陡及其周边宣州片吴语、常熟等7个方言点来源于古咸山宕江摄字的读音。

表 3 - 3 - 5　各方言点来源于宕江摄字的读音

韵摄	例字	当涂	年陡	新博	博望	湖阳	高淳	常熟
覃咸开一	参	tsʰæ̃²¹	tsʰæ̃⁴¹	tsʰɛ⁴⁴	tsʰɛ⁴⁴	tɕʰie⁴⁴	tsʰei⁵⁵	tsʰəŋ⁵¹
谈咸开一	胆	tæ̃³⁵	tẽ³⁵	tɛ⁴⁴	tɛ²²	tie³³	tie³³	tɛ⁴⁴
咸咸开二	杉	sæ̃²¹	sẽ⁴¹	sɛ⁴⁴	sɛ⁴⁴	ɕie⁴⁴	ɕie⁵⁵	sɛ⁵¹
衔咸开二	衫	sæ̃²¹	sẽ⁴¹	sɛ⁴⁴	sɛ⁴⁴	ɕie⁴⁴	ɕie⁵⁵	sɛ⁵¹
盐咸开三	占	tsæ̃³⁵,tsũ³⁵	tʂẽ⁴¹	tsɛ⁴⁴	tsɛ⁴⁴	tɕie⁴⁴	tɕi⁵⁵	tʂe⁵¹
凡咸合三	范	fæ̃⁵	fẽ⁴⁴	fɛ⁵¹	fɛ³⁵	bie⁵¹	bie²²	vɛ³¹⁴
寒山开一	餐	tsʰæ̃²¹	tsʰẽ⁴¹	tsʰɛ⁴⁴	tsʰɛ⁴⁴	tɕʰie⁴⁴	tɕʰie⁵⁵	tsʰɛ⁵¹
山山开二	山	sæ̃²¹	sẽ⁴¹	sɛ⁴⁴	sɛ⁴⁴	ɕie⁴⁴	ɕie⁵⁵	sɛ⁵¹
删山开二	班	pæ̃²¹	pẽ⁴¹	pɛ⁴⁴	pɛ⁴⁴	pie⁴⁴	pie⁵⁵	pe⁵¹
仙山开三	展	tsæ̃³⁵	tʂẽ³⁵	tsɛ⁴⁴	tsɛ²²	tɕie⁴⁴	tɕi⁵⁵	tʂe⁴⁴
唐宕开一	帮	pæ̃²¹	pẽ⁴¹	pɔ⁴⁴	pɔ⁴⁴	pɑ⁴⁴	pɑ̃⁵⁵	pɑ̃⁵¹
阳宕合三	放	fæ̃⁵	fẽ⁴⁴	fɔ⁵¹	fɔ³⁵	fɑ³⁵	fɑ̃³⁵	fɑ̃³¹⁴
江江开二	胖	pʰæ̃⁵	pʰẽ⁴⁴	pʰɔ⁵¹	pʰɔ²⁴	pʰɑ³⁵	pʰɑ̃³⁵	pʰɑ̃³¹⁴

　　表中记音材料显示：（1）当涂江淮官话和年陡方言来源于古咸山宕江四摄（表中所列韵类）的字合并读为鼻化低元音,但音值又有所不同,当涂今读为/æ̃/,年陡今读为/ẽ/;除了这两个方言点以外,其他吴语点宕江摄和咸山摄不合并,宕江摄读为后低元音/ɑ̃/或/ɔ/,咸山摄读为前半低元音/ɛ/或半高元音/ie/。（2）常熟、高淳点的宕江摄仍保留了鼻化/ɑ̃/,但到了湖阳则鼻化脱落,读为口元音,音值仍保持为后低元音/ɑ/,到了新博和博望则元音音值高化为/ɔ/。但年陡方言的宕江摄读为鼻化低元音。

　　我们的推测是,年陡方言咸山宕江四摄早期可能和新博、博望方言一样咸山读为/ɛ/,宕江读为/ɔ/,在当涂江淮官话的影响下,这两个音都带上了鼻化,鼻化的结果是使两个音都发生央化,合并为/ẽ/。因而虽然年陡和当涂一样咸山宕江四摄合并,但两者音值并不相同,年陡比当涂的要更加央化。联系其他几个宣州片吴语点的情况来看,年陡方言咸山宕江四摄合并应该发生在鼻化之后。

3.3.5　余论

综上,虽然年陡方言的三个鼻化元音与当涂江淮官话在音值上较为接近,与其他吴语点读为口元音有所不同,但从音类分合来看,年陡方言的鼻化元音与新博、博望、湖阳这几个宣州片吴语更接近。因此年陡方言咸山宕江四摄读为鼻化元音,实际上是在宣州片吴语的元音系统上,受到当涂江淮官话影响,发生反向音变而形成的。麻三韵与咸山摄二三四等字读为鼻化元音应该发生在合流为口元音/i/之后;覃、谈、寒、仙合、桓韵字读为鼻化元音也应该发生在合流读为口元音/u/之后;而咸山宕江四摄字读为鼻化元音/ẽ/则可能是,咸山摄读为/ɛ/,宕江摄读为/ɔ/,受到江淮官话影响,分别鼻化而后再合并。也就是说年陡方言也曾经有过一个阶段是有元音三角/i//u//a/的,但是在当涂江淮官话的影响下,口元音变为了鼻化元音,才出现了口元音系统中前高元音/i/缺位的现象。在这过程中口元音的"高化"和"鼻化"是两个主要因素,吴语中咸山摄的鼻尾、鼻化脱落后就变成了口元音,从常熟方言 ie 到新博方言 i,咸山摄呈现出一种高化的趋势,发生了*ie>i的音变,i又受到江淮官话语言接触的影响,使其带上了鼻化经历了*i>ĩ的音变。关于高化的动因,目前学界有两种解释,一种是推链,徐通锵(1996:188–191)分析宁波方言元音系统的链变就是采用了推链的解释,他认为咸山摄阳声韵鼻尾脱落变为口元音是推链发生的动因;另外一种是拉链,前高元音 i 的舌尖化为 ɿ 或 ʅ,导致了前高元音的空位,拉动了低一位的元音来填补。年陡方言的元音系统高化到底是推链造成的还是拉链造成的,就目前的材料来看还不能圆满解答,留待日后做进一步的研究。

3.4　摩擦圆唇高元音所引发的舌尖-双唇颤音[tʙ]

Ladefoged 和 Everett(1996)曾报道过南美洲 Chapakuran 语中非同一般的唇颤音——清舌齿塞音后接双唇颤音。他认为这种音在世界语言中相当罕见,仅出现于 Chapakuran 语的 Wari' 和 Win 这两种南美洲语言中。事实上,清舌齿塞音后接唇颤音的现象虽然比较罕见,但并不局限于南美洲语言,Chirkova 和 Chen(2013)也曾在四川木里藏族自治县、九龙县和冕宁县的 Lizu 语中发现了这一语音现象,文中描述:Lizu 语中的/u/是一个后高元音(略央化),和标准的 u 相比具有更强烈的唇部收紧,由此在双唇和龈塞音后会有唇颤的变异。

有意思的是,我们在苏皖交界地区的方言调查中也发现了清舌齿塞音后接双唇颤音的现象。除此以外,还有清舌齿塞擦音双唇颤音,这些音中又以不送气的清舌齿塞音清双唇颤音[tʙ]最为常见,为了行文清晰,下文统称为"清舌齿双唇颤音 tʙ-"。[tʙ]的发音原理是先发一个舌齿塞音[t],除阻后由于气流相当强劲,而后接元音双唇间隙又很小,于是在伯努利效应作用下双唇发生颤动。颤音每个周期包含一个闭相和一个开相,闭相为两个发音器官相接触,开相为两个发音器官相分离。两者在语图和声波图上的表现是:从语图上看,闭相表现为颜色较淡的区域,高频的能量较弱,甚至是缺失,开相表现为颜色较浓的区域,高频能量较强;从声波图上看,闭相表现为振幅较小,而开相表现为振幅较大。如图3-4-1为发音人 XCH(女)发的"赌""主""煮""举"四个字,发音人认为四个字读音相同,从图中可见这四个字的声学特征一致。"赌"字颤动了5个周期,前3个周期颤动强度比较厉害,后两次颤动强度比较弱;"主"字颤动很强烈,基本上是一颤到底,达到6个周期之多。

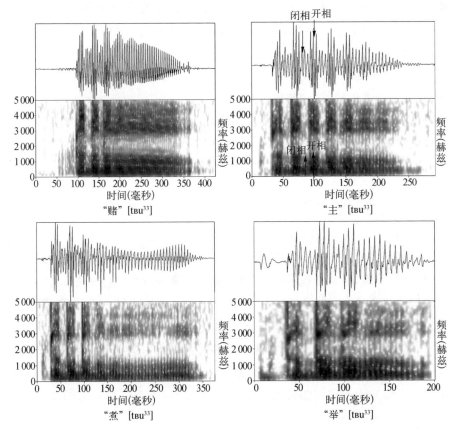

图 3-4-1　发音人 XCH 的"赌"[tʙu³³]、"主"[tʙu³³]、"煮"[tʙu³³]和"举"[tʙu³³]的声波图和语图

清舌齿双唇颤音 tʙ-主要分布在当涂县、高淳县和郎溪县境内,我们在当涂的湖阳、塘南、大陇,高淳的淳溪和定埠,以及郎溪县的梅渚等地都发现了这类音,这些方言点都处在苏皖交界地带。从方言分区上来看,大多属于皖南吴语,其中大陇、塘南、年陡划入铜泾小片,湖阳划入太高小片,定埠、梅渚则划入太湖片〔《中国语言地图集·汉语方言卷(第二版)》,2012 年〕,处于江淮官话和吴语的交界过渡地带。

从语音特征上来看,tʙ-既非江淮官话特征,又非吴语特征,应该是一种后起的创新,而非古音残留。颜逸明(1983)、郑张尚芳(1986)、蒋冰冰(2003)、郑伟等(2012)都曾报道过皖南吴语太高小片定母后字读为舌尖-齿龈颤音[r],但都未报道清舌齿双唇颤音 tʙ-。我们认为,虽然 Ladefoged 和 Chirkova 曾报道过南美洲语和 Lizu 语中清舌齿塞音双唇颤音的现象,但在汉语方言中报道这一语音现象具有尤其重要的意义。一方面,汉语方言具有较好的研究基础,可以较为清晰地看清 tʙ-的来源,考察其音变路径;另一方面,也可以通过和其他方言的比较来分析其产生条件。本文对苏皖交界地带方言中的清舌齿双唇颤音 tʙ-的研究包括以下三方面的内容:

(1)详细描写苏皖交界地带不同地点方言中清舌齿双唇颤音 tʙ-的类型,在此基础上构建其音变链;

(2)分析湖阳方言中不同发音人清舌齿双唇颤音 tʙ-的语音变体,对音变链做进一步的验证或补充;

(3)分析清舌齿双唇颤音 tʙ-产生的语音条件及其背后的语音学机制。

3.4.1　苏皖边界地带清舌齿双唇颤音 tʙ-的类型及其音变

3.4.1.1　苏皖边界地带清舌齿双唇颤音 tʙ-的类型

苏皖交界地带方言的清舌齿双唇颤音 tʙ-都来源于中古遇摄的端、精、知、章、庄、见组字,其中以清不送气的塞音 t-、塞擦音 ts-/tʃ-唇颤最为常见,清送气的塞音 tʰ-、塞擦音 tsʰ-/tʃʰ-唇颤也可见,但发生频率远不及清不送气,"浊"塞音 d-和塞擦音 dʒ-(实际为"清音浊流"[tɦ]和[tʃɦ])不发生唇颤①。根据我们的调查,苏皖交界地带不同方言中古遇摄字的唇颤读音并非同质,而是具有方言差异,概括起来有 4 种类型。需要注意的是苏皖交界地带方言中清舌齿双唇颤音 tʙ-虽然非常普遍,但大都有非唇颤的变体,为

---

① 苏皖交界地带大多数方言浊塞擦音都读为浊擦音,只有定埠有浊塞擦音与浊擦音的对立,如"锄[ʒʯ¹³]≠除[dʒʯ¹³]"。

了更清晰地描写和解释该地带 tʙ-的来源及音变，我们在给出唇颤读音的同时，也给出了非唇颤的读音。

（一）定埠型：端组读 tʙ-/tʰʙ-，知章庄精见组读 tʃʙ-/tʃʰʙ-。定埠方言中读为 tʙ-的字来自中古的端、精、知、庄、章、见组字的遇摄字。定埠方言端组唇颤后仍保留塞音读法 tʙ-/tʰʙ-，后接元音为后高圆唇元音韵母-u，知、章、庄、精、见组唇颤后仍保留塞擦音读法 tʃʙ-/tʃʰʙ-，后接元音听感上接近于舌尖后圆唇元音-ʮ①，端组和知、章、庄、精、见组唇颤后不合流。例字详见表 3-4-1。

表 3-4-1　定埠方言清舌齿双唇颤音 tʙ-例字表

中古声类	端　母		精　母	清　母		知　母
例　字	都	堵	祖	粗	醋	猪
唇颤读音	$[\text{tʙu}^{55}]$	$[\text{tʙu}^{33}]$	$[\text{tʃʙʮ}^{33}]$	$[\text{tʃʰʙʮ}^{33}]$	$[\text{tʃʰʙʮ}^{33}]$	$[\text{tʃʙʮ}^{55}]$
非唇颤读音	$[\text{tu}^{55}]$	$[\text{tu}^{33}]$	$[\text{tʃʮ}^{33}]$	$[\text{tʃʰʮ}^{33}]$	$[\text{tʃʰʮ}^{33}]$	$[\text{tʃʮ}^{55}]$

（二）湖阳型：端组与知、章、庄、精、见组合并读为 tʙ-/tʰʙ-。湖阳型中读为 tʙ-的字同样也来自中古的端、精、知、庄、章、见组字的遇摄字。与定埠型不同的是，端组字与知、章、庄、精、见组字唇颤后合并为 tʙ-/tʰʙ-，湖阳方言后接元音都为后高圆唇元音韵母-u，而淳溪方言后接元音为舌尖圆唇元音韵母-ʮ，例字详见表 3-4-2 和表 3-4-3。

表 3-4-2　湖阳方言清舌齿双唇颤音 tʙ-例字表

中古声类	端母	透母	精母	知母	章母	见　母		章　母	
例　字	赌	土	祖	猪	煮	居	举	朱	主
唇颤读音	$[\text{tʙu}^{33}]$	$[\text{tʰʙu}^{33}]$	$[\text{tʙu}^{33}]$	$[\text{tʙu}^{44}]$	$[\text{tʙu}^{33}]$	$[\text{tʙu}^{44}]$	$[\text{tʙu}^{33}]$	$[\text{tʙu}^{44}]$	$[\text{tʙu}^{33}]$
非唇颤读音	$[\text{tu}^{33}]$	$[\text{tʰu}^{33}]$	$[\text{tsu}^{33}]$	$[\text{tʃu}^{44}]$	$[\text{tʃu}^{33}]$	$[\text{tʃu}^{44}]$ / $[\text{tɕy}^{44}]$	$[\text{tʃu}^{33}]$ / $[\text{tɕy}^{33}]$	$[\text{tʃu}^{44}]$	$[\text{tʃu}^{33}]$

① 定埠方言中 tʃʙ-/tʃʰʙ-的后接元音我们记为舌尖后圆唇元音 [ʮ]，实际上并非真正的舌尖后圆唇元音，但听感上不同于后高圆唇元音 [u]，摩擦化更强烈，接近于舌尖元音的音色，为区别于后高圆唇元音 [u]，暂记为 [ʮ]。同样，下文淳溪方言 tʙ-/tʰʙ-的后接元音我们记为 [ʮ]，实际上也并非真正的舌尖前圆唇元音。

表3-4-3　高淳淳溪方言清舌齿双唇颤音 tʙ-例字表

中古声类	端母	精母	知母	章母	见　母		章　母	
例　字	都	祖	猪	煮	锯	举	朱	主
唇颤读音	[tʙʮ⁵⁵]	[tʙʮ³³]	[tʙʮ⁵⁵]	[tʙʮ³³]	[tʙʮ³⁵]	[tʙʮ³³]	[tʙʮ⁵⁵]	[tʙʮ³³]
非唇颤读音	[tʮ⁵⁵]	[tsʮ³³]	[tsʮ⁵⁵]	[tsʮ³³]	[tsʮ³⁵]	[tsʮ³³]	[tsʮ⁵⁵]	[tsʮ³³]

需要注意的是,湖阳方言中见母鱼韵字"居举"非唇颤读音有两种,有的读为[tʃu],有的读为[tɕy]。从"居举"的唇颤读音为[tʙu]来看,[tʃu]的读音应为本地读音,而[tɕy]的读音很有可能是从普通话中借用过来的。从见组字读为塞擦音 tʃ-/tɕ-来看,变读为 tʙ-应该发生在见组腭化之后,是一种后起的音变现象。

（三）塘南型：端组不唇颤,知、章、庄、精、见组大多读为 tɕʙ-/tɕʰʙ-,少量读为 tʙ-/tʰʙ-。塘南方言中读为 tʙ-的字主要来自于中古的精、知、庄、章、见组字的鱼、虞韵字,后接元音为前高圆唇元音韵母-y。与湖阳方言不同,塘南方言的模韵端组字并不发生唇颤,具体例字详见表3-4-4。

表3-4-4　塘南方言清舌齿双唇颤音 tʙ-例字表

中古声类	端母	知母	章母	见　母		精母	章　母	
例　字	赌	猪	煮	锯	举	取	朱	主
唇颤读音		[tɕʙʏ³³]	[tɕʙʏ⁵⁵]	[tʙʏ³⁵]	[tɕʙʏ⁵⁵]	[tɕʰʙʏ⁵⁵]	[tɕʙʏ³³]	[tɕʙʏ⁵⁵]
非唇颤读音	[tʊ⁵⁵]	[tɕʏ³³]	[tɕʏ⁵⁵]	[tɕʏ³⁵]	[tɕʏ⁵⁵]	[tɕʰʏ⁵⁵]	[tɕʏ³³]	[tɕʏ⁵⁵]

塘南型主要分布在当涂县塘南镇的塘南、新丰、大陇等地,塘南型与湖阳型的差异主要体现在以下三个方面：（1）塘南型的鱼、虞韵字有唇颤现象,但模韵字不发生唇颤(具体原因下文详述),而湖阳型则是模、鱼、虞都发生了唇颤;（2）从我们的调查材料来看,塘南型的唇颤读音主要为清舌齿塞擦音双唇颤音 tɕʙ-/tɕʰʙ-,唇颤后变为塞音 tʙ-的很少,只发现发音人 YBJ 的"锯"一例,而湖阳型则普遍读为塞音双唇颤音[tʙu],读为塞擦音双唇颤音[tʃʙu]的比较少见;（3）塘南型的唇颤强度没有湖阳型那么厉害。

（四）年陡型：端组和部分知章组合并,读为不唇颤的 t-/tʰ-。年陡方言中读为 tʙ-的字主要来自端组模韵字以及部分知章组的鱼、虞韵字，后接元音为后高圆唇元音韵母-u，具体例字见表 3-4-5：

表 3-4-5　年陡方言清舌齿双唇颤音 tʙ-例字表

中古声类	端　母	知　母	知　母	章　母	章　母	
例　字	赌	猪	著	煮	珠	主
唇颤读音	[tu³⁵]	[tu⁴¹]	[tu⁵⁵]	[tu³⁵]	[tu⁴¹]	[tu³⁵]
非唇颤读音	[tu³⁵]	[tʂu⁴¹]	[tʂu⁵⁵]	[tʂu³⁵]	[tʂu⁴¹]	[tʂu³⁵]

虽然年陡方言中遇摄端组和部分知、章组字合并后并不唇颤，但我们也将其归入 tʙ-的一个类型。我们猜测年陡方言遇摄端组字和知、章组字可能经过了一个唇颤[tʙu]的阶段，导致了两者的合并，但因口内气流冲出时颤动不足，才变为了不唇颤的[tu]，这一推论可以从两方面得到证实：(1) 年陡方言中部分遇摄知、章组字也有塞擦音的变体，如"主"除了读为[tu³⁵]外，也可以读为[tʂu³⁵]；(2) 除了遇摄部分知、章组字读为[t]，和端组字合流外，其他韵摄知、章组字仍读为塞擦音 ts-/tʂ-，如车[tʂʰei⁴¹]、枝[tʂɿ⁴¹]、照[tʂɤɯ⁵⁵]、抽[tʂʰɤɯ⁴¹]、周[tʂɤɯ⁴¹]、斩[tʂã³³]、针[tʂən⁴¹]、战[tʂã⁵⁵]、砖[tʂon⁴¹]、镇[tʂən⁵⁵]、准[tʃuən³³]、张[tʂã⁴¹]、蒸[tʂən⁴¹]、正[tʂən⁵⁵]、中[tʂuən⁴¹]。由此可见，年陡方言部分遇摄知、章组字读为舌尖塞音 t-并非存古，而是发生了 tʂ->tʙ-的音变，后因唇颤不足又发生了 tʙ->t-的音变，与端组字合并。

3.4.1.2　从方言变异看清舌齿双唇颤音 tʙ-的音变

以上我们对苏皖交界地带方言中不同类型的清舌齿双唇颤音 tʙ-做了详细的描写，据此我们将建立 tʙ-的音变链。表 3-4-6 是定埠、淳溪、湖阳、塘南、年陡 5 个方言中 tʙ-的读音情况。

表 3-4-6　定埠、淳溪、湖阳、塘南、年陡方言中 tʙ-的读音情况

中古地位	例字	定埠	淳溪	湖阳	塘南	年陡
端组模韵	赌	tʙʊ⁵⁵	tʙʮ³³	tʙʊ³³	tʊ³³	tu³⁵
精组模韵	祖	tʃʙʮ⁵⁵	tʙʮ³³	tʙʊ³³	tsʊ⁵⁵	tsu³⁵
知组鱼韵	猪	tʃʙʮ³⁵	tʙʮ⁵⁵	tʙʊ⁴⁴	tɕʙʏ³³	tu⁴¹

中古地位	例 字	定 埠	淳 溪	湖 阳	塘 南	年 陡
知组鱼韵	煮	tʃʙʮ⁵⁵	tʙʮ³³	tʙu³³	tɕʙʏ⁵⁵	tu³⁵
章组虞韵	主	tʃʙʮ⁵⁵	tʙʮ³³	tʙu³³	tɕʙʏ⁵⁵	tu³⁵
见组鱼韵	举	tʃʙʮ⁵⁵	tʙʮ³³	tʙu³³	tɕʙʏ⁵⁵	tɕy³⁵

注：① 表中灰框表示在录音中未发生唇颤。
　　② 由于该区域的清舌齿双唇颤音以不送气的居多,因此表中只比较了5个方言点。

表中5个方言点的例字均为"赌""祖""猪""煮""主""举",但从音变的起点来看,需分成端组和知、庄、章、精、见组两类,这是因为这几个方言点地处江淮官话和吴语的交界地带,从周边江淮官话和吴语的读音来看,端组字读为舌尖塞音 t-,而另外的知、庄、章、精、见组字则读为塞擦音 tɕ-/tʃ-/ts-,两类字从分不从合。定埠方言中,遇摄字都发生了唇颤,但唇颤后端组字读为 tʙ-,知、庄、章、精、见组字读为 tʃʙ-,两类字仍然从分;而在淳溪、湖阳方言中,端组字和知、庄、章、精、见组在唇颤后分别发生了 t->tʙ-和 tɕ-/tʃ-/ts->tʙ 的音变,两类字在 tʙ-这个音位上合并了;年陡方言中端组字和知、章组字合并为 t-,不唇颤,但可以感觉到爆破前口内气流积聚较多,不同于一般[tu]的发音,可以认为是端组字和知、章组字经由唇颤合并为 tʙ-,由于颤动不足,又音变为一般的 t-。据此我们可以构拟如下的音变链：

```
                        周边方言   定埠   湖阳(淳溪)  年陡
知、章、庄、精、见组字：    tʃ   →   tʃʙ       ↘
                                                tʙ  →  t
端组字：                  t    →    tʙ         ↗
```

塘南的材料需要做补充说明：塘南的模韵字不唇颤,只有"猪"类字有唇颤现象,从材料来看,塘南"猪"类字的读音反映了定埠到湖阳的音变路线 tʃ->tʃʙ->tʙ-。但需要指出的是,塘南方言的唇颤音以[tɕʙʏ]为主,只有少数例字出现了[tʙʏ]的读音,如上文提到的"锯"读为[tʙʏ],这与辅音声母 t 和元音-y 在声韵配合上不协调导致相关,在汉语方言中[ty]这样的声韵搭配比较罕见,而[tɕy]这样的声韵配合却非常普遍。

3.4.2　苏皖交界地带吴语清舌齿双唇颤音 tʙ-产生条件分析

从清舌齿双唇颤音 tʙ-的产生条件来看,主要与声母、韵母的关系比较大,声调的制约作用并不大,本节我们就声母和韵母来详细讨论 tʙ-产生的原因。

3.4.2.1　tʙ-产生的声母条件

从出现条件来看,声母为清舌齿塞音或塞擦音,即 t-/ts-/tʃ-/tɕ-组声母,其中清不送气舌齿塞音或塞擦音唇颤尤为多见,且唇颤强度大,清送气舌齿塞音或塞擦音 tʰ-/tsʰ-/tʃʰ-/tɕʰ-唇颤相对较少,且唇颤强度较小,"浊"舌齿塞音或塞擦音气化(实际为"清音浊流")不唇颤。

图 3-4-2 是湖阳发音人 XCH 的"主"和定埠方言发音人 ZDS 的"醋"的声波图和语图。这两个音在其各自的方言里,本都是塞擦音声母 tʃ-,但湖阳的"主"在唇颤后擦音段丢失,变成了一个塞音唇颤音,而定埠的"醋"唇颤后仍保留了擦音段[ʃ]和送气段[h],是一个送气塞擦唇颤音。图中可见"主"唇颤强度大,开相闭相非常明显;而"醋"则相反,唇颤强度不大,语图上隐约可见明暗相间的开、闭相。通过对该地带方言中唇颤音语图、声波图的比对,可以得出以下规律:即唇颤强度为 tʙ->tʃʙ->tʃʰʙ-(越左边唇颤强度越大),可见唇颤强度和声母塞音后的擦音段长度是成反比的。这一点其实从发音原理上来讲也很容易解释:唇颤的最理想状态是塞音爆破后,口内气流即刻冲出颤动双唇,而如果塞音爆破后接一段擦音段,则会减弱元音唇颤的强度,因而清舌齿双唇颤音,塞音爆破后往往会吞并擦音段,变为舌齿塞音唇颤,这就导致了 tʃ-/ts->tʙ-的音变,使得遇摄端组字和知、庄、章、精、见组字发生音位合并。

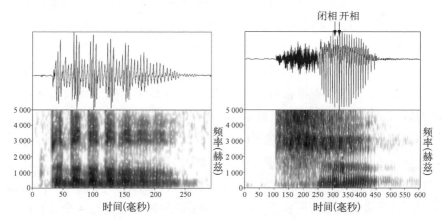

图 3-4-2　湖阳发音人 XCH "主"[tʙu³³]和定埠发音人 ZDS "醋"[tʃʰʙʮ³³]的声波图和语图

3.4.2.2　tʙ-产生的韵母条件

Ladefoged 和 Maddieson(1996:130,228)指出,除了在 Nias 语中一些未能解释的例外(Catford,1988)以及 Luquan 彝语中的擦化元音(Maddison &

Hess, 1986)外,所有来源于前鼻化双唇塞音(prenasalized bilabial stop)的双唇颤音后接元音都是后高圆唇元音,如:[mbu]。从苏皖交界地带5个方言点的读音来看,tʙ-后接韵母除了后高圆唇元音-u以外,还有前高圆唇元音-y,以及舌尖圆唇元音-ʮ、-ʯ。那么是否如Ladefoged所说只要满足[+高][+圆唇]就能引发唇颤呢?-u、-y、-ʮ、-ʯ这4个元音之间除了[+高][+圆唇]这两个特征之外,还有其他共同特性吗?以下我们将通过湖阳、塘南两地读音的音类比较,来考察这个问题。

事实上,苏皖交界地带的方言普遍都有4个高圆唇元音,表3-4-7为《高淳方言调查报告》(颜逸明,1983)、《高淳方言的特点》(汪平,2006)、《安徽当涂湖阳吴语同音字汇》(郑伟等,2012)等三份调查报告中淳溪、湖阳4个高圆唇元音的记音。

表3-4-7 淳溪、湖阳4个高圆唇元音的前人记音

淳溪	颜逸明(1985)	u 布部兔	o 搬多官	y 句吕趣	ɤ 丢端川
淳溪	汪平(2006)	u 苦夫 (ʮ)租虚主	o 河过母官	y 雨	ɤ 头流收圆
湖阳	郑伟等(2012)	u 补赌锄举	ʊ 短官河生	y 居虚遇剧	ɤ 丢舅软圆

表中例字显示:-u/-y主要来自中古的遇摄字,而-ʊ(o)/-ɤ则主要来自流、咸、山摄字,其中遇摄字可能会进一步向舌尖元音ʮ/ʯ演变,如表中汪平(2006)所记部分字仍读高元音-u,但部分字已读为-ʮ了。我们的调查情况也一样,淳溪镇发音人DZG已明显读为-ʮ,但同村的发音人DYD则仍读为-u。从以上三份调查报告可以看出,前贤都区分了两类前高圆唇元音和两类后高圆唇元音,在记音上也基本一致:前高圆唇元音采用紧[y]和松[ɤ]来区分;后高圆唇元音颜逸明(1983)以及汪平(2006)采用8号元音[u]和7号元音[o]来区分,而郑伟等(2012)则仍采用紧[u]和松[ʊ]来区分〔以下我们暂采用郑伟等(2012)的记音〕。那么,是否这4个高圆唇元音都能引发清舌齿双唇颤音呢?以下我们就来看看湖阳和塘南这4个高圆唇元音的语例:

湖阳

-y 鱼/虞:举₂tɕy³³、虚 ɕy⁴⁴、句 tɕy³⁵

-u 模/鱼/虞:赌 tu³³/tʙu³³、祖 tsu³³/tʙu³³、猪 tʃu⁴⁴/tʙu⁴⁴、主 tʃu³³/

tʙu³³、举₁tʃu³³/tʙu³³、布 pu³⁵、姑 ku⁴⁴、呼 hu⁴⁴、乌 u⁴⁴

-ʊ 歌/戈/覃/桓/仙：多 tʊ⁴⁴、谭 tʰʊ¹³、端 tʊ⁴⁴、钻 tsʊ⁴⁴、展 tsʊ³³、砖 tsʊ⁴⁴、波 pʊ⁴⁴、火 hʊ³³、半 pʊ³⁵

-ɣ 尤/仙/元：丢 tɣ⁴⁴、纠 tɕɣ⁴⁴、眷 tɕɣ³⁵、优 ɣ⁴⁴、渊 ɣ⁴⁴

塘南

-y 鱼/虞：取 tɕʰy⁵⁵/tɕʰʙy⁵⁵、猪 tɕy³³/tɕʙy³³、主 tɕy⁵⁵/tɕʙy⁵⁵、锯 tɕy³⁵/tɕʙy³⁵

-u 哥/戈/模（钝音）：波 pu³³、哥 ku³³、火 hu⁵⁵、布 pu³⁵、姑 ku³³、呼 hu³³、乌 u³³

-ʊ 歌/戈/模（锐音）：多 tʊ³³、搓 tsʰʊ³³、都 tʊ³³、赌 tʊ⁵⁵、租 tsʊ³³、粗 tsʰʊ³³

覃/谈/寒/桓/仙：贪 tʰʊ³³、端 tʊ³³、钻 tsʊ³³、砖 tʃʊ³³、半 pʊ³⁵、甘 kʊ³³、汉 hʊ³⁵、痷 ʊ³³

-ɣ 尤/仙/元：丢 tɣ³³、纠 tɕɣ³³、眷 tɕɣ³⁵、优 ɣ³³、渊 ɣ³³

从材料来看，虽然两地都有-u、-y、-ʊ、-ɣ 高圆唇元音韵母，但湖阳只在后高圆唇元音-u 前发生唇颤，而塘南只在前高圆唇元音-y 前唇颤。湖阳方言的鱼/虞/模韵合并读后高圆唇元音 u，端组、精组、知章组以及见组字由于其读音为[t/ts/tʃ]，因此两者相组合后，触发了唇颤，音变为[tʙu]（详见上文）。见组遇摄三等字如"举居锯"等有[tʃu]和[tɕy]两读，[tɕy]借自周边的江淮官话，或受普通话影响而产生的，虽与 ɣ 构成对立，但并不会唇颤。

塘南方言鱼/虞韵字读前高圆唇元音-y，精组、知章组以及见组字读[tɕ]，因此两者相结合后，触发唇颤，音变为[tɕʙy]/[tʙy]。塘南方言中歌/戈/模韵字合并，分锐钝读为-ʊ 和-u。声母读为钝音 p-（帮）、k-（见）、h-（晓匣）、ø-（影）、m（明）时，韵母读为"紧"后高圆唇元音-u；声母读为锐音 t-（端）、ts-（精）、tɕ-（知章）时，韵母读为"松"后高圆唇元音-ʊ，与覃谈、寒桓以及仙韵开合口字合并。可见，塘南方言的清舌齿塞音或塞擦音[t/ts/tɕ]并不能和"紧"后高圆唇元音-u 相配，只能和松后高圆唇元音-ʊ 相配，这就导致了塘南方言没有产生[tʙu]这样的唇颤音。

由此可见，发生唇颤的韵母条件为"紧"高圆唇元音 u、y，并与声母条件清舌齿塞音或塞擦音 t-/ts-/tʃ-/tɕ-构成两个必要条件，缺一不可。因此苏皖交界地带清舌齿塞音或塞擦音唇颤音的推导公式为：t-/ts-/tʃ-/tɕ->tʙ/____{u、y}。

那么,为什么"紧"圆唇高元音-u、-y以及舌尖圆唇元音-ʮ、-ɿ能引发唇颤,而"松"圆唇高元音-y、-ʊ却不唇颤?-u、-y、-ʮ、-ɿ之间除了[+高][+圆唇]这两个共性外,是否还有其他不为前人所察的共性呢?图3-4-3为湖阳发音人XZM和塘南发音人YBJ 4个圆唇高元音的元音格局图:

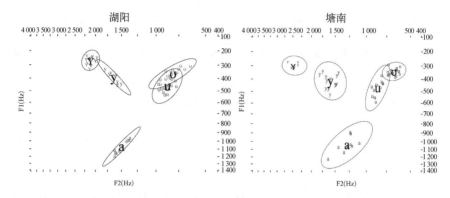

图3-4-3 湖阳发音人XZM和塘南发音人YBJ 4个圆唇高元音的元音格局图

图3-4-3显示:湖阳和塘南两位发音人元音三角的外围均由"松"元音-y、-ʊ(或者7号元音-o)所占据,而"紧"元音-y、-u则相对来讲更靠近中央位置,也就是说在元音空间的位置上更接近于舌尖元音的位置,而这正是擦化元音的表现。汉语方言中高元音的摩擦化现象已受到学界的广泛关注,石汝杰(1998:100-109)以及朱晓农(2004)都曾指出汉语方言中高元音i和y(有时包括u)带有强烈的摩擦,其发生地域广泛。钱乃荣(1992)将摩擦化的i、y记为[iz/ij]和[yz/yʮ]以区别于一般的i、y,朱晓农(2004)将上海话中摩擦化的u记为[uβ]以区别于一般的u。凌锋(2011)对苏州话的[iz]("衣")和i("烟")做了声学分析和发音部位的分析,并比较了北京话、香港粤语和美国英语中的[i],得出结论:苏州话中来自咸山摄的[i]("烟")才是真正的一号元音[i],而来自蟹止摄的[iz]("衣")是一个摩擦元音,是高元音[i]向舌尖元音[ɿ]演变过程中的一个阶段。与苏州话的-iz和-i一致,苏皖交界地带方言中来自流、咸、山摄字圆唇元音ʊ/y才是真正的[u]和[y],而来自遇摄的u/y则是摩擦元音[uβ/yz],摩擦圆唇元音[uβ/yz]是高圆唇元音[u/y]向舌尖圆唇元音演变过程中的一个阶段。这也就可以解释为什么同为圆唇高元音,正则圆唇元音[u/y]不能引发唇颤,而摩擦圆唇元音[uβ][yz][ʮ][ɿ]能引发唇颤,这是因为它们有共同的特征[+摩擦化]。由此可见,Ladefoged和Maddieson(1996:228)所说的"圆唇高元音产生唇颤"并不准确,而是摩擦化的圆唇高元音才能引发唇颤。因

此,tʙ-产生的后接元音特征应为[＋高][＋圆唇][＋摩擦化],而推导的公式也应该修正为: t-/ts-/tʃ-/tɕ->tʙ-/ ____ {uᵦ、y_z、ʮ、ʯ}。

那么,为什么只有摩擦化的圆唇高元音,或者说继续高化的圆唇高元音会产生唇颤呢? 因为无论[u][y],还是圆唇舌尖元音都是所谓双发音部位的音。而双发音部位要进一步高化,基本上只可能是其中一个部位高化,而不可能两个部位同时变成摩擦高度。因为摩擦音不仅需要收紧点特别狭窄,而且收紧点前面还要有一个比较开阔的空间。真正出现摩擦紊流不是在气流通过收紧点的时候,而是冲出收紧点的那一瞬间。所以即便真的有多个收紧点都达到摩擦音高度,其声学效果也与只有最外面的一个收紧点的擦音是一样的(Ladefoged & Maddieson,1996: 329－330)。因此对于双发音部位的音来说就只有两个选择,要么里面收紧点变高,要么外面收紧点变高。显然这一带的方言都选择了在唇部进一步收紧的办法。而当唇靠近到一定程度后,就会在伯努利效应的作用下发生颤动。需要指出的是,这里提到的唇收紧只是指双唇靠近,即敛唇(详见 2.3.3),而不是突唇,因为弹性部位一旦过于紧张,就会变得僵硬而弹性不足,这样颤动就很难发生。事实上类似的唇颤情况在苏州、上海等方言中也有发现。比如苏州的[fu]和[pu][pʰu],都是由于受到声母影响加上元音本身高化,其中韵母不再是个双发音部位的[u],而变成了成音节的[v]或者[β]。[v]因为不是两片弹性部位,目前还没发现有颤动的例子。但是[pu]和[pʰu]偶尔都会出现唇颤变体。这种唇颤与湖阳那些地方的没有区别,也是叠在元音上,时有时无,有时只在音节前半段,极少数例子颤动甚至贯穿整个音节。

据李蓝老师和王为民老师告知,西北方言和晋语中也有清舌齿双唇颤音 tʙ-,而这两个方言区正是高元音摩擦化的重要区域(详见石汝杰,1998;朱晓农,2004),这也进一步证实了我们的推测:清舌齿双唇颤音 tʙ-的产生与高圆唇元音高化为摩擦元音相关。

3.4.3　余论

本节详细描写了苏皖交界地带清舌齿清双唇颤音 tʙ-的 4 种类型,并通过方言变异和方言内部的个体变异构建了 tʙ-的音变路径:端组字发生了t->tʙ->t-的音变;知、章、庄、精、见组字发生了 ts-/tʃ-/tɕ->tʙ->t-的音变。

本节还进一步探讨了清舌齿双唇颤音 tʙ-产生的声母条件和韵母条件,研究指出:引发唇颤的声母条件为清舌齿塞音或塞擦音 t-/ts-/tʃ-/tɕ-;而引发唇颤的韵母条件并非 Ladefoged 和 Maddieson(1996: 130,228)所说的后高圆唇元音,正则的高圆唇元音 u/y 并不能引发唇颤,只有具备[＋高][＋圆唇][+摩擦化]特征的元音[u_β/y_z/$ʮ$/$ɥ$]才能引发唇颤。声母条件和韵母条件是产生清舌齿双唇颤音 tʙ-的两个必要条件,缺一不可,推导的公式为:t-/ts-/tʃ-/tɕ->tʙ-/____{u_β、y_z、$ʮ$、$ɥ$}。

　　除了苏皖交界地带以外,清舌齿双唇颤音 tʙ-在西北方言以及晋语中都有发现,如此看来,也并非 Ladefoged 所说的罕见的语言现象,而 tʙ-见于这些方言,正是和这些方言中高圆唇元音再高化为摩擦元音有关。

第四章　宣州片吴语声调的读音类型及其演变

4.1　宣州片吴语"二分型"入声的性质及其演变

中古时期的入声字在现代汉语方言中的演变发展是不平衡的。丁邦新(1998)在《汉语方言区分的条件》一文中以古塞音韵尾-p/-t/-k 的演变作为汉语方言分区的普遍性条件,可见入声字的演变在汉语音韵学史上的重要性。吴语入声尾合并为喉塞尾[ʔ]实际是针对苏州、上海这种典型吴语而言的,而处于吴语和江淮官话交界地带的边缘性吴语——宣州片吴语,其入声字的演变则与苏州、上海这种典型吴语有所不同。蒋冰冰(2005)和朱蕾(2007)都曾研究过宣州片吴语入声的演变。蒋冰冰(2005)基于宣州片吴语 20 个方言点的田野调查,将宣州片吴语入声演变的类型归纳为三大类六种类型: 第一大类,仍保留促调入声;第二大类,入声全部舒化;第三大类,入声部分舒化。朱蕾(2007)从入声是否分阴阳以及是否与其他舒声调合并这两个角度,将泾县方言的入声分为三类: 第一类为古入声分阴阳,且阴阳入声分别与上声和阴平合并舒化;第二类入声不分阴阳,且调值不同于其他声调;第三类,入声分阴阳,且调值不同于其他声调。

虽然前贤对宣州片吴语的入声演变已有一些研究,但是都没有从声学实验的角度分析入声演变的过程,也没有考察宣州片吴语入声区别于江淮官话和一般吴语的特征。宣州片吴语入声根据阴阳入是否分化可以分为两类:"一分型"和"二分型"。"一分型"是指阴入和阳入合流读为一个调,例如年陡、雁翅(沈明、黄京爱,2015)、繁昌(赵国富,2020)以及芜湖六郎(刘祥柏、陈丽,2018)等方言,这些方言主要分布在靠近江淮官话的地区,是受到江淮官话影响的结果。"二分型"是指阴入和阳入两分,这一类型应该是典型吴语自变的结果。"二分型"中部分方言仍保留入声短调,例如泾县厚岸、泾县查济(刘祥柏、陈丽,2017)、泾县茂林方言;部分方言阴入和阳入都已舒化并入其他舒声调,例如泾县_{园林村}方言;还有些方言阴入和阳入正在舒化过程中,例如湖阳、新博方言。本节主要关注宣州片吴语"二分型"入声的性质和演变,我们将以入声正在舒化中的新博方言作为实验分析对象,并比较厚岸(保留短调)和泾县(已经舒化)方言,分析宣州片吴语"二分型"入声三个阶段的特征及演变。

4.1.1　新博方言入声的声学实验分析

关于"入声舒化"前贤已经做过不少研究:曹志耘(2002:441 - 446)对南部吴语和徽语的入声声调进行了归纳,认为吴徽语入声调的演变过程首先是"延伸",如果原声调系统中有相同相近的调值就合并,如果没有,就保留单独的调类;朱晓农等(2008)考察了吴语、粤语、闽语和赣语的材料,提出了汉语方言入声演变的三条演变路径:开化路、长化路、变声路,吴语走的是开化路,即先开音节,再长化;徐越和朱晓农(2011)以吴语孝丰方言为个案,微观考察了吴语孝丰方言入声喉塞尾舒化的渐变过程;袁丹(2014)研究了常熟、湖阳、温州方言的入声演变,通过与美洲印第安语 Mixtec 语 $C_1V?C_2V$ 的喉塞现象作比较,判断吴语入声的喉塞是否脱落以及时长是否长化。这四篇论文提到了入声舒化中的三个参数:音段(喉塞尾)、时长以及声调基频曲线(调值)。沈瑞清和林晴(2016)指出元音音质也是研究入声舒化不可或缺的参数。沈文以松江叶榭话为例研究吴语入声韵的演变,发现叶榭话的入声调型、时长与舒声一致,喉塞尾脱落,而元音在声学空间图上仍保持互补分布。依据元音分散理论(vowel dispersion theory)以及与北部吴语的比较,他推测在时长和调型的区别作用消失后,元音的互补分布成为目前区分叶榭话入声和舒声的主要特征。综上可见,入声舒化与基频曲线、时长、元音音质以及喉塞音段四个声学参数都有关系。

典型吴语如苏州话、常熟话保留了入声喉塞尾和短调,而苏皖交界地带的宣州片吴语入声则已经舒化或正处于舒化之中,本节所研究的新博方言传统方言学听辨结果仅有 3 个声调,详见表 4 - 1 - 1。然而,多人次的声学分析结果却表明入声正在舒化,并未完全合并。

表 4 - 1 - 1　新博方言新派的声调系统

调　　类	调　值	例　　字
阴平+阴上+次浊上	44	高东灯非岛等马买
阳平+阴入	35	同成棚陈一得黑笔
全浊上+去+阳入	51	卖豆动洞冻白读特

本节我们将分别从基频曲线、时长、元音音质这三个参数来考察新博方言入声舒化路径。需要说明的是,袁丹(2014)的研究表明吴语的入声喉塞尾是伴随特征,而非区别特征,因而本文不考虑喉塞尾的情况。声学实验分析主要考察以下几个问题:

(1) 阳平和阴入,阳入和去声时长是否有显著差异?

(2) 阳平和阴入,阳入和去声时长基频曲线是否合并?

(3) 听感近似的舒声韵[a]与入声韵[ɐʔ]、舒声韵[ɜ]与入声韵[əʔ]是否合并?

4.1.1.1　声学实验测量和分析程序

（一）发音人和数据获取

发音人共 9 位(4 女 5 男),详见附表 1.4,按姓名首字母顺序编号 S1 到 S9①,年龄 27 岁至 54 岁,均为新博本地人且无长期外出经历,目前在新博本地工作、生活。

录音器材包括联想 Thinkpad X240s 笔记本电脑、SoundDevices Usbpre 2 外置声卡、AKG‑C544L 头戴式指向性话筒;录音软件为 Cooledit Pro、斐风;录音地点选在较安静的新博中学办公室。其中发音人 S8 录制单字,其余 8 位发音人录制负载句"我讲 X 拨你听"。

（二）实验语料

实验例字(详见附表 2.4)共 72 个,分平、上、去、入四个调类,每个调类又分为全清、次清、全浊、次浊四个不同声母类型,每个例字读 1 遍。统计分析时,排除发音人读错的例字。研究元音的实验例字共 8 个,包含新博方言音系中的所有入声单元音,即[ɐʔ]和[əʔ],分别与舒声单元音[a]和[ɜ]对应;与之配合的声母选择零声母、塞音声母[p]和[k];每个例字读 3 遍,详见附表 2.5。

（三）测量和统计

(1) 测量和数据提取:声调基频数据和时长数据提取采用美国加州大学洛杉矶分校语言学系的 Keating 等人开发的 VoiceSauce 软件 v1.28(详见凌锋等,2019)。将声母段和韵母段分别平均分成 10 个子段,提取这 10 个子段 ƒ0(Straight)的数据。韵母段 ƒ0 值用 D 值进行归一化,公式为 D = (8 * lgf0 − 9 * lgfmin + lgfmax)/((lgfmax-lgfmin) * 2) + 0.5(详见凌锋,2016)。元音数据的提取采用 Praat 软件,提取每个韵母稳定段的第一共振峰(F1)和第二共振峰(F2)的频率数据。

---

① 发音人 S10 的数据与其他 9 位有差异,因此没有放入实验分析。

（2）统计分析：① 基频数据统计分析，在 R 中使用 ggplot2 软件包绘制声调基频曲线图，针对不同调类、声类、不同发音人分别绘制基频曲线图。使用 lme4 软件包和 reshape 软件包，采用增长曲线分析法（growth curve analyses，简称 GCA，详见 Mirman，2014）统计分析基频数据和调类的关系。本文基于模型比较的结果和基频曲线图的特征，采用二次多项式来拟合模型。建模过程中，结合"向前型"（forward）和"向后型"（backward）两种建模方式（详见李倩等，2020；Barr et al.，2013），通过模型比较，获得最优模型。模型中固定效应包括"至二次方正交多项式的时间"（ot1+ot2）、"调类"（AC）和"性别"（sex）；随机效应包括"发音人"（speaker）、"例字"（item）、"发音人-调类的随机截距"（speaker：AC）。最后，使用 lmerTest 软件包对最优模型的参数估值（parameter estimates）进行显著性检验和 p 值估算。② 时长数据的处理，在 R 中使用 ggplot2 软件包绘制韵母段的时长图。使用 lme4 软件包（Bates et al.，2015），对时长和调类之间的关系进行线性混合效应分析（linear mixed-effect modal）。在线性混合效应模型中，固定效应包括"调类"和"性别"；随机效应包括"发音人""例字""发音人-调类的随机截距"。最终通过模型比较，获得最优模型，之后对最优模型的处理同上。对于不同发音人个体内部的时长比较，首先确定发音人的时长在调类上是否符合正态分布，对于符合正态分布的数据使用 t 检验，对于不符合正态分布的发音人数据采用 Wilcox 检验，检验其时长与调类的关系是否显著。③ 元音数据的处理，在 Praat 中结合 Lob 规整法和均值比较法，以第一共振峰为纵轴，第二共振峰为横轴，绘制元音声学空间图，并标注元音音标。在 R 中使用 lme4 软件包，对共振峰频率和调类之间的关系进行线性混合效应分析。在线性混合效应模型中，固定效应包括"调类"和"性别"；随机效应包括"发音人""例字""发音人-调类的随机截距"。最终通过模型比较，获得最优模型，对最优模型的处理同上。

4.1.1.2　实验结果

我们在传统方言学调查时，对音系发音人 S8 声调听辨结果为：阴入舒化并入阳平，阳入舒化并入去声，而实际 S8 声学实验分析结果与听辨结果略有差异。图 4-1-1 为音系发音人 S8 的阴入、阳平、阳入、去声的基频曲线图和时长图，图中可见：阴入和阳平基频曲线重合，阳入和去声基频曲线也几乎重合，说明其调形已经合并；阳入与去声的时长已无显著差异，然而阴入却仍显著短于阳平，阳平均值达到 217 毫秒，而阴入均值仅为 175 毫秒，阴入和阳平时比值为 0.8。根据经验入声短调时长一般为 100 毫秒（朱晓农等，2008），这说明新博方言阴入正在长化的过程中，但仍然显著短于阳平。

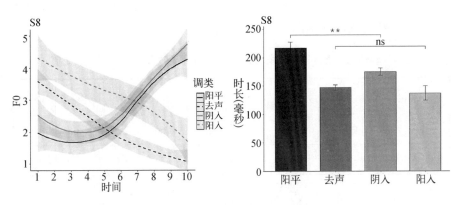

图4-1-1　发音人S8的阴入、阳平、阳入、去声的基频曲线图(左)和时长图(右)

　　音系发音人声学实验的结果与之前的听辨结果略有不同,那么音系发音人的发音是否是个案呢? 该方言多人次实验统计的结果又如何呢? 基于这些疑问,本文又做了多人次的统计实验,需要说明的是音系发音人 S8 读的是单字,而另外 8 个发音人是将单字放在负载句中朗读,由于 S8 和另外 8 位发音人朗读语境不同,因而多人次统计时 S8 的数据未纳入其中进行统计。

　　(一) 时长统计结果

　　图 4-1-2 为阳平、阴入、去声、阳入的时长图;竖轴为时长,以毫秒为单位(下同)。统计结果显示:阴入与阳平的时长差异为强显著,阳入与去声的时长差异为显著,这说明新博方言中的阴阳入仍在舒化过程中,还未完全舒化。阴入均值更短,时长为120 毫秒,阳平为 200 毫秒,阴入与阳平时长比值为 0.6,这说明实际大多数发音人阴入仍是一个较短的调。

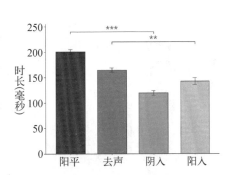

图4-1-2　新博方言8位发音人阳平、阴入、去声、阳入时长图

　　表 4-1-2 是 8 位发音人"阴入/阳平"和"阳入/去声"时长比值,图 4-1-3 是阴入、阳入、阳平和去声的绝对时长和统计分析结果。分析结果显示:8 位发音人的阴入和阳入时长都有显著差异,其中发音人 S2 为弱显著,阴入和阳平时长比值也最大,其他发音人均为强显著,S3 和 S9 阴入最短,两人均值都只有 75 毫秒,是典型的短调,阴入和阳平比值也最小;S1、S2、S3 和 S5 这 4 位发音人的阳入和去声时长没有显著差异,说明时长已经

舒化;S4、S6 和 S7 虽然阳入和去声还有显著差异,但比值较大;S9 阳入时长仅为 74 毫秒,仍保留短调。

表 4-1-2　新博方言 8 位发音人"阴入/阳平"和"阳入/去声"时长比值

	S1	S2	S3	S4	S5	S6	S7	S9
阴入/阳平	0.61	0.76	0.38	0.54	0.66	0.65	0.65	0.35
阳入/去声				0.81		0.81	0.76	0.46

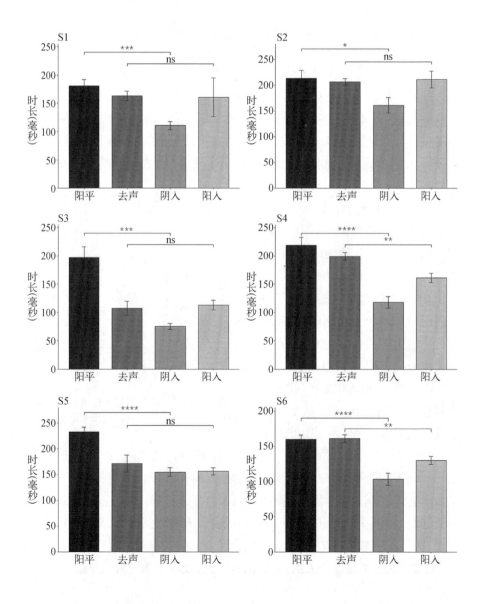

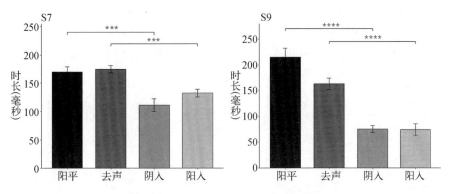

图4-1-3　新博方言8位发音人入声调与舒声调时长的个体差异

综上，从时长角度来看，新博方言的入声调正在舒化过程中，且阳入调舒化要快于阴入调的舒化。

（二）基频曲线统计结果

图4-1-4为新博方言的阳平、去声、阴入、阳入的声调基频曲线图，横轴为时间点，纵轴为基频 D 值。表4-1-3为新博方言"阴入 vs 阳平""阳入 vs 阳去"的统计结果：从基频曲线来看，阴入和阳平基频曲线在"截距""斜率"两个参数均无显著差异，只在"拱度"上有差异，也就是说新博方言阴入和阳平的基频曲线基本已经合并了；阳入和阳去基频曲

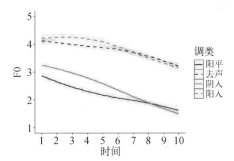

图4-1-4　新博方言8位发音人声调基频曲线的 D 值图

线在"截距""斜率""拱度"均没有显著差异，这说明阳入和阳去两条基频曲线是基本重合的；另外阴入调值显著低于阳入。

表4-1-3　新博方言8位发音人"阴入 vs 阳平""阳入 vs 阳去"的统计分析结果

参　数	阴入 vs 阳平		阳入 vs 阳去	
	估　值	p 值	估　值	p 值
截距（inpercept）		N.S		N.S.
斜率（linear）		N.S		N.S.
拱度（quadrapic）	−0.239 85	**		N.S.

值得注意的是,音系发音人 S8 阳平和阴入基频曲线合并为一个中升调[35],而阳平和阴入多人次基频曲线则拟合为一个低降调[31]。进一步的个体差异考察结果显示:阳人和去声的基频曲线 8 位发音人都较为一致,

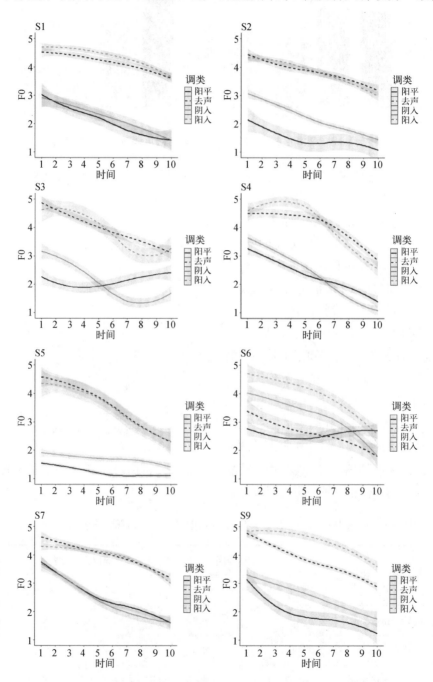

图 4-1-5 新博方言阴入和阳平、去声和阳入基频曲线的个体差异

表现为阳入和去声合并为高降调;然而阳平和阴入的个体差异则较大,S1、S2、S4、S5、S7、S9 阳平和阴入基频曲线走向基本一致,而 S3、S6 阳平和阴入基频曲线走向略有差异,表现为阴入为降调,而阳平为升调。

综上,新博方言入声调和舒声调在时长和基频曲线两方面的统计结果显示:阳入和阳去、阴入和阳平的基频曲线都趋于合并,而时长则仍有显著差异。这说明入声并非在舒化完成后才发生调型合并的,而是在舒化过程中已经完成了调型合并。

(三)元音共振峰频率的统计结果和个体差异分析

(1)元音共振峰频率的统计结果

新博方言入声韵数量较少,共有 8 个入声韵母,其中单元音入声韵母只有[ɐʔ]和[əʔ]2 个,详见表 4-1-4。

表 4-1-4　新博方言入声韵母表

ɐʔ 拔抹八划	ieʔ 着学略甲	aɐʔ 袜	yɐʔ 刷
əʔ 不白毒博	ieʔ 避灭鳖切	uəʔ 阔扩骨国	yəʔ 绝熟桌叔

从听感上来看,舒声韵 -a 与入声韵-ɐʔ 听感近似,舒声韵-ɜ 和入声韵-əʔ 听感近似,因此实验分析主要比较-a 与-ɐʔ、-ɜ 与-əʔ 的声学空间差异。如图 4-1-6 所示,纵轴为第一共振峰频率(F1),横轴为第二共振峰频率(F2),表 4-1-5 统计分析结果显示:无论是元音[a]与[ɐ],还是元音[ɜ]与[ə],其舒声韵和入声韵的声学空间分布都有部分重叠。统计结果则显示:[a]与[ɐ]、[ɜ]与[ə]的第一共振峰(F1)都有显著差异,而第二共振峰(F2)则没有差异,第三共振峰(F3)则只有女性发音人的[ɜ]与[ə]有弱显著差异。这说明[a]与[ɐ]、[ɜ]与[ə]虽然在声学空间上部分重叠,但实际仍有显著差异,且这个差异体现在 F1 上,入声韵[ɐ]和[ə]F1 值显著小于舒声韵[a]和[ɜ]。

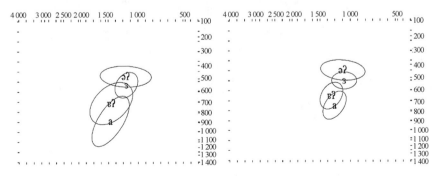

图 4-1-6　新博方言女性(左)和男性(右)元音声学空间图

表4-1-5　新博方言元音[a]与[ɐ]、[ɛ]与[ə]的比较(以入声韵为基准)

		F1	F2	F3
[a]vs[ɐʔ]	女性	***	n.s	n.s
	男性	***	n.s	n.s
[ɛ]vs[əʔ]	女性	***	n.s	*
	男性	***	n.s	n.s

不同发音人声学空间分布如图4-1-7所示。图中可见:从[a]与[ɐ]的声学空间来看,发音人S1、S2、S5和S8两者元音声学空间部分重叠,而发音人S3、S4、S6、S7和S9则相分离,其中发音人S8的元音[a]与[ɐ]基本重合,统计结果显示两者的F1和F2均无显著差异($p>.05$),这说明发音人S8

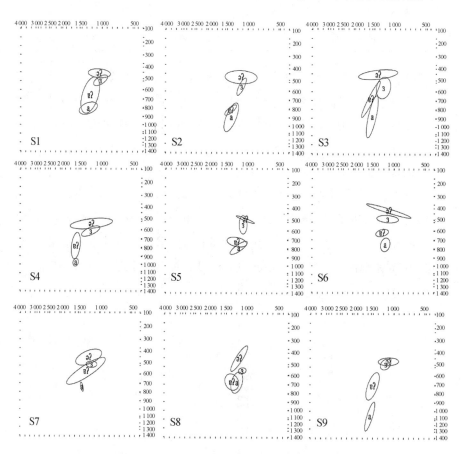

图4-1-7　新博方言元音声学空间图个体差异

的舒声韵[a]与入声韵[ɐ]已经合并;从[ɜ]与[ə]的声学空间来看,S2、S5和S9两者的元音声学空间重叠较多,其他发音人几乎不重叠,大多数发音人可见[ɜ]与[ə]仍显著相分。

综上,统计结果显示:入声韵与相应的舒声韵并没有合并,差异体现在第一共振峰频率方面,第二共振峰频率基本一致。从个体差异来看,部分发音人(例如S8)入声韵[ɐʔ]和舒声韵[a]已经合并,其他发音人也有合并的趋势。

4.1.1.3　讨论

第一,我们从时长、基频曲线、元音声学空间这三个参数对新博方言入声和舒声的合并情况进行了分析,分析结果表明:从时长来看,阴入和阳平、阳入和去声仍有显著差异,部分发音人阳入和去声时长开始合并;从基频曲线来看,阴入调值显著低于阳入,且阴入和阳平、阳入和去声趋于合并;从元音声学空间来看,[a]与[ɐʔ]、[ɜ]与[əʔ]的F1仍有显著差异。这一实验结果,进一步细化了"入声舒化"的过程,研究表明入声并非在舒化完成后才发生调型合并的,而是在舒化过程中已经完成了调型合并。而入声韵的合并则要晚于时长和调型的合并。

第二,新博方言入声与舒声基频曲线的个体差异研究表明,9位发音人阴入和阳平的情况有"未合并"和"合并"两种。"未合并"的发音人为S3、S6,其阴入为降调,而阳平为升调,这说明新博方言阴入可能原来是个降调,阳平则原来是个升调,S3和S6保持了阳平和阴入基频曲线未合并时的面貌;而其他7位阴入和阳平"合并"的发音人也有两种情况:单念时S8阴入和阳平合并为低升调,而在负载句中其他发音人阴入和阳平合并为低降调,可见"低"才是其声调目标,上升部分并不重要。这一情况和普通话上声的情况比较类似,普通话的上声单念时读为[214],但在实际语流中是个纯低调。

第三,新博阴阳入舒化后,部分发音人(如S8)的入声韵[ɐʔ]已经并入了舒声韵[a],例如:"骂"[ma⁵¹]="抹"[mɐ⁵¹]。时长和调型完成和舒声调的合并后,下一步可能就是入声韵并入舒声韵。

4.1.2　厚岸方言的入声特征

厚岸为泾县西南部的山区乡镇,这一区域县城讲江淮官话,但乡镇仍然讲宣州片吴语,发音人为2位男性(年龄分别为64岁和65岁),厚岸的声调系统见表4-1-6,图4-1-8为厚岸方言的声调时长和基频曲线图(实验例字详见附表2.6)。

表 4－1－6　厚岸声调表

调　类	调　值	例　　字
阴平	22	高猪开抽婚边低安抽粗天
阳平	24	穷陈床才寒神徐鹅娘人龙
阴上	312	古展口丑好手纸短楚死粉
阴去	35	盖帐抗唱汉世试冻菜泡到
阳去+阳上	55	五买坐淡抱阵害岸
阴入	4	急竹曲黑割缺尺拍歇说发
阳入	5	食局合读白合入肉

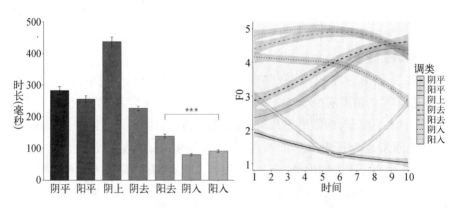

图 4－1－8　厚岸方言声调时长(左)和基频曲线图(右)

厚岸方言共有 7 个调,图 4－1－8 显示阴入(80 毫秒)和阳入(92 毫秒)要显著短于其他舒声调,阳入[5]和阳去[55]调型都为高平调,但时长仍有显著差异。厚岸方言入声的一个显著特点是阴入调值低于阳入,众所周知典型吴语是"阴高阳低",声调的高低差异常常伴随不同的发声态特征,因而我们对厚岸方言两位发音人的入声例字进行了发声态的声学实验分析(实验例字详见附表 2.7),声学参数采用 Tian 和 Kuang(2019)的 12 个参数,其中 7 个参数为测量频谱斜率用于考察喉头收紧的程度:H1*－H2*、H2*－H4*、H1*－A1*、H1*－A2*、H1*－A3*、H4*－H2K*、H2K*－H5K*;另外 5 个参数为测量周期性考察噪音程度:CPP、HNR05、HNR15、HNR25、HNR35。图 4－1－9 为阴入和阳入韵母段发声态均值。

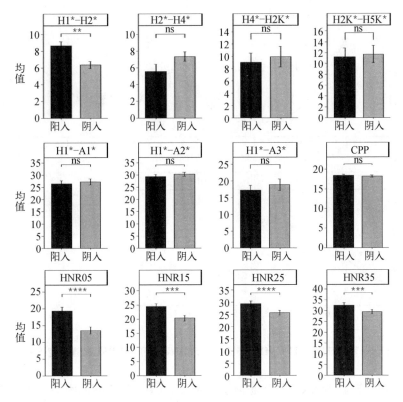

图 4-1-9 厚岸方言入声发声态声学实验结果

统计结果显示：在 H2*-H4*、H1*-A1*、H1*-A2*、H1*-A3*、H4*-H2K*、H2K*-H5K* 和 CPP 这 7 个参数上阴入和阳入无显著差异，而 H1*-H2*、HNR05、HNR15、HNR25 和 HNR35 阳入数值则显著大于阴入。H1*-H2* 值越大表明喉头越松弛，气化度越大，反之则表明喉头收紧越厉害，阳入 H1*-H2* 值显著大于阴入，表明阴入的喉头收紧更厉害；HNR 是测量谐波总能量与噪音总能量之间的比值。一个声音中噪音成分越多，HNR 值也就越小，反之越大（凌锋等，2019）。厚岸方言阳入 HNR05、HNR15、HNR25 和 HNR35 值显著大于阴入，说明阴入的噪音成分要明显多于阳入。图 4-1-10 为 H1*-H2*、HNR05、HNR15、HNR25 和 HNR35 数值从时点 1 到时点 10 的变化曲线，阴入和阳入在时点 1 处都没有差异，随着时间的变化，差异逐渐增大，HNR 的 4 个参数都是在时点 7 处差值最大，随后慢慢回落，而 H1*-H2* 则是越往后差值越大。这说明阴入和阳入的发声态差异并非声母差异造成的（例字都选用了清送气塞音，详见例字附表 2.7），而是由喉塞尾造成的。

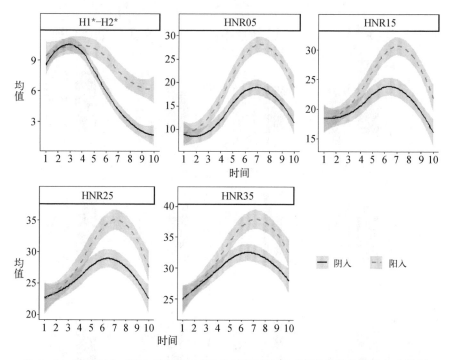

图 4-1-10 H1*-H2*、HNR05、HNR15、HNR25 和 HNR35 数值的变化曲线图

厚岸方言阴阳入的发声态区别与张静芬(2018)对潮汕闽语中入声"阴低阳高"的研究结果一致,张文考察了潮汕闽语云澳方言阴入和阳入的发声态参数,包括 H1-H2、H2-H4、H1-A1、H1-A2、H1-A3、Energy 和 CPP 等 7 个声学参数。实验结果表明 CPP 是区分云澳方言阴阳入发声态的最有效参数,10 位发音人中 8 位阴入的 CPP 值显著小于阳入,而 CPP 值越小则说明噪音越大,也就是说阴入的噪音要显著小于阳入,声学实验结果表明云澳方言阴入的发声态与嘎裂声一致。

需要特别说明的是,厚岸方言部分非常用的阳入字并入阴入字,例如:"集极杰"="急积"[tɕiɪʔ⁴]、"夺特"="脱"[tʰəʔ⁴]、"赎"="速"[suʔ⁴]、"舌折"="色设"[səʔ⁴]。这可能是因为受到县城江淮官话只有一个入声调的影响,邻近的茂林方言也有相同的现象,这说明厚岸、茂林这种入声"二分型"的方言正在向"一分型"转变的过程中。

4.1.3 泾县₍园林村₎方言入声的特征

西南片的泾县₍园林村₎方言的特点是入声调并入舒声调,且入声韵全部并入舒声韵。表 4-1-7 为泾县₍园林村₎方言的声调格局,阴入并入上声读为[31],阳入并入阴平读为[35]。图 4-1-11 为泾县₍园林村₎方言的声调图,阳入读为[35]是这个方言声调系统中最高的调,而阴入读为[31]则相对较低,因而虽然泾县方言阴阳入已经舒化,但仍是"阴低阳高"的格局。

表4-1-7　泾县_{园林村}方言声调表

调　类	调　值	例　　　字
阴平+阳入	35	高猪开抽婚伤月入局食合舌
阳平	25	穷陈床才寒神徐鹅娘人龙难
上声+阴入	31	古展口好五女近厚黑急医爷
去声	23	盖帐抗唱汉世共阵害树岸让

　　表4-1-8为入声韵的归派,表中可见:泾县_{园林村}方言入声韵读音类型丰富,归入不同的舒声韵类别。根据朱蕾(2007)的研究,泾县城关方言早在《郑志》所记载的乾隆中期入声韵就开始并入舒声韵了,例如:"假_(麻)曰各_(铎)上声,下_(马)曰鹤_(铎)上声"。可以推测由于泾县城关方言入声舒化的时间较早,入声韵类型丰富,还未发生内部合并,其混入的舒声韵类别也较为复杂。

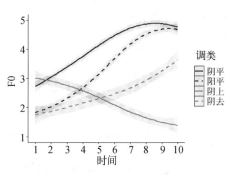

图4-1-11　泾县_{园林村}方言声调基频曲线图

表4-1-8　泾县_{园林村}入声韵的读音及归派

读音	韵　类	例　　　字
o/io	宕江入 假1、蟹1、果1	假=各[ko³¹]、把=博[po³¹]
ɿ/uɿ	通入1、臻深梗曾入1 止1、蟹2、流1	几=汁[tsɿ³¹]、匪=腹[fɿ³¹]
ɤ/iɤ	通入2 流2、果2	左=足[tsɤ³¹]、椭=秃[tʰɤ³¹]、酒=菊[tʃiɤ³¹]

读 音	韵 类	例 字
ɛ/uɛ/3	臻深梗曾入2、咸山入1	采=尺[tsʰɛ³¹]、改=隔[kɛ³¹]、宰=责[tsɛ³¹]
	蟹3	
ɿ	臻深梗曾入3	举=橘[tʃɿ³¹]、娶=七[tʃʰɿ³¹]、体=踢[tʰɿ³¹]
	蟹4、遇1	
ņ	臻深梗曾入4	儿[ņ²⁵]、日[ņ³⁵]
	止2、遇2	
a/ia/ua	咸山入2	解=夹[ka³¹]、摆=八[pa³¹]、矮=鸭[a³¹]
	蟹5、假2	
i	咸山入3	扁=鳖[pi³¹]、检=劫[tʃi³¹]、点=跌[ti³¹]
	咸山舒	

4.1.4 相关问题的讨论

上文我们对厚岸、新博和泾县三种入声类型进行了实验性分析,以下我们将在此基础上对相关问题进行讨论。

4.1.4.1 "浊音清化"是入声"阴低阳高"格局形成的前提条件

不论是保留入声短调(厚岸),还是入声正在舒化过程中(新博),还是入声已经舒化(泾县),都体现了入声"阴低阳高"的声调格局,这是区别于典型吴语的最重要的声调特征。我们考察了宣州片吴语10个入声"二分型"方言点,发现"阴低阳高"型的方言中阳入字都已清化。其中查济、厚岸、茂林、新博、泾县等5个方言点所有全浊声母均已清化(送气化);湖阳和黄山区甘棠镇方言入声全浊声母已清化且声调格局变为"阴低阳高",平、上、去声仍读为浊音并保留"阴高阳低"的声调格局,例如湖阳方言阳平字仍保留"浊音"读为低调[13],阳上、阳去、阳入读为清音且变为高调[53]。入声保留浊音的方言,则仍保留"阴高阳低"的声调格局(阴入相对阳入而言更高),例如高淳方言阴阳入分别为[3]和[23],宁国南极乡阴阳入分别为[5]和[214]。这说明宣州片吴语的"浊音"清化是这一声调格局形成的前提条件。表4-1-9为10个方言点的声母读音和声调格局,表中":"前后分别为声母读音和该调类相应的调值。表中数据除"黄山区_{甘棠镇}"和"宁国_{南极}"引自蒋冰冰(2003)外,其他均为笔者田野调查的一手材料。

表4-1-9　宣州片吴语入声"两分型"方言声母与声调读音

	阴平	阳平	阴上	阳上	阴去	阳去	阴入	阳入
查济	p/pʰ:21	pʰ:25	p/pʰ:424	pʰ:55	p/pʰ:44	pʰ:55	p/pʰ:4	pʰ:5
厚岸	p/pʰ:22	pʰ:24	p/pʰ:312	pʰ:55	p/pʰ:35	pʰ:55	p/pʰ:4	pʰ:5
茂林	p/pʰ:35	h/ɸʰ:24	p/pʰ:21	h/ɸʰ:51	p/pʰ:24	h/ɸʰ:24	p/pʰ:3	h/ɸʰ:5
泾县	p/pʰ:35	ɸʰ:25	p/pʰ:31	ɸʰ:31	p/pʰ:23	ɸʰ:23	p/pʰ:31	ɸʰ:35
新博	p/pʰ:44	ɸʰ:35	p/pʰ:44	ɸʰ:51	p/pʰ:51	ɸʰ:51	p/pʰ:35	ɸʰ:51
湖阳	p/pʰ:44	b:13	p/pʰ:33	p:51	p/pʰ:35	p:51	p/pʰ:35	p:<u>51</u>
黄山区_{甘棠镇}	p/pʰ:53	b:213	p/pʰ:35	b:31	p/pʰ:33	b:325	p/pʰ:325	pʰ:35
高淳	p/pʰ:55	b:22	p/pʰ:33	b:14	p/pʰ:35	b:14	p/pʰ:3	b:13
宁国_{南极}	p/pʰ:55	b:13	p/pʰ:325	b:214	p/pʰ:31	b:31	p/pʰ:5	b:214

4.1.4.2　入声舒化后归派的差异性分析

第一,新博和泾县方言入声舒化后调值和调类归派均有差异,若进一步考察其他入声舒化的宣州片吴语,会发现不同方言点入声舒化后调值和调类归派各不相同,这说明各方言点入声舒化是各自演变的结果。

表4-1-10　宣州片吴语入声"二分型"方言声母与声调读音

	新　博	泾　县	湖　阳	甘棠镇	黄山_{焦村}①
阴入	阴入=阳平 [35]	阴入=上声 [31]	阴入=阴去 [35]	阴入=阳去 [325]	阴入=阳去 [33]
阳入	阳入=去声 [51]	阳入=阴平 [35]	阳入=阳去 [51]	阳入=阴上 [35]	阳入=阴去 [24]

第二,新博和泾县方言入声舒化后入声韵的归派也有差异。新博阴阳入舒化后,部分发音人(如S8)的入声韵[ɐ]已经并入了舒声韵[a],例如:

---

① 材料引自夏才发(2007)。

"骂"[ma⁵¹] = "抹"[mɐ⁵¹],而西南片的泾县_{园林村}入声韵全部并入舒声韵。新博方言入声韵类较少,单元音入声韵只有[ɐʔ]和[əʔ]2个,而泾县_{园林村}方言则入声韵读音类型丰富,归入不同的舒声韵类别(详见表4－1－8)。可见,不同方言入声韵的归派各有特点,取决于舒化时入声韵的读音类型,是各方言各自演变的结果。

4.1.5　余论

本节的分析表明,入声"阴低阳高"是宣州片吴语区别于一般吴语的特征,而"浊音清化"是入声"阴低阳高"格局形成的前提条件。新博方言的声学实验分析表明:入声并非在舒化完成后才发生调型合并的,而是在舒化过程中已经完成了调型合并,入声韵的合并则要晚于时长和调型的合并。新博方言与泾县_{园林村}方言虽同属于"二分型"入声演变,但不管在调类归派还是韵类归派上都有差异,这说明这两个方言点的入声舒化是各自演变的结果。

4.2　高淳、湖阳和新博方言次浊字的声调分化及其演变

汉语方言中声母辅音发音方法的不同(全清、次清、次浊、全浊)常常会造成原来属于同一调类的字发生声调分化,例如现代吴语普遍发生调值按照声母清浊分化,此外吴语、赣语、湘语、闽语、粤语、平话和土话中还存在次清声母引发的声调分化现象(详见徐越,2013)。

本节关注苏皖交界地带高淳、湖阳和博望三个方言点次浊声母的声调分化,目前学界对于汉语方言中次清的声调分化讨论较多,从赵元任(1928)《现代吴语的研究》记录到吴江盛泽和黎里这一现象开始,不少学者都报道过汉语方言中次清引发的声调分化现象,其中对吴江方言中的此类现象尤为关注,除了运用传统方言学调查方法进行研究外,石锋(1992)、朱晓农和徐越(2009)、凌锋和张宁芷(2018)、Shi等(史濛辉等,2020)都采用了实验语音学的研究方法。而学界对次浊字声调分化现象的关注仍较少,曹志耘和王莉宁(2014)、王莉宁(2012)分别考察了汉语方言中平去声和上声的全次浊分调现象,其中也关注到了宣州片吴语与典型吴语的差异。分析表明:平声类中,安徽宁国_{庄村}和宁国_{南极}发生了系统性的全次浊分化;去声类里南陵_{黄墓}、池州_{马衙}、池州_{茅坦}、当涂_{湖阳}、高淳全次浊发生系统性分化;宣州片吴语安徽黄山区、宣城、南陵、芜湖县、繁昌、铜陵县以及高淳等方言上声的全次

浊声母发生了系统分化。可见,宣州片吴语的全次浊分化现象较为普遍。史濛辉等(2022)也关注到了宣州片吴语和湘语中的次浊分化现象,通过分析发现,吴语和湘语次浊分化的成因可能完全不同,吴语更多和历时相关,而湘语更多与响音的发音特征相关。杨建芬(2013)运用实验的方法分析了汉语方言中温岭、武冈和湘乡方言次浊分化的表现和语音学成因,但并未关注到宣州片吴语中的此类现象。张爱云(2020)对宣州片吴语38个点的上声演变进行了全面考察,将其分为一分型、二分型和三分型三大类,分析表明:二分型是最早期的形态,一分型是二分型合并而来的,而三分型(如高淳古柏)则是在湾沚二分型基础上的再分化。综上,前贤虽然已经开始关注到宣州片吴语的全次浊分调现象,但还未有基于声学实验分析的微观研究,本节将对苏皖交界地带高淳_{太高}、湖阳_{太高}和新博_{铜泾}三个宣州片吴语方言点做细致的声学实验分析,在此基础上分析其音变。

4.2.1　被试和实验程序

高淳方言的主要发音人为 DYD(70 岁)。对这位发音人我们做了四个调类全清、全浊和次浊的基频曲线声学测量(实验例字详见附表2.8)。另外我们又对 9 位发音人做了次浊上和阴平基频曲线统计分析(5 男 4 女,平均年龄为 71 岁)。湖阳方言发音人为 3 男 3 女,年龄在 36—61 岁之间。新博方言发音人为 4 男 5 女,年龄在 27—54 岁之间。均为土生土长的当地人,并且没有长期外出经历,目前仍在当地工作和生活。发音人在录音前都进行了音系比字,确定其音系并未受到普通话或其他方言的影响。

使用录音器材包括联想 Thinkpad X240s 笔记本电脑、SoundDevices Usbpre 2 外置声卡、AKG‐C544L 头戴式指向性话筒,使用录音软件为 Cooledit Pro。录音地点高淳在宾馆,湖阳在发音人家中,新博则在新博中学办公室,三处均较为安静。高淳和湖阳方言均为发音人单字朗读;新博方言录音采用负载句朗读,句子为"我讲 X 拨你听"。声调录音使用常规的声调例字表,例字分为 8 个调类(平上去入各分阴阳),每个调类为 20 个例字,并考虑了不同声母类型(全清、次清、全浊、次浊)。

测量和统计,详见 4.1.1.1 节。

4.2.2　实验结果

4.2.2.1　高淳方言

图 4‐2‐1 为高淳方言发音人 DYD 平上去入四个调类全清(UA)、全浊(V)和次浊(N)的基频曲线 D 值图,横轴为时间轴。

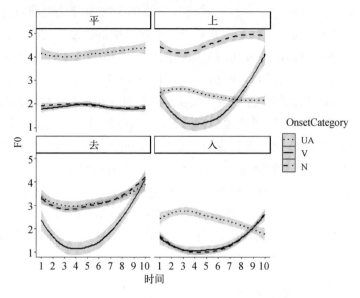

图 4-2-1　发音人 DYD 平上去入四个调类全清(UA)、
全浊(V)和次浊(N)的基频曲线 D 值图

图中可见:

平声和入声类中次浊与全浊合并,而在去声类中次浊与全清合并,上声比较特殊,次浊上既不与清上合并也不与全浊上合并,而是与阴平曲线较为接近,前贤记音中都将次浊上归入阴平记为 55(详见颜逸明,1983;汪平,2006)。图 4-2-2 为高淳方言 9 位发音人阴平和次浊上 D 值图。图中可见,阴平和次浊上几乎重合。表 4-2-1 为高淳方言阴平和次浊上比较的统计结果(以次浊上为基准)。统计结果表明:阴平和次浊上比较截距和拱度都没有显著差异,仅斜率有显著差异,说明阴平和次浊上确实已经基本合并。

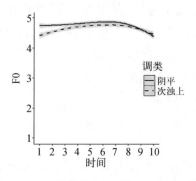

图 4-2-2　高淳方言阴平和次浊上 D 值图

表 4 - 2 - 1 高淳方言新老派"次浊上 vs 阴平"的参数估值

参 数	次浊上 vs 阴平	
	估 值	p 值
截距(intercept)	/	N.S
斜率(linear)	-0.29	***
拱度(quadratic)	/	N.S

4.2.2.2 湖阳方言

图 4 - 2 - 3 为湖阳方言平上去入四个调类全清(UA)、全浊(V)和次浊(N)的基频曲线 D 值图。

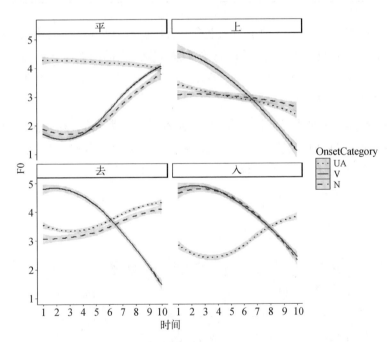

图 4 - 2 - 3 湖阳方言四个调类全清(UA)、全浊(V)和
次浊(N)的基频曲线 D 值图

图中可见：

平声和入声中次浊与全浊合并，而在上声和去声中次浊与全清合并。蒋冰冰(2003)的湖阳方言报告中指出湖阳方言次浊去归阳平，但根据我们的实验分析结果，阳平为低升调(记音处理为[13])，而次浊去和阴去则是

高升调[35]。表4-2-2为次浊上、去声与其他调类比较的GCA统计分析结果,其中次浊上和阴上、次浊去与阴去几乎没有差异,只是在斜率或拱度上有弱显著,说明次浊上和阴上、次浊去与阴去合并。但次浊去与阳平在截距、斜率、拱度三个维度上均为强显著,这说明实验结果与蒋冰冰(2003)报道的次浊去归阳平并不一致。

表4-2-2　湖阳方言GCA统计分析结果

	次浊上 vs 阴平	次浊上 vs 阴上	次浊去 vs 阴去	次浊去 vs 阳平
截距	**	N.S	N.S	***
斜率	N.S	*	N.S	***
拱度	N.S	N.S	*	***

综上,湖阳方言中次浊上与阴上合并,区别于高淳方言的次浊上与阴平近似合并;而次浊去与阴去合并,与高淳方言次浊去的归派一致。需要注意的是,高淳方言中全浊去是一个上升调,而湖阳方言中全浊去则为高降调。

4.2.2.3　新博方言

图4-2-4为新博发音人S8平上去入四个调类全清(UA)、全浊(V)和次浊(N)的基频曲线图,图中可见:次浊平与全浊平合并,次浊上与阴上合并,次浊去与阴去、全浊去合并,次浊入与全浊入合并。

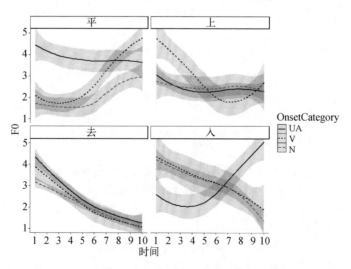

**图4-2-4　新博发音人S8四个调类全清(UA)、全浊(V)和
次浊(N)的基频曲线 D 值图**

由此可见,新博方言调类内部次浊的归派与湖阳方言是一致的。所不同的是,次浊上不仅与阴上合并,还和阴平合并。表4-2-3为新博方言"次浊上 vs 阴平""次浊上 vs 阴上"的统计结果:次浊上和阴平,次浊上和阴上不管在截距、斜率还是拱度上都没有显著差异。4.1 节中已经讨论过新博方言浊入仍显著短于去声时长,还未完全合并,但基频曲线已经重合,说明浊入和浊去的合并仍在进行之中。

表4-2-3　新博方言"次浊上 vs 阴平""次浊上 vs 阴上"的 GCA 统计分析结果

	次浊上 vs 阴平	次浊上 vs 阴上
截　距	N.S	N.S
斜　率	N.S	N.S
拱　度	N.S	N.S

4.2.2.4　小结

根据上文实验分析的结果,我们将高淳、湖阳、新博三个方言点次浊字的归派列为表4-2-4,同时加入苏沪嘉小片吴语常熟和上海方言进行比较。由于 5 个方言点次浊平与次浊入归派一致,都归入全浊平和全浊入,为讨论更加清晰、集中,我们只列出了次浊上和次浊去的归派情况。

表4-2-4　常熟、上海、高淳、湖阳和新博方言次浊上去声的归派

	次　浊　上	次　浊　去
常熟_{苏沪嘉} 常熟苏沪嘉	＝全浊上	＝全浊去
上海苏沪嘉		＝次浊平+次浊上+全浊平+全浊上+全浊去
高淳太高	＝阴平	＝阴去
湖阳太高	＝阴上	＝阴去
新博铜泾	＝阴上+阴平	＝阴去+全浊去

表中显示,吴语苏沪嘉小片的常熟话、上海话次浊上和次浊去都归入全浊字,即使与其他调类归并,也是与全浊字(阳调类)合并,例如上海话的浊平、浊上都归入浊去,这里的浊平、浊上包括次浊平、全浊平、次浊上、全浊

上,次浊上和次浊去不会与阴调类合并。而宣州片吴语情况却有所不同,次浊上和次浊去都与阴调类字合并。

那么宣州片吴语次浊上、次浊去归阴调类是自变的结果,还是他变的结果? 抑或是他变基础上的自变导致的? 以下我们将分别讨论"高淳"型和"湖阳/新博"型次浊上、去声的归阴调类的原因。将湖阳和新博归入一类讨论,是因为从次浊的归派来看,今新博方言的声调格局是在湖阳基础上的进一步合并的结果。

4.2.3　高淳方言次浊上、去声归阴调类原因分析

4.2.3.1　高淳方言"次浊上归阴平"原因分析

张爱云(2020)将宣州片吴语上声分合类型分为 3 大类 9 次类,她指出古柏型三分型是在湾沚二分型的基础上的再分化,其证据来自于古柏方言与湾沚型中湖阳方言的声调系统比较(见表 4-2-5)。文章认为两个方言点除次浊上是否归阴平有差异外,调类分合高度一致,且清上、次浊上及清平的调值也十分接近,故而推断,古柏早期与湖阳一样是清上次浊上与全浊上两分的类型,后来次浊上从清上中分化出来,因调值相近次浊上归入阴平。

表 4-2-5　古柏和湖阳方言的声调系统(引自张爱云,2020)

	平		上			去			入	
	清	浊	清	次浊	全浊	清	次浊	全浊	清	浊
古柏	阴平 55	阳平 11	上声 33	=阴平 55	阳去 24	阴去 55	阳去 24		阴入 2	阳去 24
湖阳	阴平 44	阳平 13	阴上 33		阳去 51	阴去 55	阳去 51		阴入 35	阳入 51

张文的这段推断存在三个不可回避的问题:

第一,湖阳方言上声格局为"次浊上归阴上",是官话型而非吴语型的声调格局。湖阳、古柏由于地处吴语和江淮官话交界处,受到江淮官话强势影响而官话化。既然"次浊上归阴上"是官话型的体现,那么这一声调格局应该较为稳固、不易分化,因而古柏方言次浊上再次从阴上中分化出来并没有内在动因。

第二,古柏型既然是从湾沚二分型分化而来,而湾沚二分型是官话型的特征,那么古柏型就有可能存在查济和红杨上声文白异读的情况。古柏三分型分布于高淳县境内各乡镇,除古柏外,淳溪、阳江、固城、东坝、漆桥、砖

墙、桠溪、漕堂、定埠也都属这一类型。高淳方言的调查报告和调查资料较为丰富，笔者详细考察了张薇（2014）的《高淳方言语音研究》、谢留文（2016）的《江苏高淳（古柏）方言同音字汇》、汪平（2006）的《高淳方言的特点》（漕堂镇音系）以及笔者所调查的定埠、双桥、淳溪方言，但我们发现整个高淳境内的方言都没有出现上声文白异读。一般而言，某种方言因为深度接触的原因会有文读完全替换白读的现象，但是语言在地域上的发展是不平衡的，不同的发音人也有变异，所以在不同地域或者不同发音人中可以观察到残留形式。例如离湖阳、古柏不远的博望方言，发音人 S7"买"和"马"归阴上，而"有痒老女"则归阴去，可以推断博望方言次浊上白读为吴语型，与全浊上一起归入去声，又与次浊去一起归入阴去。因而，古柏三分型在地域和个体变异中都找不到文白异读的残留，那么我们有必要思考古柏三分型是不是湾沚型的进一步分化。

第三，张文认为次浊上从阴上中分化出来与阴平合并是因为调值近似，虽然从表中记音来看，古柏清上是[33]，次浊上是[55]，看起来确实近似，但这是方言学者音系处理的结果。谢留文（2016）在音系说明中指出了上声[33]有时微降，接近[32]，而且整个高淳县内的清上都不是一个中平调，而是一个降调，而次浊上则是一个高平且略升的调型。侯超（2016）古柏声学实验分析的结果表明清上是降调，记为[42]，次浊上和阴平则为[55]；本书4.2.2.1 节中高淳方言发音人 DYD 基频曲线，阴上是个低降 32，次浊上则是一个微升调，两者调型并不相同（详见图 4-2-1）。那么古柏、高淳城关镇等方言从一个中降调分化出一个微升调的理据是什么？

综上，张文对于"古柏三分型来源于湾沚二分型的再分化"这一推断，从音变动因、音变后残留以及音变理据来看都无法得到解释。我们认为，古柏三分型更有可能是原来吴语清浊二分型的再分化，而非官话型（湾沚型）二分型的再分化。我们认为高淳县内各方言原来应该是吴语型的清浊二分型，即"清上-浊上"（浊上包括次浊上和全浊上），后来次浊上调头逐渐抬高，从全浊上中分化出来，次浊上从全浊上中调头抬高分化出来，也有其他方言的例证。袁丹等（待刊）通过对湘语祁东方言新老派次浊分化的声学实验分析表明：次浊平声字和次浊上声字基频曲线的分化是自变造成的，次浊字调头抬升从全浊平、全浊上中分化出来。同样，高淳县内方言次浊上声字从全浊上声中分化出来也可能是次浊字调头自变的结果。

4.2.3.2 "次浊去归阴去"原因分析

高淳方言中次浊去与阴去合并是他变还是自变造成的呢？图 4-2-5 为高淳、湖阳和新博三个点阴去、次浊去和阳去的分合情况以及调值。

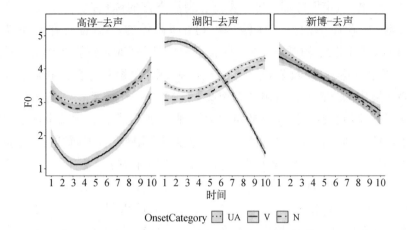

图 4 - 2 - 5　高淳、湖阳和新博方言去声全清、次浊、全浊的基频曲线 D 值图

三个邻近方言的去声格局,刚好反映了去声演变的步骤:

第一步"高淳型",次浊去与阴去合并读为中升调[35],阳去读为全升调[14],该类型的特点是:全清去、次浊去和全浊去调型保持一致,全清去和次浊去基频曲线重合,而全浊去则是一个低调。

第二步"湖阳型",次浊去与阴去合并读为中升调[35],阳去读为降调[51],该类型的特点是:阴去和次浊去仍维持升调调型,全浊去变为降调调型,去声读为高降调,是官话型的体现。

第三步"新博型",次浊去、阴去和全浊去都合并读为降调[51],也就是说去声完全变为官话型。

我们推测高淳方言次浊去与阴去合并读为[35],也是自变的结果,而非他变,即与次浊上一样,为调头抬高所致。因为如果是官话影响的结果,无法解释为何只影响了次浊去而没有影响到全浊去。而湖阳方言中阳去首先变为降调[51]则是官话影响所致,湖阳方言全浊声母字清化,相应地声调也变得不稳定,更容易受到官话影响率先发生演变;新博方言的江淮官话影响则进一步加强,以致阴去和次浊去也由升调变为降调[51],与阳去调完全合并。

4.2.4　新博方言上、去声音变路径分析

比较湖阳和新博方言上、去声的声调格局,可知新博方言上、去声的归派,是在湖阳方言声调格局基础上进一步合并的结果。

第一,新博方言中次浊上与阴上、阴平合并,这是在"湖阳型"次浊上归阴上的基础上,进一步与阴平合流的结果,而导致合流的原因则是调型近

似。表4-2-6为湖阳和新博方言"次浊上 vs 阴平"的 GCA 统计结果,从中可见:湖阳方言中次浊上和阴平在截距(高低)上有显著差异,斜率和拱度没有显著差异,说明调型已完全一致;新博方言则截距、斜率和拱度都没有显著差异,这说明次浊上和阴平首先是调型一致(湖阳型),而后高低差异消失,完全合并(新博型)。

表4-2-6 湖阳和新博方言"次浊上 vs 阴平"GCA 统计结果

	次浊上 vs 阴平	
	湖 阳	新 博
截 距	**	N.S
斜 率	N.S	N.S
拱 度	N.S	N.S

第二,新博方言中次浊去、阴去与全浊去合并,则是在"湖阳型"次浊去归阴去基础上,进一步与全浊去合流的结果。导致合流的原因则是受到江淮官话进一步影响,使得原来合并后读为[35]的次浊去与阴去变为[51],与全浊去合并,详见4.2.3.2节的分析。

综上,新博方言次浊上与阴上、阴平合并,是在"官话型"次浊上归阴上的格局上进一步自变合流的结果;而湖阳方言次浊去与阴去、全浊去合并,则是在次浊去归阴去的基础上,受到江淮官话的影响,与全浊去合并的结果。

4.2.5 余论

本节首先对高淳、湖阳和新博三地方言的平、上、去、入四个调类的全清、次浊和全浊字基频曲线进行了实验分析。在此基础上,讨论了高淳和新博方言次浊上、去声归阴调类的原因。分析表明,苏皖交界地带"次浊归阴平"的两种音变类型:一种为以高淳方言为代表的"自变型",即次浊与阴平合并,是次浊上自变从全浊上中分化出来,与阴平合并;另一种为以新博方言为代表的"他变型",即由于受到江淮官话的强势影响,次浊上声字与阴上字合并,然后由于调值相近与阴平字合并。高淳方言次浊去归阴去是自变的结果,而新博方言次浊去与阴去、全浊去合并,则是在自变基础上,进一步受江淮官话影响合流的结果。

第五章　宣州片吴语语音特征
形成的原因

5.1　宣州片吴语语音面貌形成的原因

　　语音的变化可以分为两种，一种是原发性音变，音变原因来自内部，一种是由语言接触引发的音变，音变原因来自外部（王福堂，2005：27）。曹志耘（1998：89 - 90）将这两种音变概述为"自变"和"他变"。宣州片吴语语音面貌的形成就是"接触音变"和"自然音变"合力作用的结果。首先，宣州片吴语地处江苏和安徽的交界地带，同时也处于江淮官话和吴语的交界地带，受江淮官话强势影响发生接触音变是较为普遍的现象，例如：湖阳、博望、年陡方言"次浊上归阴上"；年陡、雁翅方言（沈明、黄京爱，2015）、繁昌（赵国富，2020）以及芜湖六郎（刘祥柏、陈丽，2018）等方言阴阳入合并读高短调[5]，年陡方言匣母字读为/χ/等。这些语音现象都与江淮官话一致，且在部分方言中仍能够观察到文白异读两个层次，例如：刘祥柏和陈丽（2017）、张爱云（2020）观察到查济方言和红杨^{芜湖}方言中次浊上有文白异读两个层次，一部分非常用字读"官话型"次浊上归阴上，常用字则读为"吴语型"次浊上归阳上，我们在博望方言中也观察到此类现象；又如年陡方言中并奉母常用字（如"抱"[fʰɔ⁴⁴]、"房"[fʰɐ̃¹³]）读为送气擦音/fʰ/，而非常用字则读为/p/和/f/（"倍"[pɪ⁴⁴]、"服"[foʔ⁵]）。其次，宣州片吴语的一些特殊语音现象与江淮官话和其他吴语都不一致，应该是吴语自变的结果。本章将通过宣州片吴语与苏沪嘉小片吴语（例如：苏州话、上海话、常熟话）、江淮官话（例如：当涂城关镇方言）比较，分别从声、韵、调三个方面来考察宣州片吴语特殊语音现象形成的原因，并分析"接触音变"和"自然音变"在宣州片吴语语音面貌形成中的不同作用。

5.2　自然音变导致的宣州片吴语特殊语音现象

5.2.1　声母特征

全浊声母读为送气擦音或喉擦音是宣州片吴语最重要的声母特征。表 5-2-1 为苏沪嘉小片吴语(上海话)、宣州片吴语(高淳、新博、泾县、茂林)和江淮官话(当涂城关镇)全浊声母字的读音①。上海话全浊声母字仍读为"浊"塞音(实为清音浊流[pʰ]),当涂城关镇江淮官话则根据平仄分为清不送气和清送气两类。宣州片吴语新博、泾县、茂林方言读为送气闪擦音或喉擦音,而高淳方言单字虽与上海话一致,但实际在语流中定母字已经读为了闪音(详见 2.7.1 节)。

表 5-2-1　苏沪嘉小片吴语、宣州片吴语和江淮官话全浊声母字的读音

声类	例字	上海_{苏沪嘉}	高淳_{太高}	新博_{邰家村-铜泾}	泾县_{铜泾}	茂林_{铜泾}	当涂_{江淮官话}
並	排	b_A^{23}	$bɛ^{22}$	$ɸ^he^{35}$	$ɸ^ha^{25}$	$ɸ^ha^{24}$	$p^hæ^{24}$
	婆	bu^{23}	bu^{22}	$ɸu_β^{35}$	hu^{25}	hu^{24}	$p^hω^{24}$
定	动_厌	$doŋ^{23}$	$dən^{14}$	$ɦ^hon^{312}$	$ɦ^hoŋ^{31}$	$həŋ^{51}$	$toŋ^{54}$
从_细	前_从	zi^{23}	$ʑi^{22}$	s^hi^{35}	hi^{25}	hi^{24}	$tɕʰi^{24}$
	斜_邪	ziA^{23}	$ʑia^{22}$	$ç^hia^{35}$	$ç^hia^{31}$	hia^{51}	$çie^{24}$
	琴_群	$dzin^{23}$	$ʑin^{22}$	$ç^hin^{35}$	$ç^hiŋ^{25}$	$hieŋ^{24}$	$tɕʰiən^{24}$
	夏_匣	ziA^{23}	$ʑia^{22}$	$ç^hia^{51}$	$ç^hio^{23}$	hio^{24}	$çia^{54}$
从_洪	坐_从	zu^{23}	zu^{14}	$s^hu_β^{51}$	$hɣ^{31}$	hu^{51}	$tsω^{54}$
	茶_澄	zo^{23}	za^{22}	s^ha^{35}	ho^{25}	$hɔ^{24}$	ts^ha^{24}
	柴_崇	zA^{23}	$zɛ^{22}$	s^he^{35}	ha^{25}	ha^{24}	$ts^hɛ^{24}$
	神_船	$zən^{23}$	$zən^{22}$	$s^hən^{35}$	$həŋ^{25}$	$həŋ^{24}$	$sən^{24}$
	上_禅	$zã^{23}$	$zã^{14}$	$s^hɔ^{312}$	$hʒ^{31}$	$hʒ^{51}$	$sæ^{54}$
匣	鞋	$ɦiA^{23}$	$ʁɛ^{22}$	he^{35}	ha^{25}	ha^{24}	$xæ^{24}$

表中宣州片太高小片高淳方言读音与上海话一致,新博(邰家村)、泾县和茂林方言则既不同于上海话又不同于当涂江淮官话。本书第二章详细分析

---

① 上海方言材料引自《上海市区方言志》(许宝华、汤珍珠,1988)。

了宣州片吴语全浊声母读音及其音变,分析结果表明:宣州片吴语的全浊声母单字读送气闪擦音(如 φ^ɦ-)或喉擦音 h-,是吴语"清音浊流"(如:[p^ɦ])的全浊声母,进一步发生"弱化"和"清化"(指"送气化")叠加音变造成的。全浊声母今读音是方言分区最重要的一条标准,吴语最基本的特征是塞音、塞擦音三分,这里的塞音、塞擦音是指的中古的塞音、塞擦音系统,例如"帮、滂、並"在上海话中就分别读为/p/ /pʰ/ /b/三类;江淮官话则为清不送气(/p/)和清送气(/pʰ/)两分。前贤将宣州片吴语归入吴语,原因是其仍维持了中古塞音、塞擦音三分,本书的分析则进一步证明了宣州片吴语全浊声母的特殊读音是吴语全浊声母自然音变的结果,而非江淮官话接触导致,从来源来看也应划归吴语。

5.2.2　韵母特征

第三章博望、年陡方言韵母的实验分析表明,元音高化、摩擦化是宣州片吴语韵母系统最重要的特征。事实上,汉语方言中高元音的摩擦倾向并非皖南吴语所特有,而是一个分布较为广泛的语音特征,从东南到西南、从东部沿海到西北腹地都有,有的呈连片状,有的呈散在状(石汝杰,1998)。根据《江苏省志·方言志》(鲍明炜,1998)和《当代吴语研究》(钱乃荣,1992)的记载:北部吴语高元音的摩擦化现象主要分布在苏州以西,苏州、吴江(县城、黎里、盛泽)、常州、丹阳、溧水、金坛、溧阳、高淳等地。其中宣州片吴语只提到了高淳方言,实际上高元音的摩擦化是整个宣州片吴语的普遍现象。表5-2-2 中为苏沪嘉小片吴语(上海、苏州方言)、宣州片吴语、江淮官话(当涂)的例字,表中苏州话材料参考了钱乃荣(1992)《当代吴语研究》,钱老师以"i"下标"ⱼ"和"y"下标"ᵤ"表示与上海方言的[i]和[y]不同,略有摩擦,用[ʉ]表示与上海的[u]也有差异。凌锋(2011)的苏州话实验语音分析结果表明,苏州话的/iⱼ/和/yᵤ/确实都有摩擦,而[ʉ]与北京、宁波方言的 u 也不同,且"布"这样的字[pu]也像宣州片吴语高淳、湖阳方言那样会发生唇颤(Ling,2009:60),所以我们认为应该也可以归为一类。

表5-2-2　苏沪嘉小片吴语、宣州片吴语和江淮官话高元音字读音

例字	上海_{苏沪嘉}	苏州_{苏沪嘉}	高淳_{太高}	湖阳_{太高}	新博_{铜泾}	年陡_{铜泾}	泾县_{铜泾}	茂林_{铜泾}	当涂_{江淮}
底	ti³⁴	tiⱼ⁵¹	tiᵤ³³	tiᵤ³³	tsʅ⁴⁴	tiᵤ³⁵	tʅ³¹	tʅ²¹	tʅ⁵⁴
鸡	tɕi⁵³	tɕi⁴⁴	tɕiᵤ⁵⁵	tɕiᵤ⁴⁴	tsʅ⁴⁴	tɕiᵤ⁴¹	tɕʅ³⁵	tɕʅ³⁵	tʃʅ²¹
布	pu³⁴	pʉ⁴¹²	puᵦ³⁵	puᵦ³³	puᵦ⁵¹	puᵦ⁵⁵	puᵦ²³	puᵦ²⁴	pu⁵⁴
堵	tu³⁴	t₃u⁵¹	tsuᵦ³³	tʙuᵦ³³	tuᵦ⁴⁴	tuᵦ³⁵	tuᵦ³¹	tuᵦ²¹	tu⁵⁴

例字	上海_{苏沪嘉}	苏州_{苏沪嘉}	高淳_{太高}	湖阳_{太高}	新博_{铜泾}	年陡_{铜泾}	泾县_{铜泾}	茂林_{铜泾}	当涂_{江淮}
苏	su^{53}	$sᴈu^{44}$	$sʮ^{55}$	$su_β^{44}$	$su_β^{44}$	$su_β^{41}$	$su_β^{35}$	$su_β^{35}$	su^{21}
雨	$ɦy^{34}$	$ɦy_ɥ^{231}$	y_z^{33}	y_z^{33}	y_z^{44}	y_z^{13}	$ʮ^{31}$	$y_zʮ^{51}$	y^{54}
徐	$ʑi^{23}$	zi_j^{223}	$ʑy_z^{22}$	$ʑy_z^{13}$	$çy_z^{35}$	$çy_z^{13}$	$çʮ^{25}$	$zʮ^{24}$	$tɕʰy^{24}$

　　虽然北部吴语高元音的摩擦化从苏州、无锡就已经开始了,但实际上苏州话中高元音还只是轻微摩擦,从常州开始才是强摩擦(石汝杰,1998)。而宣州片吴语其摩擦程度则要更甚于常州方言。从表中记音可见,"底鸡"这样的读音在苏州、高淳、湖阳方言里面还是摩擦前高元音,但在新博方言里面读为[ʮ],而在泾县和茂林方言中读为[ʮ],其摩擦性更强①,听感上与苏州话带摩擦的[iⱼ]完全不一样。凌锋(2011)比较了苏州话中摩擦元音[iⱼ]和正则[i]的不同,可以发现摩擦元音[iⱼ]在高频区有更多乱纹(图5-2-1)。

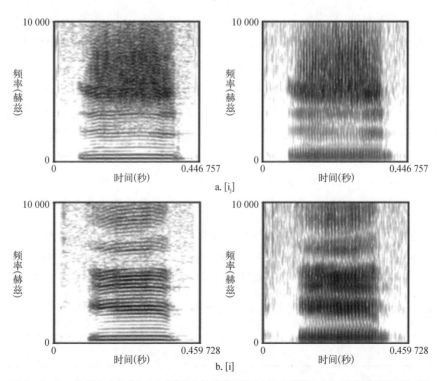

图5-2-1　苏州方言[iⱼ](a)和[i](b)的窄带图(左)和宽带图(右),引自凌锋(2011,62)

---

① 需要说明的是,宣州片吴语的[ʮ]和[ʮ]与北京话的不同,北京话的[ʮ]和[ʮ]是偶有摩擦,宣州片吴语的则摩擦性很强,有的甚至贯穿整个音节。

图5-2-2为泾县园林村方言[ʅ]的窄带图和宽带图,可见高频区共振峰更加模糊,说明噪音更多。

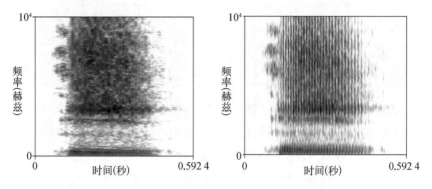

图5-2-2　泾县园林村方言[ʅ]的窄带图(左)和宽带图(右)

5.2.3　声调特征

声调特征前人一般只关注到宣州片吴语的入声舒化现象(蒋冰冰,2003;朱蕾,2009),实际上除了入声舒化外,还有两个区别于其他吴语的特征:一是入声阴低阳高现象;二是高淳方言次浊上归阴平。

5.2.3.1　入声阴低阳高现象

表5-2-3为苏沪嘉小片吴语(上海方言)、宣州片吴语以及当涂江淮官话的入声读音,表中可见:上海方言为一般吴语的入声"阴高阳低"型,且阴入配清音,阳入配浊音;当涂江淮官话则是阴阳入合并读为高短调[5];表中所举宣州片吴语都为"阴低阳高"型,其中查济、厚岸、茂林阴阳入都仍保持短调,泾县、新博、湖阳、甘棠镇则阴阳入正在舒化或已经舒化并入舒声调。

表5-2-3　苏沪嘉小片吴语、宣州片吴语和江淮官话阴阳入字声调和声母读音

	上海	查济	厚岸	茂林	泾县	新博	湖阳	甘棠镇	当涂
阴入	p/pʰː 5	p/pʰː 4	p/pʰː 4	p/pʰː 3	p/pʰː 31	p/pʰː 35	p/pʰː 35	p/pʰː 325	p/pʰː5
阳入	bː 12	pʰː 5	pʰː 5	h/ɸʰː5	ɸʰː 35	ɸʰː 51	pː 51	pʰː 35	

宣州片吴语的入声"阴低阳高"格局,是在吴语阴阳入"二分型"的基础上发展演变的结果,并非江淮官话"一分型"的移借。表中入声"阴低阳高"的宣州片吴语都有一个共同特点,即全浊声母送气化,可见全浊声母音变为

清送气塞音或送气擦音是阳入字变读为高调的关键。

5.2.3.2　高淳方言次浊上归阴平

表5-2-4中次浊上声的归派表明,江淮官话中次浊上归阴上,与江淮官话较近的新博、湖阳也是次浊上归上声;苏沪嘉小片吴语上海方言次浊上归阳上,是典型的吴语型,泾县、茂林方言也属于此类;高淳方言较为特殊,次浊上归阴平,既不属于官话型也不属于吴语型,是自变的结果。

表5-2-4　苏沪嘉小片吴语、宣州片吴语和江淮官话次浊上的归派

	上海	高淳	湖阳	新博	泾县	茂林	当涂
次浊上	=阳上 23	=阴平 55	=阴上 33	=阴上 =阴平 44	=阴上 =阳上 31	=阳上 51	=阴上 54

5.2.4　小结

上述归纳的宣州片吴语特殊语音现象,有的是属于整个宣州片吴语的普遍特征,例如全浊声母的送气化和弱化、高元音的强摩擦以及入声"阴低阳高";有的则是部分宣州片吴语的专有特征,例如高淳方言次浊上归阴平。但无论是普遍特征还是部分方言专有特征,都是在吴语基础上自变而来的,并非江淮官话移借的结果。这可能是因为早期宣州片吴语地区交通较为闭塞,与北部吴语区、江淮官话区交流、沟通较少,因而独立发展出了宣州片吴语的特殊语音现象。近年来,随着经济的发展,宣州片吴语区与外界的沟通开始加大,江淮官话的强势影响逐渐体现。江淮官话开始逐渐覆盖宣州片吴语,表现为原来讲宣州片吴语的地区开始改换为讲江淮官话,即使是仍在使用宣州片吴语的方言中也开始大量夹杂江淮官话的语音、词汇。

5.3　接触音变和自然音变：东北部与西南部铜泾小片差异比较

上文我们归纳了宣州片吴语在一般吴语基础上演变而来的特殊语音现象,但我们在调查中也发现,随着经济发展各地区间交流增多,江淮官话的强势影响越来越明显,对宣州片吴语语音面貌的影响也越来越大。

本节我们以铜泾小片全浊声母的演变为例,分析铜泾小片吴语全浊声母音变的两个方向。宣州片吴语下分太高、铜泾和石陵三个小片,其中尤以铜泾小片隶属方言点最多,地域跨度也最广。东北部铜泾小片为当涂县吴语,该地区与南京、芜湖等江淮官话区相邻,且多为平原,受江淮官话影响较大;西南部铜泾小片为泾县吴语,该地区紧靠黄山,与徽语区相邻,境内多为丘陵山地,交通较为闭塞。

根据2.1—2.5节研究可知铜泾小片的特点是:从组、並母、奉母、定母都读为送气擦音或送气闪音(例如:ϕ^h-、$\S^h$-),匣母弱化为清喉擦音 h-,与晓母字的 χ- 形成对立。这是所有铜泾小片方言都具有的特征,我们称之为"典型特征"。如果送气擦闪音进一步弱化脱落则会变为喉擦音 h-,例如泾县、茂林方言的全浊声母,我们称之为"发展型特征"。如果受江淮官话影响,读为平送仄不送,则为"官话型特征"。表5-2-5为西南铜泾小片泾县、茂林方言,东北铜泾小片博望、新博和年陡方言,以及当涂江淮官话古全浊声母代表例字的读音①,其中年陡方言与芜湖相邻,与江淮官话区最接近,新博次之,博望离得最远。

表5-2-5　西南铜泾小片和东北铜泾小片全浊声母字读音比例

声　母	类　　型	西南铜泾小片		东北铜泾小片		
		茂林	泾县	博望	新博	年陡
並母(44)	典型 ϕ^h/f^h	93.18%	81.82%	72.73%	79.55%	45.45%
	江淮型 p/p^h	4.55%	9.09%	20.45%	20.45%	50.00%
	发展型 h	2.27%	9.09%	0.00%	0.00%	0.00%
	其他	0.00%	0.00%	6.82%	0.00%	4.55%
定母(52)	典型 $\S^h$	0.00%	86.54%	84.62%	84.62%	17.31%
	江淮型 t/t^h	9.6%	9.6%	15.38%	15.38%	76.92%
	发展型 h-	63.46%	0.00%	0.00%	0.00%	0.00%
	其他	26.94%	3.86%	0.00%	0.00%	5.77%

---

① 本节主要关注"典型特征""发展型特征"以及"江淮型特征"的比例,因而将每一类全浊声母字的其他读音归入"其他"一类。摩擦、舌尖高元音前全浊声母没有"送气化"和"弱化"音变也不计入统计。

声 母	类 型	西南铜泾小片		东北铜泾小片		
		茂林	泾县	博望	新博	年陡
从组洪音（75）	典型 s^h	0.00%	0.00%	78.67%	74.67%	70.27%
	江淮型 ts/ts^h/s	5.33%	13.33%	17.33%	21.33%	27.03%
	发展型 h	93.33%	85.33%	0.00%	1.33%	0.00%
	其他	1.33%	1.33%	4.00%	2.67%	2.70%
从组细音（59）	典型 ç^h	0.00%	79.66%	77.59%	84.75%	67.80%
	江淮型 tç/tç^h/ç	6.78%	13.56%	20.69%	13.56%	30.51%
	发展型 h	93.22%	0.00%	0.00%	0.00%	0.00%
	其他	0.00%	6.78%	1.72%	1.69%	1.69%
奉母(15)	典型 ɸ^h/f^h	53.33%	53.33%	66.67%	66.67%	66.67%
	江淮型 f	0.00%	0.00%	26.67%	6.67%	26.67%
	发展型 h	0.00%	0.00%	0.00%	0.00%	0.00%
	其他	46.67%	46.67%	6.67%	26.67%	6.67%
匣母洪（48）	典型 h	60.42%	62.50%	72.92%	27.08%	0.00%
	江淮型 χ	2.08%	2.08%	14.58%	60.42%	100.00%
	其他	37.50%	35.42%	12.50%	12.50%	0.00%

表5-2-5统计数据显示：

（1）虽然西南部铜泾小片的泾县和东北部铜泾小片的博望，两地相隔甚远，但是其古全浊声母的读音却相似度很高，典型铜泾型特征占比都较高。

（2）从博望开始，到新博，再到年陡，越是接近江淮官话的区域，其典型铜泾型特征占比渐次下降，江淮官话特征占比渐次增加，这说明东北部铜泾小片受江淮官话的影响随着地理推移越来越大。

（3）从西南部铜泾小片的特征统计结果来看，西南部铜泾小片全浊声母读音受江淮官话影响较小，大多进一步弱化读为 h-，这可能和泾县下辖乡镇地处西南山区有关,交通不便,外界影响较小,自我发展演变。

综上可见,东北部铜泾小片方言和西南部铜泾小片方言在自然音变和接触音变的分别影响下,逐渐走向了两个截然不同的方向。东北部铜泾小片在江淮官话的影响下,未来可能会被江淮官话完全取代,而西南部山区则更能观察到宣州片吴语自然音变的路径。

5.4　余　　论

本章在前三章宣州片吴语声母、韵母和声调研究的基础上,归纳了宣州片吴语特殊的语音现象,并通过对铜泾小片全浊声母读音例字的统计分析,讨论了接触音变和自然音变如何影响宣州片吴语的语音面貌。研究结果表明:宣州片吴语的特殊语音面貌是在典型吴语基础上自然演变而来的。但随着近年来各地区间交流的加深,与江淮官话交界的宣州片吴语受江淮官话影响越来越大,正在逐步被江淮官话的语音特征所取代。需要说明的是,我们并不否认江淮官话间接的接触触动作用,但这不同于直接的接触移借。例如,铜泾小片全浊声母读为送气擦音并非直接移借自江淮官话,但可能跟与江淮官话毗邻,全浊声母更具有清化倾向相关。

第六章　回顾与展望

本章将回顾本书研究中所采用的理论与方法,并阐释宣州片吴语语音演变研究对汉语语音史研究的意义。

6.1　理论与方法的回顾

本书综合利用各种理论和方法来研究宣州片吴语的语音演变,包括声学实验分析、感知实验、历史比较语言学、语言类型学、变异理论和扩散理论等。除此以外,我们也有效利用了韵书、译音材料以及曲韵资料等文献资料,将文献解读与田野语音调查材料相结合,达到互证的效果。

6.1.1　声学实验分析

著名语言学家赵元任先生对实验语音学采取一种"敬而远之"的态度,认为"虽然有许多很精密的实验工作,可是研究语言所需要知道的好些方面,是不能够用实验来满足这许多要求,答复这许多问题的"(赵元任,1980:175)。我们并不否认"口耳之辨"的重要性,但是随着调查研究的深入,方言学的研究已经不再局限于单点的调查描写,而是向着方音比较和历史音变研究的方向发展,而这两个方向都需要实验语音学来辅助田野调查,这样才能更准确地确定语音性质,比较不同方言点语音的差异,正确构建语音演变路径。

本书在讨论各章节的声母演变、韵母演变和声调演变时,都首先从单点多人次的声学实验分析入手,确定声母、韵母和声调的语音性质,再结合地点变异讨论宣州片吴语的语音演变。在讨论古"从邪澄崇禅船群匣细"母单字的读音及其音变时,我们首先通过语图分析、声学分析和统计分析,确定了新博方言"从邪澄崇禅船群匣细"母单字的语音性质为送气擦音 sʰ-/ɕʰ-,不同于清擦音 s-/ɕ-,不同于清塞擦音 tsʰ-/tɕʰ-,也不同于北部吴语的"浊"擦音 sʱ-/çʱ-(前贤一般音位化为 z-/ʐ-)。新博方言的"从邪澄崇禅船群匣_细"母单字为清擦音且后接明显的送气段,发声态为气化发声态。在此基础上,通过与上海话的"浊"擦音时长比较分析,得出新博方言的送气擦音来源于 sʱ-/çʱ->sʰ-/çʰ-,原因是 sʱ-/çʱ-元音段起始段的气化段清化变为送气段的结果,与藏语、韩语等送气擦音的来源不同。在讨论韵母的读音和演变时,我们对博望方言和年陡方言的元音系统做了声学实验分析,画出了元音声学空间图,更直观地指出摩擦高元音[i_z]/[y_z]/[u_β]与正则的高元音[i]/[y]/[u]在元音声学空间上的差异。又如在讨论新博方言的入声演变时,我们在声学实验分析的基础上,采用"增长曲线分析法"(growth curve analyses,简称 GCA)和"线性混合效应模型"(linear mixed-effect modal)统计分析法来分析入声和舒声的声调曲线和时长是否合并,通过微观研究发现:入声并非在舒化完成后才发生调型合并的,而是在舒化过程中已经完成了调型合并,入声韵的合并要晚于时长和调型的合并。以上这些宣州片吴语声母、韵母和声调演变的研究和发现,如果不依靠声学实验和统计分析方法是无法达成的。

6.1.2　感知实验研究

从 Osthoff 开始,语言学家们普遍认为语音演变完全是"说者启动",说话人为了发音省力,为了使发音更具有区别性,或者为了使音系系统更具有对称性,从而改变自己的发音,因此引发了音变。而 Ohala(1981)却认为语音演变是"听者启动"的,虽然说话人在语音演变中确实扮演了一个非常重要的角色,但是听话人也并非只是传递信息而已。听者的感知在语音演变中起到了一个相当重要的作用,其重要性甚至超过了说话人。他认为语音演变并非说话人有意为之而引发的,而是听话人努力模仿他所听到的一个音,但却未能正确还原这个音,从而引发了音变。

本书并未做感知实验分析,但是在讨论某些章节的语音演变时,采用了前人感知实验研究的成果。例如在讨论高淳方言奉、微母字合流读为双唇塞音/b/的来源时,前贤一般认为是存古现象(高淳县地方志编委会,1988:759;汪平,2006;谢留文,2016:274);侯超(2018)则指出"高淳方言奉、微母读/b/是一种相当晚近的创新音变",但侯文同时指出"高淳方言奉、微母所发生的/v/>/b/的音变在汉语方言中尚未见报道……这种音变在世界语言里也很罕见,其中音理有待进一步考证"。通过语图分析和唇形分析,我们发现在皖西南山区的厚岸、茂林方言中奉、微母字部分字合流读为双唇近音[w],不同于其他方言的竖唇[w],厚岸、茂林方言中是扁唇的[w],由于是扁唇,导致了双唇收紧加强,从而发生了[w]>[b]的强化音变。而且,我们在厚岸方言中找到了[w]>[b]音变的中间态。[w]和[b]的共同点非常明显,都是浊音,都有规则振动,两者在听感上近似,常常使得两者相互转化。感知实验有很多[w]和[b]听辨的案例,例如利用合成的刺激项改变元音F2共振峰滑动段的时长,随着滑动段时长的增加[b]会逐渐听辨为[w](Liberman 等,1956);Miller 和 Liberman(1979)的研究表明[b]-[w]范畴边界的变化也会受到语速的影响;Shinn 等(1985)的研究则表明 F2 滑动段的时长并非影响[b]-[w]听辨的唯一因素,塞音爆破(burst)、振幅以及滑动段共振峰频率等因素也会对[b]-[w]听辨产生影响。这些感知音变的研究成果,为我们分析高淳方言奉、微母字合流读为[b]的来源提供了有力的证据。

6.1.3　历史比较法

历史比较法的核心是从语言的空间差异中去推断语言在时间上的发展序列。贝乐德(W. L. Ballard)、罗杰瑞(J. Norman)、余霭芹(Anne-Yue Hashimoto)、沙加尔(L. Sagart)都曾利用历史比较法构拟过原始吴语、原始闽语、原始粤语以及原始赣语(游汝杰,2016b:144)。

本书并非以构拟某个原始方言为研究目的,而是通过历史比较法来构建宣州片吴语语音演变的路径。例如在 2.7 节(宣州片吴语古全浊声母字音变的讨论)中,我们通过高淳太高、湖阳太高、博望铜泾、新博铜泾、年陡铜泾、泾县铜泾和茂林铜泾7 个代表点方言的语音比较,构建了古全浊声母宣州片吴语古全浊声母单字的音变路径:並母字 b->ɸʰ->h-,定母字 d->ʂʰ->h-,从组洪音字 z->sʰ->h-,从组细音字 ʐ->ɕʰ->h-,匣母字洪音字 ʁ->h-;并通过与太湖片吴语上海话苏沪嘉、常熟话苏沪嘉全浊声母字的读音比较,得出结论:宣州片吴语全浊声母单字发生了辅音弱化和"浊流送气化"的叠加音变。

6.1.4　语言类型学

语言类型学在 19 世纪主要是给世界语言进行分类的学科。语言类型学发展到现代,其任务已经变成了承担语言比较和在比较中总结人类语言共性的任务(刘丹青,2005:199)。马普所进化人类学研究所和马普所数字图书馆 2008 年推出了在线的类型学数据库"世界语言结构地图集"(The World Atlas of Language Structures,简称 WALS)。该数据库的目的在于展示世界语言结构的多样性、这些语言结构(语音、语法、词汇)在世界语言里的可能性及它们的地理分布。

本书在分析宣州片吴语的语音性质和音变时,始终将其放在世界语言语音类型中进行考量:哪些是世界语言中普遍的音型和音变,哪些又是世界语言中罕见的音型和音变?语音的产生背后有一定的语音学机制在起作用,而就音变而言,某些音变具有普遍性,在历史上反复发生,在不同的语言中也重复发生,操纵这些音变的是泛时的物理和生理的因素,是普遍性的东西,违背语音学机制的罕见音型或音变其产生必定有其原因,也不稳定。例如,本书中在分析新博方言"从邪澄崇禅船群匣_细"母单字读为送气擦音 s^h-/φ^h-时,就考察了世界语言中的送气擦音。从类型学的角度来看,送气擦音是一种罕见的语音类型,而且非常不稳定。Craioveanu(2013)曾对 UCLA 的语音数据库(UPSID;Maddieson,1984;Maddieson & Precoda,1990)和 Mielke 的 P-Base 数据库(2008)中清送气与清不送气的对立进行过统计。UPSID 数据库的统计结果显示:世界语言中 91.6%的语言有清擦音,但是仅有 0.9%的语言有送气擦音;P-Base 数据库的统计结果大同小异,93.8%的语言有清擦音,仅有 0.4%的语言有清送气擦音。Jacques(2011)根据目前已有的报道指出,具有清送气擦音的语言主要分布在亚洲的汉藏语系和中美洲的奥托-曼格安语系(Oto-Manguean languages)中,他将世界语言中送气擦音的来源归纳为三大类,第一类和第二类音变普遍发生在亚洲的语言中,而第三类音变只出现在中美洲语言中。我们对宣州片吴语新博方言送气擦音来源的分析表明,新博方言送气擦音的来源并不属于 Jacques 所归纳的任何一类,而是来自于 z->s^h-的音变(z 为清音浊流,实际音值为 $s^ɦ$-),而且新博方言的送气擦音也非常不稳定,在部分发音人的部分字中已经弱化为了清喉擦音 h-。另外,年陡方言中高元音/i/和/u/并非出现在口元音系统中,而是出现在鼻化元音系统中,也是世界语言中罕见的元音格局,我们的研究表明是由于元音高化和当涂江淮官话影响合力作用的结果。

6.1.5　扩散理论

王士元(Wang, William S-Y, 1969)提出了"词汇扩散理论"。词汇扩散理论着眼于音变在词汇中的扩散,它所看到的是音变在词汇中的参差性,看到中断的变化和因此在语言系统中留下来的残存现象。本书 2.3 节中茂林方言奉、微母字音变的解释,以及 2.7 节中宣州片吴语古全浊声母演变不同步的讨论,都用到了词汇扩散理论。研究表明,现代茂林方言奉、微母字合流读为[w]和[φ^h]两种读音并存的局面,是 *[w]>[b]>[$p^ɦ$]强化音变和 *[$p^ɦ$]>[φ^h]弱化音变竞争的结果。另外,我们的研究也指出,宣州片吴语古全浊声母单字的音变也并非所有字同步发生,而是有先后顺序,一部分字先发生弱化,再扩散到另一部分字音,属于扩散式音变或离散式音变。宣州片吴语古全浊声母"弱化音变的不同步"可以分三个维度来考察:(1)声类不同步;(2)同一声类内部韵类的不同步;(3)同一声类韵类内部词频的不同步。

6.1.6 变异理论:地理变异、年龄变异和个体变异

拉波夫(Labov,1994)的"语言变异理论"认为:语言不是一种同质的系统,而是一种新的有序异质的系统。Ohala(1989)指出"语音演变来自于共时变异的蓄水池"(Sound change is drawn from a pool of synchronic variation),一开始是一些字或词的零星变异,但这可能就是语音演变的起点,慢慢发生音变的字词越来越多,最后同一条件下的所有字词都完成音变。以往的汉语方言田野调查记录一个方言点往往以某个指定发音人的语音系统为准,本书在研究音变时,不但考察不同方言点的地理变异,而且也注重考察不同发音人的个体变异以及新老派的年龄变异,结合共时的地理变异和个体变异来考察音变问题。例如本书 4.1 节对新博方言入声字的声调演变,研究表明:新博方言阴入字的舒化有个体差异,统计分析表明阴入字的时长和阳平字有显著差异,但部分发音人时长已经长化,与阳平字合并。另外,入声韵[ɐ]和舒声韵[a]的 F1 有显著差异,F2 没有显著差异,但部分发音人的 F1 和 F2 都没有显著差异,两者已经合并。人际变异实际体现了语音变异的在社区中扩散的过程,对于音变的微观研究具有重要作用。

6.1.7 文献材料与"回顾法"互证

本书虽然主要以"回顾法"来研究宣州片吴语的语音演变,但我们认为文献资料也是研究音变非常重要的材料。本书 3.3 节在论证高淳方言的奉、微母字合流读为/b/并非存古,而是较晚近的创新音变时,用到了明代以后的一些韵书和曲论,如王应电《声韵会通》(1540)、无名氏《并音连声字学集要》(1574)、沈宠绥《度曲须知》(1639)等对微奉合流这种语音现象都有记录(冯蒸,1997)。它在南曲念唱、吴语文读层中出现,而并非吴语白读音的体现,由此可以推测,高淳吴语中的奉、微母字读为/b/并非存古。另外,在论证茂林方言奉、微母字的早期形式为[w]而非[b]时,我们也用到了《蒙古字韵》八思巴文字的译音材料,如沈钟伟(Shen,2008:97)指出"《蒙古字韵》八思巴文字的译音显示,当时官话微母字的拟音是一个双唇半元音[w](bilabial semivowel)"。《蒙古字韵》成书于 13 世纪中叶,远早于吴语

中"微奉合流"的时代,所以我们可以推测宣州片茂林方言的奉、微母字[w]为早期形式。

6.1.8　小结

总之,研究历史音变就如同刑侦破案,我们永远都无法穿越回古代去亲见历史的现场,只有掌握的证据越多,才能让历史音变的真相愈加明晰,这就需要我们综合运用各种理论和方法来研究音变。正如美国历史语言学家们所谈到的"历史语言学不是理论科学,跟物理学、数学不一样,它需要综合运用各种理论和方法去研究语言的历史"①。

6.2　宣州片吴语语音演变研究对汉语
语音史研究的意义

本书所分析的很多宣州片吴语特殊语音现象是自然音变的结果,而非接触音变(详见第五章)。自然音变作为普遍的音变现象:(1)历史上重复发生;(2)在其他语言中反复出现;(3)在语言习得中重现;(4)在失语症中镜像重现;(5)在实验室中重现(朱晓农,2006)。因而,本书的研究对于汉语语音史,乃至世界其他语言的音变研究都有重要意义。

6.2.1　全浊声母"弱化"和"清化"音变

本书第二章分析了宣州片吴语全浊声母的"弱化"和"清化"音变,这一研究明确了两点:(1)全浊声母性质不一致会走不同的"弱化"和"清化"路径,宣州片吴语全浊声母在单字和语流中性质不一样,单字为"清音浊流"(如[tɦ]),在宣州片吴语中发生了"弱化"和"清化"的叠加音变(如:tɦ>ɦ>h),而在语流中是"真浊音"(如[d]),会弱化为边音、近音、闪音(如:d>l/r/ɾ);(2)"弱化"和"清化"有先后顺序,宣州片吴语中"弱化"先于"清化"。

近几年随着实验语音分析的发展,汉语方言中"浊音"性质的研究变得越加丰富。从前贤实验研究的结果来看,汉语南方方言中的所谓"浊音"只是一个音位,归纳为同一音位的"浊音"(例如/d/)可能具有不同的语音形式。近几年实验语音学的研究表明,吴语全浊声母性质比较一致为"清音浊

---

① 《美国语言学家谈历史语言学》,转引自《历史语言学》(徐通锵,1991:9)。

流"（例如［tʰ］）；湘语则较为复杂,有"清音浊流"（如祁东方言）,但绝大多数湘语方言内部全浊声母是多性质的,例如双峰（Shi,2020;史濛辉、陈轶亚,2022）、邵阳金称市镇（笔者调查）方言中,"清音浊流"（［tʰ］）、"真浊音"（［d］）、"内爆音"（［ɗ］）和"浊音浊流"（［dʱ］）都有;闽北的石陂方言（沈瑞清,2014;Shen,2012）也被证明与湘语一样是多性质的。语音演变并非音位演变,而是具体音值的演变,不同性质的"全浊声母"其音变方向可能并不相同,这就导致了不同方言中全浊声母今读音的差异。

另外,夏莉萍（2015）指出:汉语南方方言中全浊声母普遍经历了"弱化"和"清化"两个演变。这两个音变既相对独立又相互影响。"相对独立"表现在两个方面:一是这两个音变发音原理不同,弱化是辅音闭塞强度的减弱直至脱落,跟口腔中主被动发音部位的闭塞程度相关;清化则是发声态的改变,从原来的声带振动的"振声"或"气化"发声态,改变为清送气或清不送气。二是,从历史演变的角度来看,一个方言中发生弱化不一定会发生清化,例如永州邮亭墟方言（曾献飞,2004;夏俐萍,2015）;发生清化的方言也不一定会发生弱化,如绝大多数官话方言。"相互影响"表现为不同方言发生"弱化"和"清化"有时间先后差异,其中一个音变率先完成都有可能会加速或阻断另一个音变的发生。本书中的宣州片吴语全浊声母,虽然"弱化"率先启动,但却晚于"清化"完成,全浊声母清化音变完成后,变为清送气音,送气段的形成在听感上会使得前置塞音或擦音变得更弱,从而加剧弱化的发生。而闽北方言则不同,根据王洪君（2012）的研究,闽北建阳方言"清化"音变先于"弱化"音变,如果"清化"音变的词汇扩散进行到一半就开始"弱化"音变,造成残留形式,如果"清化"后的语音形式会阻断"弱化"音变发生,这些假设都有可能造成如今建阳方言全浊声母去条件多分的现象。总之,本书中对于宣州片吴语全浊声母"弱化"和"清化"音变的研究将会给汉语方言全浊声母的演变研究提供新的思路。

6.2.2　来母字塞化

本书2.5节分析了高淳方言奉母今读双唇塞音/b/（实际语音性质为"清音浊流"［pʱ］）的来源及其音变,研究结果表明高淳方言中奉母都读为双唇塞音并非存古,而是创新,经历了［w］>［b］>［pʱ］的音变,其来源是双唇近音［w］。宣州片吴语中的［w］是敛唇,双唇收紧比较厉害,因而发生了［w］>［b］的塞化音变,然后在音系适切性原则的作用下又调整为"清音浊流"［pʱ］。除了奉母字的塞化音变外,泾县茂林方言中来母字在细音前也有塞音听感。学界较早就已经开始关注汉语方言中的来母字塞化现象了。

最早,罗常培在《厦门音系》(1999:14)中就指出厦门方言中来母的读音带塞音色彩。之后,赵元任等(1948)、罗常培(1999)又分别发现现鄂东南一些方言和临川方言中有此类现象。随着方言调查的深入,前贤陆续又在江西赣语(孙宜志,2007)、湖南赣语(李冬香,2015)、客家话(谢留文,2003)、湘语(王仲黎,2009;罗昕如,2010)、徽语(徐建,2019)、皖西南赣语(徐建,2019)中发现了这一现象。关于细音前来母字读塞音的来源,学界目前还有争议,罗美珍和邓晓华(1995)、熊桂芬(2010)认为客家话、鄂东南方言这一现象来自上古复辅音的遗留;谢留文、李冬香、孙宜志、万波、王仲黎、徐建主张后起音变说,刘泽民(2004)、罗肇锦(1998)、徐建(2019)都认为这一现象来自早期赣语。关于细音前来母字读塞音的演变机制,罗常培(1999:503、510)认为应该经历了[l]>[ld]>[d]>[t]的过程。罗文认为[l]音受后退的i-umlaut影响,先变成带有塞音倾向的[l],而后再变成浊塞音[d],最后失落带音变为舌尖清音[t]。万波(2009)则认为来母在上古的音值读[*r],到汉代时西北和中原一带来母演变成带塞音色彩的[ᵈl]或[ɾ]。中唐时一些全浊声母清化并与次浊声母合流的北方汉语南下,也将这种现象带入了赣语,之后在细音前的来母字塞音成分进一步加重,变成浊塞音,再经历了清化的音变。刘泽民(2004)认为[l]到[d]或[t]可能经历了[ɾ]的阶段。徐建(2019)同意罗常培的解释,认为万波、刘泽民的解释都有不可回避的问题。从前人研究来看,还未有宣州片吴语中来母字在细音前塞化的报道,且大多只观察到来母读为塞音[t]或[tʰ]的现象,而未观察到这一音变的过程。宣州片吴语茂林方言来母字在细音前的音变正在进行之中,有丰富的人际变异和字际变异。对宣州片吴语来母前细音字塞化的研究,将进一步推动汉语方言来母字细音前读塞音的来源及音变研究。

6.2.3　清舌齿塞音双唇颤音[tʙ]

本书3.4节描写了苏皖交界地带宣州片吴语的清舌齿塞音后接双唇颤音[tʙ]的语音性质,并分析了其产生原因。[tʙ]是一种世界语言中罕见的语音现象,最早由 Ladefoged(1996)在南美洲的 Chapakuran 语中发现。Chirkova 和 Chen(2013)也曾在四川木里藏族自治县、九龙县和冕宁县的Lizu 语中发现了这一语音现象。Ladefoged(1996:130,228)指出,除了在Nias 语中一些未能解释的例外(Catford,1988)以及 Luquan 彝语中的擦化元音(Maddison & Hess,1986)外,所有来源于前鼻化双唇塞音(prenasalized bilabial stop)的双唇颤音后接元音都是后高圆唇元音,如 mbu。本书对苏皖交界地带宣州片吴语的清舌齿塞音后接双唇颤音[tʙ]的研究表明:引发唇颤的韵母条件并非 Ladefoged（1996：130、228）所说的后高圆唇元音，正则的高圆唇元音 u/y 并不能引发唇颤，只有具备[+高][+圆唇][+摩擦化]特征的元音（u̯ᵦ/y̯ᵤ/ʮ/ʯ）才能引发唇颤。除了苏皖交界地带以外，清舌齿双唇颤音 tʙ-在西北方言以及晋语中都有发现，而这些方言也都是存在高圆唇摩擦元音的方言。本书对苏皖交界地带吴语［tʙ］的研究揭示了［tʙ］产生的条件，对理解其他汉语方言以及世界其他语言中这一现象的产生条件具有重要意义。

6.2.4　"次浊上归阴平"

本书 4.2 节分析了高淳方言"次浊上归阴平"的原因，研究表明：高淳方言"次浊上归阴平"的原因并非张爱云（2020）所分析的是在"官话型"次浊上归阴上的基础上再分化的结果，而是在"吴语型"基础上自然音变造成的，次浊上从全浊上中分化出来与阴平合流。次浊上声一部分字读为阴平一直以来都作为客家方言区别于其他方言的重要特征（Hashimoto，1973；黄雪贞，1988；Norman，1989）。除了客家话以外，赣语（颜森，1986、1993；李如龙、张双庆，1992；张双庆、万波，1996；刘纶鑫，2000）也有次浊上归阴平案例。对于宣州片吴语高淳方言次浊上归阴平的微观研究，将进一步推动其他汉语方言次浊上归阴平的动因分析。

6.2.5　入声"阴低阳高"

本书 4.1 节分析了宣州片吴语入声的"阴低阳高"现象，研究表明：宣州片吴语入声"阴低阳高"现象伴随阴阳入不同的发声类型，而全浊声母清化则是造成入声"阴低阳高"现象的重要因素。王莉宁（2014）曾归纳了汉语方言中入声"阴低阳高"的地理分布，指出"阴低阳高"的分布点数量虽然不及"阴高阳低"的一半，但形成了两个连片分布区：一是在山西中部、东南部的晋语区；二是在江西北部、南部，福建东部、台湾省以及广东东北部连城一片，主要是赣语、客家话以及闽语的分布区。除此以外，通泰方言中也普遍存在入声"阴低阳高"现象（朱晓农，2016）。关于汉语方言入声"阴低阳高"的形成，不少学者有过不同观点。王士元（Wang，W. S.-Y，1967）指出是阴入和阳入发生了翻转（flip-flop）；曾晓渝（1988）指出原来应该是"阴高阳低"的声调系统，由于语流音变，某些浊声字变读为高调，某些清声字变读为低调，并渐渐经历了声调的反转式演变。朱晓农等（2008），洪英（Hong，2009、2013），朱晓农、洪英（2010），张静芬（2018）发现潮州方言阴入为嘎裂声，阳入为张声，并假定翻转是由不同发声态引发的基频变化，阴入逐渐降低而阳入逐渐升高。朱晓农(2016)指出,"阳入保留中古张声喉塞尾,阴入变为僵声(嘎裂声)的情况也是通泰和秦晋方言中所发生的"。宣州片吴语中入声的"阴低阳高"现象之前一直未被学界报道,对这一现象的研究,有助于进一步认识汉语方言中"阴低阳高"现象的性质和原因。

6.3　余　　论

本书只对部分宣州片吴语语音现象做了专题的实验分析,例如新博方言送气擦音声母 s^h-/ς^h-、博望方言韵母系统、苏皖交界的 $t\textsc{b}$-声母等。大部分特殊语音形式还只是现象的描写,还未进一步展开专题实验研究,例如茂林方言来母字细音前读 l^d-、茂林方言的 $p\phi$-和 $\varsigma\phi$-声母等。虽然学界对宣州片吴语的研究越来越重视,但对该区域吴语做细致的、专题性的实验分析研究却才刚刚起步。我们相信随着实验研究的深入,随着对该区域特殊语音性质的了解,会进一步加深对汉语方言音变问题的认识。

第七章　代表点同音字汇

7.1　安徽当涂湖阳方言同音字汇[①]

7.1.1　概说

当涂县位于安徽省与江苏省的交界处,介于北纬 37°17′~37°36′、东经 118°21′~118°52′之间。南面是芜湖市、芜湖县和宣州市,北面是马鞍山市 (当涂目前是其所辖的县),东北、东南面为南京市江宁、溧水、高淳三个区, 西面为长江,与安徽省的和县隔江相望。2004 年以后,全县乡镇数 15 个,乡 镇平均人口 4.47 万人,平均面积为 93 平方千米,其中湖阳乡、江心乡均属独 立圩口。

据郑张尚芳(1986)的调查,当涂县境内的吴语,东、南部地区属宣州片 铜泾小片,湖阳乡的吴语属太高小片,其特点是"古浊塞音声母基本上还保 持或部分保持浊塞音的读法,……高淳、溧水、当涂等地已出现[b d]向 [ɦh ɖh]或[hβ hr]转化的趋势"。当涂县境内属江淮官话区的面积最大, 对当地吴语的影响也日渐加深,吴语的语音、词汇、语法特征越来越被官话 成分所覆盖,安徽其他地区的宣州片吴语情形也莫不如此。

笔者于 2010 年 8 月、2011 年 8 月和 2011 年 12 月三次赴当涂县湖阳乡 调查。本文记录的是湖阳乡大邢村的中、老派口音。主要发音人是:1)邢 治猛,男,1950 年生,高中文化,世居大邢村,务农。2)邢金根,男,1952 年 生,中师文化,世居大邢村,村小学教师。两人的发音大致相同,本文以邢治 猛的发音材料为主。

[①]　湖阳大邢村方言音系和同音字汇曾在《方言》2012 年第 4 期发表,为便于与其他宣州片吴 语进行比较,本节参考本书其他宣州片吴语方言部分音类重新对其进行了音系处理,并且 增加了部分音位的音系说明。

7.1.2　当涂湖阳方言的声韵调

7.1.2.1　声母（34 个）

p 冰步八百	pʰ 普胖品泼	b 闻盘葵①白	m 模门肉沫	f 飞灰化豁
t 到点打答	tʰ 太体桶托	ɟ 大地同突	n 闹内难纳	l 路吕理落
ts 糟章足摘	tsʰ 刺仓测促	dz 治豺陈沉		s 丝僧撒湿　z 曹茶镯铡
tɕ 计关甲菊	tɕʰ 丘餐确鹊	dʑ 拳健杰	ȵ 女惹年叶	ç 修向靴削　ʑ 桥穷群嚼
tʃ 祖追准桌	tʃʰ 粗土窗戳			ʃ 苏要税索　ʒ 锄橱床纯
k 贵工夹郭	kʰ 开跪去磕	g 狂□这	ŋ 饿瓦岸硬	χ 虾夫瞎　ʁ 鞋盒号
ø 袄乌阴约旅			ɰ 矮案鸭额	ɻ 如饶人辱

声母特点说明如下：

（1）作为吴语的一个显著特征，古全浊塞音、塞擦音三分的格局在湖阳方言里仍能见到，但是具体情形比较复杂。首先，湖阳方言所谓的"浊音"实质为"清音浊流"，而且浊音只保留在阳平字中，其他全浊声母仄声字都变为清音。由于全浊声母仄声字在语流中仍读为浊音，因此我们音系处理为浊音。古定母字的 d- 的情况比较复杂，少量平声字单念时仍保留浊音 d-，例如"头"[dɣi¹³]，部分平声字已读为弱送气的清闪音[ɾʰ]，例如"逃"[ɾʰo¹³]。仄声字大多变读为清闪音[ɾ]，例如"道"[ɾʰo⁵¹]，少量字受江淮官话影响读为[t]。定母字在语流中大多弱读为闪音[r]。湖阳方言定母字读音的多样性，说明其弱化和清化音变正在进行中，本文音系处理为较普遍的读音情况[ɾ]。浊塞音、塞擦音[g、dz、dʑ]已经基本消失，只有少数口语中常用的字单念时或在连调里还有零星的反映。

（2）古奉母字在湖阳方言里不读浊唇齿擦音[v]，而是变为浊塞音[b]（如"肥饭冯"），同时也有些字清化读[f]（如"佛"）；吴语中往往有[v]一读的微母字（如"闻文问"），也变读为[b]。

（3）口语中有些字有 χu>f（如"灰徽安~"）、f>χu（如"腐~竹"）以及[n][l]声母相混的情形，本文按照实际的音值进行记录。

（4）在描写某个吴语音系时，学界习惯上会将古匣、喻母字的声母标作[ɦ]，影母字则记作[ø]。但实际上不少吴语里以[i、y、u]为介音或主元音的此类字开头并无明显的浊气流，带[a、ɑ、ə]等非高元音的匣母字才可能

---

① 离当涂湖阳不远的江苏高淳县淳溪、沧溪两个乡镇，其"葵"字读[bei²]，变化类似。可参看颜逸明（1983：224）。

伴随[ɦ]，具体到湖阳方言非高元音匣母字前的浊流实际也不明显。因此，本文在记音时统一记作零声母[ø]。

7.1.2.2 韵母（42个）

ɿ 籽资知衣	iᵤ 被白 匹梯骑爷	uᵦ 补赌锄举阜	yᵤ 居虚遇剧
a 爬蛇架白 蔡杉	ia 夏亚惹姐	ua 花耍鸦白 洼	ya 茄靴
ɑ 帮忙塘仓	iɑ 良央讲上街~	uɑ 床霜狂网文	
e 戴穿~ 钗台揩界白	ie 阶繁胆三闪	ue 帅怪牌白 拐	ye 关翻弯
i 谢文 选边练烟			
o 烧桃猫窖	io 桥缫条窑		
ɤ 去₂			
u 短官河生			y 丢舅软圆
ɤi 倍斗岸埂戴姓		uei 龟水汇位	
əŋ 糯东耕翁	iŋ 零心人白 樱	uəŋ 春纯棍温	yŋ 朒俊润熨
	ioŋ 菌允用胸		
əʔ 剥泼落辣腊夹	iɐʔ 押笠~帽 叶钥弱辖	uɐʔ 豁镯刷壳鹤恶	yɐʔ 确岳觉悟 学~生
əʔ 德啄突厕客额去	iəʔ 瘪急逼滴业雪日白	uəʔ 轴竹术哭物或	yəʔ 绝局曲阅狱越
oʔ 北木芍鹿绿骨			
m̩ 母亩姆	n̩ 耳鱼泥蜈眉米二宜	ŋ̍ 五午	l̩ 离梨李泪
ɚ 而儿文 尔			

韵母特点说明如下：

（1）[iᵤ、yᵤ]做单元音韵母时摩擦性较强。

（2）[l̩]与单元音韵母[uᵦ]相拼时，[l̩]带有一定程度的卷舌化色彩，如"驴毛~庐茅~"的声母近于[ɭ]。

（3）读[uᵦ]韵的遇摄模韵（端透定/精清母）、鱼韵（知彻/庄初母）、虞韵（精清/知/章/见溪母）塞音、塞擦音声母字有声母趋同的现象，如"赌阻煮举"都读[tʃuᵦ]、"土楚处相~取"都读[tʃʰuᵦ]；同时声母伴有唇颤的色彩，"赌阻煮举"经常读为都读[tuᵦ]，关于[uᵦ]前塞音、塞擦音的变异详见本书3.4节。

（4）口语中有些[yŋ]韵字也可以读成[ioŋ]。

（5）[oʔ]的实际音值近于[ɷʔ]。

（6）[e]有动程，但动程没有普通话[ei]那样明显，音系处理为单元音。

7.1.2.3 声调（7个）

阴平	[44]	东天猪西专心尊安猫摸
阳平	[13]	穷陈人桥床蓝旁忙才平

上声	[33]	古展好比普买女老网猛
阴去	[35]	盖正对蔡变卖话岸硬命
阳去	[51]	近坐是父淡害树大病共
阴入	[35]	割桌接答切铁歇发伯缺
阳入	[51]	局六乐麦袜月毒食镯学

声调特点说明如下：

（1）阴平、上声字的调尾有微降，实际音值分别近于[442][331]。

（2）次浊阳上字归阴上调，次浊阳去字归阴去调，全浊阳上字并入阳去调。

（3）阴入字单念时已经舒化，无喉塞尾，调形和调值与阴去趋同。在连字中，特别是处于前字或词中位置时，阴入字时长明显变短，同时带有喉塞尾，是个短促调，听感上与上海话、苏州话等典型吴语的入声字并无不同；当阴入字处于后字位置时，大多数情况下还是舒声调。

（4）阳入字单念时是个高降的短调，调形与阳去类似，但前者在单字和连字中喉塞尾[ʔ]都很明显，因此也不合并。

7.1.3　当涂湖阳方言同音字汇

本字汇按照上节韵母表的顺序依次排列各韵的单字，同一个韵的字也按上节所列声母、声调的排序。写不出本字的音节用方框"□"来表示，"□"后加注音标，只标明实际调值。释义、举例在单字后用括号注出，例子里用"~"代替被释字。文白异读、又读等一字多音的现象在该字的右下角标上数字，"1"表示口语中最常用的读音，"2"表示比较常见的读音，依此类推。如果该字不单念而只有连读音，则只标出其实际调值，并在该字前加双竖线"‖"（如果连读调为新调值，则将其列在其他调类字的后面，"‖"放在连读调之前）。

ɿ

ts　[44]知枝支肢资咨姿脂兹滋辎之芝□（动词，渗水）栀（~子花）

　　[33]紫纸子籽梓旨指（~甲）姊（~妹）紫滓止址趾　　[35]制致至置志痣

tsʰ　[44]□（~瞎子：斗鸡眼）疵差（参~）痴雌　　[33]此侈耻齿‖

　　□（ɻɔ²¹~：一种鱼）　　[35]次剃（~头）赐翅

dz　‖[21]治（~疗）

s　[44]斯撕厮施私师狮尸司丝思诗鸶（鹭~）　　[33]死豕屎矢史使驶始　　[35]世势试四肆　　‖[33]□（大~：咱们大家）牸（~牛：母牛）痔（~疮）

z　[13]池瓷驰弛匙迟慈₂磁糍辞词祠持时鲥　[51]誓逝是氏自字示视似
　　祀巳寺嗣饲士仕柿事市侍

ø　[44]衣₁(~裳:衣服)

$$i_z$$

p　[44]屄　[35]蔽闭　[33]彼鄙比秕　[35]臂　[51]币弊陛避秘(~
　　密)庇鐾(~刀布)

pʰ　[44]坯批披丕□(打~风:打喷嚏)　[35]譬屁□(形容男性帅气)
　　[51]被₁(~窠里:被窝)　‖[21]□(pʰɔ⁴⁴~:形容说话前后不一致,
　　乱说)枇(~杷)　[13]痹(小儿麻~)

b　[13]皮疲脾琵(~琶)匹(量词,一~马)坒(量词,一~砖头:一摞砖)肥
　　便₁(~宜)　‖[21]毙(枪~)□(pʰɔ⁴⁴~:说话前后不一致)

m　[13]迷弥糜眉₂(~毛)　[33]靡米₂

t　[44]低堤　[33]底抵　[35]帝渧(~下来:滴)

tʰ　[44]梯　[33]体　[35]替涕剃屉(抽~)

ʧ　[13]提蹄提啼　[51]弟第地递

tɕ　[44]机鸡稽□(土~:未烧制成砖的土块)饥肌基几(茶~)唧(~~:蟋
　　蟀)　[33]挤几(~个)己　[35]纪记祭际济寄冀既计₂　[51]技妓

tɕʰ　[44]妻溪欺　[33]启起杞岂　[35]契砌汽气器弃计₁(伙~)

ŋ₂　[35]幼(~儿班)

ɕ　[44]西犀兮牺嬉嘻熙些(那~)稀希蜥(壁~~蛇:壁虎)　[33]玺徙喜
　　洗蟢□(~tɕyəʔ³³tɕyəʔ³³:蜘蛛)□(~子:未孵成小鸡的鸡蛋)　[51]忌
　　穗(麦~头)　‖系(~列)　[35]细婿戏

ʑ　[13]奇骑岐旗棋其齐(~整:形容女性漂亮)脐祁鳍荠(~子:荠荠)

ø　[44]依伊医衣₂　[33]椅倚以已　[35]艺意义议异毅亿忆翼易
　　[13]爷₁(大~:伯父)疑仪移姨夷饴

$$u_\beta$$

p　[33]补　[35]□("伯母"的合音词)布　[51]部簿步埠

pʰ　[44]铺(动词)潽(水~蛋)　[33]谱浦普剖　[35]铺(~子)

b　[13]婆

m　[44]摸　[13]模谋　[33]牡亩₂　[35]慕暮幕

f　[44]肤敷孵₂　[33]腑甫釜　[35]付赋副富　[51]负阜‖武₂(~老生)

ʧ　[44]都猪租诸朱珠　[33]堵赌肚(猪~)祖组阻举主煮举　[35]著
　　(显~)　[51]杜肚(~皮)度渡镀助住

tʃʰ　[44]粗初　[33]吐土楚础鼠　[35]吐(呕~)兔醋错(~误)处

ʃ　[44]苏酥书舒梳疏　[33]暑(~假)黍薯　[35]素诉塑庶数　[51]竖树柱

ʒ　[13]厨橱(碗~)锄(~头)

ʅ̥　[13]徒屠途涂图　[51]炉

n　[13]奴　[33]努　[35]怒

l　[13]卢炉芦庐驴　[33]鲁　[35]路露鹭(~鸶)　‖[21]□(量词, 一~房子:一所房子)□(~蜂子:马蜂)

k　[44]蛄(蝼~)姑₂估辜箍孤牯(~子:公水牛)　[33]古股鼓　[35]□ (处所远指词, ~tɐʔ²¹:那里)故固锢顾雇过

kʰ　[44]枯　[33]苦　[35]库裤

χ　[44]夫(挑~)麸(麦~)呼　[33]虎浒斧(大~)腐(~竹)　[51]沪互 护父(~母)

ø　[44]乌污坞孵₁　[13]菩(~萨)蒲(~扇)葡(~萄)糊胡狐吴梧扶浮 [33]五₂伍₂午₂舞武₁(~生)　[35]误悟捂瓠(~子)附(~近)焐　[51] 户妇傅(师~)戊　‖[21]傅(师~)腐(~乳)　[55]□(腰~:捆扎稻 把、柴禾等的草绳)

ɻ　[13]如　[33]乳(腐~)

yᵤ

tɕ　[44]居车(象棋用语)　[13]渠　[35]据锯句距巨拒剧具(家~)

tɕʰ　[44]蛆　[35]去₃

ɲ　[33]女

ɕ　[44]虚嘘墟荽□(日~:日蚀)　[33]许　[35]絮(~鞋:棉鞋) [51]序绪叙

ʑ　[13]徐除储

ø　[44]瘀淤　[13]余圩(~埂)　[33]吕雨旅(一~兵)羽语与　[35]虑 滤(笊~:笊篱)玉遇豫(犹~)御誉预裕

a

p　[44]巴₂(~不得)芭疤□(塘~:水坑)　[33]把(量词, 一~米;动词, 相当于"给")　[35]霸坝　[51]罢(~免)稗(~子)

pʰ　[35]怕

m　[13]麻　[33]马码‖巴₁(泥~)　[35]骂

b　[13]耙(~田)琶(琵~)杷(枇~)爬

ts　　[44]查(姓)楂渣遮□(~心：恶心)　　[33]□(~刺：被刺扎了)‖
　　　　□(~盆：一种捕鱼用的盆)　　[35]榨诈炸蔗

tsʰ　　[44]叉权衩差(~别)车₁(量词，一~线)　　[35]差(~不多)岔蔗蔡(姓)

s　　　[44]沙纱撒₂(~手)奢赊(~帐)杉(~树)　　[33]舍(~得)洒　　[51]麝
　　　　(~香)‖萨(菩~)　　[35]舍(邻~)

z　　　[13]茶茬查蛇

t　　　[33]打　　‖[21]□(蹲~：蹲着)　　[33]□(幸亏)

tʰ　　　[33]他

ɭ̥　　　[51]大₃(~字本)

n　　　[13]拿　[35]那

l　　　[44]拉　　[33]哪(~一个)

k　　　[44]家₁(大~)加₁(~口布：围嘴儿)　　[35]架(~子)嫁₁价

kʰ　　　[35]去₁

ŋ　　　[13]牙(一槽~)芽衙伢(猪~子)　　[33]瓦

χ　　　[44]虾₁哈(~欠)　　[33]□(形容东西不好)　　[51]下₁(~落：地方)
　　　　□(被狗咬)

ø　　　[44]丫(鸡~：鸡爪张开的部分)鸦₂(老~：乌鸦)　　[33]哑　　[35]沃
　　　　(~田)

ia

tɕ　　[44]家₂(~长)加₂嘉　　[33]假(真~)贾姐₁　　[35]假(放~)驾价嫁₂借

ŋ̟　　　[33]惹　　[51]□("你家"的合音)

ɕ　　　[44]虾₂　　[35]卸₁　　[51]夏谢₁

ʑ　　　[13]霞暇遐瑕邪斜　　‖[31]下₂(以~)

ø　　　[13]爷₂(~~)崖　　[33]雅野₁(~外)　　[35]亚(~军)夜赧(动词，比
　　　　长短)

ua

tʃ　　[44]抓　　[33]爪₂(鸡~子)

ʃ　　　[33]耍

k　　　[44]瓜　　[33]寡剐　　[35]挂卦

kʰ　　　[44]夸　　[33]垮　　[35]挎跨胯

χ　　　[44]花　　[35]化划(笔~)

ø　　　[44]鸦₁(水老~：鸬鹚)蛙(牛~)□(动词，抠、掏)洼(山~)□(姑~：
　　　　姑妈)　　[13]划(~船)华桦(~树)挖铧(双~犁)　　[35]话画外₁(怕~

来：怕生、脑腆）

ya

ç　［44］靴（~子）

ʑ　［13］茄（~子）

ɑ

p　［44］帮邦　［33］榜绑　［35］谤　［51］棒蚌

pʰ　［44］□（动词，浮在水上）　［35］胖膀（~蹄）　‖［21］乓（乒~球）

b　［13］房旁螃防庞

m　［13］忙芒茫盲　［33］网₁（兜兜~：一种渔网）莽蟒　［35］忘望（~外头走）

f　［44］方芳妨（~碍）肪坊荒₁　［33］访仿纺　［35］放（~学）

t　［44］当　［33］党　［35］当（~票）

tʰ　［44］汤　［33］淌躺　［35］烫趟

d̥　［13］堂棠膛（灶~）唐糖塘□（媒~：钓鱼时用的诱饵）螳（~螂）凶（性命~：凶门）　［51］荡

n　［13］囊瓤齉（~鼻孔）

l　［13］郎狼廊榔螂　［33］朗　［35］浪眼（~衣裳：晾）

ts　［44］脏章张仗（打~）蟑（~虼螂：蟑螂）　［33］长（生~）　［35］账帐葬涨胀

tsʰ　［35］唱仓舱苍畅

s　［44］桑丧（~事）商伤　［33］嗓搡尚　［35］丧（~失）　［51］上₁仗（炮~）藏（西~）丈尚

z　［13］长场肠床₂　‖［21］裳（衣~）

k　［44］扛缸（茅~：茅坑）钢冈刚纲　［35］杠

kʰ　［44］康糠慷　［35］抗囥

χ　［44］夯　［51］巷（~里：胡同）

ø　［13］昂行□（动词，扛）航杭　［33］‖□（~声~气：形容说话态度不好）

iɑ

l　［13］量（~长短）粮良凉梁粱

tç　［44］将浆姜疆缰江　［33］讲桨蒋　［35］将（麻~）降（下~）

tçʰ　［44］枪腔羌醌（动词，~蟹）　［33］抢　［35］呛（~水）□（彩虹）戗（~风：逆风）

ȵ　[13]娘　[33]两仰(~泳)　[35]酿上₂(后置词,如"边~""街~")让

ɕ　[44]相箱襄镶厢香乡　[33]想响享　[35]相(~声)向　[51]橡(~皮)相(象棋用语)象(~棋)项匠橡

ʑ　[13]墙详祥强(~奸)降(投~)

ø　[44]央秧殃　[13]洋烊羊杨扬阳疡　[33]养痒　[35]样

ua

tʃ　[44]桩装妆庄　[35]壮　‖[21]□(动词,~一把:挡)

tʃʰ　[44]疮窗　[33]闯　[35]创

ʒ　[13]床₁　[51]撞状

ʃ　[44]双霜　[33]爽

k　[44]光　[33]广

kʰ　[44]框筐匡眶　[35]旷矿况

g　[13]狂

χ　[44]荒₂慌　[33]谎　[35]晃

ø　[44]汪□(~zɐi²¹:昂刺鱼)　[13]黄簧皇磺潢蝗王横(~竖)　[33]枉往网₂　[35]旺望(盼~)

ie

p　[44]班斑颁扳(~气:拔火罐)般　[33]板版　[35]扮　[51]范饭犯瓣办万　‖[21]□(□tʰɐi⁴⁴~:不好)

pʰ　[44]攀　[35]盼襻

b　[13]凡帆烦繁(~体)矾

m　[13]蛮　[33]晚(~霞)　[35]慢

t　[44]耽担(环~:扁担的一种)单丹　[33]胆掸疸(黄~)　[35]旦担(挑~)　‖[21]□(人称代词复数后缀)

tʰ　[44]摊贪坍瘫滩　[33]毯坦　[35]炭探叹

ɖ　[13]谈痰弹(~包)坛檀　[51]淡诞但弹(子~)蛋

n　[13]难(~易)　[35]难(患~)

l　[13]蓝篮(~子)兰拦栏　[33]揽览缆榄懒　[35]烂滥

tɕ　[44]皆阶间₁(量词,一~房子)占(~卜)　[33]解₂斩盏展碱　[35]介芥届界₂(交~)站(~立)占(~领)蘸赞战　[51]暂栈

tɕʰ　[44]参(~加)铅(~笔)搀餐　[33]惨铲产　[35]灿

ɕ　[44]三珊山删　[33]写₁喊蟹₂陕闪散伞　[51]站(车~)苋(~菜)

ʑ　[13]咸惭衔残闲　‖[21]限(~制)

ø　　[44]淹　[13]谐岩颜　[33]掩眼也(文读)　[35]械(机~)懈厌雁

ye

tɕ　　[44]关　[35]惯

tɕʰ　[35]□(耳朵~：耳环)

ɕ　　[44]藩翻番帆闩栓　[33]反　[35]泛(灵~：机灵)□(扔)贩

ø　　[44]弯湾　[13]环还(交~)　[35]患

o

p　　[44]褒包胞苞　[33]宝保宝饱 ‖ □(~牙齿：向前突出)　[35]鲍报
　　豹□(~头：花蕾)　[51]抱(~怨)刨暴

pʰ　[44]抛泡(~沫) ‖ □(~bi²¹：说话前后不一致)　[35]炮

b　　[13]跑(~龙套)袍爬(~皮：削)

m　　[44]猫　[13]毛茅矛　[33]卯　[35]帽冒貌贸

t　　[44]刀叨(唠~)　[33]朵(耳~)倒(颠~)岛祷　[35]到倒(~划笔)

tʰ　[44]滔掏　[33]讨　[35]套

ɖ̥　　[13]逃桃淘陶萄涛　[51]道稻盗导　 ‖ [21]□(~tsʰʅ³³：一种鱼)

n　　[44]孬　[33]脑恼　[35]闹

l　　[44]捞　[13]牢唠(~叨)劳痨　[33]老佬(红~：红色的)　[35]涝
　　(粥稀)

ts　　[44]招朝(今~：今天)遭糟招昭沼　[33]早枣藻澡找爪ʅ(鸡脚~：鸡
　　爪)蚤(虼~：跳蚤)　[35]灶罩笊(~滤：笊篱)照

tsʰ　[44]抄超秒(~田)　[33]草炒吵　[35]燥

s　　[44]骚稍梢捎烧　[33]少(多~)嫂扫　[35]少(~年)　[51]造皂赵
　　兆召绍邵

z　　[13]槽曹潮(落~)巢朝韶

k　　[44]膏糕睾羔高篙枷(连~)交ʅ(连词，你~我：和)　[33]稿铰(~链：
　　合叶)　[35]告窖(地~)

kʰ　[33]考烤　[35]靠铐

ŋ　　[13]□(量词，一~线：团)熬　[33]咬　[35]傲

χ　　[44]□(油变质)蒿薅(~草)　[33]好

ʁ　　[13]号(~叫)豪毫壕

ø　　[44]凹　[33]拗袄(~子)　[35]奥澳懊　[51]号(大~)浩耗

ɻ　　[13]饶　[33]扰　[35]绕

io

p　　［44］彪标膘　［33］表婊　［35］鳔

pʰ　　［44］飘漂(~白)　［35］票

b　　［13］瓢嫖

m　　［13］苗描瞄　［33］渺藐秒　［35］妙庙

t　　［44］刁貂雕　［35］吊钓

tʰ　　［44］挑　［33］‖□(量词,一~子:勺)　［35］跳□(一种烹饪方式)

ɬ　　［13］调(~节)条　［51］掉调(音~)

l　　［13］撩燎疗(~伤)聊辽　［33］鸟了　［35］料

tɕ　　［44］娇交₂(~通)胶浇₁荍焦蕉椒骄娇　［33］绞狡搅剿矫缴　［35］教
　　　(~室)觉(睡~)校(~对)较叫

tɕʰ　　［44］跷(高~)敲锹缲悄　巧　［35］翘俏跷窍

ɕ　　［44］浇₂(稀~:很薄)肖消宵霄硝销嚣枭骁□(动词,骟猪)□(动词,~
　　　锅盖:掀开)　［33］小晓　［35］孝校(~长)笑酵　［51］轿效

ʑ　　［13］荞(~麦)□(围~:围裙)桥□(动词,翘)

ø　　［13］摇淆肴姚瑶谣窑尧　［44］腰妖邀要(~求)幺吆　［33］舀
　　　［35］要(重~)耀

u

p　　［44］菠(~菜)波玻(~璃)搬　［33］跛簸(动词)　［35］簸(~箕)
　　　［51］薄(~荷)伴拌半叛

pʰ　　［44］颇坡潘　［35］破判

b　　［13］婆卜(萝~)盘

m　　［13］魔磨(动词)摩擘(~仿)馒　［33］满□(捉~躲:捉迷藏)□(量
　　　词,两~棋:盘)颟(~裆裤:有裆的裤子)　［35］磨(石~)

t　　［44］多端　［33］躲短　［35］剁

tʰ　　［44］拖　［33］妥椭　［35］唾氄(~毛:鸟脱毛)

ɬ　　［13］驼砣驮谭潭坛(~子)团榉　［51］舵大₁(~米野菜:荠菜)断(~
　　　绝)锻段　‖［21］惰(~性)

n　　［13］挪男南

l　　［44］啰(~嗦)□(赶上、撵走)　［13］罗萝(~卜)箩螺锣逻猡腡
　　　［33］裸　［35］乱　‖［21］□(夫妻伙~:夫妻俩)

ts　　［44］砖簪钻　［33］左佐展　［35］转做(~声)

tsʰ　　［44］搓川穿₂　［35］错(~别字)窜串

s　[44]蓑梭酸生₁(~子：鸡生蛋)　[33]锁琐所(厕~)　[35]扇(~子)
　　算蒜　[51]座坐善鳝

z　[13]蚕缠蝉禅传橼船

k　[44]哥歌锅官棺冠(衣~)观(~赏)　[33]果裹管馆　[35]个(~人)
　　过罐(~头)贯灌罐观(~观)冠(~军)

kʰ　[44]科窠(鸡~：鸡窝)棵颗宽　[33]可款　[35]课

ŋ　[13]蛾鹅俄讹　[33]我　[35]饿卧

χ　[44]欢　[33]火伙　[35]荷(薄~)贺货　[51]祸唤

ʁ　[13]何河荷和(~棋)禾

ø　[44]阿(~胶)倭(~寇)□(~煞：形容脏)豌莴(~笋)蜗　[13]完
　　皖　[33]碗缓　[35]腕换

y

t　[44]丢

l　[13]流刘留榴硫琉　[33]柳

tɕ　[44]纠阄鸠(斑~屎：雀斑)捐娟鹃　[33]酒九久卷(~起来)　[35]眷
　　□(~眉头：皱)

tɕʰ　[44]秋圈(一~)鳅　[33]蜷(~腿)犬　[35]劝券

dʑ　[13]拳

ɳ　[33]纽扭软

ɕ　[44]修休宣喧　[33]朽　[35]绣锈嗅₂楦(~头)　[51]舅袖就旧
　　旋₁(~网：一种渔网)

ʑ　[13]囚₂球求球仇(姓)拳权颧

ø　[44]优忧幽冤渊　[13]尤邮由油犹游圆犹(~豫)缘元原源园袁援芫
　　(~荽)　[33]酉有友远　[35]右诱又右佑柚釉幼院愿怨

ɤ

kʰ　[35]去₂

e

p　[33]摆　[35]拜　[51]败

pʰ　[35]派

b　[13]排牌₂

m　[13]埋　[33]买　[35]卖迈

t　[44]呆　[35]戴₁(穿~)

tʰ　[44]胎台(~州)□(~pie²¹：不好)　[35]态泰太

ɬ̥　［13］柏(~子：桌子)台(~湾)抬　［51］大₂(~蒜头子；~斧：斧子)贷(~款)待怠殆袋□(动词，~下去：因松垮而下凹)

l　［13］来　［35］赖癞

n　［33］奶(~~：祖母)乃　［35］耐奈

ts　［44］灾栽斋　［33］宰载者(或~)　［35］再债　［51］寨

tsʰ　［44］猜钗差(出~)　［33］彩采　［35］菜

dz　［13］豺

s　［44］腮鳃筛　［35］赛晒　［51］在社

z　［13］柴　‖21□(uɑ⁴⁴~：昂刺鱼)

k　［44］该街　［33］改　［35］概溉盖丐戒(~尺)界₁(搭~)疥(~疮)

kʰ　［33］楷开揩　［33］凯　［35］慨

ŋ　［35］碍

χ　［33］海蟹₁□(缝~里：缝隙)　［51］亥害

ɰ　［44］挨　［33］矮

ʁ　［13］孩鞋

ø　［44］哀埃　［35］爱艾霭蔼隘

ue

ʃ　［44］摔　［33］甩(扔)　［35］率

k　［44］乖　［33］拐　［35］怪

kʰ　［35］块筷快

χ　［44］歪₁

ø　［44］歪₂　［13］怀淮槐牌₁(骨~凳：小方凳)　［35］外₂　［51］坏

ɣi

p　［44］杯悲揹　［35］贝背(~后)　［51］佩背(~书)被₂(棉~)备

pʰ　［44］胚　［35］沛配

m　［13］谜₂梅枚玫(~瑰)煤眉₃(~笔)　［33］每美　［35］寐媚妹昧

b　［13］培陪赔裴葵₁　［33］‖倍(两~)

f　［44］飞灰辉徽(安~)挥□(~嫩：很嫩)非　［33］匪斐否　［35］废费痱(~子)

t　［44］堆兜　［35］戴₂(姓)对陡斗(~争)逗抖兑

tʰ　［44］推偷　［33］腿　［35］退褪蜕透

ɬ̥　［13］头投　［51］队豆痘

n　［35］内

l　　［13］雷楼搂留刘擂（～背：捶背）蝼（～蛄）　　［33］垒偏篓（～子）搂
　　［35］类累漏陋

ts　　［44］舟周州洲邹　　［33］帚嘴走肘　　［35］缀赘最醉奏昼皱咒

tsʰ　　［44］摧崔车₂（～站；火～）抽　　［33］丑（小～）　　［35］翠臭脆粹萃凑

s　　［33］屎虽绥手守首收搜飕馊　　［35］岁碎瘦嗅₁（～鼻头：吸溜鼻涕）嗽
　　（咳～）　　［51］射（～雕）遂隧罪受（难～）社（旅～）宙骤寿授售

z　　［13］随髓捶绸稠筹囚₁（～禁）愁

k　　［44］钩勾沟甘柑泔干（～净）竿　　［33］狗苟感敢橄杆擀赶埂（田～）
　　梗　　［35］购够构干（～活）

kʰ　　［44］抠口槛（门～）看（～守）刊□（里～：里面）　　［33］口砍　　［35］扣
　　寇勘看

ŋ　　［33］藕　　［35］岸硬

χ　　［35］汉　　［51］厚后候撼憾旱汗焊翰

ʁ　　［13］侯喉猴含函涵寒韩

ɰ　　［35］案（～子）按

ø　　［44］欧瓯庵鹌（～鹑）　　［33］偶（木～戏）呕　　［35］暗

i

p　　［44］边鞭编蝙　　［33］贬匾扁　　［35］遍变　　［51］辨辩便（方～）辫

pʰ　　［44］偏篇　　［35］骗片

m　　［13］棉绵眠　　［33］免勉缅　　［51］面

t　　［33］点掂（～屎：给小孩把屎）典颠癫（发梦～：做梦）　　［33］典
　　［35］踮（～脚）店

tʰ　　［44］天添　　［33］舔　　［35］掭（～笔）

ɟ　　［13］甜田填　　［51］电垫奠佃

l　　［13］连联廉镰帘怜莲　　［33］脸鲤₂　　［35］练炼楝（～树）恋历₁（黄～）

k　　［44］姑估辜箍

tɕ　　［44］监（～狱）尖兼搛艰间（中～）奸煎肩坚劇（～牛：阉过的公牛）
　　［33］姐₁检俭简剪茧　　［35］键见剑谏箭建荐涧

tɕʰ　　［44］牵签迁笺（信～）　　［33］且浅　　［35］嵌欠歉

dʑ　　‖［13］健（～康）

ɲ　　［44］拈（～起来：捡起来）　　［13］黏鲇研（～墨）年　　［33］你染₂
　　［35］砚（～uaʔ⁵¹：砚台）念验

ɕ　　［44］鲜仙籼（～稻）枚（抛～：扬灰的农具）掀舢（～舨）轩□（～板：泥

板）　[33]写₂险选(～择)癣显　　[35]泻线卸₂(～妆)献宪县
[51]谢₂件羡(～慕)旋₁(～风)现

ʑ　[13]前潜钳钱乾虔全泉

ø　[44]烟胭□(河～：蚯蚓)　　[13]嫌爷₁(～孙两个人)盐炎阎檐严延沿　[33]野₂(～生)演　[35]厌厣(～子：结的痂)艳焰谚燕宴

uei

tʃ　[44]追锥

tʃʰ　[44]吹炊

ʃ　[33]水　[35]税　[51]芮(～家：地名)

ʒ　[13]槌锤

k　[44]圭闺龟规瑰(玫～)归　[33]鬼轨癸　[35]鳜桂贵

kʰ　[44]盔亏　[13]逵葵₂　[33]傀　[51]溃愧跪

χ　[44]麾　[33]悔　[35]晦秽　[51]汇柜(竹～子：竹柜)惠慧

ø　[44]煨微　[13]桅(～子：桅杆)危回茴违围维惟唯纬(～纱)　[33]伟苇　[35]卫为位会贿(受～)未味魏畏谓胃猬喂慰□(快～：快活)

əŋ

p　[44]奔崩　[33]捧本　[35]迸　[51]泵奉

pʰ　[44]喷(～水)烹　[35]碰(～到)喷(～香)

b　[13]焚坟盆闻(～一～)蚊缝彭膨朋棚篷蓬冯逢　‖[21]问₁(～题)

m　[13]门们萌明₁(～朝：明天)盟　[33]猛　[35]焖闷孟梦

f　[44]分芬纷风锋风疯枫峰丰封蜂　[33]粉讽　[35]愤粪忿奋
[51]份

t　[44]敦墩蹲登灯东冬　[33]等董懂　[35]□(～脚：跺脚)顿吨凳瞪冻栋毣(～卵)

tʰ　[44]吞通　[33]桶捅统　[35]痛

ɖ̥　[13]屯囤(～条)豚饨臀藤腾誊童同铜□(羊～：羊圈)　[33]‖□(一～手：开始)[51]盾遁钝邓动筒(～子：棉袄)洞

n　[13]能脓(～包)农浓　[33]‖□(搁～：桁条)　[35]糯(～米)嫩弄

l　[13]轮沦仑伦砻(脱米的工具)拢珑窿(窟～)笼聋隆龙　[33]冷拢垄(背～肉：里脊)　[35]用₁(不顶～)论(议～)

ts　[44]针斟珍砧真尊遵曾(姓)增征蒸筝睁贞颠(霉～气)正(～月)征棕宗中忠终踪钟盅表　[33]枕诊疹整总种(～类)肿　[35]镇振震正憎赠中(不～：不行)正政粽众纵　[51]郑

tsʰ　[44]参(~差)葱村称(~呼)撑聪葱囱匆春充冲　[33]宠　[35]寸秤
　　眈(~瞜~：打瞌睡)

dz　[13]程沉(~思)陈辰

s　[44]森参(人~)深身申伸升孙僧生₂(~气)牲甥声松　[33]沈婶审损
　　省(~长)　[35]渗胜圣送宋　[51]顺甚肾剩重(~量)

z　[13]尘神存唇鹑(鹌~)层曾(~经)橙澄惩乘绳承丞绳呈壬成城诚盛
　　(~饭)虫从重(~复)屍(精液)　‖[21]任(做一~官)

k　[44]弓跟根今₁(~朝：今天)公庚羹耕蚣攻工功弓躬宫恭供(~应)粳
　　(~米)　[33]耿拱巩　[35]更(~加)贡　[51]共

kʰ　[44]坑　[33]肯垦啃孔恐　[35]揩(吃猛~子：扎猛子)控空(有~)

χ　[44]亨轰烘　[33]擤(~鼻头：擤鼻涕)很　[35]恨

ʁ　[13]红痕恒弘衡宏蕻(雪里~)

ø　[44]恩翁　[35]膃(~冻 rəʔ⁵⁵臭：形容某种臭味)

ɻ　[13]人(~民)仁仍　[33]忍　[35]任(~务)

iŋ

p　[44]兵彬宾斌冰　[33]禀丙秉饼　[35]殡鬓柄并(合~)　[51]病

pʰ　[44]乒(~乓球)拼(~死：拼命)　[33]品　[35]聘

b　[13]贫频(~道)凭平评苹坪瓶屏萍

m　[44]渳(~酒：小口喝)　[13]民谜₁(打~：出谜语)明₂名铭　[33]闽
　　敏抿皿　[35]命

t　[44]叮(~嘱)丁钉(~子)疔(~疮)　[33]顶　[35]澱(~清：使杂质
　　沉淀)

tʰ　[44]听厅　[33]挺艇

ɖ　[13]庭霆(雷~)廷(朝~)停亭婷　[51]定

l　[44]拎　[13]林淋临邻鳞磷麟瞵灵零陵菱凌翎　[33]领岭　[35]令

tɕ　[44]金禁襟巾京津斤筋茎京荆惊精晴精青经　[33]锦紧谨景警井
　　颈　[35]浸进晋劲(有~)敬镜径胫　[51]近

tɕʰ　[44]钦侵亲卿清轻青倾顷(公~)　[33]寝请　[35]庆磬

ɲ　[13]人(~家)宁　[35]认

ɕ　[44]心星辛新薪欣兴(~旺)　[33]醒　[35]性姓　[51]尽杏竞净
　　(~钱：赚钱)幸

ʑ　[13]寻琴擒禽行(~李)秦勤芹鲸(~鱼)情晴

ø　[44]音阴荫因姻英隐应(~该)鹰莺鹦樱婴缨　[13]淫吟营银殷蝇迎盈

赢形型邢(~村：地名)　　[33]饮影蚁(蚂~子：蚂蚁)引颖　[35]印映

uən

tʃ　　[33]准

tʃʰ　[44]春　[33]蠢

ʐ̩　　[13]纯

k　　[33]滚磙　[35]棍

kʰ　[44]坤　[33]捆　[35]困睏(水~头：外短裤)

χ　　[44]昏婚荤

ø　　[44]温瘟　[13]魂馄浑文(~凭)纹　[33]稳　[35]问₂

yŋ

tɕ　[44]肫　[35]俊　[51]郡

ø　　[35]闰(~月)润熨

ioŋ

tɕ　[44]菌军君均(~庆：地名)

ɕ　　[44]熏兄胸凶　[35]训

ʐ̩　[13]旬巡群裙琼穷雄熊

ø　　[44]拥雍庸　[13]匀云绒荣戎融容蓉　[33]允永泳咏勇涌甬
　　　[35]运用₂孕

ɐʔ

p　　[35]拨剥八　[51]拔白₁(茭~)薄

pʰ　[35]啪泼(~水)

m　　[51]末₁(~名：最后一名)抹(~布)沫(泡~)

f　　[35]发法　[51]乏伐筏罚

t　　[35]□(量词，一~：大拇指和中指张开的长度)答搭□(处所后置词,
　　　kəʔ²¹~：这里)掇涿(动词，被雨淋)

tʰ　[35]托庹(量词,一~：两臂平伸两手伸直的长度)秃(~宝盖)塔榻塌
　　　□(动词,错过)□(动词,~粉：涂抹)

ʦ̥　[51]踏达夺

n　　[51]纳衲(尿布)捺

l　　[51]辣瘌落骆(~驼)蜡腊烙洛　‖ [33]□(猪油pʰo²³³~：油渣)

ts　[35]斫(~刀)撮₁(一~毛)作(~文)眨扎摘(~菱)　[51]勺(~子)着
　　　(~落)

tsʰ　［35］擦察拆

s　［35］煞撒₁（~尿）杀　‖［21］□（□ʊ⁴⁴~：脏）□（木~子：木屐）

　　［51］杂铡（~刀）凿着（睡~）石₁

k　［35］□（~眼睛：挤眼睛）角₂（铅~子：硬币）轧（~稻子）胳（~膊）夹₁

kʰ　［35］掐甲₁（指~）

ŋ　［51］阿（~哥哥：哥的面称）

χ　［35］吓₂喝瞎　［51］匣盒

ɥ　［51］鸭压₁

ø　［35］押₁（~金）

ʂɐʔ

l　［51］笠（~帽：斗笠）略掠□（动词，~断：拗）

tɕ　［35］甲₂脚夹₂

tɕʰ　［35］雀鹊

ȵ　［51］搦（~面：揉面）弱（虚~）虐叶（~子）

ɕ　［35］削　［51］辖

ʑ　‖［21］学₂（~费）嚼（瞎~：乱说话）

ø　［35］约　［51］押₂压₂药钥跃

uɐʔ

f　［35］豁（~嘴）

z　［51］镯（~子）

tʃ　［35］桌捉穿₁（~网：一种渔网）筑

tʃʰ　［35］戳

ʃ　［35］刷索（绳子）缩　［51］昨（~日）

k　［35］角₁（菱~）合（~伙）括刮搁（~nəŋ³³：桁条）

kʰ　［35］瞌（眍~眍：打瞌睡）磕（~头）壳阔廓扩

χ　［35］□（tsʰəʔ²¹~：闪电）　［51］活鹤

ø　［35］恶（~霸）　［51］学₁（上~）袜滑猾　‖□（砚~：砚台）

yɐʔ

tɕ　［35］觉（~悟）

tɕʰ　［35］确

ɕ　［51］学₃（~生）

ø　［51］岳乐（音~）□（~子：纺纱的工具）

ə?

p　　［35］不(否定词)拨

m　　‖［21］么(什~)

t　　［35］德读得₂(晓~)督啄(~木鸟)㞎(~石头：丢)

tʰ　　［35］脱特

ɸ̥　　［35］突　　［51］□(疲~~则介：恶心想吐的样子)毒

l　　［51］捋肋勒

ts　　［35］只(一~手)汁卒(~子)足(~球)择(选~)宅这□(么~：什么)窄折(~叠)蛰执汁哲折浙质卒则侧织职责摺(~尺)

tsʰ　　［35］厕(~所)彻撤撮₂(一小~)秩测策册尺赤斥□(~χuɐ³⁵：闪电)族(汉~)

s　　［35］什(~么)饰涉涩湿设瑟虱失室(教~)塞色(~子)释续粟宿(~舍)　　［51］拾(收~)□(代词前缀,如"~我")识(~字)侄(~子)十舌实贼直食蚀(日~)殖植石₂慈₁(~姑子)俗

k　　［35］葛个(近指词,~些：这些)各格革隔割　　‖［21］□(~胡子：鲢鱼的一种)

kʰ　　［35］渴刻克客(~人)□(动词,盖)

g　　‖［21］□(~两天：这)

χ　　［35］黑吓₁(专指小孩受惊吓)　　［51］核(~桃)

ɰ　　［51］额(~头)

ɻ　　［51］日₂

iə?

p　　［35］憋鳖笔毕必逼碧璧壁瘪滗(~干：去水)　　［51］别(~人)鼻

pʰ　　［35］撇僻劈□(女阴)

m　　［51］肉灭蔑密蜜觅

t　　［35］跌得₁(认~)的(目~)滴嫡㧅(动词,~~齐：弄整齐)

tʰ　　［35］帖贴铁踢剔

ɸ̥　　［51］叠(量词,一~纸)碟蝶谍牒敌笛狄

l　　［51］荔(~枝)列烈咧(句末语气词)里₂(缝□χɐi³³~：缝隙)□(藕~色：藕荷色)猎立粒劣栗律力历₂(阴~)沥(~~水：让水自然滴干)

tɕ　　［35］接劫缉急级杰揭节截结洁疾吉即鲫积迹脊绩击激□(牛~草：稻田里的某种杂草)秸

tɕʰ　　［35］妾怯泣切七漆乞迄戚吃

dʑ ‖[21]及(涉~)

ȵ [51]业□(小伢~：小男孩)聂镊□(~被：缝)热孽捏日₁疟(发~疾)
匿逆 ‖[21]里₃(手~) [33]染₁(传~病)

ç [35]雪(一堆~)锡(~剧)吸泄歇屑(面~)楔(插~：榫头)膝悉息熄媳
惜昔析锡 [51]席习

g ‖[21]□(表程度的指示词，~种高：这么高)

ø [35]一乙益 [51]页逸译液疫役

uəʔ

s [51]轴

tʃ [35]凸竹粥烛嘱(~咐)

tʃʰ [35]出触

ʃ [35]叔 [51]术述塾(私~)熟赎

k [35]骨₂国谷₂(~子)姑₁(慈~子)鸽(~子)

kʰ [35]哭窟(煤~窿子：蜂窝煤)

χ [35]忽 [51]或惑

ø [35]握屋頍(~：在水中把人或物按下去) [51]物获

ɻ [51]入

yəʔ

tç [35]绝决诀橘菊 [51]局 ‖[33]□(喜~~：蜘蛛)

tçʰ [35]缺屈掘却曲

ç [35]薛血恤戌蓄畜(~牧) [51]穴

ø [51]阅悦月越粤域郁育狱玉欲浴

oʔ

p [35]伯膊(胳~)泊(梁山~)仆朴北百伯迫博(~望：地名)
[51]伏白₂

pʰ [13]拍魄 ‖[33]□(猪油~lɐʔ³³：油渣)

m [51]墓(~碑)募(~捐)木陌莫墨默麦脉目穆牧末₂(锯~屑)

f [35]复(重~)福幅蝠腹覆咐(嘱~) [51]佛服

l [51]鹿禄络(活~)乐六陆绿录

ts [35]祝

tsʰ [35]□(量词，一~：一会儿)畜(~牲)促

s [35]说(~书)肃粟 [51]芍(~药)

k [35]骨₁(~牌凳：方凳)谷₁(山~)

kʰ　　[35]酷

χ　　[35]霍

ɻ　　[51]辱褥

ṃ

ø　　[33]姆(～妈)母(～鸡)亩₁

ṇ

ø　　[13]儿₁宜(～兴：江苏地名)泥尼(～龙)鱼渔蜈(～蚣)眉₁(～毛)
　　[33]米₁耳₁尾拇(大～指头骨：大拇指)　[35]二₁腻

ŋ̍

ø　　[33]午₁五₁

l̩

ø　　[13]犁梨(～子)儿₃(幼～班)黎离篱璃狸(～猫)厘　[33]礼理鲤₁里₁
　　李(行～)　[35]例丽隶厉励利痢莉泪(眼～)吏

ɚ

ø　　[13]而儿₂　[33]尔耳₂饵　[51]二₂

7.2　安徽泾县茂林方言同音字汇

7.2.1　概说

　　泾县茂林镇地处皖南山区,隶属于安徽省宣城市,位于县城泾县的西南角,距县城 35 千米。茂林建制于北宋,历史悠久,史称"江南名镇",素有"小小泾县城、大大茂林村"之说,也是震惊中外的"皖南事变"发生地。中华人民共和国成立后,于 1958 年建茂林公社,1984 年改乡,1987 年置镇。1997 年,茂林镇辖溪口、三甲、山河、奎峰、潘村、西洪、末桥、唐里、陈坑、渣溪、延陵等 11 个村委会。2001 年区划调整后,茂林镇辖凤村、阳山、鸣凤、金盆、长征、溪里凤、石井、凌杨、水岭、山水、南容、新景、高湖、高坦、濂长、铜山、新岭、麻岭、延陵、溪口、山河、奎峰、三甲、潘村、西洪、末桥、唐里、陈坑、渣溪、沈岗等 30 个村。

　　根据《中国语言地图集(第 2 版)》(2012)的划分,茂林方言属于吴语宣州片铜泾小片,其西部的厚岸、查济等地方言为吴语宣州片石陵小片,南部黄山等地方言则属于吴语宣州片太高小片。铜泾小片与石陵小片、太高小片吴语的差异，主要体现在古全浊声母今读音上，铜泾小片的特点是"古全浊声母读[v、ɹ、z、ɣ]等一类通音，多数地点带清喉擦音成分，及並奉母今读[hv-]或者[hɸ-、hw-]，定母今读[hl-]或者[hɹ-]，澄从邪崇船等母依近音洪细读[hz-、hʐ-]或者[hz̢-、hj-]，群匣母依今音洪细读[h-、hɦ-]或者[hz̢-、hj-]"(郑张尚芳，1986)。茂林方言虽划归铜泾小片，但与其他铜泾小片吴语差异较大，其古全浊声母字今大多弱读为清喉擦音[h]。

　　笔者于2016年4月初次到茂林调查，2020年8月再次赴茂林进行补充调查，2021年2月第三次赴茂林镇核对同音字汇，并进行实验语音学和语音变异的专项调查。本文记录的是茂林镇老派口音，发音人为吴展林(男)，1950年生，原供销社发糕师傅，家住茂林镇中心。

7.2.2　安徽泾县茂林方言声韵调

7.2.2.1　声母(30个)

p 摆板杯巴	pʰ 派攀配潘	ɸʰ 败爬葵柜	m 埋慢蚊望	f 反发虎慌	w 蛙回玩凡
pɸ 居狗归贵	pɸʰ 口亏跪扣			ɕɸ 非妃徽	
t 打胆刀答	tʰ 太滩填汤	lᵈ 莲李例旅	n 奶~~：称谓		l 赖男嫩罗
ts 组知枝爪	tsʰ 齿搓穿催	z 池字时事		s 酸桑舒所	
tɕ 交金距周	tɕʰ 巧青臭戳	ʑ 徐渠槌骑	ȵ 惹藕绕忍	ɕ 心肖税瘦	
k 根夹哥改	kʰ 坑掐科靠		ŋ 硬眼鹅欧	χ 轰瞎火汉	
ø 椅有淹安		h 学台桥财			j 摇育养押

声母特点说明如下：

(1) 声母[ɸʰ]中的[ɸ]实际读音分为两类：一类是[ɸ]，与合口呼和开口呼(舌尖元音除外)相配，发音时双唇为展唇，稍稍并拢，但并不完全闭合，气流从双唇中摩擦而出，这种双唇擦音在汉语方言中较为常见，例如"爬"[ɸʰɔ²⁴]。另一类是[ɸᶣ]，与齐齿呼和舌尖元音相配，发音时双唇略撮，舌位大概在元音[i/y]的位置，气流经过声门，不振动声带，并从略撮双唇中摩擦而出，例如"皮"[ɸᶣɻ²⁴]。这个音在汉语方言中比较罕见，但是日常生活中却十分常见，类似于平时我们吹口哨时的发音部位和发音方法，只是在唇形上有差异，吹口哨时是突唇，而[ɸᶣ]则是展唇。这两类双唇擦音实为互补分布，因而记音处理我们采用同一套/ɸ/。另外，[ɸ]与[uᵦ]/[ɻ]相配时不送气，[ɸ]和[ɸʰ]在发声类型上也是互补分布，记音处理时合并为一套/ɸʰ/。

（2）声母［pɸ］［pɸʰ］和［ɕɸ］只在韵母-ŋ前出现，这三个声母较为特殊，汉语方言中未曾有过报道。声母［ɕɸ］为双擦音，语图表现为擦音分为［ɕ］和［ɸ］两段，舌面（舌叶）擦音［ɕ］时长较短，大概为整个擦音段时长的1/3。双唇擦音［ɸ］来源于后接元音［yᵤ］的完全擦化，由于汉语中没有复辅音，被擦化后的双唇擦音［ɸ］很难保留，在邻近的厚岸方言中已音变为［ɕ］。

（3）泥娘母字在齐齿呼前今读为舌面鼻音［ȵ］，在其他韵母前今读为边音［l］，只有"奶"在称谓"奶奶"中读为舌尖鼻音［na⁵¹］，在表示乳房时"奶"读为［la⁵¹］。

（4）边音［l］在细音韵母前读音有字际变异，部分字读音介于［l］和［d］之间，我们记为［lᵈ］；部分字实际上已变读为真浊塞音［d］，由于［l］>［d］的音变还在进行之中，我们音系处理为［lᵈ］；还有部分发音人有清不送气塞音［t］的变异。

（5）记为舌面音 tɕ-组的声母，实际主动发音部位应该为舌叶 tʃ-组，但听感上接近舌面音，前贤也多处理为舌面音，本书遵照惯例处理为舌面音 tɕ-组。

（6）读为/z/和/ʑ/的字来自古全浊声母，只出现在韵母［ɿ］前，与清擦音/s/和/ɕ/对立。/z/和/ʑ/并非真浊擦音，声学表现上没有浊音杠，/z/ /ʑ/与/s/ /ɕ/的差异实际主要体现在擦音时长上，/z/ /ʑ/的擦音时长显著短于/s/ /ɕ/。本文按照吴语的记音惯例仍处理为/z/和/ʑ/以区别于清擦音/s/和/ɕ/。

（7）/χ/来自古晓母字，与来自古匣母字的/h/对立。与北京话的软腭擦音［x］不同，是比较明显的小舌擦音，小舌摩擦较为厉害，部分字甚至是轻微的小舌颤音。

（8）声母［h］与齐齿呼相配时，由于协同发音的作用，发音部位稍稍靠前；［h］在主元音 i 前时，声母音色接近于［ɕ］。

7.2.2.2　韵母（45个）

ɿ 知紫施四	i 边遍免廉	u 波拖果坐	y 拘句头牛
ɿ 鸡非皮眉		uᵦ 补堵奴粗	yᵤɿ 威肥围雨
a 摆坏斋矮	ia 姐斜介佳	ua 乖怪块快	
æ 班反毯眼	iæ 艰减简奸	uæ 关惯贯冠	
ɛ 搬碗男感		ɜuɛ 官宽缓欢	
e 杯每宰海		ue 坠炊灰吹	

ɜ 帮放汤桑　　　ei 娘蒋抢养　　　uɜ 谎光狂筐

ɔ 巴马花茶　　　iɔ 惹借写夏　　　uɔ 瓜跨寡瓦

ɤ 包毛炒咬　　　iɤ 标苗叫小

əŋ 奔捧痛春　　　iɐŋ 冰品忍萱　　　uəŋ 棍混坤捆　　　yəŋ 均训匀俊
　　　　　　　　ioŋ 兄迥炯

aʔ 八发扎瞎　　　iaʔ 押甲恰峡　　　uaʔ 刷刮括

ɛʔ 百哲舌脱　　　iiʔ 逼跌热叶　　　uɛʔ 阔

əʔ 北腹得织　　　iəʔ 笔滴日习　　　uəʔ 国扩谷骨

oʔ 博握桌壳　　　ioʔ 脚戳雀削

uʔ 木鹿速卜　　　iuʔ 肉菊育局

ŋ̍ 语女尼鱼　　　m̩ 母亩拇

韵母特点说明如下：

（1）[ɻ]和[ʅ]与普通话的[ɻ][ʅ]不相同，摩擦性很强，有的甚至贯穿整个音节，普通话的[ɻ]和[ʅ]则是偶有擦化（详见 Lee & Eric，2003）。

（2）[uᵦ]和普通话的[u]不同，普通话的[u]为竖唇，[uᵦ]为展唇，实际为唇辅音[β̩]；[y]与普通话的[y]相同，[y]在[ŋ]声母后会央化，"欧瓯鸥殴"记为[ŋy]，实际音值为[ŋʉ]；[yzʅ]中的[yz]具有摩擦性，与[uᵦ]一样是展唇，实际是唇辅音。

（3）[ʅ]实际包含两类读音，一组配声母[tɕ][tɕʰ][ɕ][ɕɸ]，读为[ʅ]，一组配其他声母，读为[iz]，两组出现环境互补，本文处理为一类。

（4）声母为双唇擦音[ɸʰ]时，开口呼韵母具有[u]介音听感，如"排"听感上为[ɸʰua²⁴]，齐齿呼韵母具有[y]介音听感，如"病"听感上为[ɸʰyəŋ⁵¹]，但在音系处理时我们记为"排"[ɸʰa²⁴]和"病"[ɸʰiəŋ⁵¹]。原因有两个：① 如果考察语图，"排"[ɸʰa²⁴]在语图上并没有一个介音[u]的滑动段，因此[u]介音听感是声母[ɸʰ]的圆唇性带来的，并非韵母段的特征；② 从音系的经济性来看，处理为[u]介音和[y]介音将会多增加几个音位。

（5）发音人通摄字有时会读为[oŋ]，[oŋ]是[əŋ]的自由变体，没有对立。

（6）[oʔ]出现在[k、kʰ、χ、ŋ、ø、h]声母后时，实际音值为[ɔʔ]。

7.2.2.3　声调（6 个）

阴平	[35]	高猪开抽婚边低安抽粗天
阴上	[21]	古展口丑好手纸短楚死粉
阳上	[51]	五女近买柱是坐厚社淡抱
去声	[24]	穷陈鹅娘盖唱汉阵害岸让

阴入	[3]	急竹曲黑割缺尺拍歇说发
阳入	[5]	月局合入食舌药六麦俗服

声调特点说明如下:

（1）发音人阴平 35 有时会变读为 55。

（2）阳去、阴去、阳平合并，"意＝异＝移"，但全浊声母仍然保留了浊流，调头稍低，"时＝事≠试"。

（3）阴入读为短促调 3，部分字读为降调 51，与阳上调合流，例如："挖~山芋"[wa⁵¹]。

（4）阳入读为高短促调，部分字读为降调 51，与阳上字合流，例如："摸~~下"[mu⁵¹]、"浊"[tsu_β⁵¹]。

7.2.3 安徽泾县茂林方言同音字汇

本字汇按照上节韵母表的顺序依次排列各韵的单字，同一个韵的字也按上节所列声母、声调的排序。写不出本字的音节用方框"□"来表示，释义、举例在单字后用括号注出，例子里用"~"代替被释字。文白异读用下画线加以区分：字下加单横线"__"表示白读音，字下加双横线"＝"表示文读音，其他又读现象则在该字的右下角标上数字"1""2""3"。

ɿ

ts　[35]知蜘支枝肢栀资姿咨旨稚兹滋鹚（鸬~鸟）辎淄（~博）之芝
　　[21]紫纸姊脂指子梓止趾址　[24]智致至置志（~气；标~）痣制（~度；~造）

tsʰ　[35]痴（~头）吹（电~风）差₃（参~）　[21]雌此耻齿　[24]刺翅次疵赐鳍（鱼~）

s　[35]斯厮蛳（螺~）撕施私狮师尸司丝思诗螄（蛇~的：蜥蜴）
　　[21]死屎使始史驶　[51]是氏示视嗜伺（~机）似祀巳峙（对~）痔治士仕柿市　[24]世势誓逝四肆矢试□（蚜虫）

z　[24]池驰匙（汤~）瓷鬶（~巴）自迟慈磁字辞词祠寺（少林~）嗣（子~）饲（~料）持（保~）事时鲥（~鱼）恃莳（~田：插秧）豉（豆~）

i

p　[35]鞭边编鳊　[21]扁蝙贬匾（挂~）　[24]遍₁（一~）变

pʰ　[35]篇偏　[24]骗片遍₂（~地）

ɸʰ　[51]辨辫汴辩　[24]便（方~；~宜）

m　[51]免勉娩缅渑　[24]棉面（~孔；~粉）眠绵

t　　[35]颠癫掂踮　[21]点典碘□(打~：水开)　[24]店

tʰ　[35]添天　[21]舔掭(~笔)　[24]甜田填电殿奠佃垫

ȵ　　[21]撵碾研辇　[51]染软拈阮　[24]黏验严(~格)鲇(~胡子：鲇
　　鱼)念谚言(语~)年砚元原源愿

lᵈ　[51]敛(收~)脸　[24]廉镰帘连联怜莲练炼楝(~树)恋

tɕ　[35]尖歼兼煎肩坚绢捐　[21]检俭剪践茧笕(引水的长竹管)卷(~
　　起)　[24]箭健剑箭贱(下~)犍(~子)建毽键腱荐见眷(~内：老婆)
　　卷(试~)圈(猪~)券(优惠~)

tɕʰ　[35]签(竹~；~字)扦(打~)谦迁千牵纤圈(圆~)　[21]遣浅犬潜
　　[24]欠歉劝茨

ɕ　　[35]仙鲜(新~)轩掀先宣儇(~家：聪明能干的人)喧楦(~头楔)
　　[21]险癣(生~)宪笕(~帚：刷锅用具)显选　[24]献线羡现₂(~
　　世宝)

h　　[51]件倦渐钱　[24]钳嫌钱乾(~坤)前贤弦舷现₁(~掼~：给现钱)
　　全泉旋(~转)拳权颧玄悬县眩

ø　　[21]演掩厣(~子)　[51]烟胭咽(~喉)冤鸳远渊腌(~菜)伊(他)
　　[24]厌炎盐(名词)阎檐艳焰延筵衍燕(姓；~子)咽(~下去)宴圆员院
　　缘沿怨苑袁辕园援猿□(~飞飞：蝙蝠)

u

p　　[35]波菠播玻簸(名词)　[21]跛颇(廉~)　[24]簸(动词)

pʰ　[35]坡　[51]仆(~人)　[24]破剖(~腹产)

m　　[51]摸₂(~一下)　[24]魔磨(~刀；石~)摩馍(大~)蘑模(~子；~
　　范)摹暮慕墓募睦膜幕

ɸʰ　[51]薄(~荷；厚~)

t　　[35]多　[21]躲朵(耳~)　[21]剁

tʰ　[35]拖　[21]椭妥　[24]唾(~液)

l　　[21]裸　[24]哪₂(~咤)罗锣箩萝逻糯懦骡螺脶(手指纹)啰

ts　[21]左佐(辅~)　[24]做

tsʰ　[35]搓(~衣服)　[24]锉矬(矮~~)错(~误)措

s　　[35]蓑梭唆　[21]锁嗦(~呐)琐所□(涩)

k　　[35]歌哥锅戈蜗(~牛)　[21]果裹馃(南瓜~)　[24]个(一~)过

kʰ　[35]柯科窠棵颗　[21]可　[24]课

χ　　[21]火伙　[24]货

ŋ　［51］我　［24］蛾鹅俄娥(嫦~)饿卧(~龙)讹(~人)

h　［51］坐座祸舵惰　［24］驮(~起来)大(~小)荷(~花)贺婆陀(阿弥~佛)鸵河何贺婆和(~气;~面禾)

ø　［35］阿(~弥陀佛;~胶)窝涡(旋~)莴(~笋)　［21］坞倭(痴聋呆~)

y

t　［35］兜(~饭:盛饭)丢　［21］斗₂(一~米)抖陡(笔~)　［24］斗₁(~争)逗

tʰ　［35］偷　［21］敨(~开)　［24］透头₂(~发)豆投痘

n̠　［51］纽扭藕　［24］牛柔揉

lᵈ　［21］屡　［51］吕桐旅缕履篓榴₂(手~弹)柳溜馏　［24］虑滤楼娄漏陋流刘留硫琉头₁(木~)

tɕ　［35］车₂(~马炮)拘驹揪鬏(圪圪~)昼纣(~王)周舟州洲鸠阄纠(~察;~正)究咎　［21］矩走酒肘九久韭挙(~手)　［24］据巨拒距俱句具惧奏宙邹皱绉(文~~)咒救枢剧(~烈;~本)灸聚₂(~会)

tɕʰ　［35］趋区驱秋(~天)鞦(~千)抽丘邱黢(黑~~)　［21］丑(地支;~八怪)　［24］凑臭趣

ɕ　［35］墟虚嘘吁修羞搜飕馊收休　［21］许叟宿(星~)手首守朽　［24］秀绣锈瘦兽嗅

h　［51］后厚後受臼舅　［24］侯喉猴瘊候就囚泅袖绸稠筹愁仇(~恨;姓)酬寿授售求球旧

ŋ　［51］欧瓯鸥殴①

ø　［21］禹(尧舜~)羽呕(~吐)　［51］忧优有友悠尤西幽(~默)郁尉₂(~迟:姓)　［24］屿御于余与娱(~乐)誉预豫(~剧)虞遇(~得)寓盂宇芋榆逾愉愈(~合)喻裕邮又右佑由油游犹莠(良~)诱柚鼬(~鼠)釉蚰幼(~儿园)玉蜒(~蚰虫)

ʅ

p　［35］蓖(~麻)屄　［21］彼比　［24］闭

pʰ　［35］批披砒匹剕(~肉:用刀平切肉片)　［21］鄙(卑~)疕□(折断)痹₂(麻~)　［51］庇(包~)　［24］屁

pɸ　［35］居瑰规圭闺窥(~探)龟归勾(~引;~当)钩沟　［21］举(~人)诡(~计)轨癸鬼狗苟　［24］锯(~子)刽(~子手)鳜(臭~鱼)桂贵够

———

① /y/在ŋ后会央化,"欧瓯鸥殴"韵母的实际音值为[ʉ]。

（足~）构购

pɸʰ ［35］亏抠眍（~下去） ［21］口跪₂（~倒） ［24］扣（~死：勒死）寇
（日~）去₂愧

ɸ ［51］跪₁（下~）被（~窠：被窝；~迫） ［24］狈（狼~为奸）蔽敝弊币毙
臂皮疲脾避（~免）琵枇备篦迲葵（~花）柜痹₁

m ［35］泥₂（~巴） ［51］米美尾（~巴） ［24］迷谜糜弥祕泌眉楣

t ［35］爹 ［21］底抵 ［24］渧（滴水）蒂

tʰ ［21］体 ［51］涕弟 ［24］帝替剃屉题提蹄啼第递地嚏（喷~）

lᵈ ［21］礼 ［51］李里（~面；公~）理鲤榴₁（石~） ［24］驴例厉励犁黎
丽隶莉离（~别；~开）半寸篱璃漓荔梨利痢（癞~壳：瘌痢头）厘狸吏
（~部尚书）

tɕ ［35］鸡稽羁奇₂（~数）饥（~饿；~荒）肌基箕（畚~）姬几₁（~乎）机讥既
追 ［21］姐（小~）几₂（茶~）幾（~）个嘴（~巴）挤麂虮杞（枸~子）
［24］祭际济剂计继系₁（~鞋带）寄妓冀纪记醉（吃~）季稷

tɕʰ ［35］蛆妻凄溪（~口：地名）欺 ［21］取娶启起岂 ［24］砌契（~约）
器弃气汽翠悴粹去₃脆（崩~得）

ɕ ［35］胥须（必~；胡~）需西栖犀婿奚牺樨（铜~）熙希稀虽（~然）蜥
□（穷~：大声叫） ［21］洗玺徙嘻禧熹喜嬉蟢（~~得：蟢子）水
［51］聚₁（~朋结友）续倚（站）□（代词：他）序叙绪荠（~菜） ［24］絮
细系₂（~统；联~）岁税戏穗

ɕɸ ［35］非飞妃菲挥辉徽 ［21］匪榧翡 ［24］费废肺

ʑ ［24］徐渠（~道）瞿齐脐企奇₁（~怪）骑岐崎技祁其（~他）棋期旗（国~）
忌（~日）祈（~祷）沂（~蒙山）髓随隋垂锤（~子）瑞（~金）绥隧槌（~子）

ø ［21］椅已以 ［51］医衣（~服）依 ［24］遗翳（眼珠子上的疾病）仪移
易懿（司马~）夷姨（~娘）胰肄（~业）意饴（~糖）怡贻异亿翼易艺（~
术）爷（王~）毅（~力）

uᵦ

p ［21］补哺 ［24］布（棉~；宣~）怖

pʰ ［35］铺₁（~被窠：动词）潽（水溢出）□（~气；打~） ［21］谱（家~）
普浦捕（逮~）甫（杜~） ［24］铺₂（铁匠~）

ɸʰ ［51］部簿₁（练习~）杜肚（~皮）苎（~麻）汝竖柱脯（宽胸露~）
［24］蒲（~包扇）菩葡步埠（~岸）徒屠途涂图度渡镀除储锄助如（~
果）厨住雏殊（特~）树儒（~家）浮踱符₁

f　[35]肤敷夫麸呼₃(～鸡：喊)　　[21]虎浒府腑俯脯斧俘釜腐辅阜
　　[51]斧　[24]戽(～水)付赋₁(～诗)傅₁(姓)咐讣附富副缚赴(～汤蹈火)

t　[35]都(首～;～是)　[21]堵赌睹肚(鱼～)　[24]妒(嫉～)

tʰ　[21]吐₁(～痰)土　[24]兔吐₂(呕～)

l　[21]努橹　[51]鲁卤乳(～房)　[24]奴怒卢炉芦颅鸬路露鹭庐

ts　[35]租猪诸诛蛛(～～的；蜘蛛)株朱(姓;～砂)珠　[21]祖组阻煮拄
　　主渚　[51]浊　[24]著驻(～马店)注(批～;～意)蛀铸痃(～夏：夏天
　　精神倦怠,食欲不佳)

tsʰ　[35]粗初　[21]处(相～)楚础杵(打～：用木棍支撑扁担)　[24]处
　　(住～)醋

s　[35]苏酥梳疏书舒枢输(～赢;运～)　[21]暑鼠数(动词)黍署蜀
　　[24]素诉塑嗉(鸡～包)蔬(～菜)庶恕数(名词)戌漱(～口)朔

k　[35]姑孤辜菇□(柄～)　[21]估牯股蛊鼓古　[24]故固锢雇顾

kʰ　[35]枯箍(打～)　[21]苦　[24]裤库

χ　[35]呼₁(打～)

ø　[35]乌污呼₂(穷～鬼叫)　[51]簿₂(账～)五伍忤午户沪互父诬武舞侮
　　鹉妇(懒～女)赋₂(诗词歌～)傅₂(师～)　[24]吴梧(～桐子)误悟胡
　　(姓)鬍(～须)湖狐壶瓠糊(～搨人：糊弄人)蝴(～蝶)瑚护糊恶₁
　　(可～)孵(～坊)符₂(画～)扶(～得得：扶着)芙(～蓉)无巫芜(～湖)务
　　雾戊负(～担)袱

yᶻɿ

ø　[21]委伟伪(～装)萎(～缩)　[51]雨　[24]威桅(～杆)卫危(～险)
　　餧(喂)为(作～;～什么)位维惟唯肥(～肉)微薇未味魏畏慰尉₁(上～)
　　违围苇韦纬(经～)胃谓猬渭(～水河)

a

p　[21]摆₂(摇摇～～)　[24]拜

pʰ　[21]摆₁(～东西)　[24]派

ɸʰ　[51]划(一～：一竖)　[24]排牌(～子)败簰(竹～)

w　[51]歪挖(～山芋)　[24]坏怀淮槐

m　[51]买妈(姆～)　[24]埋卖迈

t　[21]打　[24]带(动词)戴₁(动词)

tʰ　[24]太态(～度)泰

n　[24]奶₂(～～：祖母)

l [51]拉垃乃奶₁(乳房) [24]拿耐(~心)奈(无可~何)赖癞(~子:痢痢头)

ts [35]斋(书~) [21]者(记~) [24]债寨(山~)

tsʰ [35]差₁(出~) [24]蔡

s [35]筛(动词) [21]洒撒傻(~瓜)

k [35]街 [21]解₁(~开;了~) [24]界阶(~基沿:台阶)芥(~菜)尬届疥(癞~疮)戒(~烟)解₂(押送;锯)骱(手~子:手臂)

kʰ [35]揩(~连片:抹布) [21]楷

χ [21]蟹

h [51]大(~学) [24]豺柴鞋塌(房子~下来)□(~尿:遗尿)

ø [35]挨₁(~得得) [21]矮

ia

tɕ [35]皆佳 [21]姐(称谓:~~)解₂(~放) [24]介(~绍)械(机~)

h [51]斜解₃(姓)

ua

s [21]摔(~跤)

k [35]乖 [21]拐 [24]怪

kʰ [24]块会₂(~计)快筷

æ

p [35]班斑扳(~手)般 [21]板版 [24]扮(冒~:冒充)

pʰ [35]攀潘 [51]蟥(蚂~) [24]襻(纽~:纽扣)绊(~脚)颁

ɸʰ [24]办瓣蹇(专指蜈蚣、小孩爬)

f [35]翻帆 [21]反返 [24]贩泛畈(田~:大片田地)疲(~恶心:恶心,想吐)番(歇个~:量词)

w [21]宛惋 [51]范₁(姓)犯幻患弯湾晚(~会)挽范₂(模~) [24]凡顽玩还₂(~钱)环宦(~里:地名)藩烦矾繁饭万

m [51]晚(~娘:继母) [24]蛮慢蔓

t [35]耽丹单₁(简~) [21]胆疸(黄~)掸(鸡毛~子) [24]诞(~生)担(挑~;~任)

tʰ [35]坍滩摊 [21]毯坦₁(~白) [24]叹炭

l [21]揽缆(~索)览榄(橄~) [51]懒□(~星:流星) [24]蓝篮滥难(~易;患~)兰拦栏烂

ts [21]斩盏 [24]站(车~;动词)栈(~店)錾赞瓒(水~:溅出)绽

ts^h　[35]参₁(~加)餐掺搀　[21]惨铲产(生~)　[24]灿忏

s　[35]三杉衫珊删山汕疝(~气)单₂(姓)　[21]产(褯里:坐月子)散(鞋带~了)伞　[24]散(~步)

k　[35]挟(~菜)间₁(房~;中~)　[21]尴拣　[24]涧(~沟里)

k^h　[35]堪龛鸧(尖嘴鸟啄东西)刊铅(~笔)　[21]砍坎舰槛(门~)　[24]嵌

ŋ　[51]眼　[24]岩颜雁

χ　[35]罕(稀~)　[21]喊(~过来)

h　[51]淡但(~是旦蛋暂(~时)□(弯~:门口的石头)　[24]谭含函谈痰惭谗馋(~唾:唾沫)咸(~淡)陷(~下去)衔(~东西)坦₂(~克)檀坛₁(天~)弹(手榴~;~琴)残蝉禅苋(~菜)

ø　[35]淹

iæ

tç　[35]监₁(~牢)艰奸营间₂(~谍)　[21]减碱简裥柬谏锏　[24]鉴监₂(国子~)

h　[51]限　[24]衔(头~)咸(~丰)闲

uæ

k　[35]冠(鸡~花)关　[24]惯贯

k^h　[51]掼(使劲甩出)

ɛ

p　[35]搬　[24]半

p^h　[35]潘　[24]盼叛判

ɸ^h　[51]拌伴蚌(~埠)　[24]盘磐

f　[24]□(~刀片:剃头磨刀布)

w　[21]碗皖腕　[51]豌　[24]桓完丸换横(~竖;~宝精:不讲理的人)

m　[51]满　[24]漫鳗幔瞒

t　[35]端(~午)□(~酱油:蘸)　[21]逮(~捕)短□(~米:舂米)　[51]□(~人:骂人)　[24]□(水~:水坑)断(~案)瞳(童~:泾县村名)

t^h　[35]贪　[24]探

n　[51]堰(~坝)

l　[51]暖卵　[24]南男鸾乱

ts　[35]簪(~子)沾粘(~米团:团子)瞻占₂(~卜)毡钻₁(~过去)专砖詹(~家涝:当地地名)　[21]展转₁(~来)　[24]战撰转₂(~□po$^?3$

□loʔ⁵：转圈)占₁(~有)颤钻₂(~头)

tsʰ　[35]穿氽(~汤)川　[21]喘　[24]串篡纂蹿窜

s　[35]酸闩(门~)　[21]陕闪　[24]扇(动词;~子)算蒜

k　[35]甘柑泔蚶(毛~蟹：毛蟹)干₁(~涉;~湿)肝　[21]感敢竿杆秆擀
(~面)赶橄　[24]赣干₂(树~)

kʰ　[35]勘看₁(~守)　[24]碙(虎壁~)看₂(~见)

χ　[35]憨酣　[21]喊(大~大叫)　[51]骇　[24]汉旱憾

h　[51]鳝断(~绝)善翰膳篆颏(~腮)　[24]潭坛₂(酒~)蚕涵(~洞)寒
韩捍汗焊缠段糰椴传(~下来;~记)橼船篛(~箕：盛谷的工具)
□(蒸)蟾(~酥)孩(红~儿)然燃

ŋ　[24]岸

ø　[35]庵鞍安按　[21]而(~且)揞(~得得：隐藏)　[51]尔耳(中~
炎)饵(鱼~)　[24]儿(~童节)暗案(~板)二(数字)晏(晚)

uε

k　[35]官棺观(参~;道~)冠(~军)　[21]管馆　[24]灌罐

kʰ　[35]宽　[21]款蒯(姓)

χ　[35]欢　[21]缓　[24]唤焕痪

e

p　[35]杯背₁(动词)碑卑悲　[24]贝背₂(~心)

pʰ　[35]胚(贼~)坯(土~)丕　[24]配佩沛

φʰ　[51]倍辈(~分)　[24]培陪赔裴焙(~大饼)吠(狗叫)背₃(~诵)

f　[35]灰　[21]毁悔

w　[51]煨　[24]贿回茴(~萝果：枸杞)蛔汇(~款)会₁(开~;不~)绘烩
(~汤)惠慧卉汇(词~)□(~头：马铃薯)

m　[51]每　[24]梅枚媒煤莓霉玫妹昧媚寐

t　[35]堆呆₁(~碌=壳=：迟钝)　[24]碓对队兑戴₂(姓)

tʰ　[35]胎梯推　[21]腿　[24]退褪

l　[21]累₁(~积)垒偏　[51]勒(~死)　[24]耐来内雷蕾累₂(身体~;
连~)擂类芮

ts　[35]灾栽　[21]宰　[24]载(一年半~;~重;满~)再最赘

tsʰ　[35]猜催崔摧　[21]采彩睬踩　[24]菜蔡

s　[35]蓑鳃腮瘦(细~挂经)　[24]赛碎帅(河~第：当地名人府邸)率₁(~领)

k　[35]该　[21]改　[24]丐溉盖概

kʰ　[35]开　[21]凯慨楷

ŋ　[24]艾(~果)外(~生的)呆₂(痴呆状)碍(挡手~脚)

χ　[21]海

h　[51]待怠殆亥在罪　[24]贷台(舞~)苔抬代袋玳黛才材财裁才害

ø　[35]哀埃唉(~声叹气)　[21]蔼　[24]爱挨₂(~打)

ue

ts　[35]锥　[24]坠

tsʰ　[35]吹(~牛)炊(~事员)

kʰ　[35]盔魁奎　[24]溃桧馈傀

χ　[21]恢晦

3

p　[35]邦帮梆浜　[21]榜绑膀(手~子)　[24]棒谤迸

pʰ　[21]髈(蹄~)　[24]胖

ɸʰ　[51]惶傍(~的你:陪伴)　[24]庞防妨(~碍)旁螃肪₂

f　[35]方慌荒坊芳　[21]纺谎访仿(效~;相~;~佛)　[24]放

w　[21]往□(日~:微弱的太阳光)　[51]荡₁汪枉往　[24]笐(新派)黄簧皇蝗凰房亡妄望(希~)王旺

m　[51]网莽蟒　[24]忙芒茫忘望(~那走)盲虻氓

t　[35]裆当₁(应~)　[21]党挡　[24]当₂(~铺)档

tʰ　[35]汤　[21]躺　[24]烫趟

l　[21]朗　[24]囊郎廊狼螂榔浪晾瓤攘(~一刀)

ts　[35]赃脏张庄装妆章樟蟑漳獐彰桩　[21]长₁(~大)掌涨　[24]葬帐账仗杖壮障瘴

tsʰ　[35]仓苍舱沧疮昌菖娼鲳猖窗撑　[21]厂敞闯场₁(~子)　[24]怅创唱倡撞掌(打~:支撑的木棍)

s　[35]桑霜孀商伤甥声(叫一~)双生(~日)　[21]嗓磉爽赏晌省₁(~钱)　[24]丧(~事;~失)

k　[35]刚纲钢(~铁)缸江(姓)豇肛耕(~地)　[21]埂(田~)港讲　[24]冈岗杠降₁(下~)虹

kʰ　[35]糠康坑(濂~:山中间的沟)　[21]慷　[24]抗炕(~板栗)园扛

h　[51]荡₂①(~夜壶)宕(点~:挖小洞)尚丈上(~面:~山)　[24]堂棠

---

①　发音表示该读音为老派读音,只听父辈说过,现在这个读音已经不用了。

螳唐糖塘膛藏(隐~;西~)臓行₁(银~)航杭筊(~竿)长₂(~短)场₂(哭一~:动量词)床状常尝裳偿嫦巷

ŋ　[24]昂

iɔ

n̠　[51]仰壤酿　[24]娘让

lᵈ　[51]辆两₂(三~)　[24]良凉量(~长短;数~)粮梁梁亮谅

tɕ　[35]将(~来)浆疆僵缰姜江(长~)　[21]蒋进桨　[24]将(大~)酱强₂(倔~)胀(~死)

tɕʰ　[35]枪腔戗(~风:逆风)　[21]抢强₃(勉~)

ɕ　[35]相₁(互~)箱厢湘襄镶香乡向₁(方~)　[21]想响鲞饷享　[24]相₂(~貌)

h　[51]像象橡向₂(~前开)强₄(形容脾气倔)　[24]墙蔷匠₁(~人)详祥翔肠强₁(~弱)降₂(投~)项

j　[51]养痒央秧殃　[24]匠₂(木~)羊洋烊杨阳扬疡样漾

uɔ

f　[35]慌　[21]谎

k　[35]光　[21]广　[24]逛

kʰ　[35]筐框匡眶　[24]狂矿况圹圹

χ　[24]晃

ɔ

p　[35]巴芭(~蕉根)疤笆(篱~)　[21]靶把(一~椅子)　[24]霸坝(堰~)罢(~工)

pʰ　[24]怕

ɸʰ　[51]罢(~~~:算了)　[24]爬耙(~田)稗杷琶

w　[35]蛙(~泳)　[24]华(中~;九~山)娃铧划₁₋船桦洼山~巴:山场 画话划₂₋破;计~ □够着

m　[51]蟆马码蚂抹(~掉,~灰)摸₁(偷偷~~)　[24]麻

l　[51]哪₁(~个)

ts　[35]查₁(姓)楂(山~)遮渣蔗抓(~一把)　[24]炸(爆~)榨柞(~树)蚱诈

tsʰ　[35]叉(鱼~)权差₂(~别;做得很~)车₂(坐~)钗　[21]扯(~破面皮)　[24]岔

s　[35]沙纱痧(发~得)砂鲨裟赊(~账)　[21]舍(~得)　[24]晒(~太

阳)舍(宿~)赦(大~)

k　[35]家枷稼(庄~)　　[21]假₁(真~)　　[24]架嫁

kʰ　[24]去₁

ŋ　[24]牙芽衙伢(~子：小孩)蚜(~虫)

χ　[35]花　　[24]化

ø　[35]屙(~粑：拉屎)桠(~木叉)丫(~姑：小姑娘)　　[21]哑(~巴)
　　[24]亚

h　[51]下(底~；~降)社(~公菩萨)　　[24]茶查₂(调~)厦(商~；~门)
　　夏(春~秋冬)蛇射麝畲

cɔ

n̻　[51]惹

d　[24]略

tɕ　[35]加痂嘉家(~具)袈　　[24]价借驾假₂(放~)

tɕʰ　[21]且(并~)

ɕ　[35]靴　　[21]写　　[24]泻(~肚子)卸(~货)

h　[24]霞夏(姓)邪谢暇遐暇

j　[51]野　　[24]夜

uɔ

k　[35]瓜　　[21]寡剐　　[24]挂卦褂

kʰ　[35]夸(~奖)　　[21]侉(~子)垮　　[24]跨(~一脚)

ŋ　[51]瓦(~片)

ɣ

p　[35]包胞鲍(姓)　　[21]宝饱保堡褒(~贬)　　[24]雹报豹爆(~炸)

pʰ　[35]泡₂(鱼~)抛脬(尿水~)　　[24]泡₁(~发米)炮

ɸʰ　[51]抱曝　　[24]袍暴(打~：间歇雨)跑刨(~地；~子)狍匏(吴~斋：
　　当地人名)

f　[51]否

m　[21]锚　　[51]猫卯某牡(~丹)　　[24]毛冒(~充)帽茅貌茂贸谋矛

t　[35]刀叨　　[21]岛祷捣(~蛋)倒₁(打~)　　[24]到倒₂(~水)

tʰ　[35]掏滔　　[21]讨　　[24]套

l　[51]姥盗₂(强~)脑恼老佬捞　　[24]劳牢唠痨闹涝(~坝内：凹地有
　　积水)

ts　[35]糟(酒~)招朝₁(今~)遭召(号~)昭招　　[21]早枣蚤澡藻找(~

钱)爪(脚~)笊(~篱)沼(~气)　[24]躁灶燥(干~)罩照诏

tsʰ　[35]超抄操　[21]草炒吵　[24]糙钞

s　[35]骚臊梢捎(~带)筲(~箕)稍烧　[21]少₁(多~)嫂　[24]嗽
(咳~)韶(~关)扫(动词;~帚)潲(~呃雨)哨(~子)少₂(~年)邵绍
(~兴)

k　[35]高膏篙羔糕茭(~笋)铰胶₁(阿~)　[21]稿搅(~屎棍)搞　[24]告
教(使令:~他来)窖觉₁(睏~)

kʰ　[35]敲　[21]考烤栲(小竹盘)　[24]靠拷(~打)铐犒

χ　[35]蒿(艾~)　[21]好₁(形容词)　[24]耗好₂(喜~)

ŋ　[51]咬　[24]熬鳌敖傲

ø　[21]袄　[24]奥懊澳沃

h　[51]道稻(打~)盗₁(~窃)导蹈皂造浩赵兆　[24]桃逃淘陶萄涛曹槽
(~子)豪壕毫号(~叫;~码)巢朝₂(~代)潮嘲绍(介~)

iɤ

p　[35]彪标膘　[21]表(~面;手~)婊(~子)

pʰ　[35]飘鳔(鱼~)　[21]漂₁(~白)瞟　[24]票漂₂(~亮)

ɸʰ　[24]嫖瓢藻(浮~)

m　[21]秒渺貌　[24]苗庙描谬妙

t　[35]刁貂雕凋　[24]钓吊弔调₁(~走)

tʰ　[35]挑　[24]跳(~起来;~脚)粜条调₂(~整;~子)笤迢

ȵ　[21]扰鸟　[24]饶(~人)绕(缠~;有点~)尿尧

lᵈ　[51]两₁(~个)①了(~结)　[24]燎疗聊辽撩(~面)寥僚潦料镣
(脚~)廖蓼(~草)瞭□(扔)

tɕ　[35]交(~通;~把你)郊胶(~鞋)蛟(发~:泥石流)椒焦蕉礁(~石)
骄娇浇　[21]绞狡剿矫缴饺　[24]叫教(~书)较

tɕʰ　[35]锹鳅缲(~山袜:厚袜子)　[21]巧缴　[24]窍俏(~皮)翘鞘

ɕ　[35]消宵霄硝销逍肖(生~)枵(~薄)嚣萧箫　[21]小侥晓筱　[24]孝
淆(混~)笑哮(~喘)酵

h　[51]撬(~起)　[24]校(~对;学~;上~)效樵乔侨桥荞轿

j　[51]妖夭邀腰要₁(~求)舀幺　[24]肴要₂(想~)摇谣窑姚遥瑶耀鹞跃

---

① "两₋↑"的实际音值是[liɤu⁵¹],可能是发音时带出的u韵尾。

əŋ

p　　[35]奔(～跑)崩绷锛　[21]本　[24]笨

pʰ　[35]喷(～水;～香)烹　[21]捧　[24]碰

ɸʰ　[51]奉囤(～子:盛谷物的容器,有深度)俸　[24]盆焚朋彭膨棚篷蓬
　　冯凤逢缝(～衣服;～坼)

f　　[35]昏婚分吩芬纷荤烘风枫疯丰封峰蜂锋□(～脆得:很脆)
　　[21]粉讽撪(～鼻涕)哄₁(～骗)　[24]粪奋愤

w　　[21]稳刎　[51]温瘟(发～)　[24]魂馄浑(通～:很浑浊)份文纹闻
　　(新～)问坟

m　　[51]猛盟蠓(～□səŋ³³的:小飞虫)　[24]门闷蚊孟萌蒙懵梦

t　　[35]墩灯东冬敦登瞪蹲　[21]懂等董戥(～子:称金银的小秤)
　　[24]顿凳邓冻钝栋

tʰ　[35]吞饨(馄～)通　[21]统桶捅　[24]痛疼(～爱)

l　　[21]垄拢陇　[51]冷　[24]嫩论(～语;议～)仑伦沦轮纶(腈～)能楞
　　棱笼聋砻(～坊:加工稻米的场所)咙弄农脓隆龙桐₂(梧～子)

ts　　[35]针斟珍臻真尊遵曾₁(姓)增征(～求;长～)蒸争筝睁贞祯侦正₁(～
　　月)棕鬃宗综中(当～;看～)忠衷仲终踪钟(～表;～爱)盅　[21]枕诊
　　疹准拯整总冢种₁肿　[24]镇振震憎赠证症郑正₂(～面)政粽众纵种₂
　　(动词)甑(粉渣～:蒸粉蒸肉的器具)

tsʰ　[35]参₂(～差)村椿春称(～呼;相～)逞聪怱葱充冲　[21]蠢囱惩
　　[24]趁衬寸蹭秤铳

s　　[35]森参₃(人～)深身申伸绅孙(～子)僧升生(～产)牲笙声(～音)松₁
　　(～散)嵩　[21]沈婶审损省₂(～会)　[24]渗逊(名字)舜胜(～败)圣
　　送宋诵颂讼

k　　[35]今(～朝)跟根更₁(三～)庚羹公蚣工功攻弓躬宫恭　[21]埂哽梗
　　粳耿汞龚拱巩　[24]贡更₂(～加)供(～给;上～)共

kʰ　[35]坑空₁(～虚)　[21]恳垦肯孔恐　[24]空₂(有～)控

χ　　[35]夯(打～)亨哼轰(～炸;～出去;～隆隆)　[21]很狠

ŋ　　[24]硬

ø　　[35]翁瓮恩　[21]黿

h　　[51]甚肾慎盾动重₁(轻～)□(～天:昨天)　[24]沉痕恨陈尘阵神辰晨
　　臣人(～民)仁屯豚臀存唇顺纯醇淳鹑纴腾誊澄曾₂层恒澄橙乘剩嵊(～
　　泗)承丞弘行₂(道～)衡橙呈程成城诚盛(兴～;姓)宏同铜桐₁筒童瞳洞丛
　　红洪鸿虹(长～牌)哄₂(起～)虫崇蕻从(～容;跟～)松₂(～树)重₂(～复)

iəŋ

p　　[35]彬宾槟斌滨殡鬓冰兵　[21]禀丙饼秉　[24]柄并₂(合~)

pʰ　[35]拼(~音;~命)姘　[21]品　[24]聘

ɸʰ　[24]贫频苹旬循巡群裙凭平坪评病瓶屏萍并₁(~肩)

m　[21]鸣　[51]闽悯敏抿泯皿铭　[24]民明名命

t　　[35]钉₁(名词)　[21]顶鼎　[24]钉₂(动词)

tʰ　[35]厅汀听₂(量词)　[21]挺艇　[51]锭　[24]藤亭定听₁(~见;~张)停廷庭蜓婷锭□(~得:能干)淀(沉~;~粉)订

ȵ　[51]忍韧仍　[24]壬任(姓;~务)人(一个~)刃认(~得;~真)银润闰恁(你)

lᵈ　[51]檩凛领岭拎　[24]赁林淋临邻鳞磷嶙(一~地)吝陵凌菱凝(~结)令宁(安~;~可)灵零铃伶翎龄玲羚另

tɕ　[35]金禁₁(~不住)襟(连~)津巾斤筋茎京荆惊鲸精晶睛经(~过;东~)径　[21]锦仅谨槿窘景警井颈紧　[24]浸禁₂(~止)进晋劲(有~;~敌)境敬竞镜竟靖

tɕʰ　[35]侵钦亲(~嘴;~家)卿清轻青蜻倾₁(~倒)　[21]请寝倾₂(房子歪斜)　[24]庆磬

ɕ　[35]心芯辛新薪欣荀熏勋熏兴₁(~旺)星腥(~眼气)猩馨胸凶(吉~;~恶)匈　[24]笋榫(~头)醒省₃(反~)　[24]信兴₂(高~)姓性

h　[51]尽(~管;~职)近应₁(答~)杏幸静净(~)水蕈(山上的蘑菇)[24]寻琴禽擒秦尽₂勤芹桁(~)条行₃(~为;品~)擎情晴形型刑陉(灶~)邢琼荥穷熊雄

j　[21]淫寅隐瘾允尹引影永泳咏颖雍痈臃拥甬勇涌恿踊蛹　[51]音阴饮荫因姻殷鹰蝇莺鹦樱英婴缨　[24]吟窨洇印匀熨云耘韵运晕应₂(~当)孕迎映盈赢荣营茔萤荧戎绒融浓茸氄(~毛)容蓉镕庸溶用

uəŋ

k　　[21]滚　[24]棍

kʰ　[35]坤昆　[21]捆　[24]睏(~觉)困(~难)

χ　　[24]混

yəŋ

tɕ　[35]均钧军君郡　[24]俊菌浚峻骏

tɕʰ　[21]顷

ɕ　[24]讯衅询迅驯殉训

j　　［24］勻

ioŋ

tɕ　　［21］迥炯

ɕ　　［35］兄

aʔ

p　　［3］八

m　　［5］抹(~灰)

f　　［3］法发发筏

w　　［3］挖₁(~山芋)　　［5］乏(缺~)猾滑伐罚袜(~筒子)

ɸʰ　　［3］拔

t　　［3］答搭沓

tʰ　　［3］踏搨(~粉)踏塔榻遢獭(水~)

l　　［5］纳衲捺(按住)辣邋(~遢)腊蜡□(抓痒)

ts　　［3］扎(包~)

tsʰ　　［3］擦察镲(~子:铙钹)插

s　　［3］杀萨煞(急~:非常着急)

k　　［3］轧(~棉花)夹(~住;~袄)胳肐(~眼睛:眨眼)

kʰ　　［3］掐(~花)

χ　　［3］瞎

ŋ　　［3］压₁(被车~)

ø　　［3］鸭阿(名字前缀:~毛)压₂(~迫)

h　　［5］杂闸煠狭匣铡(~刀)达还₁(~有)

iaʔ

tɕ　　［3］甲(天干)胛

tɕʰ　　［3］洽恰

h　　［5］穴峡胁辖(管~)协侠

j　　［3］押

uaʔ

s　　［3］刷

k　　［3］刮

kʰ　　［3］括

εʔ

p　　［3］百柏伯檗钵拨

p^h　[3]泊(梁山~;停~)迫拍(打~子)魄珀粕泼

m　[5]麦脉末沫茉

f　[3]豁

w　[5]活

ɸ^h　[5]箔白

t^h　[3]脱

l　[5]捋(~稻子)

ts　[3]折$_1$(~纸;打~)褶哲蜇(~人)浙则仄择窄摘(~豆角)责只$_1$(一~)炙(~热:热一下饭菜)

ts^h　[3]彻撤拆坼皴(迸~:皮肤开裂)策册赤斥尺澈测侧撮辙(南辕北~)厕(~所)

s　[3]设说色□(垃~:垃圾)

k　[3]鸽佮(~伙:两人一起)割葛格骼革隔嗝蛤

k^h　[3]磕渴$_1$(~望)客

ŋ　[5]额

χ　[3]喝$_2$(~彩)赫吓(恐~;~一跳)

h　[5]合(~作)盒舌折$_2$(弄~了)夺泽宅核$_2$(审~)石

iɪʔ

p　[3]别$_2$(~针)鳖憋瘪毕弼逼碧璧蹩$_1$(~脚)

p^h　[3]撇僻辟劈癖霹蹩$_2$(~了个脚)

ɸ^h　[5]别$_1$(离~;区~)

m　[5]搣

t　[3]跌

t^h　[3]帖贴铁　[5]叠碟牒谍

l^d　[3]蝶　[5]列烈裂劣猎

ȵ　[3]捏(手~子:手帕)　[5]聂镊蹑业热孽腻月逆

tɕ　[3]接劫给(~人)揭竭截结洁蕨(~根粉)决诀即节疖(~子)

tɕ^h　[3]妾切缺怯乞窃戚

ɕ　[3]薛泄歇(~番:休息一下)蝎屑(木~;不~)楔雪血膝(~头□po⁵⁵□po⁵⁵:膝盖)恤息熄谐(和~)

h　[5]杰揲(抱小孩)绝

j　[3]噎椰□(劝说)　[5]叶页悦阅越粤狱域译疫(防~站)役(兵~)

uɛʔ

kʰ　　[3]阔

əʔ

p　　[3]不(~说)北

m　　[5]没(淹没：~了去)默陌物(~什)□(指代词：那)

f　　[3]沸复(~兴;~原;重~)佛₁(仿~)福幅蝠腹辐覆

w　　[5]屋

ɸʰ　　[5]获忽核₁(果~)佛₂(~像)物(~理)或惑斛服伏柣(~照)

t　　[3]得德

tʰ　　[3]突凸特

l　　[5]肋

ts　　[3]质卒淬(渣~洞)侧怎织职掷蛰惊~执汁只₂(~有)

tsʰ　　[3]出

s　　[3]摄湿瑟虱失室识饰式适释涉啬

k　　[3]虼(~蚤)圪(~~髻：丸子发髻)

kʰ　　[3]窟刻(用刀~;时~)克咳□(把牛羊拴住)

ŋ　　[5]厄扼(~杀)

χ　　[3]黑

h　　[5]十什(~锦)拾入侄实术(白~;算~)述贼直值食蚀殖植硕特

iəʔ

p　　[3]笔滗必壁

m　　[5]灭密蜜墨觅篾蔑

ɸʰ　　[5]鼻

t　　[3]的滴嫡籴摘(拔毛)涤

tʰ　　[3]踢剔　[5]笛敌狄粒(一~米)

lᵈ　　[5]立笠栗律率₂(效~)力历(~经;日~)雳粒

ɳ　　[5]日(~头：太阳;~本)□(用针线缝合)

tɕ　　[3]睫捷缉辑急级疾吉橘鲫棘极(太~拳)戟积迹脊绩寂击激汲

tɕʰ　　[3]七漆吃

ɕ　　[3]袭(偷~)悉蟋(~~的：蟋蟀)戌塞隙昔夕惜₁(珍~)锡析媳吸些

h　　[5]集习极(积~)籍席藉及

j　　[3]揖(作~)乙一逸抑益亦液

uəʔ

k [3]骨谷(稻~;峡~)国

kʰ [3]扩(~号)

oʔ

p [3]剥驳博搏膊

pʰ [3]拍(~手)瀑勃魄

m [5]莫寞漠

w [5]握

t [3]铎沰(~呃雨:淋雨)

tʰ [3]讬托拓箨

n [5]诺

l [5]烙乐₁(快~)洛络骆(老~:骆驼)落赂(赂~)

ts [3]着(~衣裳)捉桌卓斫(~草)酌作昨

tsʰ [3]焯

s [3]索

k [3]阁各郭角廓搁

kʰ [3]壳(鸡蛋~;地~)确(的的~~)酷

ŋ [5]鄂愕腭鳄岳(~飞)

χ [3]郝喝₁(~酒)霍藿

h [5]鹤芍凿镯若(~是)

ø [3]恶₂(~心)

ioʔ

lᵈ [5]掠略

ȵ [5]弱(衰~)箬(蒻~:细竹的叶子)匿疟虐辱

tɕ [3]脚觉₂(~得)爵角(~色)

tɕʰ [3]雀鹊戳

ɕ [3]惜₂(可~)削

h [5]着(睡~)学

j [3]约 [5]药钥乐₂(音~)

uʔ

p [3]卜(~鬼经:讲话不停的人)

pʰ [3]朴(~素)扑(~倒)

m [5]木沐目穆牧

t　　［3］笃督

tʰ　　［3］秃

l　　［5］鹿禄六陆绿录

ts　　［3］竹筑逐琢轴祝粥足烛嘱啄浊

tsʰ　　［3］畜₁(牲~)触促

s　　［3］速肃宿(~舍)缩叔淑束粟

kʰ　　［3］哭

h　　［5］独读牍犊族毒熟俗续赎属

iuʔ

n̥ȥ　　［5］肉

tɕ　　［3］菊鞠嚼□(~盘：晒东西的竹席)

tɕʰ　　［3］曲(歌~)屈麴(酒~)

ɕ　　［3］畜₂(~牧)蓄

h　　［5］局

j　　［5］育欲浴狱

n̩

ø　　［21］拟(草~)　　［3］女耳(~朵)蚁语纽(~□poʔ³□loʔ⁵：纽扣结)
　　［24］鱼渔愚(~公)艺(文~)泥₁倪儿(~子)宜(~兴)谊(友~)义(~气)议尼(~姑)二(~十几)疑毅(陈~)忆蜈(~蚣)蔫

m̩

ø　　［51］亩母(~亲)拇(大~指)

第八章　各方言点音系及说明

本书各方言点音系处理总说明：

（1）[uᵦ]表示扁敛唇，区别于普通话竖唇的[u]。但宣州片吴语内部有差异，较为保守的方言摩擦性强、有唇颤，与江淮官话交界的地方如新博、年陡、博望等地，摩擦性减弱，唇颤不明显。

（2）[iᶻ]和[yᶻ]分别表示摩擦化的前高元音，[yᶻ]也为敛唇，区别于普通话的正则的[i]和[y]。

（3）自由变体在音系处理时不单列一个音位，在字音对照表中，按照实际读音记音。

（4）高淳、博望、湖阳、年陡、新博方言古匣、喻母字拼-i-介音韵母和-u-介音韵母时，处理为零声母，例如博望"摇"[io³⁵]和"王"[uɔ³⁵]；在泾县、茂林、厚岸方言中则处理为近音[j]，[u]介音处理为近音[w]，例如泾县园林村"摇"[jɔ²⁵]和"王"[wɤ²⁵]。原因有以下两点：（1）从实际音值来看，泾县、茂林、厚岸与高淳、博望、湖阳、年陡、新博方言这批字的实际语音性质确实有差别，泾县、茂林[j]和[w]的近音性非常明显；（2）茂林和泾县敛唇的双唇记音[w]与高淳方言中奉、微母字读为[b]有演变关系。

（5）高淳和湖阳方言古全浊声母读为"浊"塞音或"浊"擦音[b、d、z、ʑ、ʁ]，实际语音性质为"清音浊流"的[pʰ̞、tʰ̞、sʰ̞、ɕʰ̞、χʰ̞]，以[pʰ̞]为例，[p]代表声母辅音为清音，上标的[ʰ̞]代表叠加在元音段上的浊流。本书在第八章音系处理和第九章字音对照表中，均采用传统的/b、d、z、ʑ、ʁ/记音，在文章中需讨论"浊"塞音的语音性质时用[pʰ̞、tʰ̞、sʰ̞、ɕʰ̞、χʰ̞]注明。

（6）宣州片吴语中记为舌面音 tɕ-组声母的，实际主动发音部位应该为舌叶，但听感上接近舌面音，前贤也多处理为舌面音，本书遵照惯例处理为舌面音 tɕ-组。

（7）湖阳和茂林方言音系详见第七章。

8.1　高淳淳溪镇

8.1.1　声母

p 包把班帮	pʰ 泡攀派胖	b 拔肥烦爬	f 非方副分	v 浮舞	m 门毛袜	
t 带到堆低	tʰ 推坦套体	d 逃台头提			n 聂糯怒	l 鹿农例
ts 真扎左蔗	tsʰ 村插搓车		s 失私所襄	z 池坐杂瓷		
tɕ 举酒交姐	tɕʰ 俏腔金产		ɕ 虚写三小	ʑ 情穷全强	ȵ 年律饶认	
k 缸广夹滚	kʰ 坤扩枯空		χ 欢虾海瞎	ʁ 下匣鞋韩	ŋ 鸭安藕额	ɥ 丫哑
ø 袄要摇王						

说明：

（1）［ts］在［ɥ］前部分字有唇颤音［tʙ］的变体。

（2）部分［ɥ］的端组字读为塞擦音［ts］组，例如："都"有时读为［tsɥ］。

（3）"浊"声母/b、d、z、ʑ、ʁ/实际为清音浊流。

（4）［v］只能与强摩擦音［uᵦ］相组合，实际并非真浊音，而且也无浊流，但擦音时长显著短于［f］，与其他北部吴语［f］和［v］的对立特征一致，因此我们仍处理为［f］和［v］对立。

（5）［ɥ］出现在影母字非高元音前，但有时受普通话影响会变读为零声母。

8.1.2　韵母

ɹ 知雌施池	iᵤ 批鸡西移	uᵦ 模图库路	yᵤ 举虚取句
ɥ 初粗书如			
a 把拿麻车	ia 写爷斜野	ua 抓瓜蛙画	ya 靴
ɛ 拜台柴开	ie 班产眼三	uɛ 乖患怀帅	ye 关翻弯惯
i 边天棉全			

y 团丢圆贪			
o 巴包盗高	io 标飘刁小		
u 波驮搬管			
ei 杯周感妹		uei 追全鬼位	
ã 帮忙汤望	iã 娘抢墙向	uã 装床撞矿	
ən 奔棚东吞	in 平星人因	uən 春坤魂准	yn 倾穷云拥
aʔ 八袜辣鸭	iaʔ 甲雀略药	uaʔ 桌挖俗活	yaʔ 觉触学乐
əʔ 不拍白读	iəʔ 笔匹一习	uəʔ 烛出屋术	yəʔ 决屈局月
m̩ 眉尾母	ŋ̍ 鱼尼米二	l̩ 离里李利	

说明：

（1）[i_z][u_β][y_z]均为强摩擦音。

（2）"边""团""驮"韵母分别读为[i][u][y]，这三个元音与普通话的性质一致。

（3）阳入字时长已经长化，喉塞尾也已脱落，例如"辣"实际读音为[lɑ²³]，但在元音音值上仍与阴入字一致，故仍处理为入声韵。

（4）阳入字的韵母[uɑʔ]有变体[uɑə]，例如"熟"。

（5）[ei]在声母[p]和[k]后读为[ɣi]。

8.1.3　声调

阴平+次浊上	55	高猪专开抽婚五女老染
阳平	22	穷陈寒才鹅娘难人神徐
阴上	33	古展纸走口草普好手粉
阴去+次浊去	35	盖抗唱菜汉世卖帽用岸
阳上+阳去	14	近是坐厚社助大病树谢
阴入	3	急竹曲黑割些尺说得一
阳入	13	月入六纳局宅食合舌药

说明：

（1）阳平部分字调尾略降，也可以处理为[21]。部分阳平字受江淮官话影响读为阳去[14]。

（2）阴上处理为平调[33]，但听感上调尾略降，实际调值为[32]。

（3）阳入也是一个上升调，时长已长化，甚至比阳去时长长，但调尾显著比阳去字低。

8.2　博　　望

8.2.1　声母

p 包把班帮	pʰ 泡攀派胖	ɸʰ 爬荷婆步	f 非方副浮	m 门毛免磨	
t 带到堆低	tʰ 推坦套体	ɾ̥ʰ 逃台头提		n 怒拿	l 鹿牢农列
ts 真扎尖蔗	tsʰ 村插签车	sʰ 坐杂茶钱	s 失私所先		ɹ 忍
tɕ 举酒交姐	tɕʰ 处俏腔庆	ɕʰ 情穷熟强	ɕ 虚小乡屑	ȵ 纽年捏南	
k 缸广夹滚	kʰ 坤扩枯空		χ 欢虾海瞎	ŋ 鹅矮丫安	
ø 袄王人摇			h 下鞋韩侯		

说明：

（1）[ɸʰ]在[uᵦ]前读为双唇不送气擦音[ɸ]，因为是互补分布，在音系处理时只列[ɸʰ]一类，实际记音时加以区分。

（2）拍闪音[ɾ]一般为浊音，铜泾片定母单字为气化且送气的拍闪音[ɾ̥ʰ]，只有在语流中时才是[ɾ]。

（3）[ɸʰ、ɾ̥ʰ、sʰ、ɕʰ]四个为送气擦音或送气闪音声母，后接元音为气化的发声态。

（4）[χ]为小舌擦音，部分发音人部分字有微弱的小舌颤动；[χ]来源于古晓母字，[h]来源于古匣母字，两者形成对立，但入声匣母字读为[χ]，与晓母字合并。

（5）部分读为舌根鼻音[ŋ]的字有零声母的变异。

8.2.2 韵母

ʅ 鸡体衣知	i 边免谢写	u 搬盘<u>肝</u>换	y 九油远渊
ɿ 比米李提		u_β 多歌火肤	y_z 女猪取许
a 巴马蛇家	ia 加牙惹邪	ua 瓜花跨瓦	
ɛ 班反<u>肝</u>岸		uɛ 赚惯<u>宜</u>玩	
e 摆胎宰盖		ue 乖块歪葵	
ɜ 杯堆周狗		uɜ 吹水桂回	
ɔ 帮方糖赏	iɔ 娘讲乡让	uɔ 装双广网	
o 包到牢高	io 标苗钓小		
ən 本等真胜	iən 人任认	uən 唇棍稳滚	yən 军春均准
in 冰林请醒			
oŋ 崩通总红			yoŋ 中兄绒穷
aʔ 八法插辣	iaʔ 略甲药脚	uaʔ 刷刮滑袜	
oʔ 北百白末		uoʔ 屋扩活物	
əʔ 得托册舌	iɪʔ 笔灭铁力		yəʔ 菊熟月肉
m̩ 姆~妈			

说明:

(1)[ʅ]和[ɿ]的摩擦性非常强,和北京话中偶有摩擦的[ʅ]和[ɿ]不同。

(2)[u_β]仍为敛唇,但摩擦性相比于高淳、湖阳方言小很多,与唇齿擦音[f]/[ɸ]相配时摩擦性较强可以看成自成音节的[ɣ]。[u]听感上比普通话的更央化,接近[ʉ]。

(3)[oʔ]只和帮组字拼合,[əʔ]则与其他声母拼合。

(4)[u_β]前匣母字和並母字合并读为[ɸ],例如"荷=婆""贺祸=步簿",其他元音前匣母字读为[h],晓母字读为[χ],不合并,例如"豪≠耗"。部分字开始读为[χ],例如"盒核",喉擦非常明显(详见第九章"字音对照表")。

(5)流摄字和山摄合口字合并读为[y],部分字有[iʉ]的变体,在声母[n][l]后读为[iʉ]的字尤其多。

8.2.3　声调

阴平	44	高猪专开抽超飞粗
上声	22	古展纸好手暖脑软
阳平+阴去+次浊去	35	陈寒穷麻盖帐冒卖
阳去+阳上+阳入	51	近是坐大病月入食舌
阴入	5	急竹曲黑割些尺说得

说明：

（1）阴上音系处理为［22］，实际有［213］的语音变体。

（2）阳入字时长已经长化。

（3）部分字阴上和阴平已经开始合并，例如"蟹＝海""挨＝矮""汤＝躺""江姜＝蒋讲"。

8.3　新博（邰家村）

8.3.1　声母

p 包把班帮	pʰ 泡攀派胖	ɸʰ 爬婆盘便	f 非方副浮	m 门毛免磨	ʋ 凤份饭凡
t 带到堆低	tʰ 推坦套体	ɾʰ 逃台头提		n 怒拿	l 鹿牢农列
ts 真扎尖蔗	tsʰ 村插签车	sʰ 坐杂茶钱	s 失私所先		
tɕ 举酒交姐	tɕʰ 处俏腔庆	ɕʰ 情穷熟强	ɕ 虚小乡屑	ȵ 聂念年研	ɻ 热日_子
k 缸广夹滚	kʰ 坤扩枯空		χ 欢盒海瞎	ŋ 鹅矮额安	
ø 袄王摇李			h 荷鞋韩侯		

说明：

（1）［ɸʰ］在［uᵦ］读为双唇不送气擦音［ɸ］，因为是互补分布，在音系处理时只列［ɸʰ］一类，实际记音时加以区分。

（2）发音人部分字［ɸʰ］和［pʰ］自由变读。

（3）拍闪音[ɾ]一般为浊音，铜泾片定母单字为气化且送气的拍闪音[ɾ̥ʰ]，只有在语流中时才是[ɾ]。

（4）[ɸʰ、ɾ̥ʰ、sʰ、ɕʰ]四个为送气擦音或送气闪音声母，后接元音为气化的发声态。

（5）[χ]为小舌擦音，部分发音人部分字有微弱的小舌颤动；[χ]来源于古晓母字，[h]来源于古匣母阳平字，两者形成对立，例如荷[hu³⁵]≠火[χu³⁵]；其他调类的匣母字读为[χ]，与晓母字合并，例如"货＝火[χu³¹²]"。

（6）部分影母读为舌根鼻音[ŋ]的字有零声母的变异。

8.3.2　韵母

ๅ 鸡体衣知	i 边免谢写	u 搬盘肝换	y 专善游求
ʅ 比米皮李		u_β 多歌火肤	y_z 女猪取许
a 巴马蛇家	ia 加牙惹邪	ua 瓜花跨瓦	
ɛ 班反肝岸		uɛ 赚惯赚玩	
e 摆胎宰盖		ue 乖块歪葵	
ɜ 杯堆周狗	iɯ 刘留流柳	uɜ 跪水桂回	
ɔ 帮方糖赏	iɔ 娘讲乡让	uɔ 装双广网	
o 包到牢高	io 标苗钓小		
ən 本等真胜	iən 人任认忍	uen 棍稳滚坤	yən 唇军均准
in 冰林请醒			
oŋ 崩通总红	ioŋ 中兄绒穷		
ɛʔ 八法插辣	iɛʔ 略甲药脚	uɐʔ 刷刮滑袜	
əʔ 北百得托	ieʔ 笔灭铁力	ueʔ 古扩活物	yeʔ 菊熟月肉
m̩ 姆~妈	l̩ 尼里离倪		

说明：

（1）[ๅ]和[ʅ]的摩擦性非常强。

（2）[u_β]仍为敛唇摩擦，但摩擦强度与高淳、湖阳相比有所减弱。[u]听感上比普通话的更央化，接近[ʉ]。

（3）［iɯ］来源于流摄三等字，只与声母［l］拼合，流摄三等字与其他声母拼合时，读为［y］。

（4）入声字时长已经长化，没有喉塞尾，加［ʔ］只是表示保留独立的入声韵。

8.3.3　声调

阴平	44	高猪专开抽婚天安
阳平+上声+阴入	35	古展纸穷陈寒急竹黑米买
阴去+次浊去	312	盖帐正面念怒卖
阳去+阳上	51	近淡在坐座树
阳入	51	月入六纳局宅食合舌

说明：

（1）阳去和阳上文读受江淮官话影响，读为阴去。

（2）阳去和全浊上有［312］的变体。

（3）阳入字和阴入字时长已经长化，但仍然保留了独立的入声韵，部分字仍读短调。

8.4　新博（童王村）

8.4.1　声母

p 帮宝本比	pʰ 抛胖喷拍	ɸʰ 袍旁赔办	m 每毛忙抹	f 方分风佛	ʋ 凤份肥饭
t 党夺戴到	tʰ 汤脱态讨	ɽ̥ 糖袋谈桃	n 内农难脑		l 狼累吕刘
ts 占楂钻资	tsʰ 参钗葱撑	sʰ 茶蚕神从		s 三沙酸十	
tɕ 猪九姐追	tɕʰ 区犬丘抢	ɕʰ 桥邪墙床	ɲ 聂念鸟牛	ɕ 除水想双	ɻ 热日 ₋子
k 干哥刚高	kʰ 宽科康靠		ŋ 鹅哑淹眼	χ 欢火吓汗	
ø 安人认云				h 条厚贺红	

说明:

(1)[ɸʰ]在[uᵦ]读为双唇不送气擦音[ɸ],因为是互补分布,在音系处理时只列[ɸʰ]一类,实际记音时加以区分。

(2)拍闪音[ɾ]一般为浊音,铜泾片定母单字为化且送气的拍闪音[ɾ̥ʰ],只有在语流中时才是[ɾ]。

(3)[ɸʰ、ɾ̥ʰ、sʰ、çʰ]四个为送气擦音或送气闪音声母,后接元音为气化的发声态。

(4)部分影母读为舌根鼻音[ŋ]的字有零声母的变异。

8.4.2 韵母

ʅ 鸡替西四	i 边面填年	u 搬满灌汉	y 表丢牛求
ɻ 比皮米弟		uᵦ 波户涂左	yᵤ 女驴猪除
a 巴大钗嫁	ia 价虾夏	ua 挂跨花话	ya 抓爪
ɛ 班烦慢淡		uɛ 管款患万	yɛ 赚
e 拜埋袋街		ue 帅乖歪外	
ɜ 杯飞妹偷		uɜ 贵亏位	yɜ 水追税瑞
ɔ 帮放荡浪	iɔ 娘量抢墙	uɔ 光筐慌王	yɔ 江窗床双
o 宝毛牢操	io 标聊孝轿		
ən 奔粪门陈 nə̃	iən 人忍认 nẽ	uən 棍昏温坤 nẽ	yən 俊裙顺熏 nẽ
in 宾命听令			
oŋ 捧风东从	ioŋ 钟琼宠兄种		
ɐʔ 拔抹八划 ʔɐ	ieʔ 着学略甲 ʔai	uɐʔ 袜	yɐʔ 刷
əʔ 不白毒博 ʔə	ieʔ 避灭鳖切 ʔei	uəʔ 阔扩骨国	yəʔ 绝熟桌叔
m̩ 姆~妈	ŋ̍ 倪尼泥	l̩ 里离梨利	

说明:

(1)[ɻ]和[ʅ]的摩擦性非常强。

(2)[uᵦ]仍为敛唇摩擦,但摩擦强度与高淳、湖阳相比有所减弱。[u]

听感上比普通话的更央化,接近[ʉ]。

(3) 入声字时长已经长化,没有喉塞尾,加[ʔ]只是表示保留独立的入声韵。

8.4.3　声调

阴平+上声	44	高东灯非岛等马买
阳平+阴入	35	同成棚陈一得黑笔
全浊上+去+阳入	51	卖豆动洞冻白读特

说明:

(1) 音系发音人听感上阳平与阴入字合并,但部分阴入字有短高平调[4]的变体,已经舒化的阴入字声学分析结果也仍显著短于阳平(详见本书4.1节)。

(2) 阴平和上声在听感上某些字还有[44]和[33]的差别。

8.5　年　陡　镇

8.5.1　声母

p 巴班帮补	pʰ 攀胖炮铺	m 麻蛮米买	fʰ 爬烦防败	f 翻菩粪凤	ʋ 饭
t 多带低袋	tʰ 拖讨汤台	n 难冷娘牛	ɭ̥ʰ 盗图大潭		l 拿露乱辣
ts 左遮争资	tsʰ 猜册残齿		sʰ 坐柴髓锄	s 思梳鳃磁	
tʂ 楂知治招	tʂʰ 差馋超周		ʂʰ 茶蛇巢除	ʂ 书烧沙迟	ɻ 如人绒惹
tɕ 焦拒骑酒	tɕʰ 趣巧枪丘		çʰ 虫匠求件	ç 序心晓仙	
k 哥归官光	kʰ 枯开靠筐	ŋ 我饿		χ 胡号咸韩	
ø 蛙吴艺要					ɥ 丫压爱袄

说明:

(1) 並母字读为唇齿送气擦音[fʰ],与[uᵦ]相拼合时,读为[ɸ]。

（2）部分发音人后高圆唇元音读为摩擦元音［u_β］，与帮、滂组字拼合时，有双唇颤音［ʙ］的变体；与端、透、知、彻、章、昌母拼合时，读为舌尖-齿龈双唇颤音［tʙ］。

（3）声母［tʂ］［tʂʰ］与［u_β］相拼合时，有［t］和［tʰ］的变体，例如"猪朱珠"读为［tu_β］；［t］［tʰ］与［u_β］相拼合时也有［tʂ］和［tʂʰ］的变体，例如"鼠"［tʰu_β］。

（4）定母单字为闪送气音［ɾ̥ʰ］，定母作为后字时读为闪颤音［ɾ/r］，第一发音人 GJY 的定母字大多已读为官话的［tʰ］，部分字仍保留［ɾ̥ʰ］的读音。

（5）部分泥母字读为边音［l］，如"拿、奴、怒、农"。

（6）影母字逢中低元音读为舌根近音［ɰ］，逢高元音读为零声母。

8.5.2　韵母

ɿ 师丝使私	i_z 移鸡提李	u_β 赌姑婆奴	y_z 女徐趣余
ʅ 尸诗枝池			
a 爬下_白 嫁拿	ia 鸦虾家爷	ua 挂花画抓	
ɛ 哀败胎来	ie 介蟹岩解	uɛ 块外乖坏	
ɪ 飞非杯梅		uɪ 灰卫归水	
ɚ 二儿耳			
ɔ 袍高熬抱	iɔ 妖交标苗		
o 多哥过坐			
ɯ 斗楼走口	iɯ 牛柳秋油		
ɐ̃ 按暗让方	iɐ̃ 羊娘量墙	uɑ̃ 关弯装筐	
ĩ 写减点念			yĩ 元娟袁院
ũ 南庵搬短			
ən 恩邓省懂	ien 贫英林金	uən 滚温春婚	yn 容云均胸
ɐʔ 杂发夹蜡	iɐʔ 掐脚瞎	uɐʔ 滑刷刮袜	
ɕʔ 鸽夺实六	iiʔ 粒急灭薛	uɕʔ 骨出术	yɪʔ 局橘血月
oʔ 白佛壳鹿		uoʔ 阔说角握	

说明:

（1）[ɻ]和[ʐ]有摩擦性,但和博望、新博、湖阳、高淳比起来,摩擦性要稍弱。

（2）[uᵦ]是敛唇的,第一发音人 GJY[uᵦ]的摩擦性并不强,但部分发音人[uᵦ]摩擦性很强,能够引发唇颤。

（3）部分字读[ũ]时有弱鼻尾。

（4）[iɪʔ]和[yɪʔ]中[i]和[y]的滑动段不明显。

8.5.3　声调

阴平	41	猪多高安边灯东
阳平	13	爬图题寒求林同
上声	35	好懂岛古女五马
去声+全浊上	55	坐杜弟去到盖洞样阵骂帽
入声	5	黑急竹笔六杂白读

说明:

（1）部分发音人阳平[13]调尾上升并不明显,读为低平的[11]。

（2）部分发音人上声[35]调尾上升也不明显,但阳平和上声高低有别。

8.6　泾县园林村

8.6.1　声母

p 比边补布	pʰ 屁撇派拍	φʰ 排赔盘便	m 满麦埋面	f 发夫欢慌		w 完肥王罚
t 当斗短端	tʰ 贪塔土梯	ɾʰ 图台团头	n 内雷暖蓝			l 溜能鹿男
ts 宗钟真站	tsʰ 村昌吹惨			s 馊陕色三	z 池是字事	
tɕ 鸡将交尖	tɕʰ 气抢巧签	ɕʰ 桥学局钱	ȵ 绕肉人年	ɕ 修靴仙笑	ʑ 渠骑旗集	
k 古街该哥	kʰ 苦掐凯科		ŋ 额熬牙欧	χ 瞎海汉呼		
ø 哀安呕哑				h 杂蚕韩爬		j 羊药妖夜

说明：

（1）[n]和[ȵ]呈互补分布，但听感差异较明显。"难"和"兰"第一发音人是[n]，第三发音人是[l]。但只有在[i]前才区分鼻边音，第一发音人"连"[l]不同于"年"[n]，第三发音人"连"[n]不同于"年"[ȵ]。

（2）部分字[ɸʰ]已弱化为[h]，比字的时候才会明确读为[ɸʰ]，如袍≠曹、抱≠造。

（3）[s]和[z]的对立只出现在[ɿ]前，[ɕ]和[ʑ]对立只出现在[ʅ]前，实际两者并非清浊对立，但擦音时长上有对立，清擦音[s]和[ɕ]的时长要显著长于[z]和[ʑ]，在音系处理时，我们仍处理为清浊对立。

（4）声母[w]在韵母-æ前实际读音为唇齿近音[ʋ]。

8.6.2　韵母

ɿ 知枝四字	i 缺犬检劝	uᵦ 补虎书获
ʅ 鸡许臂米		
a 八摆搭矮	ia 甲写谢压	ua 乖刮蛙块
ɛ 百舌耳舍	iɛ 吃	uɛ 阔
e 短转酸半		uᴇ 管灌款宽
ɪ 葵欧呕跪		ui 国鬼谷位
ɤ 帮旁郎厂	iɤ 娘抢羊量	
ɔ 刀老少包	iɔ 标条鸟要	
o 爬蛇落托	io 惹脚野夜	
ɣ 波科夺桌	iɣ 肉酒曲右	
æ 板谈淹赚	iæ 兼闲奸限	uᴈ 关惯
ən 本闷等肯	iŋ 宾顶近静	uən 滚棍坤困
oŋ 蒙懂红虫	ioŋ 琼容用胸	
ȵ 女尼鱼日₋头		

说明：

（1）[ɿ]和[ʅ]韵母与普通话的[ɿ]和[ʅ]不相同，摩擦性很强，有的甚至贯穿整个音节；[uᵦ]摩擦性也较强，有时带唇颤。

（2）[ʅ]韵母实际包含两类读音，一组配[tɕ][tɕʰ][ɕ]声母，读为[ʅ]，一组配其他声母，听感上为摩擦化的[iᶻ]，两组出现环境互补，本文处理为一类。

（3）[ɛ]也可记为[æ]。

（4）第二发音人的[ɤ]略前，略圆，可记为[ɵ]。

（5）[ei]和[ɪ]没有对立，但是听感上差异较为明显。

8.6.3　声调

阴平+阴入	35	高猪开抽婚伤月入局食合舌
阳平	25	穷陈床才寒神徐鹅娘人龙难
上声+阴入	31	古展口好五女近厚黑急医爷
去声	23	盖帐抗唱汉世共阵害树岸让

说明：

（1）阴平大多读为[35]，也有[55]的变体。

（2）阳平升幅较大，可看作是全升调记为[25]。

（3）上声变异范围较大，有[21]和[11]的变体。

（4）阴去斜率较小，比阳平要缓一些，因此调尾较低。第三发音人实际发音可记为[223]。

（5）阳入因为声母的原因，起调略低，但调尾和阴平差不多。第二发音人阴平可记为[45]，阳入[35]。但两者没有对立。

（6）上声、去声包括古清声母和全浊声母字，两者声调相同，但声母不同。浊声母字的起调略低。

8.7　桃花潭镇厚岸乡

8.7.1　声母

p 摆板杯巴	pʰ 派攀爬办	m 埋慢苗晚	f 反发冯份	w 弯碗回坟
t 打胆等顶	tʰ 太滩填藤			l 赖莲耐能

续　表

ts 组债砖紫	tsʰ 车搓残池		s 酸桑柴时	
tɕ 交金周姐	tɕʰ 巧青抽骑	ȵ 绕忍牛仰	ɕ 心肖墙斜	
k 根夹捐归	kʰ 坑掐跪犬	ŋ 岩岸藕阮	χ 轰瞎韩咸	
ø 淹乌鸭医				j 育摇演羊

说明：

（1）第二发音人部分字[w]读为[b]，例如"温"[bən²²]。

（2）第二发音人细音前[l]读为真浊[lᵈ]，例如"两"[lᵈiɜ²⁴]；部分字读为清不送气[t]，例如"量动"[tiɜ²⁴]。

（3）[k][kʰ]拼细音韵母时实际音值为[c][cʰ]。

8.7.2　韵母

ɿ 知紫施四		u 波拖果坐	y 句趣头牛
ʅ 鸡非皮眉		uᵦ 补堵奴粗	yʐʅ 归贵围雨
a 摆斋矮派	ia 姐介佳	ua 乖怪块快	
ɛ 搬酸男感	iɛ 边遍免言	uɛ 官宽缓欢	
e 杯每宰海		ue 翠追	
ɜ 帮放汤桑	iɜ 娘蒋抢养	uɜ 谎光狂筐	
ɔ 巴马爬茶	iɔ 惹借写斜	uɔ 瓜跨寡花	
ɤ 包毛炒咬	iɤ 标苗叫小		
æ 班反毯眼	iæ 艰减简奸	uæ 关惯	
ən 奔春昏门	in 冰品均训	uən 棍混坤滚	
oŋ 棚通冲松	ioŋ 兄穷拥荣		
ɐʔ 八杀扎瞎	ioʔ 铁灭叶阅	uaʔ 刷刮	
əʔ 百哲北得	iiʔ 笔逼跌一	uəʔ 国谷骨阔	
oʔ 博学桌壳	ioʔ 脚戳雀削		

uʔ 木鹿速读	iuʔ 肉菊育局		
n̩ 语女尼鱼	m̩ 母		

说明：

（1）第二发音人［ɤ］的唇形略圆，可记为［ɵ］。

（2）第二发音人［iɔʔ］发成［iəʔ］。

（3）［ʮ］摩擦性非常强，几乎整个韵母段都是摩擦音。

（4）第一发音人遇摄字都读为［y］，与流摄字合并，例如"区"="抽"［tɕʰy²²］；第二发音人遇摄字读为［ʮ］，例如"区"［tɕʰʮ²²］，与流摄字不合并。

8.7.3　声调

阴平	22	高猪开抽婚边低安抽粗天
阳平	24	穷陈床才寒神徐鹅娘人龙
阴上	312	古展口丑好手纸短楚死粉
阴去	35	盖帐抗唱汉世试冻菜泡到
阳去+阳上	55	五买坐淡抱阵害让
阴入	4	急竹曲黑割缺尺拍歇说发
阳入	5	局食合读白合入肉

说明：

（1）阳平和阴去第一发音人能清楚区分，第二发音人部分字已开始合并，例如"兔=涂""赔=配"，但"怕≠爬"。

（2）阴上第二发音人有变异，有的字降调更明显，有的字则是比较明显的凹调。

（3）阴平、阳平和阴上调的时长较长，而阴去、阳上、阳去和阴入时长较短，阴入最短，两位发音人都有部分阳入和阳上、阳去字合并的现象，例如"辣=耐=赖""磨_名=木"。

（4）部分阴入字并入阳入字，例如"赎=束"。

第九章　各方言点字音对照表

（1）本章收录了 8 个宣州片吴语代表方言点的字音材料,均为笔者田野调查的第一手资料。所收方言点依次为：高淳_{太高}、湖阳_{太高}、博望_{铜泾}、新博_{铜泾}、年陡_{铜泾}、泾县_{铜泾}、茂林_{铜泾}和厚岸_{石陵}。其中新博_{童王村}、新博_{郜家村}调类归派以及元音分合差异较大,对于声调演变和元音高化演变研究较有意义,因此我们将新博_{童王村}和新博_{郜家村}读音都列在字音对照表中。

（2）本章共选录汉字 1 600 个。字表由笔者为宣州片吴语特别设计,在《中国语言资源调查手册·汉语方言》1 000 字单字调查表的基础上,结合宣州片吴语全浊声母弱化、送气化以及元音高化等特征,将字表扩充为 1 600字。所有字按照《方言调查字表》顺序排列,《方言调查字表》未收的字按其音韵地位排在相应的地方。每个字下注明中古音类。

（3）体例大体仿照曹志耘（2002）《南部吴语语音研究》。需要说明的地方有：

① 一律在字音的右上角用数值表示调值。

② 字音音值,包括声调调值和元辅音音值一律按照实际读音记录。例如新博_{童王村}老派阳去和全浊上有［51］和［312］两种读音,经常会自由变读,本书在音系处理时将两种调值处理为一个声调,字音对照表中则按照录音中的实际读音记录。

③ 如果某字有又读、文白异读等一字多音的现象,只收该方言口语里最常用的一个读音。有文白异读的字,一般只记白读,不记文读。

④ 如果某字没有单字调,只有连读调,按照实际调值记录,并在调值前加"-",例如湖阳方言"治"［dʐ $^{-21}$］。

⑤ 调查时记不出来的字音（当地不说或发音人不知道）,在表格中以"/"表示该字无读音。

⑥ 例字右下角小字为该例字的注释："名"表示名词,"动"表示动词,"形"表示形容词,"量"表示量词。

	多	拖	驮拿,~起来	大~小	箩	左	搓	歌
	果开一平歌端	果开一平歌透	果开一平歌定	果开一去个定	果开一平歌来	果开一上哿精	果开一平歌清	果开一平歌见
高淳	tu^{55}	t^{h}u^{55}	du^{22}	du^{14}	lu^{22}	tsu^{33}	ts^{h}u^{55}	ku^{55}
湖阳	tu^{44}	t^{h}u^{44}	ʐ̥^{h}u^{13}	ʐ̥u^{51}	lu^{13}	tsu^{33}	ts^{h}u^{44}	ku^{44}
博望	tu$_\beta^{44}$	t^{h}u$_\beta^{44}$	ʐ̥^{h}u$_\beta^{35}$	ʐ̥a$_\beta^{51}$	lu$_\beta^{35}$	tsu$_\beta^{22}$	ts^{h}u$_\beta^{44}$	ku$_\beta^{44}$
新博邸家村	tu$_\beta^{44}$	t^{h}u$_\beta^{44}$	ʐ̥^{h}u$_\beta^{35}$	ʐ̥a$_\beta^{51}$	lu$_\beta^{35}$	tsu$_\beta^{35}$	ts^{h}u$_\beta^{44}$	ku$_\beta^{44}$
新博童王村	tu$_\beta^{44}$	t^{h}u$_\beta^{44}$	ʐ̥^{h}u$_\beta^{35}$	t^{h}a$_\beta^{51}$	lu$_\beta^{35}$	tsu$_\beta^{44}$	ts^{h}u$_\beta^{44}$	ku$_\beta^{44}$
年陡	to^{41}	t^{h}o^{41}	t^{h}o^{13}	ʐ̥a^{55}	lo^{13}	tso^{35}	ts^{h}o^{41}	ko^{41}
泾县	tɤ^{35}	t^{h}ɤ^{35}	ʐ̥^{h}ɤ^{25}	ʐ̥ɤ^{23}	lɤ^{25}	tsɤ^{31}	ts^{h}ɤ^{35}	kɤ^{35}
茂林	tu^{35}	t^{h}u^{35}	hu^{24}	hu^{24}	lu^{24}	tsu^{21}	ts^{h}u^{35}	ku^{35}
厚岸	tu^{22}	t^{h}u^{22}	t^{h}u^{24}	t^{h}u^{55}	lu^{24}	tsu^{312}	ts^{h}u^{22}	ku^{22}

	哥	个—~	可	鹅	饿	荷~花	贺	阿~胶
	果开一平歌见	果开一去个见	果开一上哿溪	果开一平歌疑	果开一去个疑	果开一平歌匣	果开一去个匣	果开一平歌影
高淳	ku^{55}	ku^{35}	k^{h}u^{33}	u^{22}	u^{35}	ʁu^{22}	ʁu^{14}	u^{55}
湖阳	ku^{44}	ku^{35}	k^{h}u^{33}	ŋu^{13}	ŋu^{35}	ʁu^{13}	χu^{35}	u^{44}
博望	ku$_\beta^{44}$	kəʔ^{5}	k^{h}u$_\beta^{35}$	ŋu$_\beta^{35}$	ŋu$_\beta^{35}$	ɸu$_\beta^{35}$	ɸu$_\beta^{51}$	ʒ^{44}
新博邸家村	ku$_\beta^{44}$	ku$_\beta^{312}$	k^{h}u$_\beta^{35}$	ŋu$_\beta^{35}$	ŋu$_\beta^{312}$	hu$_\beta^{35}$	χu$_\beta^{312}$	a^{44}
新博童王村	ku$_\beta^{44}$	ku$_\beta^{51}$	k^{h}u$_\beta^{44}$	ŋu$_\beta^{35}$	ŋu$_\beta^{51}$	hu$_\beta^{35}$	hu$_\beta^{51}$	ŋʒ^{44}
年陡	ko^{41}	ko^{55}	k^{h}o^{35}	o^{13}	ŋo^{35}	χo^{35}	χo^{55}	ɯ$^{-55}$
泾县	kɤ^{35}	kɤ^{23}	k^{h}ɤ^{31}	ŋɤ^{25}	ŋɤ^{25}	hɤ^{25}	hɤ^{23}	o^{35}
茂林	ku^{35}	ku^{24}	k^{h}u^{21}	ŋu^{24}	ŋu^{24}	hu^{24}	hu^{24}	u^{35}
厚岸	ku^{22}	ku^{35}	k^{h}u^{312}	ŋu^{24}	ŋu^{55}	χu^{24}	χu^{55}	u^{22}

	波	破	婆	磨_动	朵_{耳~}	椭	糯	螺
	果合一平戈帮	果合一去过滂	果合一平戈并	果合一平戈明	果合一上果端	果合一上果透	果合一去过泥	果合一平戈来
高淳	pu^{55}	p^hu^{35}	bu^{22}	mu^{22}	tu^{33}	t^hu^{33}	$nəŋ^{35}$	lu^{22}
湖阳	pu^{44}	p^hu^{35}	bu^{13}	mu^{13}	to^{33}	t^hu^{33}	$nəŋ^{35}$	lu^{13}
博望	$pu_β^{44}$	$p^hu_β^{35}$	$ɸu_β^{35}$	$mu_β^{35}$	$tɜ^{22}$	$t^hu_β^{22}$	lon^{35}	$lu_β^{35}$
新博_{邶家村}	$pu_β^{44}$	$p^hu_β^{312}$	$ɸu_β^{35}$	$mu_β^{35}$	$tu_β^{35}$	$t^hu_β^{35}$	non^{312}	$lu_β^{35}$
新博_{童王村}	$pu_β^{44}$	$p^hu_β^{51}$	$ɸu_β^{35}$	$mu_β^{35}$	$tu_β^{44}$	$t^hu_β^{44}$	non^{51}	$lu_β^{35}$
年陡	$pu_β^{41}$	$p^hu_β^{55}$	$ɸ^hu_β^{13}$	$mu_β^{55}$	to^{35}	t^ho^{35}	$nũ^{55}$	lo^{13}
泾县	$pɤ^{35}$	$p^hɤ^{23}$	$hɤ^{25}$	$mɤ^{25}$	$tɤ^{31}$	$t^hɤ^{31}$	$lɤ^{23}$	$lɤ^{25}$
茂林	pu^{35}	p^hu^{24}	hu^{24}	mu^{24}	tu^{21}	t^hu^{21}	lu^{24}	lu^{24}
厚岸	pu^{22}	p^hu^{35}	p^hu^{24}	mu^{24}	tu^{312}	t^hu^{312}	lu^{55}	lu^{24}

	坐	座	锁	锅	果	过	科	课
	果合一上果从	果合一去过从	果合一上果心	果合一平戈见	果合一上果见	果合一去过见	果合一平戈溪	果合一去过溪
高淳	zu^{14}	zu^{14}	su^{33}	ku^{55}	ku^{33}	ku^{35}	k^hu^{55}	k^hu^{35}
湖阳	zu^{51}	zu^{51}	su^{33}	ku^{44}	ku^{33}	ku^{35}	k^hu^{44}	k^hu^{35}
博望	$s^hu_β^{51}$	$s^hu_β^{51}$	$su_β^{22}$	$ku_β^{44}$	$ku_β^{22}$	$ku_β^{35}$	$k^hu_β^{44}$	$k^hu_β^{35}$
新博_{邶家村}	$s^hu_β^{51}$	$s^hu_β^{51}$	$su_β^{35}$	$ku_β^{44}$	$ku_β^{35}$	$ku_β^{312}$	$k^hu_β^{44}$	$k^hu_β^{312}$
新博_{童王村}	$s^hu_β^{51}$	$s^hu_β^{51}$	$su_β^{44}$	$ku_β^{44}$	$ku_β^{44}$	$ku_β^{51}$	$k^hu_β^{44}$	$k^hu_β^{51}$
年陡	s^ho^{55}	s^ho^{55}	so^{35}	$ku_β^{41}$	ko^{35}	ko^{55}	k^ho^{41}	k^ho^{55}
泾县	$hɤ^{31}$	$hɤ^{31}$	$sɤ^{31}$	$kɤ^{35}$	$kɤ^{31}$	$kɤ^{23}$	$k^hɤ^{35}$	$k^hɤ^{23}$
茂林	hu^{51}	hu^{51}	su^{21}	ku^{35}	ku^{21}	ku^{24}	k^hu^{35}	k^hu^{24}
厚岸	su^{55}	su^{55}	su^{312}	ku^{22}	ku^{312}	ku^{35}	k^hu^{22}	k^hu^{35}

	火	货	和~气	祸	巴	把—~椅子	霸	爬
	果合一上果晓	果合一去过晓	果合一平戈匣	果合一上果匣	假开二平麻帮	假开二上马帮	假开二去祃帮	假开二平麻並
高淳	χu^{33}	χu^{35}	$ʁu^{22}$	$ʁu^{14}$	po^{55}	pa^{33}	pa^{35}	ba^{22}
湖阳	χu^{33}	χu^{35}	$ʁu^{13}$	χu^{51}	pa^{44}	pa^{33}	pa^{35}	ba^{13}
博望	χu_β^{22}	χu_β^{35}	$ɸu_\beta^{35}$	$ɸu_\beta^{51}$	pa^{44}	pa^{22}	pa^{35}	$ɸ^h a^{35}$
新博邰家村	χu_β^{35}	χu_β^{312}	hu_β^{35}	χu_β^{312}	pa^{44}	pa^{44}	pa^{312}	$ɸ^h a^{35}$
新博童王村	χu_β^{44}	χu_β^{51}	hu_β^{35}	hu_β^{51}	pa^{44}	pa^{44}	pa^{51}	$ɸ^h a^{24}$
年陡	χo^{35}	χo^{55}	χo^{13}	χo^{55}	pa^{41}	pa^{35}	pa^{44}	$f^h a^{13}$
泾县	$\chi ɤ^{31}$	$\chi ɤ^{23}$	$hɤ^{25}$	$hɤ^{31}$	po^{35}	po^{31}	po^{23}	ho^{25}
茂林	χu^{21}	χu^{24}	hu^{24}	hu^{51}	$pɔ^{35}$	$pɔ^{21}$	$pɔ^{24}$	$ɸ^h ɔ^{24}$
厚岸	χu^{312}	χu^{35}	χu^{24}	χu^{55}	$pɔ^{22}$	$pɔ^{312}$	$pɔ^{35}$	$p^h ɔ^{24}$

	耙犁~	麻	马	骂	拿	茶	楂山~	差~不多
	假开二去祃並	假开二平麻明	假开二上马明	假开二去祃明	假开二平麻泥	假开二平麻澄	假开二平麻庄	假开二平麻初
高淳	ba^{22}	ma^{22}	ma^{55}	ma^{35}	na^{22}	za^{22}	tsa^{55}	$ts^h a^{55}$
湖阳	ba^{13}	ma^{13}	ma^{33}	ma^{35}	na^{13}	za^{13}	tsa^{44}	$ts^h a^{35}$
博望	$ɸ^h a^{35}$	ma^{35}	ma^{22}	ma^{35}	na^{13}	$s^h a^{35}$	tsa^{44}	$ts^h a^{44}$
新博邰家村	$ɸ^h a^{35}$	ma^{35}	ma^{35}	ma^{51}	na^{51}	$s^h a^{35}$	tsa^{44}	$ts^h a^{44}$
新博童王村	$ɸ^h a^{35}$	ma^{35}	ma^{44}	ma^{51}	na^{51}	$s^h a^{35}$	tsa^{44}	$ts^h a^{51}$
年陡	$f^h a^{13}$	ma^{13}	ma^{35}	ma^{55}	la^{13}	$ʂ^h a^{13}$	$tʂa^{41}$	$tʂ^h a^{41}$
泾县	ho^{25}	mo^{25}	mo^{31}	mo^{23}	la^{25}	ho^{25}	tso^{35}	$ts^h o^{35}$
茂林	$ɸ^h ɔ^{24}$	$mɔ^{24}$	$mɔ^{51}$	/	la^{24}	$hɔ^{24}$	$tsɔ^{35}$	$ts^h ɔ^{35}$
厚岸	$p^h ɔ^{24}$	$mɔ^{24}$	$mɔ^{55}$	$mɔ^{55}$	la^{24}	$ts^h ɔ^{24}$	$tsɔ^{22}$	$ts^h ɔ^{22}$

	查调~	沙	家	加	假真~	嫁	价	架
	假开二平麻崇	假开二平麻生	假开二平麻见	假开二平麻见	假开二上马见	假开二去祃见	假开二去祃见	假开二去祃见
高淳	za22	sa55	ka55	ka55	ka33	ka35	ka35	ka35
湖阳	za13	sa44	ka44	ka44	tɕia33	ka35	ka35	ka35
博望	sʰa35	sa44	ka44	tɕia44	tɕia22	ka35	tɕia35	tɕia35
新博郜家村	sʰa35	sa44	ka44	tɕia44	tɕia35	ka312	tɕia312	tɕia312
新博童王村	sʰa35	sa44	ka44	tɕia44	tɕia44	ka51	tɕia51	tɕia51
年陡	ʂʰa13	ʂa41	tɕia41	tɕia41	tɕia35	ka55	tɕia55	tɕia55
泾县	ho25	so35	ko35	tɕio35	ko31	ko23	tɕio31	ko23
茂林	hɔ24	sɔ35	kɔ35	tɕiɔ35	kɔ21	kɔ24	tɕiɔ24	kɔ24
厚岸	tsʰɔ24	sɔ22	kɔ22	kɔ22	kɔ312	kɔ35	kɔ35	kɔ35

	牙	虾	霞	下方位	夏春~	丫~头	哑~巴	姐
	假开二平麻疑	假开二平麻晓	假开二平麻匣	假开二上马匣	假开二去祃匣	假开二平麻影	假开二上马影	假开三上马精
高淳	ŋa22	χa55	zia22	ʁa14	ʁa14	ɕɥa55	ɥa33	tɕia33
湖阳	ŋa13	χa44	zia13	χa51	ɕia51	a44	a33	tɕia33
博望	ia35	ɕia44	ɕʰia35	ha51	ɕʰia51	ŋa44	a22	tɕia22
新博郜家村	ia35	ɕia44	ɕʰia35	χa51	ɕʰia51	ia44	a35	tɕia35
新博童王村	ia35	ɕia44	ɕʰia35	ha51	ha51	a44	a44	tɕia44
年陡	ia13	ɕia41	ɕʰia13	χa55	ɕia55	ɕɥa41	ɕɥa35	tɕiz̩35
泾县	ŋo25	χo35	ɕʰio25	ho31	ɕʰio23	o35	o31	tɕia31
茂林	ŋɔ24	χɔ35	hio24	ho42	hɔ24	ɔ35	ɔ21	tɕia21
厚岸	ŋɔ24	χɔ22	χɔ24	χɔ55	χɔ55	ɔ22	ɔ312	tɕia312

	借	写	邪	斜	谢	蔗	车汽~	蛇
	假开三去祃精	假开三上马心	假开三平麻邪	假开三平麻邪	假开三去祃邪	假开三去祃章	假开三平麻昌	假开三平麻船
高淳	tɕia³⁵	ɕia³³	ia²²	ʑia²²	ʑia¹⁴	tsa⁵⁵	tsʰa⁵⁵	za²²
湖阳	tɕia³⁵	ɕi³³	ʑia¹³	ʑia¹³	ɕia⁵¹	tsa³⁵	tsʰɤi⁴⁴	za¹³
博望	tɕia³⁵	si²²	ɕʰia³⁵	ɕʰia³⁵	si⁵¹	tɕia⁴⁴	tsʰe⁴⁴	sʰa³⁵
新博邵家村	tsi³¹²	si³¹	ɕʰia³⁵	ɕʰia³⁵	sʰi⁵¹	tsɔ⁴⁴	tɕy_z⁴⁴	sʰa³⁵
新博童王村	tɕia⁵¹	si⁴⁴	ɕʰia³⁵	ɕʰia³⁵	sʰi⁵¹	tsɔ⁴⁴	tsʰe⁴⁴	sʰe³⁵
年陡	tsɿ⁵⁵	ɕi³⁵	ɕʰia¹³	ɕʰia¹³	ɕiɪʔ⁵	tʂa⁵⁵	tsʰɿ⁴¹	ʂʰɿ¹³
泾县	tɕia²³	ɕia³¹	ɕʰia²⁵	ɕʰia³¹	ɕʰia²³	tsɔ³⁵	tsʰɔ³⁵	ho²⁵
茂林	tɕiɔ²⁴	ɕiɔ²¹	hiɔ²⁴	hia⁵¹	hiɔ²⁴	tsɔ³⁵	tsʰɔ³⁵	hɔ²⁴
厚岸	tɕiɔ³⁵	ɕiɔ³¹²	ɕiɔ²⁴	ɕiɔ²⁴	ɕiɔ⁵⁵	tsɔ²²	tsʰɔ²²	sɔ²⁴

	捨	社	惹	爷	野	夜	瓜	寡
	假开三上马书	假开三上马禅	假开三上马日	假开三平麻以	假开三上马以	假开三去祃以	假合二平麻见	假合二上马见
高淳	sa³³	za¹⁴	ȵia⁵⁵	ia²²	ia⁵⁵	ia³⁵	kua⁵⁵	kua³³
湖阳	sa³⁵	ze⁵¹	ȵia³³	ia¹³	ia³³	ia³⁵	kua⁴⁴	kua³³
博望	sa²²	sʰe⁵¹	ia²²	ia³⁵	ia²²	ia³⁵	kua⁴⁴	kua²²
新博邵家村	sa³⁵	sʰe⁵¹	ia³⁵	ia³⁵	ia³⁵	ia⁵¹	kua⁴⁴	kua³⁵
新博童王村	sa⁴⁴	sʰʒ⁵¹	ia⁴⁴	ia³⁵	ia⁴⁴	ia⁵¹	kua⁴⁴	kua⁴⁴
年陡	ʂɿ³⁵	ʂʰɿ⁵⁵	ʒɿ³⁵	ia¹³	i_z³⁵	i_z⁵⁵	kua⁴¹	kua³⁵
泾县	tsʰo³¹	ho³¹	ȵio³¹	ʅ³¹	jio³¹	jio²³	ko³⁵	ko³¹
茂林	sɔ²¹	hɔ⁵¹	ȵiɔ⁵¹	ʅ²⁴	jiɔ⁵¹	jiɔ²⁴	kuɔ³⁵	kuɔ²¹
厚岸	sɔ³¹²	sɔ⁵⁵	ȵiɔ⁵⁵	ʅ²⁴	jɔ⁵⁵	jɔ⁵⁵	kuɔ²²	kuɔ³¹²

	跨	瓦名	花	化	华中~	补	谱	布
	假合二去祃溪	假合二上马疑	假合二平麻晓	假合二去祃晓	假合二平麻匣	遇合一上姥帮	遇合一上姥帮	遇合一去暮帮
高淳	k^hua^{35}	ηa^{55}	fa^{55}	fa^{35}	$ʁua^{22}$	pu_β^{33}	$p^hu_\beta^{33}$	pu_β^{35}
湖阳	k^hua^{35}	ηa^{33}	χua^{44}	χua^{35}	ua^{13}	pu_β^{33}	$p^hu_\beta^{33}$	pu_β^{33}
博望	k^hua^{35}	ua^{22}	χua^{44}	χua^{35}	hua^{35}	pu_β^{22}	$p^hu_\beta^{22}$	pu_β^{35}
新博郈家村	k^hua^{312}	ua^{35}	χua^{44}	χua^{312}	χua^{35}	pu_β^{35}	$p^hu_\beta^{35}$	pu_β^{312}
新博童王村	k^hua^{51}	ua^{44}	χua^{44}	χua^{51}	hua^{35}	pu_β^{44}	$p^hu_\beta^{44}$	pu_β^{51}
年陡	k^hua^{55}	a^{35}	χua^{41}	χua^{55}	χua^{13}	pu_β^{35}	$p^hu_\beta^{35}$	pu_β^{55}
泾县	k^ho^{31}	ηo^{31}	χo^{35}	χo^{23}	o^{25}	pu_β^{31}	$p^hu_\beta^{31}$	pu_β^{23}
茂林	$k^huɔ^{24}$	$\eta uɔ^{51}$	$\chi ɔ^{35}$	$\chi ɔ^{24}$	$wɔ^{24}$	pu_β^{21}	$p^hu_\beta^{21}$	pu_β^{24}
厚岸	$k^huɔ^{55}$	$\eta ɔ^{55}$	$fuɔ^{22}$	$fuɔ^{35}$	$wɔ^{24}$	pu_β^{312}	$p^hu_\beta^{312}$	pu_β^{35}

	铺~路	普	菩~萨	簿	步	模	都首~	堵
	遇合一平模滂	遇合一上姥滂	遇合一平模并	遇合一上姥并	遇合一去暮并	遇合一平模明	遇合一平模端	遇合一上姥端
高淳	$p^hu_\beta^{55}$	$p^hu_\beta^{33}$	vu_β^{22}	vu_β^{14}	vu_β^{14}	mu_β^{22}	tsu_β^{55}	tsu_β^{33}
湖阳	$p^hu_\beta^{44}$	$p^hu_\beta^{33}$	u_β^{13}	pu_β^{51}	pu_β^{51}	mu_β^{13}	$tʙu_\beta^{44}$	$tʙu_\beta^{33}$
博望	$p^hu_\beta^{44}$	$p^hu_\beta^{22}$	ϕu_β^{35}	ϕu_β^{51}	ϕu_β^{51}	mu_β^{35}	tu_β^{44}	tu_β^{22}
新博郈家村	$p^hu_\beta^{44}$	$p^hu_\beta^{35}$	ϕu_β^{35}	pu_β^{51}	ϕu_β^{51}	mu_β^{35}	tu_β^{44}	tu_β^{35}
新博童王村	$p^hu_\beta^{44}$	$p^hu_\beta^{44}$	u_β^{35}	pu_β^{51}	ϕu_β^{51}	mu_β^{35}	tu_β^{44}	tu_β^{44}
年陡	$p^hu_\beta^{41}$	$p^hu_\beta^{35}$	fu_β^{13}	$p^hu_\beta^{55}$	pu_β^{55}	mu_β^{13}	tu_β^{41}	tu_β^{35}
泾县	$p^hu_\beta^{35}$	$p^hu_\beta^{31}$	u_β^{25}	ϕu_β^{31}	ϕu_β^{23}	$mɤ^{25}$	tu_β^{35}	tu_β^{31}
茂林	$p^hu_\beta^{35}$	$p^hu_\beta^{21}$	ϕu_β^{24}	ϕu_β^{51}	ϕu_β^{24}	mu^{24}	tu_β^{35}	tu_β^{21}
厚岸	$p^hu_\beta^{22}$	$p^hu_\beta^{312}$	$p^hu_\beta^{24}$	$p^hu_\beta^{55}$	$p^hu_\beta^{55}$	mu^{24}	tu_β^{22}	tu_β^{312}

	赌	土	吐~痰	兔	涂	徒	图	杜
	遇合一上姥端	遇合一上姥透	遇合一上姥透	遇合一去暮透	遇合一平模定	遇合一平模定	遇合一平模定	遇合一上姥定
高淳	tsu_β^{33}	$\text{ts}^h\text{u}_\beta^{33}$	$\text{ts}^h\text{u}_\beta^{33}$	$\text{ts}^h\text{u}_\beta^{35}$	du_β^{14}	du_β^{22}	du_β^{22}	du_β^{14}
湖阳	tʙu_β^{33}	$\text{t}^h\text{u}_\beta^{33}$	$\text{t}^h\text{u}_\beta^{33}$	$\text{tʃ}^h\text{u}_\beta^{35}$	$\text{ɻ̥}^h\text{u}_\beta^{13}$	$\text{ɻ̥}^h\text{u}_\beta^{13}$	$\text{ɻ̥}^h\text{u}_\beta^{13}$	tʃu_β^{51}
博望	tu_β^{22}	$\text{t}^h\text{u}_\beta^{22}$	$\text{t}^h\text{u}_\beta^{22}$	$\text{t}^h\text{u}_\beta^{35}$	$\text{ɻ̥}^h\text{u}_\beta^{35}$	$\text{ɻ̥}^h\text{u}_\beta^{35}$	$\text{ɻ̥}^h\text{u}_\beta^{35}$	$\text{ɻ̥}^h\text{u}_\beta^{51}$
新博部家村	tu_β^{35}	$\text{t}^h\text{u}_\beta^{35}$	$\text{t}^h\text{u}_\beta^{35}$	$\text{t}^h\text{u}_\beta^{312}$	$\text{ɻ̥}^h\text{u}_\beta^{35}$	$\text{ɻ̥}^h\text{u}_\beta^{35}$	$\text{ɻ̥}^h\text{u}_\beta^{35}$	$\text{ɻ̥}^h\text{u}_\beta^{51}$
新博童王村	tu_β^{44}	$\text{t}^h\text{u}_\beta^{44}$	$\text{t}^h\text{u}_\beta^{44}$	$\text{t}^h\text{u}_\beta^{51}$	$\text{ɻ̥}^h\text{u}_\beta^{35}$	$\text{ɻ̥}^h\text{u}_\beta^{35}$	$\text{ɻ̥}^h\text{u}_\beta^{35}$	tu_β^{51}
年陡	tu_β^{35}	$\text{t}^h\text{u}_\beta^{35}$	$\text{t}^h\text{u}_\beta^{55}$	$\text{t}^h\text{u}_\beta^{55}$	$\text{t}^h\text{u}_\beta^{13}$	$\text{t}^h\text{u}_\beta^{13}$	$\text{ɻ̥}^h\text{u}_\beta^{13}$	tu_β^{55}
泾县	tu_β^{31}	$\text{t}^h\text{u}_\beta^{31}$	$\text{t}^h\text{u}_\beta^{31}$	$\text{t}^h\text{u}_\beta^{23}$	$\text{ɻ̥}^h\text{u}_\beta^{25}$	$\text{ɻ̥}^h\text{u}_\beta^{25}$	$\text{ɻ̥}^h\text{u}_\beta^{25}$	$\text{ɻ̥}^h\text{u}_\beta^{23}$
茂林	tu_β^{21}	$\text{t}^h\text{u}_\beta^{21}$	$\text{t}^h\text{u}_\beta^{21}$	$\text{t}^h\text{u}_\beta^{24}$	ɸu_β^{24}	ɸu_β^{24}	ɸu_β^{24}	ɸu_β^{51}
厚岸	tu_β^{312}	$\text{t}^h\text{u}_\beta^{312}$	$\text{t}^h\text{u}_\beta^{35}$	$\text{t}^h\text{u}_\beta^{35}$	$\text{t}^h\text{u}_\beta^{24}$	$\text{t}^h\text{u}_\beta^{24}$	$\text{t}^h\text{u}_\beta^{24}$	$\text{t}^h\text{u}_\beta^{55}$

	肚~皮	度	奴	努	怒	卢	鲁	路
	遇合一上姥定	遇合一去暮定	遇合一平模泥	遇合一上姥泥	遇合一去暮泥	遇合一平模来	遇合一上姥来	遇合一去暮来
高淳	du_β^{14}	du_β^{14}	nu_β^{22}	nu_β^{55}	nu_β^{35}	lu_β^{22}	lu_β^{55}	lu_β^{35}
湖阳	tʃu_β^{51}	tʃu_β^{51}	nu_β^{13}	nu_β^{33}	nu_β^{35}	lu_β^{13}	lu_β^{33}	lu_β^{35}
博望	tu_β^{22}	$\text{ɻ̥}^h\text{u}_\beta^{51}$	lu_β^{35}	lu_β^{33}	lu_β^{35}	lu_β^{35}	lu_β^{35}	lu_β^{35}
新博部家村	$\text{ɻ̥}^h\text{u}_\beta^{51}$	$\text{ɻ̥}^h\text{u}_\beta^{51}$	lu_β^{35}	lu_β^{35}	lu_β^{312}	lu_β^{35}	lu_β^{35}	lu_β^{312}
新博童王村	$\text{ɻ̥}^h\text{u}_\beta^{51}$	$\text{ɻ̥}^h\text{u}_\beta^{51}$	nu_β^{35}	nu_β^{44}	nu_β^{51}	lu_β^{35}	lu_β^{44}	lu_β^{51}
年陡	tu_β^{35}	tu_β^{55}	lu_β^{13}	lu_β^{35}	lu_β^{55}	lu_β^{13}	lu_β^{35}	lu_β^{55}
泾县	$\text{ɻ̥}^h\text{u}_\beta^{31}$	$\text{ɻ̥}^h\text{u}_\beta^{23}$	lu_β^{25}	lu_β^{23}	nu_β^{23}	lu_β^{25}	lu_β^{31}	lu_β^{23}
茂林	ɸu_β^{51}	ɸu_β^{24}	lu_β^{24}	lu_β^{21}	lu_β^{24}	lu_β^{24}	lu_β^{51}	lu_β^{24}
厚岸	$\text{t}^h\text{u}_\beta^{55}$	$\text{t}^h\text{u}_\beta^{55}$	lu_β^{35}	lu_β^{35}	lu_β^{55}	lu_β^{24}	lu_β^{55}	lu_β^{55}

	租	祖	做	粗	醋	苏	素	箍
	遇合一平模精	遇合一上姥精	遇合一去暮精	遇合一平模清	遇合一去暮清	遇合一平模心	遇合一去暮心	遇合一平模见
高淳	tsʮ^{55}	tsʮ^{33}	tsu^{35}	tsʰʮ^{55}	tsʰʮ^{35}	sʮ^{55}	sʮ^{35}	ku$_\beta^{55}$
湖阳	tʙu$_\beta^{44}$	tʙu$_\beta^{33}$	tsu^{35}	tʃʰu$_\beta^{44}$	tʃʰu$_\beta^{35}$	su$_\beta^{44}$	su$_\beta^{35}$	ku$_\beta^{44}$
博望	tsu$_\beta^{44}$	tsu$_\beta^{22}$	tsu$_\beta^{51}$	tsʰu$_\beta^{44}$	tsʰu$_\beta^{35}$	su$_\beta^{44}$	su$_\beta^{35}$	ku$_\beta^{44}$
新博邰家村	tsu$_\beta^{44}$	tsu$_\beta^{35}$	tsu$_\beta^{312}$	tsʰu$_\beta^{44}$	tsʰu$_\beta^{312}$	su$_\beta^{44}$	su$_\beta^{312}$	ku$_\beta^{44}$
新博童王村	tsu$_\beta^{44}$	tsu$_\beta^{44}$	tsu$_\beta^{51}$	tsʰu$_\beta^{44}$	tsʰu$_\beta^{51}$	su$_\beta^{44}$	su$_\beta^{51}$	ku$_\beta^{44}$
年陡	tsu$_\beta^{41}$	tsu$_\beta^{35}$	tsu$_\beta^{55}$	tsʰu$_\beta^{41}$	tsʰu$_\beta^{55}$	su$_\beta^{41}$	su$_\beta^{55}$	ku$_\beta^{41}$
泾县	tsu$_\beta^{35}$	tsu$_\beta^{31}$	tsu$_\beta^{23}$	tsʰu$_\beta^{35}$	tsʰu$_\beta^{23}$	su$_\beta^{35}$	su$_\beta^{23}$	kʰu$_\beta^{35}$
茂林	tsu$_\beta^{35}$	tsu$_\beta^{21}$	tsu^{24}	tsʰu$_\beta^{35}$	tsʰu$_\beta^{24}$	su$_\beta^{35}$	su$_\beta^{24}$	kʰu$_\beta^{35}$
厚岸	tsu$_\beta^{22}$	tsu$_\beta^{312}$	tsu$_\beta^{35}$	tsʰu$_\beta^{22}$	tsʰu$_\beta^{35}$	su$_\beta^{22}$	su$_\beta^{35}$	kʰu$_\beta^{22}$

	古	顾	枯	苦	裤	吴	五	误
	遇合一上姥见	遇合一去暮见	遇合一平模澄	遇合一上姥溪	遇合一去暮溪	遇合一平模疑	遇合一上姥疑	遇合一去暮疑
高淳	ku$_\beta^{33}$	ku$_\beta^{35}$	kʰu$_\beta^{55}$	kʰu$_\beta^{33}$	kʰu$_\beta^{35}$	vu$_\beta^{22}$	ŋ̩^{55}	u$_\beta^{35}$
湖阳	ku$_\beta^{33}$	ku$_\beta^{35}$	kʰu$_\beta^{44}$	kʰu$_\beta^{33}$	kʰu$_\beta^{35}$	u$_\beta^{13}$	ŋ̩^{33}	u$_\beta^{35}$
博望	ku$_\beta^{22}$	ku$_\beta^{35}$	kʰu$_\beta^{44}$	kʰu$_\beta^{22}$	kʰu$_\beta^{35}$	u$_\beta^{35}$	u$_\beta^{22}$	u$_\beta^{35}$
新博邰家村	ku$_\beta^{35}$	ku$_\beta^{312}$	kʰu$_\beta^{44}$	kʰu$_\beta^{35}$	kʰu$_\beta^{312}$	u$_\beta^{35}$	u$_\beta^{35}$	u$_\beta^{312}$
新博童王村	ku$_\beta^{44}$	ku$_\beta^{51}$	kʰu$_\beta^{44}$	kʰu$_\beta^{44}$	kʰu$_\beta^{51}$	u$_\beta^{35}$	u$_\beta^{44}$	u$_\beta^{51}$
年陡	ku$_\beta^{35}$	ku$_\beta^{55}$	kʰu$_\beta^{41}$	kʰu$_\beta^{35}$	kʰu$_\beta^{55}$	u$_\beta^{13}$	u$_\beta^{35}$	u$_\beta^{55}$
泾县	ku$_\beta^{31}$	ku$_\beta^{23}$	kʰu$_\beta^{35}$	kʰu$_\beta^{31}$	kʰu$_\beta^{23}$	u$_\beta^{25}$	u$_\beta^{31}$	u$_\beta^{23}$
茂林	ku$_\beta^{21}$	ku$_\beta^{24}$	kʰu$_\beta^{35}$	kʰu$_\beta^{21}$	kʰu$_\beta^{24}$	u$_\beta^{24}$	u$_\beta^{51}$	u$_\beta^{24}$
厚岸	ku$_\beta^{312}$	ku$_\beta^{35}$	kʰu$_\beta^{22}$	kʰu$_\beta^{312}$	kʰu$_\beta^{35}$	u$_\beta^{24}$	oŋ^{55}	u$_\beta^{55}$

	呼	虎	胡	户	乌	女	驴	吕
	遇合一平模晓	遇合一上姥晓	遇合一平模匣	遇合一上姥匣	遇合一平模影	遇合三上语泥	遇合三平鱼来	遇合三上语来
高淳	fu_β^{55}	fu_β^{33}	vu_β^{22}	vu_β^{14}	u_β^{55}	ŋ̍^{55}	lu_β^{22}	y_z^{55}
湖阳	χu_β^{44}	χu_β^{33}	u_β^{13}	u_β^{51}	u_β^{44}	$\text{ŋ̍}y_z^{33}$	lu_β^{13}	y_z^{33}
博望	χu_β^{44}	χu_β^{22}	ϕu_β^{35}	ϕu_β^{51}	u_β^{44}	$\text{ŋ̍}y^{22}$	lu_β^{35}	y_z^{22}
新博_{邻家村}	χu_β^{44}	χu_β^{35}	hu_β^{35}	χu_β^{51}	u_β^{44}	$\text{ŋ̍}y_z^{35}$	y_z^{35}	y_z^{35}
新博_{童王村}	χu_β^{44}	χu_β^{44}	hu_β^{35}	hu_β^{51}	u_β^{44}	$\text{ŋ̍}y_z^{44}$	ly_z^{35}	ly_z^{44}
年陡	χu_β^{41}	χu_β^{35}	χu_β^{13}	χu_β^{55}	u_β^{41}	$\text{ŋ̍}y_z^{35}$	lu_β^{13}	ly_z^{35}
泾县	χu_β^{35}	fu_β^{31}	u_β^{25}	ϕu_β^{31}	u_β^{31}	ŋ̍^{31}	$lʅ^{25}$	$lʅ^{31}$
茂林	χu_β^{35}	fu_β^{21}	u_β^{24}	u_β^{51}	u_β^{35}	ŋ̍^{51}	$l^dʅ^{24}$	l^dy^{51}
厚岸	fu_β^{22}	fu_β^{312}	u_β^{24}	u_β^{55}	u_β^{22}	ŋ̍^{35}	ly^{35}	ly^{312}

	旅	蛆	徐	序	猪	除	阻	初
	遇合三上语来	遇合三平鱼清	遇合三平鱼邪	遇合三上语邪	遇合三平鱼知	遇合三平鱼澄	遇合三上语庄	遇合三平鱼初
高淳	y_z^{55}	$tɕ^hy_z^{55}$	$ʑy_z^{22}$	$ʑy_z^{14}$	$tsʅ^{55}$	$zʅ^{22}$	$tsʅ^{33}$	$ts^hʅ^{55}$
湖阳	y_z^{33}	$tɕ^hy_z^{44}$	$ʑy_z^{13}$	$ɕy_z^{51}$	$tʃu_\beta^{44}$	$ʑy_z^{13}$	$tʃu_\beta^{33}$	$tʃ^hu_\beta^{44}$
博望	y_z^{35}	$tɕ^hy_z^{44}$	$ɕy_z^{35}$	$ɕy_z^{51}$	$tɕy_z^{44}$	$ɕy_z^{35}$	tsu_β^{44}	$ts^hu_\beta^{44}$
新博_{邻家村}	y_z^{35}	$tɕ^hy_z^{44}$	$ɕy_z^{35}$	$ɕy_z^{312}$	$tɕy_z^{44}$	$ɕy_z^{35}$	tsu_β^{35}	$ts^hu_\beta^{44}$
新博_{童王村}	ly_z^{44}	$tɕ^hy_z^{44}$	$ɕy_z^{35}$	$ɕy_z^{51}$	$tɕy_z^{44}$	$ɕy_z^{35}$	tsu_β^{44}	$ts^hu_\beta^{44}$
年陡	ly_z^{35}	$tɕ^hy_z^{41}$	$ɕy_z^{13}$	$ɕy_z^{55}$	tu_β^{41}	$tʂ^hu_\beta^{13}$	tsu_β^{35}	$ts^hu_\beta^{41}$
泾县	$lʅ^{31}$	$tɕ^hʅ^{35}$	$ɕʅ^{25}$	$ɕʅ^{23}$	tsu_β^{35}	ϕu_β^{25}	tsu_β^{31}	$ts^hu_\beta^{35}$
茂林	$l^dy_z^{51}$	$tɕ^hʅ^{35}$	$zʅ^{24}$	$ɕʅ^{51}$	tsu_β^{35}	ϕu_β^{24}	tsu_β^{21}	$ts^hu_\beta^{35}$
厚岸	ly^{312}	$ts^hʅ^{22}$	$zʅ^{24}$	$ɕy^{55}$	tsu_β^{22}	$ts^hu_\beta^{24}$	tsu_β^{312}	$ts^hu_\beta^{22}$

	楚	锄	梳	所	煮	处相~	书	暑
	遇合三上语初	遇合三平鱼崇	遇合三平鱼生	遇合三上语生	遇合三上语章	遇合三上语昌	遇合三平鱼书	遇合三上语书
高淳	ts^hʅ^{33}	zʅ^{22}	sʅ^{55}	su^{33}	tsʅ^{33}	ts^hʅ^{35}	sʅ^{55}	sʅ^{33}
湖阳	$tʃ^h$u$_\beta^{33}$	ʒu$_\beta^{13}$	ʃu$_\beta^{44}$	su^{33}	tʃu$_\beta^{33}$	$tʃ^h$u$_\beta^{35}$	ʃu$_\beta^{44}$	ʃu$_\beta^{33}$
博望	ts^hu$_\beta^{22}$	çy$_z^{35}$	su$_\beta^{44}$	su$_\beta^{22}$	tçy$_z^{22}$	$tç^h$y$_z^{35}$	çy$_z^{44}$	çy$_z^{35}$
新博邰家村	ts^hu$_\beta^{44}$	s^hu$_\beta^{35}$	su$_\beta^{44}$	su$_\beta^{35}$	tçy$_z^{35}$	$tç^h$y$_z^{312}$	çy$_z^{44}$	çy$_z^{35}$
新博童王村	ts^hu$_\beta^{44}$	s^hu$_\beta^{35}$	su$_\beta^{44}$	su$_\beta^{44}$	tçy$_z^{44}$	$tç^h$y$_z^{-44}$	çy$_z^{44}$	çy$_z^{44}$
年陡	ts^hu$_\beta^{35}$	ts^hu$_\beta^{13}$	su$_\beta^{41}$	su$_\beta^{35}$	tu$_\beta^{35}$	t^hu$_\beta^{55}$	ʂu$_\beta^{41}$	t^hu$_\beta^{35}$
泾县	ts^hu$_\beta^{31}$	ɸu$_\beta^{25}$	su$_\beta^{35}$	sɤ^{31}	tsu$_\beta^{31}$	ts^hu$_\beta^{31}$	su$_\beta^{35}$	su$_\beta^{31}$
茂林	ts^hu$_\beta^{21}$	ɸu$_\beta^{24}$	su$_\beta^{35}$	su^{21}	tsu$_\beta^{21}$	ts^hu^{24}	su$_\beta^{35}$	su$_\beta^{21}$
厚岸	ts^hu$_\beta^{312}$	ts^hu$_\beta^{24}$	su$_\beta^{22}$	su^{312}	tsu$_\beta^{312}$	ts^hu^{312}	su$_\beta^{22}$	su$_\beta^{312}$

	鼠	居	举	锯	去来~	巨	鱼	语
	遇合三上语书	遇合三平鱼见	遇合三上语见	遇合三去御见	遇合三去御溪	遇合三上语群	遇合三平鱼疑	遇合三上语疑
高淳	ts^hʅ$^{-35}$	tsʅ^{55}	tçy$_z^{33}$	tçy$_z^{35}$	k^həʔ^3	zy$_z^{14}$	ŋ̍^{22}	y$_z^{33}$
湖阳	$tʃ^h$u$_\beta^{33}$	tçy$_z^{44}$	tʃu$_\beta^{33}$	tçy$_z^{35}$	k^hɤ^{35}	tçy$_z^{35}$	ŋ̍^{13}	y$_z^{33}$
博望	çy$_z^{35}$	tçy$_z^{44}$	tçy$_z^{22}$	tçy$_z^{35}$	k^həʔ^{51}	tçy$_z^{35}$	y$_z^{35}$	y$_z^{22}$
新博邰家村	$tç^h$y$_z^{35}$	tçy$_z^{44}$	tçy$_z^{35}$	tçy$_z^{312}$	kəʔ^{51}	tçy$_z^{312}$	y$_z^{35}$	y$_z^{35}$
新博童王村	$tç^h$y$_z^{44}$	tçy$_z^{44}$	tçy$_z^{44}$	tçy$_z^{51}$	k^həʔ^{51}	tçy$_z^{51}$	y$_z^{35}$	y$_z^{44}$
年陡	t^hu$_\beta^{35}$	tçy$_z^{-55}$	tu$_\beta^{35}$	tçy$_z^{55}$	$tç^h$i$_z^{55}$	tçy$_z^{55}$	y$_z^{13}$	y$_z^{35}$
泾县	su$_\beta^{31}$	tçʅ^{35}	tçʅ^{31}	tçʅ^{23}	$tç^h$ʅ^{23}	tçʅ^{23}	ŋ̍^{25}	ʅ^{31}
茂林	su$_\beta^{21}$	pɸʅ^{35}	tçy^{21}	pɸʅ^{24}	kɔ^{24}	tçy^{24}	ŋ̍^{24}	ŋ̍^{51}
厚岸	su$_\beta^{312}$	ky$_z$ʅ^{22}	ky$_z$ʅ^{312}	ky$_z$ʅ^{35}	$tç^h$y^{35}	tçy^{35}	n^{24}	ŋ̍^{312}

	虚	许	余	预	肤	斧	付	扶
	遇合三 平鱼晓	遇合三 上语晓	遇合三 平鱼以	遇合三 去御以	遇合三 平虞非	遇合三 上虞非	遇合三 去遇非	遇合三 平虞奉
高淳	ɕy$_z^{55}$	ɕy$_z^{33}$	y$_z^{22}$	y$_z^{35}$	fu$_β^{55}$	fu$_β^{33}$	fu$_β^{35}$	vu$_β^{22}$
湖阳	ɕy$_z^{44}$	ɕy$_z^{33}$	y$_z^{13}$	y$_z^{35}$	fu$_β^{44}$	χu$_β^{33}$	fu$_β^{35}$	u$_β^{13}$
博望	ɕy$_z^{44}$	ɕy$_z^{22}$	y$_z^{35}$	y$_z^{35}$	fu$_β^{44}$	fu$_β^{22}$	fu$_β^{35}$	u$_β^{35}$
新博 邰家村	ɕy$_z^{44}$	ɕy$_z^{35}$	y$_z^{35}$	y$_z^{35}$	fu$_β^{44}$	fu$_β^{35}$	fu$_β^{312}$	u$_β^{35}$
新博 童王村	ɕy$_z^{44}$	ɕy$_z^{44}$	y$_z^{35}$	y$_z^{51}$	fu$_β^{44}$	fu$_β^{44}$	fu$_β^{51}$	u$_β^{35}$
年陡	ɕy$_z^{41}$	ɕy$_z^{35}$	y$_z^{13}$	y$_z^{55}$	fu$_β^{41}$	fu$_β^{35}$	fu$_β^{55}$	fu$_β^{13}$
泾县	ɕʅ^{35}	ɕʅ^{31}	ʅ^{25}	ʅ^{23}	fu$_β^{35}$	fu$_β^{31}$	fu$_β^{23}$	u$_β^{25}$
茂林	ɕy^{35}	ɕy^{21}	y^{24}	y^{24}	fu$_β^{35}$	fu$_β^{21}$	fu$_β^{24}$	u$_β^{24}$
厚岸	ɕy^{22}	ɕy^{312}	y^{24}	y^{55}	fu$_β^{22}$	fu$_β^{312}$	fu$_β^{35}$	fu$_β^{24}$

	父	附	无	舞	雾	娶	趣	聚
	遇合三 上虞奉	遇合三 去遇奉	遇合三 平虞微	遇合三 上虞微	遇合三 去遇微	遇合三 上虞清	遇合三 去遇清	遇合三 上虞从
高淳	vu$_β^{14}$	fu$_β^{35}$	vu$_β^{14}$	vu$_β^{14}$	vu$_β^{14}$	tɕʰy$_z^{33}$	tɕʰy$_z^{35}$	ʑy$_z^{14}$
湖阳	χu$_β^{51}$	u$_β^{35}$	u$_β^{13}$	u$_β^{33}$	u$_β^{51}$	tɕʰy$_z^{33}$	tɕʰy$_z^{35}$	tɕʰy$_z^{35}$
博望	fu$_β^{35}$	fu$_β^{35}$	u$_β^{35}$	u$_β^{22}$	u$_β^{35}$	tɕʰy$_z^{22}$	tɕʰy$_z^{35}$	tɕy$_z^{35}$
新博 邰家村	fu$_β^{312}$	fu$_β^{312}$	u$_β^{35}$	u$_β^{35}$	u$_β^{312}$	tɕʰy$_z^{35}$	tɕʰy$_z^{312}$	tɕy$_z^{312}$
新博 童王村	fu$_β^{51}$	fu$_β^{51}$	u$_β^{35}$	u$_β^{44}$	u$_β^{51}$	tɕʰy$_z^{44}$	tɕʰy$_z^{51}$	tɕy$_z^{51}$
年陡	fu$_β^{55}$	fu$_β^{55}$	u$_β^{13}$	u$_β^{35}$	u$_β^{55}$	tɕʰy$_z^{35}$	tɕʰy$_z^{55}$	tɕy$_z^{55}$
泾县	ɸu$_β^{31}$	fu$_β^{23}$	u$_β^{25}$	u$_β^{31}$	u$_β^{23}$	tɕʅ^{31}	tɕʰʅ^{23}	tɕʅ^{31}
茂林	u$_β^{51}$	fu$_β^{24}$	u$_β^{24}$	u$_β^{51}$	u$_β^{24}$	tɕʰʅ^{21}	tɕʰy^{24}	tɕy^{24}
厚岸	fu$_β^{55}$	fu$_β^{35}$	u$_β^{24}$	u$_β^{55}$	u$_β^{55}$	tɕʰy^{312}	tɕʰy^{55}	tɕy^{35}

	橱	柱	数动	朱	珠	主	输~赢	竖
	遇合三平虞澄	遇合三上虞澄	遇合三上虞生	遇合三平虞章	遇合三平虞章	遇合三上虞章	遇合三平虞书	遇合三上虞禅
高淳	zʮ^{22}	zʮ^{14}	sʮ^{35}	tsʮ^{55}	tsʮ^{55}	tsʮ^{33}	sʮ^{55}	zʮ^{14}
湖阳	ʒu$_\beta$^{13}	ʃu$_\beta$^{51}	ʃu$_\beta$^{35}	tu$_\beta$^{44}	tu$_\beta$^{44}	tʃu$_\beta$^{33}	ʃu$_\beta$^{44}	ʃu$_\beta$^{51}
博望	sʰu$_\beta$^{35}	sʰu$_\beta$^{51}	su$_\beta$^{22}	tɕy$_z$^{44}	tɕy$_z$^{44}	tɕy$_z$^{22}	çy$_z$^{44}	çy$_z$^{51}
新博邵家村	çy$_z$^{35}	çy$_z$^{51}	su$_\beta$^{35}	tɕy$_z$^{44}	tɕy$_z$^{44}	tɕy$_z$^{35}	çy$_z$^{44}	çy$_z$^{312}
新博童王村	çy$_z$^{35}	çy$_z$^{51}	su$_\beta$^{44}	tɕy$_z$^{44}	tɕy$_z$^{44}	tɕy$_z$^{44}	çy$_z$^{44}	çy$_z$^{51}
年陡	ʂʰu$_\beta$^{13}	ʂʰu$_\beta$^{55}	su$_\beta$^{35}	tʂʰu$_\beta$^{41}	tu$_\beta$^{41}	tu$_\beta$^{35}	ʂu$_\beta$^{41}	ʂʰu$_\beta$^{55}
泾县	ɸu$_\beta$^{25}	ɸu$_\beta$^{31}	su$_\beta$^{31}	tsu$_\beta$^{35}	tsu$_\beta$^{35}	tsu$_\beta$^{31}	su$_\beta$^{35}	ɸu$_\beta$^{31}
茂林	ɸu$_\beta$^{24}	ɸu$_\beta$^{51}	su$_\beta$^{21}	tsu$_\beta$^{35}	tsu$_\beta$^{35}	tsu$_\beta$^{21}	su$_\beta$^{35}	ɸu$_\beta$^{51}
厚岸	tsʰu$_\beta$^{24}	tsʰu$_\beta$^{55}	su$_\beta$^{312}	tsu$_\beta$^{22}	tsu$_\beta$^{22}	tsu$_\beta$^{312}	su$_\beta$^{22}	su$_\beta$^{55}

	树	句	区	具	遇	雨	裕	戴动
	遇合三去遇禅	遇合三去遇见	遇合三平虞溪	遇合三去遇群	遇合三去遇疑	遇合三上虞云	遇合三去遇以	蟹开一去代端
高淳	zʮ^{14}	tɕy$_z$^{35}	tɕʰy$_z$^{55}	zy$_z$^{14}	y$_z$^{35}	y$_z$^{55}	y$_z$^{35}	tɛ^{35}
湖阳	ʃu$_\beta$^{51}	tɕy$_z$^{35}	tɕʰy$_z$^{44}	tɕy$_z$^{35}	y$_z$^{35}	y$_z$^{33}	y$_z$^{35}	te^{35}
博望	çy$_z$^{51}	tɕy$_z$^{35}	tɕʰy$_z$^{44}	tɕy$_z$^{35}	y$_z$^{35}	y$_z$^{22}	y$_z$^{35}	te^{35}
新博邵家村	çy$_z$^{312}	tɕy$_z$^{312}	tɕʰy$_z$^{44}	tɕy$_z$^{312}	y$_z$^{312}	y$_z$^{35}	y$_z$^{312}	te^{312}
新博童王村	çy$_z$^{51}	tɕy$_z$^{51}	tɕʰy$_z$^{44}	tɕy$_z$^{51}	y$_z$^{51}	y$_z$^{44}	y$_z$^{51}	te^{51}
年陡	ʂʰu$_\beta$^{55}	tɕy$_z$^{55}	tɕy$_z$^{55}	tɕy$_z$^{55}	y$_z$^{55}	y$_z$^{13}	y$_z$^{55}	tɛ^{55}
泾县	ɸu$_\beta$^{23}	tɕʐ^{23}	tɕʰʐ^{35}	tɕʐ^{23}	ʐ^{23}	ʐ^{31}	ʐ^{23}	ta^{23}
茂林	ɸu$_\beta$^{24}	tɕy^{24}	tɕʰy^{35}	tɕy^{24}	y^{24}	y$_z$ʐ^{51}	y^{24}	te^{24}
厚岸	su$_\beta$^{55}	tɕy^{35}	tɕʰy^{22}	tɕy^{35}	y^{55}	ʐ^{35}	y^{55}	ta^{35}

	胎	态	台戏~	待	袋	耐	来	灾
	蟹开一平咍透	蟹开一去代透	蟹开一平咍定	蟹开一上海定	蟹开一去代定	蟹开一去代泥	蟹开一平咍来	蟹开一平咍精
高淳	$t^hɛ^{55}$	$t^hɛ^{35}$	$dɛ^{22}$	$dɛ^{14}$	$dɛ^{14}$	$nɛ^{35}$	$lɛ^{22}$	$tsɛ^{55}$
湖阳	t^he^{44}	t^he^{35}	$ɦ̥e^{13}$	$ɦ̥e^{51}$	$ɦ̥e^{51}$	ne^{35}	le^{13}	tse^{44}
博望	t^he^{44}	t^he^{35}	$ɦ̥e^{35}$	$ɦ̥e^{51}$	$ɦ̥e^{51}$	ne^{35}	le^{35}	tse^{44}
新博_{郎家村}	t^he^{44}	t^he^{312}	t^he^{35}	$ɦ̥e^{51}$	$ɦ̥e^{51}$	ne^{312}	le^{35}	tse^{44}
新博_{童王村}	t^he^{44}	t^he^{51}	$ɦ̥e^{35}$	te^{51}	$ɦ̥e^{51}$	ne^{51}	le^{35}	tse^{44}
年陡	$t^hɛ^{41}$	$t^hɛ^{55}$	$t^hɛ^{13}$	$tɛ^{55}$	$tɛ^{55}$	$nɛ^{55}$	$lɛ^{13}$	$tsɛ^{41}$
泾县	$t^hɛ^{35}$	t^ha^{23}	$ɦ̥ɛ^{25}$	$ɦ̥ɛ^{31}$	$ɦ̥ɛ^{23}$	la^{23}	$lɛ^{25}$	$tsɛ^{35}$
茂林	t^he^{35}	t^ha^{24}	he^{24}	he^{51}	he^{24}	la^{24}	le^{24}	tse^{35}
厚岸	t^he^{22}	t^ha^{35}	t^he^{24}	t^he^{55}	t^he^{55}	la^{55}	le^{24}	tse^{22}

	宰	再	猜	采	菜	财	在	鳃
	蟹开一上海精	蟹开一去代精	蟹开一平咍清	蟹开一上海清	蟹开一去代清	蟹开一平咍从	蟹开一上海从	蟹开一平咍心
高淳	$tsɛ^{33}$	$tsɛ^{35}$	$ts^hɛ^{55}$	$ts^hɛ^{33}$	$ts^hɛ^{35}$	$zɛ^{22}$	$zɛ^{14}$	$sɛ^{55}$
湖阳	tse^{33}	tse^{35}	ts^he^{44}	ts^he^{33}	ts^he^{35}	tse^{51}	ze^{51}	se^{44}
博望	tse^{22}	tse^{35}	ts^he^{44}	ts^he^{22}	ts^he^{35}	s^he^{35}	s^he^{35}	se^{44}
新博_{郎家村}	tse^{35}	tse^{312}	ts^he^{44}	ts^he^{35}	ts^he^{312}	s^he^{35}	s^he^{312}	se^{44}
新博_{童王村}	tse^{44}	tse^{51}	ts^he^{44}	ts^he^{44}	ts^he^{51}	s^he^{35}	s^he^{51}	se^{44}
年陡	$tsɛ^{35}$	$tsɛ^{55}$	$ts^hɛ^{41}$	$ts^hɛ^{35}$	$ts^hɛ^{55}$	$s^hɛ^{13}$	$tsɛ^{55}$	$sɛ^{41}$
泾县	$tsɛ^{31}$	$tsɛ^{31}$	$ts^hɛ^{35}$	$ts^hɛ^{31}$	$ts^hɛ^{23}$	$hɛ^{25}$	$hɛ^{31}$	$sɛ^{35}$
茂林	tse^{21}	tse^{24}	ts^he^{35}	ts^he^{21}	ts^he^{24}	he^{24}	he^{51}	se^{35}
厚岸	tse^{312}	tse^{35}	ts^he^{22}	ts^he^{312}	ts^he^{35}	se^{24}	se^{55}	se^{22}

	赛	该	概	改	凯	慨	开	海
	蟹开一去代心	蟹开一平咍见	蟹开一去代见	蟹开一上海见	蟹开一上海溪	蟹开一去代溪	蟹开一平咍溪	蟹开一上海晓
高淳	sɛ³⁵	kɛ⁵⁵	kɛ³⁵	kɛ³³	kʰɛ³³	kʰɛ³³	kʰɛ⁵⁵	χɛ³³
湖阳	se³⁵	ke⁴⁴	ke³⁵	ke³³	kʰe³³	kʰe³⁵	kʰe³³	χe³³
博望	se³⁵	ke⁴⁴	ke³⁵	ke²²	kʰe²²	kʰe²²	kʰe⁴⁴	χe²²
新博邰家村	se³¹²	ke⁴⁴	ke³¹²	ke³⁵	kʰe³⁵	kʰe³⁵	kʰe⁴⁴	χe³⁵
新博童王村	se⁵¹	ke⁴⁴	ke⁵¹	ke⁴⁴	kʰe⁴⁴	kʰe⁻⁴⁴	kʰe⁴⁴	χe⁴⁴
年陡	sɛ⁵⁵	kɛ⁴¹	kʰɛ⁵⁵	kɛ³⁵	kʰɛ³⁵	kʰɛ⁵⁵	kʰɛ⁴¹	χɛ³⁵
泾县	se²³	kɛ³⁵	ke²³	ke³¹	kʰɛ³¹	kʰɛ²³	kʰɛ³⁵	χɛ³¹
茂林	se²⁴	ke³⁵	ke²⁴	ke²¹	kʰe²¹	kʰe²¹	kʰe³⁵	χe²¹
厚岸	se³⁵	ke²²	ke³⁵	ke³¹²	kʰe³¹²	kʰe³¹²	kʰe²²	χe³¹²

	孩	哀	爱	贝	带名	太	赖	蔡
	蟹开一平咍匣	蟹开一平咍影	蟹开一去代影	蟹开一去泰帮	蟹开一去泰端	蟹开一去泰透	蟹开一去泰来	蟹开一去泰清
高淳	ʁɛ²²	ɛ⁵⁵	ɛ³⁵	pei³⁵	tɛ³⁵	tʰɛ³⁵	lɛ³⁵	tsʰɛ³⁵
湖阳	ʁɛ¹³	e⁴⁴	e³⁵	pɤi³⁵	te³⁵	tʰe³⁵	le³⁵	tsʰa³⁵
博望	he³⁵	e⁴⁴	e³⁵	pɜ³⁵	te³⁵	tʰe³⁵	le³⁵	tsʰe³⁵
新博邰家村	he³⁵	e⁴⁴	e³¹²	pɜ³¹²	te³¹²	tʰe³¹²	le³¹²	tsʰe³¹²
新博童王村	χe³⁵	ŋe⁴⁴	ŋe⁵¹	pɜ⁵¹	te⁵¹	tʰe⁵¹	le⁵¹	tsʰe⁵¹
年陡	χɛ¹³	ɛ⁴¹	ɰɛ⁵⁵	pɪ⁵⁵	tɛ⁵⁵	tʰɛ⁵⁵	lɛ⁵⁵	tsʰɛ⁵⁵
泾县	he²⁵	ɛ³¹	ŋɛ²³	pɛ³¹	ta²³	tʰa²³	la²³	tsʰɛ²³
茂林	he²⁴	e³⁵	e²⁴	pe²⁴	ta²⁴	tʰa²⁴	la²⁴	tsʰe²⁴
厚岸	χe²⁴	e²²	e³⁵	pe³⁵	ta³⁵	tʰa³⁵	la⁵⁵	tsʰe³⁵

	盖	艾植物	害	拜	排	埋	斋	豺
	蟹开一去泰见	蟹开一去泰疑	蟹开一去泰匣	蟹开二去怪帮	蟹开二平皆并	蟹开二平皆明	蟹开一平皆庄	蟹开二平皆崇
高淳	kɛ³⁵	ɥɛ³⁵	ʁɛ¹⁴	pɛ³⁵	bɛ²²	mɛ²²	tsɛ⁵⁵	zɛ²²
湖阳	ke³⁵	e³⁵	χe⁵¹	pe³⁵	be¹³	me¹³	tse⁴⁴	dze¹³
博望	ke³⁵	e³⁵	he⁵¹	pe³⁵	ɸʰe³⁵	me³⁵	tse⁴⁴	sʰe³⁵
新博邶家村	ke³¹²	e⁴⁴	he⁵¹	pe³¹²	ɸʰe³⁵	me³⁵	tse⁴⁴	sʰe³⁵
新博童王村	ke⁵¹	ŋe⁵¹	χe⁵¹	pe⁵¹	ɸʰe³⁵	me³⁵	tse⁴⁴	sʰe³⁵
年陡	kɛ⁴¹	ɥɛ⁵⁵	χɛ⁵⁵	pɛ⁵⁵	pʰɛ¹³	mɛ¹³	tʂɛ⁴¹	tsʰɛ¹³
泾县	kɛ²³	ŋɛ²³	hɛ²³	pa²³	ɸʰa²⁵	ma²⁵	tsa³⁵	ha²⁵
茂林	ke²⁴	ŋe²⁴	he²⁴	pa²⁴	ɸʰa²⁴	ma²⁴	tsa³⁵	ha²⁴
厚岸	ke³⁵	ŋe⁵⁵	χe⁵⁵	pa³⁵	pʰa²⁴	ma²⁴	tsa²²	sa²⁴

	阶	介	界	届	戒	揩	楷	挨
	蟹开二平皆见	蟹开二去怪见	蟹开二去怪见	蟹开二去怪见	蟹开二去怪见	蟹开二平皆溪	蟹开二上骇溪	蟹开二平皆影
高淳	kɛ⁵⁵	kɛ³⁵	kɛ³⁵	kɛ³⁵	kɛ³⁵	kʰɛ55	kʰɛ³³	ɥɛ⁵⁵
湖阳	tɕie⁴⁴	tɕie³⁵	ke³⁵	tɕie³⁵	ke³⁵	kʰe³³	kʰe³³	ɥe⁴⁴
博望	ke⁵¹	tse³⁵	tse³⁵	tse³⁵	ke³⁵	kʰe⁴⁴	kʰe²²	ŋe⁴⁴
新博邶家村	tse⁴⁴	tse³¹²	tse³¹²	tse³¹²	tse³¹²	kʰe⁴⁴	kʰe³⁵	e⁴⁴
新博童王村	tse⁴⁴	tse⁵¹	tse⁵¹	tse⁵¹	ke⁵¹	kʰe⁴⁴	kʰe⁴⁴	ŋe⁴⁴
年陡	tɕiɛ⁵⁵	tɕiɛ⁵⁵	tɕiɛ⁵⁵	tɕiɛ⁵⁵	tɕiɛ⁵⁵	kʰɛ⁴¹	kʰɛ³⁵	ɛ⁴¹
泾县	tɕia²³	tɕia²³	ka²³	tɕia²³	ka²³	kʰa³⁵	kʰɛ³¹	a³⁵
茂林	ka²⁴	tɕia²⁴	ka²⁴	ka²⁴	ka²⁴	kʰa³⁵	kʰa²¹	a³⁵
厚岸	ka²²	ka³⁵	ka³⁵	ka³⁵	ka³⁵	kʰa²²	kʰa³¹²	a²²

	摆	派	牌	买	卖	奶娘~	债	钗
	蟹开二上蟹帮	蟹开二去卦滂	蟹开二平佳並	蟹开二上蟹明	蟹开二去卦明	蟹开二上蟹泥	蟹开二去卦庄	蟹开二平佳初
高淳	$pɛ^{33}$	$pʰɛ^{35}$	$bɛ^{22}$	$mɛ^{55}$	$mɛ^{35}$	$nɛ^{55}$	$tsɛ^{35}$	$tsʰa^{55}$
湖阳	pe^{33}	$pʰe^{35}$	be^{13}	me^{33}	me^{35}	ne^{33}	tse^{35}	$tsʰe^{44}$
博望	pe^{22}	$pʰe^{35}$	$ɸʰe^{35}$	me^{22}	me^{35}	ne^{22}	tse^{35}	$tsʰa^{44}$
新博邰家村	pe^{35}	$pʰe^{312}$	$ɸʰe^{35}$	me^{35}	me^{312}	ne^{35}	tse^{312}	$tsʰa^{44}$
新博童王村	pe^{44}	$pʰe^{51}$	$ɸʰe^{35}$	me^{44}	me^{51}	ne^{44}	tse^{51}	$tsʰa^{44}$
年陡	$pɛ^{35}$	$pʰɛ^{55}$	$pʰɛ^{13}$	$mɛ^{55}$	$mɛ^{55}$	$nɛ^{35}$	$tsɛ^{55}$	$tʂʰa^{41}$
泾县	pa^{31}	$pʰa^{23}$	$ɸʰa^{25}$	ma^{31}	ma^{23}	na^{31}	tsa^{23}	$tsʰo^{35}$
茂林	pa^{21}	$pʰa^{24}$	$ɸʰa^{24}$	ma^{51}	ma^{24}	la^{51}	tsa^{24}	$tsʰɔ^{35}$
厚岸	pa^{312}	$pʰa^{35}$	$pʰa^{24}$	ma^{55}	ma^{55}	la^{312}	tsa^{35}	$tsʰɔ^{22}$

	柴	筛	晒	街	解~开	鞋	蟹	矮
	蟹开二平佳崇	蟹开二平佳生	蟹开二去卦生	蟹开二平佳见	蟹开二上蟹见	蟹开二平佳匣	蟹开二上蟹匣	蟹开二上蟹影
高淳	$zɛ^{22}$	$sɛ^{55}$	se^{35}	$kɛ^{55}$	$kɛ^{33}$	$ʁɛ^{22}$	$χɛ^{33}$	$ɥɛ^{33}$
湖阳	ze^{13}	se^{44}	se^{35}	ke^{44}	$tɕie^{33}$	$ʁe^{13}$	$χe^{33}$	$ɥe^{33}$
博望	$sʰe^{35}$	se^{44}	se^{35}	ke^{44}	ke^{35}	he^{35}	$χe^{44}$	$ŋe^{44}$
新博邰家村	$sʰe^{35}$	se^{44}	se^{312}	ke^{44}	ke^{35}	he^{35}	$χe^{35}$	$ŋe^{35}$
新博童王村	$sʰe^{35}$	se^{44}	se^{51}	ke^{44}	ke^{44}	he^{35}	$χe^{44}$	$ŋe^{44}$
年陡	$sʰɛ^{13}$	$ʂɛ^{41}$	$ʂɛ^{55}$	$kɛ^{41}$	$tɕiɛ^{35}$	$χɛ^{13}$	$çie^{55}$	$ɥɛ^{35}$
泾县	ha^{25}	sa^{35}	$tsʰo^{23}$	ka^{35}	ka^{31}	ha^{25}	$χa^{31}$	a^{31}
茂林	ha^{24}	sa^{35}	$sɔ^{24}$	ka^{35}	ka^{21}	ha^{24}	$χa^{21}$	a^{21}
厚岸	sa^{24}	sa^{22}	$sɔ^{35}$	ka^{22}	ka^{312}	$χa^{24}$	$χa^{55}$	a^{312}

	败	币	例	制	世	艺	闭	批
	蟹开二去夬並	蟹开三去祭並	蟹开三去祭来	蟹开三去祭章	蟹开三去祭书	蟹开三去祭疑	蟹开四去霁帮	蟹开四平齐滂
高淳	bɛ^{14}	bi$_z^{14}$	li$_z^{35}$	tsʅ^{35}	sʅ^{35}	i$_z^{14}$	pi$_z^{35}$	pʰi$_z^{55}$
湖阳	pe^{51}	pi$_z^{51}$	l̩^{35}	tsʅ^{35}	sʅ^{35}	i$_z^{35}$	pi$_z^{35}$	pʰi$_z^{44}$
博望	ɸʰe^{51}	pʰʅ^{51}	m̩ʅ^{35}	tsʅ^{35}	ʅ^{22}	ʅ^{35}	pʅ^{35}	pʰʅ^{44}
新博邸家村	ɸʰe^{51}	ɸʰʒ^{51}	l̩ʅ^{312}	tsʅ^{312}	sʅ^{312}	ʅ^{312}	pʅ^{312}	pʰʅ^{44}
新博童王村	ɸʰe^{51}	pʒ^{51}	l̩ʅ^{51}	tsʅ^{51}	sʅ^{51}	ʅ^{51}	pʅ^{51}	pʰʅ^{44}
年陡	fʰɛ^{55}	pɪ^{55}	li$_z^{55}$	tsʂʅ^{55}	ʂʅ^{55}	i$_z^{55}$	pɪ^{55}	pʰi$_z^{41}$
泾县	ɸʰa^{23}	ɸʅ^{23}	lʅ^{23}	tsʅ^{23}	ʅ^{23}	ʅ^{31}	pʅ^{23}	pʰʅ^{35}
茂林	ɸʰa^{24}	ɸʅ^{24}	l^{d}ʅ^{24}	tsʅ^{24}	sʅ^{24}	ʅ^{24}	pʅ^{24}	pʰʅ^{35}
厚岸	pʰa^{55}	pʰʅ^{55}	liɔʔ^5	tsʅ^{35}	sʅ^{35}	ʅ^{35}	pʅ^{35}	pʰʅ^{22}

	迷	米名	谜	低	底	帝	梯	体
	蟹开四平齐明	蟹开四上荠明	蟹开四去霁明	蟹开四平齐端	蟹开四上荠端	蟹开四去霁端	蟹开四平齐透	蟹开四上荠透
高淳	n̩^{22}	n̩^{55}	miŋ^{35}	ti$_z^{55}$	ti$_z^{33}$	ti$_z^{35}$	tʰi$_z^{55}$	tʰi$_z^{33}$
湖阳	mi$_z^{13}$	n̩^{33}	miŋ^{13}	ti$_z^{44}$	ti$_z^{33}$	ti$_z^{35}$	tʰi$_z^{44}$	tʰi$_z^{33}$
博望	mʅ^{35}	mʅ^{22}	mʅ^{35}	tsʅ^{44}	tsʅ^{22}	ɡ̊ʰʅ^{51}	tsʰʅ^{44}	tsʰʅ^{22}
新博邸家村	mʅ^{35}	mʅ^{35}	mʅ^{35}	tsʅ^{44}	tsʅ^{35}	tɕʰʅ^{51}	tsʰʅ^{44}	tsʰʅ^{35}
新博童王村	mʅ^{35}	mʅ^{44}	mʅ^{24}	tsʅ^{44}	tsʅ^{44}	ɡ̊ʰʅ^{51}	tsʰʅ^{44}	tsʰʅ^{44}
年陡	mi$_z^{13}$	mi$_z^{13}$	mi$_z^{13}$	ti$_z^{41}$	ti$_z^{55}$	ti$_z^{55}$	tʰi$_z^{41}$	tʰi$_z^{35}$
泾县	mʅ^{25}	mʅ^{31}	mʅ^{25}	tʅ^{35}	tʅ^{31}	ɡ̊ʰʅ^{23}	tʰʅ^{35}	tʰʅ^{31}
茂林	mʅ^{24}	mʅ^{51}	mʅ^{24}	tʅ^{35}	tʅ^{21}	tʰʅ^{24}	tʰe^{35}	tʰʅ^{21}
厚岸	mʅ^{24}	mʅ^{55}	mʅ^{24}	tʅ^{22}	tʅ^{312}	tʰʅ^{55}	tʰʅ^{22}	tʰʅ^{312}

	替	提	弟	递	地天~	泥	犁	礼
	蟹开四去霁透	蟹开四平齐定	蟹开四上荠定	蟹开四去霁定	止开三去至定	蟹开四平齐泥	蟹开四平齐来	蟹开四上荠来
高淳	$tʰi_z^{35}$	di_z^{22}	di_z^{14}	di_z^{14}	di_z^{14}	$ŋ̩^{22}$	$l̩^{22}$	$l̩^{35}$
湖阳	$tʰi_z^{35}$	$ɕ̥ʰi_z^{13}$	$ɕ̥i_z^{51}$	$ɕ̥i_z^{51}$	$ɕ̥i_z^{51}$	$ŋ̩^{13}$	$l̩^{13}$	$l̩^{33}$
博望	$tsʰɹ^{35}$	$ɕ̥ʰɹ^{35}$	$ɕ̥ʰɹ^{51}$	$ɕ̥ʰɹ^{51}$	$ɕ̥ʰɹ^{51}$	$mɹ^{35}$	$mɹ^{35}$	$mɹ^{22}$
新博邰家村	$tɕʰɹ^{35}$	$tɕʰɹ^{35}$	$tɕʰɹ^{51}$	$tɕʰɹ^{51}$	$tɕʰɹ^{51}$	$l̩^{35}$	$l̩^{35}$	$l̩^{35}$
新博童王村	$tsɹ^{51}$	$ɕ̥ʰɹ^{35}$	$ɕ̥ʰɹ^{51}$	$ɕ̥ʰɹ^{51}$	$ɕ̥ʰɹ^{51}$	$ŋ̩^{35}$	$l̩^{35}$	$l̩^{44}$
年陡	$tʰi_z^{55}$	$tʰi_z^{13}$	ti_z^{55}	ti_z^{55}	ti_z^{55}	ni_z^{13}	li_z^{13}	li_z^{35}
泾县	$tʰɹ^{23}$	$ɕ̥ʰɹ^{25}$	$ɕ̥ʰɹ^{31}$	$ɕ̥ʰɹ^{23}$	$ɕ̥ʰɹ^{23}$	$ŋ̩^{25}$	$hɹ^{25}$	$hɹ^{31}$
茂林	$tʰɹ^{24}$	$tʰɹ^{24}$	$tʰɹ^{51}$	$tʰɹ^{24}$	$tʰɹ^{24}$	$ŋ̩^{24}$	$l^dɹ^{24}$	$l^dɹ^{21}$
厚岸	$tʰɹ^{55}$	$tʰɹ^{24}$	$tʰɹ^{55}$	$tʰɹ^{55}$	$tʰɹ^{55}$	$ŋ̩^{24}$	$hɹ^{25}$	$hɹ^{55}$

	妻	砌	齐	西	洗	细~小	婿	鸡
	蟹开四平齐清	蟹开四去霁清	蟹开四平齐从	蟹开四平齐心	蟹开四上荠心	蟹开四去霁心	蟹开四去霁心	蟹开四平齐见
高淳	$tɕʰi_z^{55}$	$tɕʰi_z^{35}$	zi_z^{22}	$ɕi_z^{55}$	$ɕi_z^{33}$	$ɕi_z^{35}$	$ɕi_z^{35}$	$tɕi_z^{55}$
湖阳	$tɕʰi_z^{44}$	$tɕʰi_z^{35}$	zi_z^{13}	$ɕi_z^{44}$	$ɕi_z^{33}$	$ɕi_z^{35}$	$ɕi_z^{35}$	$tɕi_z^{44}$
博望	$tsʰɹ^{44}$	$tsʰɹ^{35}$	$ɹ^{35}$	$sɹ^{44}$	$sɹ^{22}$	$sɹ^{35}$	$sɹ^{22}$	$tsɹ^{44}$
新博邰家村	$tsʰɹ^{44}$	$tsʰɹ^{312}$	$ɹ^{35}$	$sɹ^{44}$	$sɹ^{35}$	$sɹ^{312}$	$sɹ^{312}$	$tsɹ^{44}$
新博童王村	$tsʰɹ^{44}$	$tsʰɹ^{51}$	$ɹ^{35}$	$sɹ^{44}$	$sɹ^{44}$	$sɹ^{51}$	$sɹ^{-44}$	$tsɹ^{44}$
年陡	$tɕʰi_z^{41}$	$tɕʰi_z^{55}$	$ɕi_z^{13}$	$ɕi_z^{41}$	$ɕi_z^{35}$	$ɕi_z^{55}$	$ɕy_z^{55}$	$tɕi_z^{41}$
泾县	$tɕʰɹ^{35}$	$tɕʰɹ^{31}$	$zɹ^{25}$	$ɕɹ^{31}$	$ɕɹ^{31}$	$ɕɹ^{23}$	$ɕɹ^{31}$	$tɕɹ^{35}$
茂林	$tɕʰɹ^{35}$	$tɕʰɹ^{24}$	$zɹ^{24}$	$ɕɹ^{35}$	$ɕɹ^{21}$	$ɕɹ^{24}$	$ɕɹ^{35}$	$tɕɹ^{35}$
厚岸	$tɕʰɹ^{22}$	$tɕʰɹ^{35}$	$tɕʰɹ^{24}$	$ɕɹ^{22}$	$ɕɹ^{312}$	$ɕɹ^{35}$	$ɕɹ^{22}$	$tɕɹ^{22}$

	计	溪	启	杯	配	赔	倍	背~诵
	蟹开四去霁见	蟹开四平齐溪	蟹开四上荠溪	蟹合一平灰帮	蟹合一去队滂	蟹合一平灰並	蟹合一上贿並	蟹合一去队帮
高淳	tɕiz̩³⁵	tɕʰiz̩⁵⁵	tɕʰiz̩³³	pei⁵⁵	pʰei³⁵	bei²²	bei¹⁴	bei¹⁴
湖阳	tɕiz̩³⁵	tɕʰiz̩⁴⁴	tɕʰiz̩³³	pɤi⁴⁴	pʰɤi³⁵	bɤi¹³	bɤi⁻³³	pɤi⁵¹
博望	tsʅ³⁵	sʅ⁴⁴	tsʰʅ²²	pʒ⁴⁴	pʰʒ³⁵	ɸʰʒ³⁵	ɸʰʒ⁵¹	pʒ⁴⁴
新博 郎家村	tsʅ³¹²	sʅ⁴⁴	tsʰʅ³⁵	pʒ⁴⁴	pʰʒ³¹²	ɸʰʒ³⁵	ɸʰʒ⁵¹	ɸʰʒ⁵¹
新博 童王村	tsʅ⁵¹	sʅ⁴⁴	tsʰʅ⁴⁴	pʒ⁴⁴	pʰʒ⁵¹	ɸʰʒ³⁵	ɸʰʒ⁵¹	ɸʰʒ⁵¹
年陡	tɕiz̩⁵⁵	ɕiz̩⁴¹	tɕʰiz̩³⁵	pɪ⁴¹	pʰɪ⁵⁵	fʰɪ¹³	pɪ⁵⁵	pɪ⁵⁵
泾县	tɕʅ²³	tɕʰʅ³⁵	tɕʰʅ³¹	pɛ³⁵	pʰɛ²³	ɸʰɛ³¹	ɸʰɛ³¹	ɸʰɛ²³
茂林	tɕʅ²⁴	tɕʰʅ³⁵	tɕʰʅ²¹	pe³⁵	pʰe²⁴	ɸʰe²⁴	ɸʰe⁵¹	pe³⁵
厚岸	tɕʅ³⁵	tɕʰʅ²²	tɕʰʅ³¹²	pe²²	pʰe³⁵	pʰe²⁴	pʰe⁵⁵	pe⁵⁵

	煤	每	妹	堆	对	推	腿	退
	蟹合一平灰明	蟹合一上贿明	蟹合一去队明	蟹合一平灰端	蟹合一去队端	蟹合一平灰透	蟹合一上贿透	蟹合一去队透
高淳	mei²²	mei⁵⁵	mei³⁵	tei⁵⁵	tei³⁵	tʰei⁵⁵	tʰei³³	tʰei³⁵
湖阳	mɤi¹³	mɤi³³	mɤi³⁵	tɤi⁴⁴	tɤi³⁵	tʰɤi⁴⁴	tʰɤi³³	tʰɤi³⁵
博望	mʒ³⁵	mʒ³⁵	mʒ³⁵	tʒ⁴⁴	tʒ³⁵	tʰʒ⁴⁴	tʰʒ²²	tʰʒ³⁵
新博 郎家村	mʒ³⁵	mʒ³⁵	mʒ³¹²	tʒ⁴⁴	tʒ³¹²	tʰʒ⁴⁴	tʰʒ³⁵	tʰʒ³¹²
新博 童王村	mʒ³⁵	mʒ⁴⁴	mʒ⁵¹	tʒ⁴⁴	tʒ⁵¹	tʰʒ⁴⁴	tʰʒ⁴⁴	tʰʒ⁵¹
年陡	mɪ¹³	mɪ³⁵	mɪ⁵⁵	tɪ⁴¹	tɪ⁵⁵	tʰɪ⁴¹	tʰɪ³⁵	tʰɪ⁵⁵
泾县	mɛ²⁵	mɛ³¹	me²³	te³⁵	te²³	tʰɛ³⁵	tʰɛ³¹	tʰɛ²³
茂林	me²⁴	me⁵¹	me²⁴	te³⁵	te²⁴	tʰe³⁵	tʰe²¹	tʰe²⁴
厚岸	me²⁴	me³⁵	me⁵⁵	te²²	te³⁵	tʰe²²	tʰe³¹²	tʰe³⁵

	队	内	雷	催	罪	碎	块	灰
	蟹合一去队定	蟹合一去队泥	蟹合一平灰来	蟹合一平灰清	蟹合一上贿从	蟹合一去队心	蟹合一去队溪	蟹合一平灰晓
高淳	tei³⁵	nei³⁵	lei²²	tsʰei⁵⁵	zei¹⁴	sei³⁵	kʰuɛ³⁵	fei⁵⁵
湖阳	tɤi⁵¹	nɤi³⁵	lɤi¹³	tsʰɤi⁴⁴	zɤi⁵¹	sɤi³⁵	kʰue³⁵	fɤi⁴⁴
博望	tʒ³⁵	lʒ³⁵	lʒ³⁵	tsʰʒ⁴⁴	sʰʒ⁵¹	sʒ³⁵	kʰue³⁵	χuʒ⁴⁴
新博邵家村	tʒ³¹²	nʒ³¹²	lʒ³⁵	tsʰʒ⁴⁴	sʰʒ⁵¹	sʒ³¹²	kʰue³¹²	χuʒ⁴⁴
新博童王村	tʒ⁵¹	nʒ⁵¹	lʒ³⁵	tsʰʒ⁴⁴	sʰʒ⁵¹	sʒ⁵¹	kʰue⁵¹	χuʒ⁴⁴
年陡	tɿ⁵⁵	nɿ⁵⁵	lɿ¹³	tsʰɿ⁴¹	sɿ⁵⁵	sɿ⁵⁵	kʰuɛ⁵⁵	χuɿ⁴¹
泾县	tɛ²³	nɛ²⁵	nɛ²⁵	tsʰɛ³⁵	hɛ³¹	sɛ²³	kʰua²³	fɛ³⁵
茂林	te²⁴	le²⁴	le²⁴	tsʰe³⁵	he⁵¹	se²⁴	kʰua²⁴	fe⁵⁵
厚岸	te³⁵	le⁵⁵	le²⁴	tsʰe²²	se⁵⁵	se³⁵	kʰua³⁵	fe²²

	悔	回	汇	煨	兑	最	会~计	外
	蟹合一上贿晓	蟹合一平灰匣	蟹合一上贿匣	蟹合一平灰影	蟹合一去泰定	蟹合一去泰精	蟹合一去泰见	蟹合一去泰疑
高淳	fei⁻³⁵	ʁuei²²	uei³⁵	uei⁵⁵	dei¹⁴	tsei³⁵	kʰuɛ³⁵	uɛ³⁵
湖阳	χuei³³	uei¹³	χuei⁵¹	uei⁴⁴	tɤi³⁵	tsɤi³⁵	uei³⁵	ua³⁵
博望	χuʒ²²	χuʒ³⁵	χuʒ⁵¹	uʒ⁴⁴	tʒ³⁵	tsʒ³⁵	kʰue³⁵	ue³⁵
新博邵家村	χuʒ⁴⁴	huʒ³⁵	χuʒ³¹²	uʒ⁴⁴	tʒ³¹²	tsʒ³¹²	kʰue³¹²	ue³¹²
新博童王村	χuʒ⁴⁴	huʒ³⁵	huʒ⁵¹	uʒ⁴⁴	tʒ⁵¹	tsʒ⁵¹	kʰue⁵¹	ue⁵¹
年陡	χuɿ³⁵	χuɿ¹³	χuɿ⁵⁵	uɿ⁵⁵	tɿ⁵⁵	tsɿ⁵⁵	χuɿ⁵⁵	uɛ⁵⁵
泾县	fɛ³¹	wɛ²⁵	wɛ²³	wɛ³¹	tɛ²³	tsei²³	kʰua²³	ŋæ²³
茂林	fe²¹	we²⁴	we²⁴	we⁵¹	te²⁴	tse²⁴	kʰua²⁴	ŋe²⁴
厚岸	fe³¹²	we²⁴	we⁵⁵	we²²	te³⁵	tse³⁵	kʰua³⁵	ŋe⁵⁵

	会开~	乖	怪	怀	坏	挂	歪	画
	蟹合一去泰匣	蟹合二平皆见	蟹合二去怪见	蟹合二平皆匣	蟹合二去怪匣	蟹合二去卦见	蟹合二平佳晓	蟹合二去卦匣
高淳	uei³⁵	kuɛ⁵⁵	kuɛ³⁵	ʁuɛ²²	uɛ³⁵	kua³⁵	uɛ⁵⁵	ua³⁵
湖阳	uei³⁵	kue⁴⁴	kue³⁵	ue¹³	ue⁵¹	kua³⁵	ue⁴⁴	ua³⁵
博望	huʒ⁵¹	kue⁴⁴	kue³⁵	χue³⁵	χa³⁵	kua³⁵	ue⁴⁴	ua³⁵
新博_{郎家村}	χuʒ³¹²	kue⁴⁴	kue³¹²	χue³⁵	χue⁵¹	kua³¹²	ue⁴⁴	ua³¹²
新博_{童王村}	χuʒ⁵¹	kue⁴⁴	kue⁵¹	χue³⁵	hue⁵¹	kua⁵¹	ue⁴⁴	ua⁵¹
年陡	χuɪ⁵⁵	kuɛ⁴¹	kuɛ⁵⁵	χuɛ¹³	χuɛ⁵⁵	kua⁵⁵	uɛ⁴¹	χua⁵⁵
泾县	wɛ²³	kua³⁵	kua²³	wa²⁵	wa²³	ko²³	wa³¹	o²³
茂林	we²⁴	kua³⁵	kua²⁴	wa²⁴	wa²⁴	kuɔ²⁴	wa⁵¹	·wɔ²⁴
厚岸	we³⁵	kua²²	kua³⁵	wa²⁴	wa⁵⁵	kuɔ³⁵	wa²²	wɔ⁵⁵

	快	话	脆	岁	税	卫	废	肺
	蟹合二去夬溪	蟹合二去夬匣	蟹合三去祭清	蟹合三去祭心	蟹合三去祭书	蟹合三去祭云	蟹合三去废非	蟹合三去废敷
高淳	kʰuɛ³⁵	ua³⁵	tsʰei³⁵	sei³⁵	suei³⁵	uei⁻³³	fei³⁵	fei³⁵
湖阳	kʰue³⁵	ua³⁵	tsʰɤi³⁵	sɤi³⁵	ʃuei³⁵	uei³⁵	fɤi³⁵	χuei³⁵
博望	kʰue³⁵	ua³⁵	tsʰʒ³⁵	sʒ³⁵	suʒ³⁵	uʒ³⁵	fʒ³⁵	fʒ³⁵
新博_{郎家村}	kʰue³¹²	ua³¹²	tsʰʒ³¹²	sʒ³¹²	suʒ³¹²	uʒ³¹²	fʒ³¹²	fʒ³¹²
新博_{童王村}	kʰue⁵¹	ua⁵¹	tsʰʒ⁵¹	sʒ⁵¹	ɕyʒ⁵¹	uʒ⁵¹	fʒ⁵¹	fʒ⁵¹
年陡	kʰuɛ⁵⁵	χua⁵⁵	tsʰɿ⁵⁵	sɿ⁵⁵	ʂuɪ⁵⁵	uɪ⁵⁵	fɿ⁵⁵	fɿ⁵⁵
泾县	kʰua²³	o²³	tsʰei²³	sei²³	sei²³	wɪ²³	fei²³	fei²³
茂林	kʰua²⁴	wɔ²⁴	tɕʰʅ²⁴	ɕʅ²⁴	ɕʅ²⁴	yʐʅ²⁴	ɕɸʅ²⁴	ɕɸʅ²⁴
厚岸	kʰua³⁵	wɔ⁵⁵	tsʰe³⁵	ɕʅ³⁵	se³⁵	yʐʅ³⁵	fʅ³⁵	fʅ³⁵

	闺	桂	慧	碑	皮	被名,~头	避	离
	蟹合四平齐见	蟹合四去霁见	蟹合四去霁匣	止开三平支帮	止开三平支並	止开三上纸並	止开三去真並	止开三平支来
高淳	kuei⁵⁵	kuei³⁵	fei³⁵	pei⁵⁵	bi_z²²	bi_z¹⁴	bi_z¹⁴	l̩²²
湖阳	kuei⁴⁴	kuei³⁵	χuei⁵¹	pei⁴⁴	bi_z¹³	pʰi̤_z⁵¹	pi_z⁵¹	l̩¹³
博望	/	kuʒ³⁵	ɸʰʒ⁵¹	pʒ⁴⁴	ɸʰʅ³⁵	ɸʰʒ⁵¹	pʰiɿʔ⁵	n̩ʅ³⁵
新博郈家村	kuʒ⁴⁴	kuʒ³¹²	χuʒ³¹²	pʒ⁴⁴	pʰʅ³⁵	ɸʰʒ⁻²²	pʅ³¹²	l̩³⁵
新博童王村	kuʒ⁴⁴	kuʒ⁵¹	χuʒ⁵¹	pʒ⁴⁴	ɸʰʅ³⁵	ɸʰʒ⁵¹	pieʔ⁵¹	l̩³⁵
年陡	kuɪ⁵⁵	kuɪ⁵⁵	χuɪ⁵⁵	pɪ⁴¹	pʰi_z¹³	fʰɪ⁵⁵	pi_z⁵⁵	li_z¹³
泾县	kuɪ³⁵	kuɪ²³	wɛ²³	pei³⁵	ɸʅ²⁵	ɸʅ³¹	ɸʅ²³	l̩ʅ²⁵
茂林	pɸʅ³⁵	pɸʅ²⁴	we²⁴	pe³⁵	ɸʅ²⁴	ɸʅ⁵¹	ɸʅ²⁴	lᵈʅ²⁴
厚岸	ky_zʅ²²	ky_zʅ³⁵	fʅ⁵⁵	pe²²	pʰʅ²⁴	pʰʅ⁵⁵	pʰʅ⁵⁵	l̩ʅ²⁴

	紫	雌	此	刺	知	智	池	枝
	止开三上纸精	止开三平支清	止开三上纸清	止开三去真清	止开三平支知	止开三去真知	止开三平支澄	止开三平支章
高淳	tsʅ³³	tsʰʅ⁵⁵	tsʰʅ³³	tsʰʅ³⁵	tsʅ⁵⁵	tsʅ⁻⁵⁵	zʅ²²	tsʅ⁵⁵
湖阳	tsʅ³³	tsʰʅ⁴⁴	tsʰʅ³³	tsʰʅ³⁵	tsʅ⁴⁴	tsʅ³⁵	zʅ¹³	tsʅ⁴⁴
博望	tsʅ²²	tsʰʅ³⁵	/	tsʰʅ³⁵	tsʅ⁴⁴	tsʅ³⁵	ʅ³⁵	tsʅ⁴⁴
新博郈家村	tsʅ³⁵	tsʰʅ³⁵	tsʰʅ³⁵	tsʰʅ³¹²	tsʅ⁴⁴	tsʅ³¹²	sʅ³⁵	tsʅ⁴⁴
新博童王村	tsʅ⁴⁴	tsʰʅ⁴⁴	tsʰʅ⁴⁴	tsʰʅ⁵¹	tsʅ⁴⁴	tsʅ⁵¹	ʅ³⁵	tsʅ⁴⁴
年陡	tsʅ³⁵	tsʰʅ³⁵	tsʰʅ³⁵	tsʰʅ⁵⁵	tʂʅ⁴¹	tʂʅ⁵⁵	ʂʅ¹³	tʂʅ⁴¹
泾县	tsʅ³¹	tsʰʅ³⁵	tsʰʅ³¹	tsʰʅ²³	tsʅ³⁵	tsʅ³⁵	zʅ²⁵	tsʅ³⁵
茂林	tsʅ²¹	tsʰʅ²¹	tsʰʅ²¹	tsʰʅ²⁴	tsʅ³⁵	tsʅ²⁴	zʅ²⁴	tsʅ³⁵
厚岸	tsʅ³¹²	tsʰʅ²⁴	tsʰʅ³¹²	tsʰʅ³⁵	tsʅ²²	tsʅ³⁵	tsʰʅ²⁴	tsʅ²²

	纸	施	翅	匙_{钥~}	是	儿_{~子}	寄	企
	止开三 上纸章	止开三 平支书	止开三 去真书	止开三 平支禅	止开三 上纸禅	止开三 平支日	止开三 去真见	止开三 上纸溪
高淳	tsɿ^{33}	sɿ^{55}	tsʰɿ^{35}	zɿ^{22}	zɿ^{14}	ņɿ^{22}	tɕi$_z^{35}$	ʑi$_z^{22}$
湖阳	tsɿ^{33}	sɿ^{44}	tsʰɿ^{35}	zɿ^{13}	zɿ^{51}	ņɿ^{13}	tɕi$_z^{35}$	tsʰɿ^{33}
博望	tsɿ^{22}	sɿ^{44}	tsɿ^{35}	ɿ^{51}	ɿ^{51}	ʒ^{35}	tsɿ^{35}	tsʰɿ^{22}
新博_{郜家村}	tsɿ^{35}	sɿ^{44}	tsɿ^{312}	ɿ^{35}	ɿ^{312}	ʒ^{35}	tsɿ^{312}	tsʰɿ^{35}
新博_{童王村}	tsɿ^{44}	sɿ^{44}	tsʰɿ^{51}	ɿ$^{-51}$	ɿ^{51}	ʒ^{35}	tsɿ^{51}	tsʰɿ^{44}
年陡	tʂʅ^{35}	ʂʅ^{41}	tʂʰʅ^{55}	ʂʅ$^{-55}$	ʂʅ^{55}	ɚ^{13}	tɕʰi$_z^{55}$	tɕʰi$_z^{35}$
泾县	tsɿ^{31}	sɿ^{35}	tsʰɿ^{23}	zɿ^{25}	zɿ^{31}	ɛ^{25}	tɕʑ^{23}	ʑɿ^{25}
茂林	tsɿ^{21}	sɿ^{35}	tsʰɿ^{24}	zɿ^{24}	sɿ^{51}	ņɿ^{24}	tɕʑ^{24}	ʑɿ^{24}
厚岸	tsɿ^{312}	sɿ^{22}	tsʰɿ^{55}	tsʰɿ^{24}	sɿ^{55}	ɛ^{35}	tɕʑ^{35}	tɕʰʅ^{312}

	骑	技	宜	蚁	谊	牺	戏	椅
	止开三 平支群	止开三 上纸群	止开三 平支疑	止开三 上纸疑	止开三 去真疑	止开三 平支晓	止开三 去真晓	止开三 上纸影
高淳	ʑi$_z^{22}$	tɕi$_z^{35}$	ņ^{22}	i$_z^{33}$	ņ^{22}	ɕi$_z^{55}$	ɕi$_z^{35}$	i$_z^{33}$
湖阳	ʑi$_z^{13}$	tɕi$_z^{51}$	ņ^{13}	iŋ^{33}	ņ^{13}	ɕi$_z^{44}$	ɕi$_z^{35}$	i$_z^{33}$
博望	ɿ^{35}	tsɿ^{35}	ɿ^{35}	ɿ^{22}	ɿ^{35}	sɿ^{44}	sɿ^{35}	ɿ^{22}
新博_{郜家村}	ɿ^{35}	tsɿ^{312}	ɿ$^{-22}$	iŋ^{35}	ɿ^{312}	sɿ^{44}	sɿ^{312}	ɿ^{35}
新博_{童王村}	ɿ^{35}	tsɿ^{51}	ɿ^{35}	ɿ^{51}	ɿ^{51}	sɿ^{44}	sɿ^{51}	ɿ^{44}
年陡	ʑi$_z^{13}$	tɕi$_z^{55}$	i$_z^{55}$	i$_z^{55}$	i$_z^{13}$	ɕi$_z^{41}$	ɕi$_z^{55}$	i$_z^{35}$
泾县	zɿ^{25}	zɿ^{31}	ņ^{25}	ņ^{31}	ɿ^{23}	ɕʑ^{35}	ɕʑ^{23}	ɿ^{31}
茂林	zɿ^{24}	zɿ^{24}	ņ^{24}	ņ^{51}	ņ^{24}	ɕʑ^{35}	ɕʑ^{24}	ɿ^{21}
厚岸	tɕʰʅ^{24}	tɕʑ^{35}	ɿ^{24}	ņ^{24}	ɿ^{24}	ɕʑ^{22}	ɕʑ^{35}	ɿ^{312}

	移	悲	比	痹	屁	琵	备	鼻
	止开三平支以	止开三平脂帮	止开三上旨帮	止开三去至帮	止开三去至滂	止开三平脂并	止开三去至并	止开三去至并
高淳	i_z^{22}	pei^{55}	pi_z^{33}	bi_z^{14}	$p^hi_z^{35}$	bi^{22}	bei^{14}	$biə?^{13}$
湖阳	i_z^{13}	$pɣi^{44}$	pi_z^{33}	$p^hi_z^{-13}$	$p^hi_z^{35}$	bi_z^{13}	$pɣi^{51}$	$piə?^{\underline{51}}$
博望	$ɿ^{35}$	$pɜ^{44}$	$pʅ^{22}$	$p^hʅ^{51}$	$p^hʅ^{35}$	$p^hʅ^{35}$	$ɸ^hɜ^{51}$	$ɸ^hiɿ?^{51}$
新博 邰家村	$ɿ^{35}$	$pɜ^{44}$	$pʅ^{35}$	$p^hʅ^{35}$	$p^hʅ^{312}$	$p^hʅ^{35}$	$ɸ^hɜ^{312}$	$ɸ^hie?^{51}$
新博 童王村	$ɿ^{35}$	$pɜ^{44}$	$pʅ^{44}$	$pʅ^{51}$	$p^hʅ^{51}$	$ɸ^hʅ^{35}$	$ɸ^hɜ^{51}$	$ɸ^hie?^{51}$
年陡	i_z^{13}	$pɿ^{41}$	pi_z^{35}	$p^hi_z^{35}$	$p^hi_z^{55}$	$p^hi_z^{13}$	$pɿ^{55}$	$p^hyɿ?^{5}$
泾县	$ɿ^{25}$	pei^{35}	$pʅ^{31}$	$p^hʅ^{31}$	$p^hʅ^{31}$	$ɸɿ^{25}$	$ɸ^hi^{23}$	$ɸ^hʅ^{35}$
茂林	$ɿ^{24}$	pe^{35}	$pʅ^{21}$	$ɸʅ^{24}$	$p^hʅ^{24}$	$ɸʅ^{24}$	$ɸʅ^{24}$	$ɸ^hiə?^{5}$
厚岸	$ɿ^{24}$	pe^{22}	$pʅ^{312}$	$p^hʅ^{55}$	$p^hʅ^{35}$	$p^hʅ^{24}$	$p^hʅ^{55}$	$p^hiɿ?^{4}$

	眉	美	尼	利	梨	资	姊	次
	止开三平脂明	止开三上旨明	止开三平脂泥	止开三去至来	止开三平脂来	止开三平脂精	止开三上旨精	止开三去至清
高淳	$m̩^{22}$	mei^{55}	$n̩^{22}$	$l̩^{35}$	$l̩^{22}$	$tsɿ^{55}$	$tsɿ^{33}$	$ts^hɿ^{35}$
湖阳	$n̩^{13}$	$mɣi^{33}$	$n̩^{13}$	$l̩^{35}$	$l̩^{13}$	$tsɿ^{44}$	$tsɿ^{33}$	$ts^hɿ^{35}$
博望	$mɜ^{35}$	$mɜ^{22}$	$n̩ʅ^{35}$	$n̩ʅ^{35}$	$n̩ʅ^{35}$	$tsɿ^{44}$	$tsɿ^{22}$	$ts^hɿ^{35}$
新博 邰家村	$mʅ^{35}$	$mɜ^{35}$	$l̩^{35}$	$l̩^{312}$	$l̩^{35}$	$tsɿ^{44}$	$tsɿ^{35}$	$ts^hɿ^{312}$
新博 童王村	$mʅ^{35}$	$mɜ^{44}$	$n̩^{35}$	$l̩^{51}$	$l̩^{35}$	$tsɿ^{44}$	$tsɿ^{44}$	$ts^hɿ^{51}$
年陡	$mɿ^{13}$	$mɿ^{35}$	ni_z^{13}	li_z^{55}	li_z^{13}	$tsɿ^{41}$	$tsɿ^{35}$	$ts^hɿ^{55}$
泾县	$mʅ^{25}$	mei^{31}	$l̩^{25}$	$l̩^{23}$	$l̩^{25}$	$tsɿ^{35}$	$tsɿ^{31}$	$ts^hɿ^{23}$
茂林	$mʅ^{24}$	$mʅ^{51}$	$n̩^{24}$	$l^dʅ^{24}$	$l^dʅ^{24}$	$tsɿ^{35}$	$tsɿ^{21}$	$ts^hɿ^{24}$
厚岸	$mʅ^{24}$	$mʅ^{55}$	$n̩^{24}$	$l̩^{55}$	$l̩^{24}$	$tsɿ^{22}$	$tsɿ^{312}$	$ts^hɿ^{35}$

	瓷	自	私	死	四	迟	师	脂
	止开三平脂从	止开三去至从	止开三平脂心	止开三上旨心	止开三去至心	止开三平脂澄	止开三平脂生	止开三平脂章
高淳	zɿ^{22}	zɿ^{14}	sɿ^{55}	sɿ^{33}	sɿ^{35}	zɿ^{22}	sɿ^{55}	tsɿ^{35}
湖阳	zɿ^{13}	zɿ^{51}	sɿ^{44}	sɿ^{33}	sɿ^{35}	zɿ^{13}	sɿ^{44}	tsɿ^{44}
博望	ɿ^{35}	ɿ^{51}	sɿ^{44}	sɿ^{22}	sɿ^{35}	ɿ^{35}	sɿ^{44}	tsɿ^{44}
新博邰家村	ɿ^{35}	ɿ$^{-22}$	sɿ^{44}	sɿ^{35}	sɿ^{312}	ɿ^{35}	sɿ^{44}	tsɿ^{44}
新博童王村	ɿ^{35}	ɿ^{51}	sɿ^{44}	sɿ^{44}	sɿ^{51}	ɿ^{35}	sɿ^{44}	tsɿ^{44}
年陡	sɿ^{13}	tsɿ^{55}	sɿ^{41}	sɿ^{35}	sɿ^{55}	ʂʅ^{13}	sɿ^{41}	tʂʅ^{35}
泾县	zɿ^{25}	zɿ^{23}	sɿ^{35}	sɿ^{31}	sɿ^{23}	zɿ^{25}	sɿ^{35}	tsɿ^{31}
茂林	zɿ^{24}	zɿ^{24}	sɿ^{35}	sɿ^{21}	sɿ^{24}	zɿ^{24}	sɿ^{35}	tsɿ^{21}
厚岸	tsʰɿ^{24}	sɿ^{55}	sɿ^{22}	sɿ^{312}	sɿ^{35}	tsʰɿ^{24}	sɿ^{22}	tsɿ^{312}

	指	至	尸	屎	视	二	肌	器
	止开三上旨章	止开三去至章	止开三平脂书	止开三上旨书	止开三去至禅	止开三去至日	止开三平脂见	止开三去至溪
高淳	tsɿ^{33}	tsɿ^{33}	sɿ^{55}	sɿ^{33}	sɿ^{35}	ŋ̍^{35}	tɕi$_z$^{55}	tɕʰi$_z$^{35}
湖阳	tsɿ^{33}	tsɿ^{35}	sɿ^{44}	sɿ^{33}	zɿ^{51}	ŋ̍^{35}	tɕi$_z$^{44}	tɕʰi$_z$^{35}
博望	tsɿ^{22}	tsɿ^{35}	sɿ^{44}	sɿ^{22}	sɿ^{35}	ʐ^{35}	tsɿ^{44}	tsʰɿ^{35}
新博邰家村	tsɿ^{35}	tsɿ^{312}	sɿ^{44}	sɿ^{35}	sɿ^{312}	ʐ^{51}	tsɿ^{44}	tsʰɿ^{312}
新博童王村	tsɿ^{44}	tsɿ^{51}	sɿ^{44}	sɿ^{44}	sɿ^{51}	ʐ^{51}	tsɿ^{44}	tsʰɿ^{51}
年陡	tʂʅ^{35}	tʂʅ^{55}	ʂʅ^{41}	ʂʅ^{35}	ʂʅ^{55}	ɚ^{55}	tɕi$_z$^{41}	tɕʰi$_z$^{55}
泾县	tsɿ^{31}	tsɿ$^{-33}$	sɿ^{35}	sɿ^{31}	sɿ^{23}	ɛ^{31}	tɕɿ^{35}	tɕʰɿ^{23}
茂林	tsɿ^{21}	tsɿ^{24}	sɿ^{35}	sɿ^{21}	sɿ^{51}	n̩^{24}	tɕɿ^{35}	tɕʰɿ^{24}
厚岸	tsɿ^{312}	tsɿ^{35}	sɿ^{22}	sɿ^{312}	sɿ^{55}	ɛ^{55}	tɕɿ^{22}	tɕʰɿ^{35}

	姨	厘	里	李（姓）	滋	子	磁	字
	止开三平脂以	止开三平之来	止开三上止来	止开三上止来	止开三上止精	止开三上止精	止开三平之从	止开三去志从
高淳	$i_z{}^{22}$	$l̩^{22}$	$l̩^{55}$	$l̩^{55}$	$tsɿ^{55}$	$tsɿ^{33}$	$zɿ^{22}$	$zɿ^{14}$
湖阳	$i_z{}^{13}$	$l̩^{13}$	$l̩^{33}$	$l̩^{33}$	$tsɿ^{44}$	$tsɿ^{33}$	$zɿ^{13}$	$zɿ^{51}$
博望	$ɿ^{35}$	$nɿ^{35}$	$nɿ^{22}$	$nɿ^{22}$	$tsɿ^{44}$	$tsɿ^{22}$	$tsʰɿ^{35}$	$ɿ^{51}$
新博_{郜家村}	$ɿ^{35}$	$l̩ɿ^{35}$	$l̩ɿ^{35}$	$l̩ɿ^{35}$	$tsɿ^{44}$	$tsɿ^{35}$	$ɿ^{35}$	$ɿ^{312}$
新博_{童王村}	$ɿ^{35}$	$l̩ɿ^{35}$	$l̩ɿ^{44}$	$l̩ɿ^{44}$	$tsɿ^{44}$	$tsɿ^{44}$	$ɿ^{35}$	$ɿ^{51}$
年陡	$i_z{}^{13}$	$li_z{}^{13}$	$li_z{}^{35}$	$li_z{}^{35}$	$tsʰɿ^{35}$	$tsɿ^{35}$	$sɿ^{13}$	$sɿ^{55}$
泾县	$ʅ^{25}$	$hʅ^{25}$	$hʅ^{31}$	$hʅ^{31}$	$tsʅ^{35}$	$tsʅ^{31}$	$zʅ^{25}$	$zʅ^{23}$
茂林	$ʅ^{24}$	$l^dʅ^{24}$	$l^dʅ^{51}$	$l^dʅ^{51}$	$tsʅ^{35}$	$tsʅ^{21}$	$zʅ^{24}$	$zʅ^{24}$
厚岸	$ʅ^{24}$	$hʅ^{24}$	$hʅ^{55}$	$hʅ^{55}$	$tsʅ^{22}$	$tsʅ^{312}$	$tsʰʅ^{24}$	$sʅ^{55}$

	丝	祠	寺	置	痴	耻	持	痔
	止开三平之心	止开三平之邪	止开三去志邪	止开三去志知	止开三平之彻	止开三上止彻	止开三平之澄	止开三上止澄
高淳	$sɿ^{55}$	$zɿ^{22}$	$zɿ^{14}$	$tsɿ^{35}$	$tsʰɿ^{55}$	$tsʰɿ^{33}$	$zɿ^{22}$	$zɿ^{14}$
湖阳	$sɿ^{44}$	$zɿ^{13}$	$zɿ^{51}$	$tsɿ^{35}$	$tsʰɿ^{44}$	$tsʰɿ^{33}$	$zɿ^{13}$	$sɿ^{-33}$
博望	$sɿ^{44}$	$ɿ^{35}$	$ɿ^{51}$	$tsɿ^{35}$	$tsʰɿ^{44}$	$tsʰɿ^{22}$	$ɿ^{35}$	$ɿ^{51}$
新博_{郜家村}	$sɿ^{44}$	$ɿ^{35}$	$sɿ^{312}$	$tsɿ^{312}$	$tsɿ^{44}$	$tsʰɿ^{35}$	$ɿ^{35}$	$ɿ^{312}$
新博_{童王村}	$sɿ^{44}$	$ɿ^{35}$	$ɿ^{51}$	$tsəʔ^{35}$	$tsʰɿ^{44}$	$tsʰɿ^{35}$	$tsʰɿ^{35}$	$ɿ^{51}$
年陡	$sɿ^{41}$	$sɿ^{13}$	$sɿ^{55}$	$tʂʅ^{55}$	$tʂʰʅ^{41}$	$tʂʰʅ^{35}$	$ʂʅ^{13}$	$tʂʅ^{55}$
泾县	$sɿ^{35}$	$zɿ^{25}$	$zɿ^{23}$	$tsɿ^{23}$	$tsʰɿ^{35}$	$tsʰɿ^{31}$	$zɿ^{25}$	$zɿ^{31}$
茂林	$sɿ^{35}$	$zɿ^{24}$	$zɿ^{24}$	$tsɿ^{24}$	$tsʰɿ^{35}$	$tsʰɿ^{21}$	$zɿ^{24}$	$sɿ^{51}$
厚岸	$sɿ^{22}$	$tsʰɿ^{24}$	$sɿ^{55}$	$tsɿ^{35}$	$tsʰɿ^{22}$	$tsʰɿ^{312}$	$tsʰɿ^{24}$	$sɿ^{22}$

	治	柿	事物~	使	芝	址	痣	齿
	止开三去志澄	止开三上止崇	止开三去志崇	止开三上止生	止开三平之章	止开三上止章	止开三去志章	止开三上止昌
高淳	zɿ^{14}	zɿ^{14}	zɿ^{14}	sɿ^{33}	tsɿ^{55}	tsɿ^{33}	tsɿ^{35}	tsʰɿ^{33}
湖阳	dzɿ$^{-21}$	zɿ^{51}	zɿ^{51}	sɿ^{33}	tsɿ^{44}	tsɿ^{33}	tsɿ^{35}	tsʰɿ^{33}
博望	tsɿ^{35}	ɿ^{51}	ɿ^{51}	sɿ^{22}	tsɿ^{44}	tsɿ^{22}	tsɿ^{35}	tsʰɿ^{22}
新博邰家村	ɿ^{312}	ɿ^{312}	ɿ^{312}	sɿ^{35}	tsɿ^{44}	tsɿ^{35}	tsɿ^{312}	tsʰɿ^{35}
新博童王村	ɿ^{51}	ɿ^{51}	ɿ^{51}	sɿ^{44}	tsɿ^{44}	tsɿ^{44}	tsɿ^{51}	tsʰɿ^{44}
年陡	tʂʅ^{55}	sʅ^{55}	sʅ^{55}	sʅ^{35}	tʂʅ^{41}	tʂʅ^{35}	tsʅ^{55}	tsʰʅ^{35}
泾县	tsɿ^{23}	zɿ^{31}	zɿ^{23}	sɿ^{31}	tsɿ^{35}	tsɿ^{31}	tsɿ^{23}	tsʰɿ^{31}
茂林	sɿ^{51}	sɿ^{51}	zɿ^{24}	sɿ^{21}	tsɿ^{35}	tsɿ^{21}	tsɿ^{24}	tsʰɿ^{21}
厚岸	tsɿ^{35}	sɿ^{55}	sɿ^{55}	sɿ^{312}	tsɿ^{22}	tsɿ^{312}	tsɿ^{35}	tsʰɿ^{312}

	诗	始	试	时	市	耳~朵	基	记
	止开三平之书	止开三上止书	止开三去志书	止开三平之禅	止开三上止禅	止开三上止日	止开三平之见	止开三去志见
高淳	sɿ^{55}	sɿ^{33}	sɿ^{35}	zɿ^{22}	zɿ^{14}	ŋ̍^{55}	tɕi$_z$^{55}	tɕi$_z$^{35}
湖阳	sɿ^{44}	sɿ^{33}	sɿ^{35}	zɿ^{13}	zɿ^{51}	ŋ̍^{33}	tɕi$_z$^{44}	tɕi$_z$^{35}
博望	sɿ^{44}	sɿ^{35}	sɿ^{35}	ɿ^{35}	ɿ^{51}	ʒ^{22}	tsɿ^{44}	tsɿ^{35}
新博邰家村	sɿ^{44}	sɿ^{35}	sɿ^{35}	ɿ^{35}	ɿ^{312}	ʒ^{35}	tsɿ^{44}	tsɿ^{312}
新博童王村	sɿ^{44}	sɿ^{44}	sɿ^{51}	ɿ^{35}	ɿ^{51}	ʒ^{44}	tsɿ^{44}	tsɿ^{51}
年陡	ʂʅ^{41}	ʂʅ^{35}	ʂʅ^{55}	ʂʅ^{13}	ʂʅ^{55}	ɚ^{55}	ɕi$_z$^{41}	tɕi$_z$^{55}
泾县	sɿ^{35}	sɿ^{31}	sɿ^{23}	zɿ^{25}	zɿ^{31}	ɛ^{31}	tɕɿ^{35}	tɕɿ^{23}
茂林	sɿ^{35}	sɿ^{21}	sɿ^{24}	zɿ^{24}	sɿ^{51}	ŋ̍^{51}	tɕɿ^{35}	tɕɿ^{24}
厚岸	sɿ^{22}	sɿ^{312}	sɿ^{55}	sɿ^{24}	sɿ^{55}	ɛ^{55}	tɕɿ^{22}	tɕɿ^{35}

	欺	起	旗	疑	喜	医	意	以
	止开三平之溪	止开三上止溪	止开三平之群	止开三平之疑	止开三上止晓	止开三平之影	止开三去志影	止开三上止以
高淳	tɕʰi$_z^{55}$	tɕʰi$_z^{33}$	zi$_z^{22}$	ŋ̍^{22}	ɕi$_z^{33}$	i$_z^{55}$	i$_z^{35}$	i$_z^{33}$
湖阳	tɕʰi$_z^{44}$	tɕʰi$_z^{33}$	zi$_z^{13}$	i$_z^{13}$	ɕi$_z^{33}$	i$_z^{44}$	i$_z^{35}$	i$_z^{33}$
博望	tsʰɿ^{44}	tsʰɿ^{22}	ɿ^{35}	ɿ^{35}	sɿ^{22}	ɿ^{44}	ɿ^{35}	ɿ^{22}
新博 邰家村	tsʰɿ^{44}	tsʰɿ^{35}	ɿ^{35}	ɿ^{35}	sɿ^{35}	ɿ^{44}	ɿ^{312}	ɿ^{35}
新博 童王村	tsʰɿ^{44}	tsʰɿ^{44}	ɿ^{35}	ɿ^{35}	sɿ^{44}	ɿ^{44}	ɿ^{51}	ɿ^{44}
年陡	tɕʰi$_z^{41}$	tɕʰi$_z^{35}$	ɕi$_z^{13}$	i$_z^{13}$	ɕi$_z^{35}$	i$_z^{41}$	i$_z^{55}$	i$_z^{35}$
泾县	tɕʰɿ^{35}	tɕʰɿ^{31}	zɿ^{25}	ɿ^{25}	ɕɿ^{31}	ɿ^{31}	ɿ^{23}	ɿ^{31}
茂林	tɕʰɿ^{35}	tɕʰɿ^{21}	zɿ^{24}	ŋ̍^{24}	ɕɿ^{21}	ɿ^{51}	ɿ^{24}	ɿ^{21}
厚岸	tɕʰɿ^{22}	tɕʰɿ^{312}	tɕʰɿ^{24}	ɿ^{24}	ɕɿ^{312}	ɿ^{22}	ɿ^{35}	ɿ^{312}

	异	机	饥~饿	几~个	气	希	衣	嘴
	止开三去志以	止开三平微见	止开三平脂见	止开三上尾见	止开三去未溪	止开三平微晓	止开三平微影	止合三上纸精
高淳	i$_z^{35}$	tɕi$_z^{55}$	tɕi$_z^{55}$	tɕi$_z^{33}$	tɕʰi$_z^{35}$	ɕi$_z^{55}$	i$_z^{55}$	tsei^{33}
湖阳	i$_z^{35}$	tɕi$_z^{44}$	tɕi$_z^{44}$	tɕi$_z^{33}$	tɕʰi$_z^{35}$	ɕi$_z^{44}$	ɿ^{44}	tsɤi^{33}
博望	ɿ^{35}	tsɿ^{44}	tsɿ^{44}	tsɿ^{22}	tsʰɿ^{35}	sɿ^{44}	ɿ^{44}	tsɜ^{22}
新博 邰家村	ɿ^{35}	tsɿ^{44}	tsɿ^{44}	tsɿ^{35}	tsʰɿ^{312}	sɿ^{44}	ɿ^{44}	tsɜ^{35}
新博 童王村	ɿ^{51}	tsɿ^{44}	tsɿ^{44}	tsɿ^{44}	tsʰɿ^{51}	sɿ^{44}	ɿ^{44}	tsɜ^{44}
年陡	i$_z^{55}$	tɕi$_z^{41}$	tɕi$_z^{35}$	tɕi$_z^{35}$	tɕʰi$_z^{55}$	ɕi$_z^{41}$	i$_z^{41}$	tsɿ^{55}
泾县	ɿ^{23}	tɕɿ^{35}	tɕɿ^{35}	tɕɿ^{31}	tɕʰɿ^{23}	ɕɿ^{35}	ɿ^{31}	tsei^{31}
茂林	ɿ^{24}	tɕɿ^{35}	tɕɿ^{35}	tɕɿ^{21}	tɕʰɿ^{24}	ɕɿ^{35}	ɿ^{51}	tɕɿ^{21}
厚岸	ɿ^{35}	tɕɿ^{22}	tɕɿ^{22}	tɕɿ^{312}	tɕʰɿ^{35}	ɕɿ^{22}	ɿ^{22}	tɕɿ^{312}

	随	吹	规	亏	跪	危	毁	委
	止合三 平支邪	止合三 平支昌	止合三 平支见	止合三 平支溪	止合三 上纸群	止合三 平支疑	止合三 上纸晓	止合三 上纸影
高淳	zei²²	tsʰuei⁵⁵	kuei⁵⁵	kʰuei⁵⁵	kʰuei³³	uei²²	χuei³³	uei⁵⁵
湖阳	zɤi¹³	tɕʰuei⁴⁴	kuei⁴⁴	kʰuei⁴⁴	kʰuei⁵¹	uei¹³	χuei³³	uei³³
博望	sʰuʒ³⁵	tsʰuʒ⁴⁴	kuʒ⁴⁴	kʰuʒ⁴⁴	kʰuʒ⁴⁴	uʒ⁴⁴	χuʒ²²	uʒ²²
新博 邰家村	sʰʒ³⁵	tsʰʒ⁴⁴	kuʒ⁴⁴	kʰuʒ⁴⁴	kʰuʒ³⁵	uʒ³⁵	χuʒ³⁵	uʒ³⁵
新博 童王村	sʰʒ³⁵	tɕʰyʒ⁴⁴	kuʒ⁴⁴	kʰuʒ⁴⁴	kʰuʒ⁻⁴⁴	uʒ⁴⁴	χuʒ⁴⁴	uʒ⁴⁴
年陡	sʰɿ¹³	tʂʰuɿ⁴¹	kuɿ⁴¹	kʰuɿ⁴¹	kʰuɿ⁴¹	uɿ³⁵	χuɿ³⁵	uɿ³⁵
泾县	sɿ³¹	tsʰɿ³⁵	kuɿ³⁵	kʰuɿ³⁵	ɸʰɿ³¹	wɿ³⁵	fɛ³¹	wɿ³¹
茂林	ʑʅ²⁴	tsʰʅ³⁵	pɸʅ³⁵	pɸʰʅ³⁵	pɸʰʅ²¹	y_zʅ²⁴	fe²¹	y_zʅ²¹
厚岸	ɕʅ²⁴	tɕʰʅ²²	ky_zʅ²²	kʰy_zʅ²²	kʰy_zʅ³¹²	y_zʅ²²	fe³¹²	y_zʅ³¹²

	累	醉	翠	追	水	龟	柜	轨
	蟹合一 去队来	止合三 去至精	止合三 去至清	止合三 平脂知	止合三 上旨生	止合三 平脂见	止合三 去至群	止合三 上旨见
高淳	lei³⁵	tsei³⁵	tsʰei³⁵	tsuei⁵⁵	suei³³	kuei⁵⁵	ʁuei¹⁴	kuei³³
湖阳	lɤi³⁵	tsɤi³⁵	tsʰɤi³⁵	tʃuei⁴⁴	ʃuei³³	kuei⁴⁴	χuei⁵¹	kuei³³
博望	lʒ²²	tsʒ³⁵	tsʰʒ³⁵	tsuʒ⁴⁴	suʒ⁴⁴	kuʒ⁴⁴	χuʒ³⁵	pʒ²²
新博 邰家村	lʒ³¹²	tsʒ³¹²	tsʰʒ³¹²	tsuʒ⁴⁴	suʒ⁴⁴	kuʒ⁴⁴	χuʒ⁵¹	kuʒ⁴⁴
新博 童王村	lʒ⁵¹	tsʒ⁵¹	tsʰʒ⁵¹	tɕyʒ⁴⁴	ɕyʒ⁴⁴	kuʒ⁴⁴	huʒ⁵¹	kuʒ⁴⁴
年陡	lɿ⁵⁵	tsɿ⁵⁵	tsʰɿ⁵⁵	tʂuɿ⁴¹	ʂuɿ³⁵	kuɿ⁴¹	kuɿ⁵⁵	kuɿ⁴¹
泾县	lɛ²³	tsɿ²³	tsʰɿ²³	tsɿ³⁵	sɿ³¹	kuɿ³⁵	ɸʰɿ²³	kuɿ²³
茂林	le²¹	tɕʅ²⁴	tɕʰʅ²⁴	tɕʅ³⁵	ɕʅ²¹	pɸʅ³⁵	ɸʅ²⁴	pɸʅ²¹
厚岸	le⁵⁵	tɕʅ³⁵	tsʰue³⁵	tsue²²	ɕʅ³¹²	ky_zʅ²²	kʰy_zʅ⁵⁵	ky_zʅ³¹²

	愧	葵	季	惟	位	非	飞	匪
	止合三去至见	止合三平脂群	止合三去至见	止合三平脂以	止合三去至云	止合三平微非	止合三平微非	止合三上尾非
高淳	k^huei^{35}	$ʁuei^{22}$	$tɕi_z^{35}$	uei^{22}	uei^{35}	fei^{55}	fei^{55}	fei^{33}
湖阳	k^huei^{51}	$bɣi^{13}$	$tɕi_z^{35}$	uei^{13}	uei^{35}	$fɣi^{44}$	$fɣi^{44}$	$fɣi^{33}$
博望	$k^huɜ^{35}$	$χue^{35}$	$tsʅ^{35}$	$uɜ^{35}$	$uɜ^{35}$	$fɜ^{44}$	$fɜ^{44}$	$fɜ^{22}$
新博_{邰家村}	$k^huɜ^{35}$	$χue^{35}$	$tsʅ^{312}$	$uɜ^{44}$	$uɜ^{312}$	$fɜ^{44}$	$fɜ^{44}$	$fɜ^{35}$
新博_{童王村}	$k^huɜ^{51}$	$huɜ^{35}$	$tsʅ^{51}$	$uɜ^{35}$	$uɜ^{51}$	$fɜ^{44}$	$fɜ^{44}$	$fɜ^{44}$
年陡	$k^huɪ^{55}$	$χuɪ^{13}$	$tɕi_z^{55}$	$uɪ^{13}$	$uɪ^{55}$	$fɪ^{41}$	$fɪ^{41}$	$fɪ^{35}$
泾县	$k^huɪ^{23}$	$ɸ^hɪ^{25}$	$tɕʅ^{23}$	$wɪ^{25}$	$wɪ^{23}$	$fɪ^{35}$	$fɪ^{35}$	$fɪ^{31}$
茂林	$pɸ^hʅ^{24}$	$ɸʅ^{24}$	$tɕʅ^{24}$	$y_zʅ^{24}$	$y_zʅ^{24}$	$ɕɸʅ^{35}$	$ɕɸʅ^{35}$	$ɕɸʅ^{21}$
厚岸	$kyʅ^{35}$	$k^hyʅ^{24}$	$tɕʅ^{35}$	$y_zʅ^{24}$	$y_zʅ^{55}$	$fʅ^{22}$	$fʅ^{22}$	$fʅ^{312}$

	妃	费	肥	微	尾~巴	味	归	鬼
	止合三平微敷	止合三去未敷	止合三平微奉	止合三平微微	止合三上尾微	止合三去未微	止合三平微见	止合三上尾见
高淳	fei^{55}	fei^{35}	bei^{22}	uei^{55}	$m̩^{55}$	bei^{14}	$kuei^{55}$	$kuei^{33}$
湖阳	fei^{44}	$fɣi^{35}$	bi_z^{13}	uei^{44}	$ŋ̍^{33}$	uei^{35}	$kuei^{44}$	$kuei^{33}$
博望	$fɜ^{44}$	$fɜ^{35}$	$ɸ^hɜ^{35}$	$uɜ^{44}$	$uɜ^{22}$	$uɜ^{35}$	$kuɜ^{44}$	$kuɜ^{22}$
新博_{邰家村}	$fɜ^{44}$	$fɜ^{312}$	$ɸ^hɜ^{35}$	$uɜ^{44}$	$uɜ^{35}$	$uɜ^{312}$	$kuɜ^{44}$	$kuɜ^{35}$
新博_{童王村}	$fɜ^{44}$	$fɜ^{51}$	$ʋɜ^{35}$	$uɜ^{44}$	$uɜ^{44}$	$uɜ^{51}$	$kuɜ^{44}$	$kuɜ^{44}$
年陡	$fɪ^{41}$	$fɪ^{55}$	$f^hɪ^{13}$	$uɪ^{41}$	$uɪ^{35}$	$uɪ^{55}$	$kuɪ^{41}$	$kuɪ^{35}$
泾县	$fɪ^{35}$	$fɪ^{23}$	$wɪ^{25}$	$wɪ^{-33}$	$wɪ^{31}$	$wɪ^{23}$	$kuɪ^{35}$	$kuɪ^{31}$
茂林	$ɕɸʅ^{35}$	$ɕɸʅ^{24}$	$y_zʅ^{24}$	$y_zʅ^{24}$	$m̩ʅ^{51}$	$y_zʅ^{24}$	$pɸʅ^{35}$	$pɸʅ^{21}$
厚岸	$fʅ^{22}$	$fʅ^{35}$	$fʅ^{24}$	$y_zʅ^{22}$	$m̩ʅ^{55}$	$y_zʅ^{55}$	$ky_zʅ^{22}$	$ky_zʅ^{312}$

	贵	魏	徽	威	慰	围	伟	胃
	止合三去未见	止合三去未疑	止合三平微晓	止合三平微影	止合三去未影	止合三平微云	止合三上尾云	止合三去未云
高淳	kuei³⁵	uei³⁵	fei⁵⁵	uei⁵⁵	uei³⁵	uei²²	uei³³	uei³⁵
湖阳	kuei³⁵	uei³⁵	fɤi⁴⁴	uei⁴⁴	uei³⁵	uei¹³	uei³³	uei³⁵
博望	kuʒ³⁵	uʒ³⁵	χuʒ⁴⁴	uʒ⁴⁴	uʒ³⁵	uʒ³⁵	uʒ²²	uʒ³⁵
新博邰家村	kuʒ³¹²	uʒ³⁵	χuʒ⁴⁴	uʒ⁴⁴	uʒ³¹²	uʒ³⁵	uʒ³⁵	uʒ³¹²
新博童王村	kuʒ⁵¹	uʒ⁵¹	χuʒ⁴⁴	uʒ⁴⁴	uʒ⁵¹	uʒ³⁵	uʒ⁴⁴	uʒ⁵¹
年陡	kuɪ⁵⁵	uɪ⁵⁵	χuɪ⁴¹	uɪ⁴¹	uɪ⁵⁵	uɪ¹³	uɪ³⁵	uɪ⁵⁵
泾县	kuɪ²³	wɪ²³	fɪ³⁵	wɪ³¹	wɪ²³	wɪ²⁵	wɪ²⁵	wɪ²³
茂林	pɸʅ²⁴	yzʅ²⁴	ɕɸʅ³⁵	yzʅ²⁴	yzʅ²⁴	yzʅ²⁴	yzʅ²¹	yzʅ²⁴
厚岸	kyzʅ³⁵	yzʅ⁵⁵	fʅ²²	yzʅ²²	yzʅ⁵⁵	yzʅ²⁴	yzʅ³¹²	yzʅ⁵⁵

	宝	报	袍	抱	毛	帽	刀	岛
	效开一上皓帮	效开一去号帮	效开一平豪並	效开一上皓並	效开一平豪明	效开一去号明	效开一平豪端	效开一上皓端
高淳	po³³	po³⁵	bo²²	bo¹⁴	mo²²	mo³⁵	to⁵⁵	to³³
湖阳	po³³	po³⁵	bo¹³	po⁵¹	mo¹³	mo³⁵	to⁴⁴	to³³
博望	po²²	po³⁵	ɸʰo³⁵	ɸʰo⁵¹	mo³⁵	mo³⁵	to⁴⁴	to²²
新博邰家村	po³⁵	po³¹²	ɸʰo³⁵	ɸʰo⁵¹	mo³⁵	mo³¹²	to⁴⁴	to³⁵
新博童王村	po⁴⁴	po⁵¹	ɸʰo³⁵	ɸʰo⁵¹	mo³⁵	mo⁵¹	to⁴⁴	to⁴⁴
年陡	pɔ³⁵	pɔ⁵⁵	fʰɔ¹³	fʰɔ⁵⁵	mɔ¹³	mɔ⁵⁵	tɔ⁴¹	tɔ³⁵
泾县	pɔ³¹	pɔ²³	ɸʰɔ²⁵	ɸʰɔ³¹	mɔ²⁵	mɔ²³	tɔ³⁵	tɔ³¹
茂林	pɤ²¹	pɤ²⁴	ɸʰɤ²⁴	ɸʰɤ⁵¹	mɤ²⁴	mɤ²⁴	tɤ³⁵	tɤ²¹
厚岸	pɤ³¹²	pɤ³⁵	pʰɤ²⁴	pʰɤ⁵⁵	mɤ²⁴	mɤ⁵⁵	tɤ²²	tɤ³¹²

	到	掏	讨	套	逃	桃	淘	道
	效开一去号端	效开一平豪透	效开一上皓透	效开一去号透	效开一平豪定	效开一平豪定	效开一平豪定	效开一上皓定
高淳	to³⁵	tʰo⁵⁵	tʰo³³	tʰo³⁵	do²²	do²²	do²²	do¹⁴
湖阳	to³⁵	tʰo⁴⁴	tʰo³³	tʰo³⁵	ɦ̥o¹³	ɦ̥o¹³	ɦ̥o¹³	ɦ̥o⁵¹
博望	to³⁵	tʰo⁴⁴	tʰo²²	tʰo³⁵	ɦ̥o³⁵	ɦ̥o³⁵	ɦ̥o³⁵	ɦ̥o⁵¹
新博邰家村	to³¹²	tʰo⁴⁴	tʰo³⁵	tʰo³¹²	ɦ̥o³⁵	ɦ̥o³⁵	ɦ̥o³⁵	ɦ̥o⁵¹
新博童王村	to⁵¹	tʰo⁴⁴	tʰo⁴⁴	tʰo⁵¹	ɦ̥o³⁵	ɦ̥o³⁵	ɦ̥o³⁵	ɦ̥o⁵¹
年陡	tɔ⁵⁵	tʰɔ⁵⁵	tʰɔ³⁵	tʰɔ⁵⁵	tʰɔ¹³	tʰɔ¹³	tʰɔ¹³	tɔ⁵⁵
泾县	tɔ²³	tʰɔ³⁵	tʰɔ³¹	tʰɔ²³	ɦ̥ɔ²⁵	ɦ̥ɔ²⁵	ɦ̥ɔ²⁵	ɦ̥ɔ³¹
茂林	tɤ²⁴	tʰɤ³⁵	tʰɤ²¹	tʰɤ²⁴	hɤ²⁴	hɤ²⁴	hɤ²⁴	hɤ⁵¹
厚岸	tɤ³⁵	tʰɤ²²	tʰɤ³¹²	tʰɤ³⁵	tʰɤ²⁴	tʰɤ²⁴	tʰɤ²⁴	tʰɤ⁵⁵

	稻	盗	脑	牢	老	糟	早	操
	效开一上皓定	效开一去号定	效开一上皓泥	效开一平豪来	效开一上皓来	效开一平豪精	效开一上皓精	效开一平豪清
高淳	do¹⁴	do¹⁴	no⁵⁵	lo²²	lo⁵⁵	tso⁵⁵	tso³³	tsʰo⁵⁵
湖阳	ɦ̥o⁵¹	ɦ̥o⁵¹	no³³	lo¹³	lo³³	tso⁴⁴	tso³³	tsʰo⁴⁴
博望	ɦ̥o⁵¹	ɦ̥o⁵¹	no²²	lo³⁵	lo²²	tso⁴⁴	tso²²	tsʰo⁴⁴
新博邰家村	ɦ̥o⁵¹	ɦ̥o⁵¹	no³⁵	lo³⁵	lo³⁵	tso⁴⁴	tso³⁵	tsʰo⁴⁴
新博童王村	ɦ̥o⁵¹	ɦ̥o⁵¹	no⁴⁴	lo³⁵	lo⁴⁴	tso⁴⁴	tso⁴⁴	tsʰo⁴⁴
年陡	tɔ⁵⁵	ɦ̥ɔ⁵⁵	nɔ³⁵	lɔ¹³	lɔ³⁵	tsɔ⁴¹	tsɔ³⁵	tsʰɔ⁵⁵
泾县	ɦ̥ɔ³¹	ɦ̥ɔ³¹	nɔ³¹	lɔ²⁵	lɔ³¹	tsɔ³⁵	tsɔ³¹	tsʰɔ³¹
茂林	hɤ⁵¹	hɤ⁵¹	lɤ⁵¹	lɤ²⁴	lɤ⁵¹	tsɤ³⁵	tsɤ²¹	tsʰɤ³⁵
厚岸	tʰɤ⁵⁵	tʰɤ⁵⁵	lɤ⁵⁵	lɤ²⁴	lɤ⁵⁵	tsɤ²²	tsɤ³¹²	tsʰɤ²²

	草	灶	曹	造	骚	扫 动	高	稿
	效开一 上皓清	效开一 去号精	效开一 平豪从	效开一 上皓从	效开一 平豪心	效开一 上皓心	效开一 平豪见	效开一 上皓见
高淳	tsʰo³³	tso³⁵	zo²²	zo¹⁴	so⁵⁵	so³³	ko⁵⁵	ko³³
湖阳	tsʰo³³	tso³⁵	zo¹³	zo⁵¹	so⁴⁴	so³³	ko⁴⁴	ko³³
博望	tsʰo²²	tso³⁵	sʰo³⁵	sʰo⁵¹	so⁴⁴	so³⁵	ko⁴⁴	ko²²
新博 邰家村	tsʰo³⁵	tso³¹²	sʰo³⁵	sʰo⁵¹	so⁴⁴	so³⁵	ko⁴⁴	ko³⁵
新博 童王村	tsʰo⁴⁴	tso⁵¹	sʰo³⁵	sʰo⁵¹	so⁴⁴	so⁴⁴	ko⁴⁴	ko⁴⁴
年陡	tsʰɔ³⁵	tsɔ⁵⁵	sʰɔ¹³	sʰɔ⁵⁵	sɔ⁴¹	sɔ³⁵	kɔ⁴¹	kɔ³⁵
泾县	tsʰɔ³¹	tsɔ²³	hɔ²⁵	hɔ³¹	sɔ³⁵	sɔ²³	kɔ³⁵	kɔ³¹
茂林	tsʰɤ²¹	tsɤ²⁴	hɤ²⁴	hɤ⁵¹	sɤ³⁵	sɤ²⁴	kɤ³⁵	kɤ²¹
厚岸	tsʰɤ³¹²	tsɤ³⁵	sɤ²⁴	sɤ⁵⁵	sɤ²²	sɤ³⁵	kɤ²²	kɤ³¹²

	告	考	靠	熬	蒿	好 形	耗	豪
	效开一 去号见	效开一 上皓溪	效开一 去号溪	效开一 平豪疑	效开一 平豪晓	效开一 上皓晓	效开一 去号晓	效开一 平豪匣
高淳	ko³⁵	kʰo³³	kʰo³⁵	ŋo²²	χo⁵⁵	χo³³	χo³⁵	ʁo²²
湖阳	ko³⁵	kʰo³³	kʰo³⁵	ŋo¹³	χo⁴⁴	χo³³	χo⁵¹	ʁo¹³
博望	ko³⁵	kʰo²²	kʰo³⁵	ŋo³⁵	χo⁴⁴	χo²²	χo³⁵	ho³⁵
新博 邰家村	ko³¹²	kʰo³⁵	kʰo³¹²	ŋo³⁵	χo⁴⁴	χo³⁵	χo³¹²	ho³⁵
新博 童王村	ko⁵¹	kʰo⁴⁴	kʰo⁵¹	ŋo³⁵	χo⁴⁴	χo⁴⁴	χo⁵¹	ho³⁵
年陡	kɔ⁵⁵	kʰɔ³⁵	kʰɔ⁵⁵	ɰɔ¹³	χɔ⁴¹	χɔ³⁵	χɔ²³	χɔ¹³
泾县	kɔ²³	kʰɔ³¹	kʰɔ²³	ŋɔ²⁵	χɔ³⁵	χɔ³¹	χɔ²³	hɔ²⁵
茂林	kɤ²⁴	kʰɤ²¹	kʰɤ²⁴	ŋɤ²⁴	χɤ³⁵	χɤ²¹	χɤ²⁴	hɤ²⁴
厚岸	kɤ³⁵	kʰɤ³¹²	kʰɤ³⁵	ŋɤ²⁴	χɤ²²	χɤ³¹²	χɤ⁵⁵	χɤ²⁴

	号~码	袄	奥	包	饱	炮	跑	猫
	效开一去号匣	效开一上皓影	效开一去号影	效开二平肴帮	效开二上巧帮	效开二去效滂	效开二平肴並	效开二平肴明
高淳	χo³⁵	o³⁵	o³⁵	po⁵⁵	po³³	pʰo³⁵	pʰo³³	mo²²
湖阳	χo⁵¹	o³³	o³⁵	po⁴⁴	po³³	pʰo³⁵	bo¹³	mo⁴⁴
博望	ho⁵¹	o²²	o³⁵	po⁴⁴	po²²	pʰo³⁵	ɸʰo³⁵	mo⁴⁴
新博邸家村	χo⁻²²	o³⁵	o³¹²	po⁴⁴	po³⁵	pʰo³¹²	ɸʰo³⁵	mo⁴⁴
新博童王村	ho⁵¹	ŋo⁴⁴	o⁵¹	po⁴⁴	po⁴⁴	pʰo⁵¹	ɸʰo³⁵	mo⁴⁴
年陡	χɔ⁵⁵	ɯɔ³⁵	ɯɔ⁵⁵	pɔ⁴¹	pɔ³⁵	pʰɔ⁵⁵	fʰɔ¹³	mɔ⁴¹
泾县	hɔ²³	ŋɔ³¹	ɔ²³	pɔ³⁵	pɔ³¹	pʰɔ³⁵	ɸʰɔ²⁵	mɔ³¹
茂林	hɤ²⁴	ɤ²¹	ɤ²⁴	pɤ³⁵	pɤ²¹	pʰɤ²⁴	ɸʰɤ²⁴	mɤ⁵¹
厚岸	χɤ⁵⁵	ɤ³¹²	ɤ⁵⁵	pɤ²²	pɤ³¹²	pʰɤ³⁵	pʰɤ²⁴	mɤ²²

	貌	闹	罩	抓~牌	爪脚~	抄	炒	巢~湖
	效开二去效明	效开二去效泥	效开二去效知	效开二平肴庄	效开二上巧庄	效开二平肴初	效开二上巧初	效开二平肴崇
高淳	mo³⁵	no³⁵	tso³⁵	tsua⁵⁵	tso³³	tsʰo⁵⁵	tsʰo³³	zo²²
湖阳	mo³⁵	no³⁵	tso³⁵	tʃua⁴⁴	tʃua³³	tsʰo⁴⁴	tsʰo³³	zo¹³
博望	mo³⁵	no³⁵	tso³⁵	tsua⁴⁴	tsua²²	tsʰo⁴⁴	tsʰo²²	sʰo³⁵
新博邸家村	mo³¹²	no³¹²	tso³¹²	tsua⁴⁴	tsua³⁵	tsʰo³⁵	tsʰo³⁵	sʰo³⁵
新博童王村	mo⁵¹	no⁵¹	tso⁵¹	tɕya⁴⁴	tɕya⁴⁴	tsʰo⁴⁴	tsʰo⁴⁴	sʰo³⁵
年陡	mɔ⁵⁵	nɔ⁵⁵	tʂɔ⁵⁵	tʂua⁴¹	tʂua³⁵	tʂɔ⁴¹	tʂʰɔ³⁵	ʂʰɔ¹³
泾县	mɔ²³	nɔ²³	tsɔ²³	tso³⁵	tsɔ³¹	tsʰɔ³⁵	tsʰɔ³¹	hɔ²⁵
茂林	mɤ²⁴	lɤ²⁴	tsɤ²⁴	tsɔ³⁵	tsɤ²¹	tsʰɤ³⁵	tsʰɤ²¹	hɤ²⁴
厚岸	mɤ⁵⁵	lɤ⁵⁵	tsɤ³⁵	tsɔ²²	tsɤ³¹²	tsʰɤ²²	tsʰɤ³¹²	sɤ²⁴

	梢	交	教动,~书	觉眶~	敲	巧	咬	孝
	效开二平肴生	效开二平肴见	效开二平肴见	效开二去效见	效开二平肴溪	效开二上巧溪	效开二上巧疑	效开二去效晓
高淳	so⁵⁵	tɕio⁵⁵	ko⁵⁵	ko³⁵	kʰo⁵⁵	tɕʰio³³	ŋo⁵⁵	ɕio³⁵
湖阳	so⁴⁴	ko⁴⁴	tɕio³⁵	tɕio³⁵	tɕʰio⁴⁴	tɕʰio⁴⁴	ŋo³³	ɕio³⁵
博望	so⁴⁴	tɕio⁴⁴	tɕio⁴⁴	ko³⁵	tɕʰio⁴⁴	tɕʰio²²	ŋo²²	ɕio³⁵
新博邰家村	so⁴⁴	tɕio⁴⁴	tɕio⁴⁴	ko³¹²	tɕʰio³⁵	tɕʰio³⁵	ŋo³⁵	ɕio³¹²
新博童王村	so⁴⁴	tɕy⁴⁴	tɕy⁴⁴	ko⁵¹	kʰo⁴⁴	tɕʰy⁴⁴	ŋo⁴⁴	ɕy⁵¹
年陡	ʂɔ⁴¹	tɕiɔ⁴¹	tɕiɔ⁴¹	tɕiɔ⁵⁵	tɕʰiɔ⁵⁵	tɕʰiɔ⁴¹	iɔ³⁵	ɕiɔ⁵⁵
泾县	sɤ³⁵	tɕiɔ³⁵	kɔ³⁵	kɔ²³	tɕʰiɔ³⁵	tɕʰiɔ³¹	ŋɔ³¹	ɕiɔ²³
茂林	sɤ³⁵	tɕiɤ³⁵	tɕiɤ²⁴	kɤ²⁴	kʰɤ³⁵	tɕʰiɤ²¹	ŋɤ⁵¹	ɕiɤ²⁴
厚岸	sɤ²²	tɕiɤ²²	kɤ³⁵	kɤ³⁵	kʰɤ²²	tɕʰiɤ³¹²	ŋɤ⁵⁵	χɤ³⁵

	校学~	标	表	飘	票	嫖	苗	秒
	效开二去效匣	效开三平宵帮	效开三上小帮	效开三平宵滂	效开三去笑滂	效开三平宵並	效开三平宵明	效开三上小明
高淳	ɕio³⁵	pio⁵⁵	pio³³	pʰio⁵⁵	pʰio³⁵	bio²²	mio²²	mio⁵⁵
湖阳	ɕio³⁵	pio⁴⁴	pio³³	pʰio⁴⁴	pʰio³⁵	bio¹³	mio¹³	mio³³
博望	ɕio⁵¹	pio⁴⁴	pio²²	pʰio⁴⁴	pʰio³⁵	ɸʰio³⁵	mio³⁵	mio³⁵
新博邰家村	ɕʰio⁵¹	pio⁴⁴	pio³⁵	pʰio⁴⁴	pʰy³¹²	ɸʰio³⁵	mio³⁵	mio³⁵
新博童王村	ɕy⁵¹	py⁴⁴	py⁴⁴	pʰy⁴⁴	pʰy⁵¹	ɸʰy³⁵	my³⁵	my³⁵
年陡	ɕʰiɔ⁵⁵	piɔ⁴¹	piɔ³⁵	pʰiɔ⁴¹	pʰiɔ⁵⁵	pʰiɔ¹³	miɔ¹³	miɔ³⁵
泾县	ɕʰiɔ²³	piɔ³⁵	piɔ³¹	pʰiɔ³⁵	pʰiɔ³⁵	ɸʰiɔ²⁵	miɔ²⁵	miɔ³¹
茂林	hiɤ²⁴	piɤ³⁵	piɤ²¹	pʰiɤ³⁵	pʰiɤ²⁴	ɸʰiɤ²⁴	miɤ²⁴	miɤ²¹
厚岸	ɕiɤ⁵⁵	piɤ²²	piɤ³¹²	pʰiɤ²²	pʰiɤ³⁵	pʰiɤ²⁴	miɤ²⁴	miɤ³¹²

	庙	焦	消	小	笑	超	朝今~	朝~代
	效开三去笑明	效开三平宵精	效开三平宵心	效开三上小心	效开三去笑心	效开三平宵彻	效开三平宵知	效开三平宵澄
高淳	mio^{35}	$tɕio^{55}$	$ɕio^{55}$	$ɕio^{55}$	$ɕio^{35}$	ts^ho^{55}	tso^{55}	zo^{22}
湖阳	mio^{35}	$tɕio^{44}$	$ɕio^{44}$	$ɕio^{33}$	$ɕio^{35}$	ts^ho^{44}	tso^{44}	zo^{13}
博望	mio^{35}	$tɕio^{44}$	$ɕio^{44}$	$ɕio^{22}$	$ɕio^{35}$	ts^ho^{44}	tso^{44}	s^ho^{35}
新博邵家村	mio^{312}	$tɕio^{44}$	$ɕio^{44}$	$ɕio^{35}$	$ɕio^{312}$	ts^ho^{44}	tso^{44}	s^ho^{35}
新博童王村	my^{51}	$tɕy^{44}$	$ɕy^{44}$	$ɕy^{44}$	$ɕy^{51}$	ts^ho^{44}	tso^{44}	s^ho^{35}
年陡	$miɔ^{55}$	$tɕiɔ^{41}$	$ɕiɔ^{55}$	$ɕiɔ^{35}$	$ɕiɔ^{41}$	$tʂ^hɔ^{41}$	$tʂɔ^{41}$	$s^hɔ^{55}$
泾县	$miɔ^{23}$	$tɕiɔ^{35}$	$ɕiɔ^{35}$	$ɕiɔ^{31}$	$ɕiɔ^{23}$	$ts^hɔ^{35}$	$tsɔ^{35}$	$hɔ^{25}$
茂林	$miɤ^{24}$	$tɕiɤ^{35}$	$ɕiɤ^{35}$	$ɕiɤ^{21}$	$ɕiɤ^{24}$	$ts^hɤ^{35}$	$tsɤ^{35}$	$hɤ^{24}$
厚岸	$miɤ^{55}$	$tɕiɤ^{22}$	/	$ɕiɤ^{312}$	$ɕiɤ^{35}$	$ts^hɤ^{22}$	$tɕiɤ^{22}$	$tɕ^hiɤ^{24}$

	赵	招	沼~气	照	烧	少	韶~关	饶
	效开三上小澄	效开三平宵章	效开三上小章	效开三去笑章	效开三平宵生	效开三上小生	效开三平宵禅	效开三平宵日
高淳	zo^{14}	tso^{55}	tso^{33}	tso^{35}	so^{55}	so^{33}	zo^{14}	$ȵio^{22}$
湖阳	so^{51}	tso^{44}	tso^{44}	tso^{35}	so^{44}	so^{35}	zo^{13}	$ʑo^{13}$
博望	s^ho^{51}	tso^{44}	tso^{22}	tso^{35}	so^{44}	so^{22}	so^{51}	io^{35}
新博邵家村	s^ho^{51}	tso^{44}	tso^{44}	tso^{312}	so^{44}	so^{35}	s^ho^{151}	io^{35}
新博童王村	s^ho^{51}	tso^{44}	tso^{44}	tso^{51}	so^{44}	so^{44}	s^ho^{35}	io^{35}
年陡	$tʂɔ^{55}$	$tʂɔ^{41}$	/	$tʂɔ^{55}$	$ʂɔ^{41}$	$ʂɔ^{35}$	$ʂɔ^{55}$	$ʑo^{13}$
泾县	$hɔ^{31}$	$tsɔ^{35}$	$tsɔ^{31}$	$tsɔ^{23}$	$sɔ^{35}$	$sɔ^{31}$	$sɔ^{25}$	$ȵiɔ^{25}$
茂林	$hɤ^{51}$	$tsɤ^{35}$	$tsɤ^{21}$	$tsɤ^{24}$	$sɤ^{35}$	$sɤ^{21}$	$sɤ^{24}$	$ȵiɤ^{24}$
厚岸	$tɕ^hiɤ^{55}$	$tsɤ^{22}$	$tsɤ^{312}$	$tɕiɤ^{35}$	$ɕiɤ^{22}$	$ɕiɤ^{312}$	$ɕiɤ^{24}$	$ȵiɤ^{24}$

	绕	娇	桥	轿	妖	摇	耀	宵~水
	效开三上小日	效开三平宵见	效开三平宵群	效开三去笑群	效开三平宵影	效开三平宵以	效开三去笑以	效开三上宵以
高淳	ȵio³⁵	tɕio⁵⁵	zio²²	z̠io¹⁴	io⁵⁵	io²²	io³⁵	io⁵⁵
湖阳	ɻo³⁵	tɕio⁴⁴	zio¹³	ɕio⁵¹	io⁴⁴	io¹³	io³⁵	io³³
博望	io³⁵	tɕio⁴⁴	ɕʰio³⁵	ɕʰio⁵¹	io⁴⁴	io³⁵	io³⁵	io²²
新博 邰家村	io³⁵	tɕio⁴⁴	ɕio³⁵	ɕʰio³¹²	io⁴⁴	io³⁵	io³¹²	io³⁵
新博 童王村	io⁵¹	tɕy⁴⁴	ɕʰy³⁵	ɕʰy⁵¹	io⁴⁴	io³⁵	io⁵¹	io⁴⁴
年陡	ʮɔ⁵⁵	tɕiɔ⁴¹	ɕʰiɔ¹³	ɕʰiɔ⁵⁵	iɔ⁴¹	iɔ¹³	iɔ⁵⁵	iɔ³⁵
泾县	ȵiɔ²³	tɕiɔ³⁵	ɕʰiɔ²⁵	ɕʰiɔ²³	jiɔ³¹	jiɔ²⁵	jiɔ²³	jiɔ³¹
茂林	ȵiɤ²⁴	tɕiɤ³⁵	hiɤ²⁴	hiɤ²⁴	jiɤ⁵¹	jiɤ²⁴	jiɤ²⁴	jiɤ⁵¹
厚岸	ȵiɤ⁵⁵	tɕiɤ²²	tɕʰiɤ²⁴	tɕʰiɤ⁵⁵	jiɤ²²	jiɤ²⁴	jiɤ⁵⁵	jiɤ²⁴

	摇	刁	鸟	钓	挑	跳	条	调~动
	效开三平宵以	效开四平萧端	效开四上筱端	效开四去啸端	效开四平萧透	效开四去啸透	效开四平萧定	效开四去萧定
高淳	io²²	tio⁵⁵	ȵio³³	tio³⁵	tʰio⁵⁵	tʰio³⁵	dio²²	dio¹⁴
湖阳	io¹³	tio⁴⁴	lio³³	tio³⁵	tʰio⁴⁴	tʰio³⁵	ɦio¹³	ɻio⁵¹
博望	io³⁵	tio⁴⁴	ȵio²²	tio³⁵	tʰio⁴⁴	tʰio³⁵	ɦʰio³⁵	ɦʰio⁵¹
新博 邰家村	io³⁵	tio⁴⁴	ȵy³⁵	tio³¹²	tʰio⁴⁴	tʰio³¹²	ɦʰio³⁵	tʰio⁵¹
新博 童王村	io³⁵	ty⁴⁴	ȵy⁴⁴	ty⁵¹	tʰy⁴⁴	tʰy⁵¹	hy³⁵	ty⁵¹
年陡	iɔ¹³	tiɔ⁴¹	niɔ³⁵	tiɔ⁵⁵	tʰiɔ⁴¹	tʰiɔ⁵⁵	tʰiɔ¹³	tiɔ⁵⁵
泾县	jiɔ²⁵	tiɔ³⁵	ȵiɔ³¹	tiɔ²³	tʰiɔ³⁵	tʰiɔ²³	ɦʰiɔ²⁵	tiɔ²³
茂林	jiɤ²⁴	tiɤ³⁵	ȵiɤ²¹	tiɤ²⁴	tʰiɤ³⁵	tʰiɤ²⁴	tʰiɤ²⁴	tiɤ²⁴
厚岸	jiɤ²⁴	tiɤ²²	miɤ³¹²	tiɤ³⁵	tʰiɤ²²	tʰiɤ³⁵	tʰiɤ²⁴	tiɤ³⁵

	聊	料	萧	浇	缴	叫	窍	牡
	效开四平萧来	效开四去啸来	效开四平萧心	效开四平萧见	效开四上筱见	效开四去啸见	效开四去啸溪	流开一上厚明
高淳	ȵio²²	nio³⁵	ɕio⁵⁵	tɕio⁵⁵	tɕio³³	tɕio³⁵	tɕʰio³⁵	muᵦ⁵⁵
湖阳	lio¹³	lio³⁵	ɕio⁴⁴	tɕio⁴⁴	tɕio³³	tɕio³⁵	tɕʰio³⁵	muᵦ³³
博望	lio³⁵	lio³⁵	ɕio⁴⁴	tɕio⁴⁴	tɕio²²	tɕio³⁵	tɕʰio³⁵	muᵦ²²
新博邰家村	lio³⁵	lio³¹²	ɕio⁴⁴	tɕio⁴⁴	tɕio³⁵	tɕio³¹²	tɕʰio³⁵	mʐ³⁵
新博童王村	lio³⁵	ly⁵¹	ɕy⁴⁴	tɕy⁴⁴	tɕy⁴⁴	tɕy⁵¹	tɕʰy⁵¹	muᵦ⁴⁴
年陡	liɔ¹³	liɔ⁵⁵	ɕiɔ⁴¹	tɕiɔ⁴¹	tɕiɔ³⁵	tɕiɔ⁵⁵	tɕʰiɔ³⁵	muᵦ³⁵
泾县	liɔ²⁵	liɔ²³	ɕiɔ³⁵	tɕiɔ³⁵	tɕiɔ³¹	tɕiɔ²³	tɕʰiɔ²³	mɔ³¹
茂林	lᵈiɤ²⁴	lᵈiɤ²⁴	ɕiɤ³⁵	tɕiɤ³⁵	tɕiɤ²¹	tɕiɤ²⁴	tɕʰiɤ²⁴	mɤ⁵¹
厚岸	liɤ²⁴	liɤ⁵⁵	ɕiɤ²²	tɕiɤ²²	tɕiɤ³¹²	tɕiɤ³⁵	tɕʰiɤ³¹²	mɤ²²

	茂	贸	斗~争	偷	透	头	豆	楼
	流开一去候明	流开一去候明	流开一去候端	流开一平侯透	流开一去候透	流开一平侯定	流开一去候定	流开一平侯来
高淳	mo³⁵	muᵦ⁵⁵	tei³⁵	tʰei⁵⁵	tʰy³⁵	dei²²	dei¹⁴	lei²²
湖阳	mo³⁵	mo³⁵	tɤi³⁵	tʰɤi⁴⁴	tʰɤi³⁵	ʐ̥ʰɤi¹³	ʐ̥ɤi⁵¹	lɤi¹³
博望	mo³⁵	mo⁴⁴	tʐ³⁵	tʰʐ⁴⁴	tʰʐ³⁵	ʐ̥ʰʐ³⁵	ʐ̥ʰʐ⁵¹	lʐ³⁵
新博邰家村	mʐ³¹²	muᵦ³¹²	tʐ³¹²	tʰʐ⁴⁴	tʰʐ³¹²	ʐ̥ʰʐ³⁵	ʐ̥ʰʐ⁵¹	lʐ³⁵
新博童王村	mʐ⁵¹	mʐ⁵¹	tʐ⁵¹	tʰʐ⁴⁴	tʰʐ⁵¹	ʐ̥ʰʐ³⁵	ʐ̥ʰʐ⁵¹	lʐ³⁵
年陡	muᵦ⁵⁵	mɔ⁵⁵	tɯ⁵⁵	tʰɯ⁴¹	tʰɯ⁵⁵	tʰɯ¹³	tɯ⁵⁵	lɯ¹³
泾县	mɔ²³	mɔ²³	tɿ²³	tʰɿ³⁵	tʰɿ²³	ʐ̥ʰɿ²⁵	ʐ̥ʰɿ²³	lɿ²⁵
茂林	mɤ²⁴	mɤ²⁴	ty²⁴	tʰy³⁵	tʰy²⁴	tʰy²⁴	tʰy²⁴	lᵈy²⁴
厚岸	mɤ⁵⁵	mɤ⁵⁵	ty³⁵	tʰy²²	tʰy³⁵	tʰy²⁴	tʰy⁵⁵	ly²⁴

	婪	漏	走	凑	嗽咳~	钩	狗	够
	流开一上厚来	流开一去候来	流开一上厚精	流开一去候清	流开一去候心	流开一平侯见	流开一上厚见	流开一去候见
高淳	lei⁵⁵	lei³⁵	tsei³³	tsʰei³⁵	sei⁻⁵⁵	kɣi⁵⁵	kɣi³³	kɣi³⁵
湖阳	lɣi³³	lɣi³⁵	tsɣi³³	tsʰɣi³⁵	sɣi³⁵	kɣi⁴⁴	kɣi³³	kɣi³⁵
博望	lʒ²²	lʒ³⁵	tsʒ²²	tsʰʒ³⁵	sʒ³⁵	kʒ⁴⁴	kʒ²²	kʒ³⁵
新博郉家村	lʒ³⁵	lʒ³¹²	tsʒ³⁵	tsʰʒ³¹²	sʒ³¹²	kʒ⁴⁴	kʒ³⁵	kʒ³¹²
新博童王村	lʒ⁴⁴	lʒ⁵¹	tsʒ⁴⁴	tsʰʒ⁵¹	sʒ⁵¹	kʒ⁴⁴	kʒ⁴⁴	kʒ⁵¹
年陡	lɯ³⁵	lɯ⁵⁵	tsɯ³⁵	tsʰɯ⁵⁵	sɯ⁵⁵	kɯ⁴¹	kɯ³⁵	kɯ⁵⁵
泾县	lɿ³¹	lɿ²³	tsɿ³¹	tsʰɿ²³	sɣ³¹	kɿ³⁵	kɿ³¹	kɿ²³
茂林	lᵈy⁵¹	lᵈy²⁴	tɕy²¹	tɕʰy²⁴	sɣ²⁴	pɸʅ³⁵	pɸʅ²¹	pɸʅ²⁴
厚岸	ly³¹²	ly⁵⁵	tsuᵦ³¹²	tɕʰy³⁵	sɣ³⁵	ky²²	ky³¹²	ky³⁵

	抠	口	扣	藕	侯姓	后	厚	候等
	流开一平侯溪	流开一上厚溪	流开一去候溪	流开一上厚疑	流开一平侯匣	流开一上厚匣	流开一上厚匣	流开一去候匣
高淳	kʰɣi⁵⁵	kʰɣi³³	kʰɣi³⁵	ŋei⁵⁵	ʁei²²	ʁei¹⁴	ʁei¹⁴	ʁei²²
湖阳	kʰɣi³³	kʰɣi³³	kʰɣi³⁵	ŋɣi³³	ʁɣi¹³	χɣi⁵¹	χɣi⁵¹	χɣi⁵¹
博望	kʰʒ⁴⁴	kʰʒ²²	kʰʒ³⁵	ŋʒ²²	hʒ³⁵	hʒ⁵¹	hʒ⁵¹	hʒ⁵¹
新博郉家村	kʰʒ⁴⁴	kʰʒ³⁵	kʰʒ³¹²	ʒ³⁵	χʒ³⁵	hʒ⁵¹	hʒ⁵¹	hʒ³¹²
新博童王村	kʰʒ⁴⁴	kʰʒ⁴⁴	kʰʒ⁵¹	ŋʒ⁴⁴	χʒ³⁵	hʒ⁵¹	hʒ⁵¹	hʒ⁵¹
年陡	kʰɯ⁴¹	kʰɯ³⁵	kʰɯ⁵⁵	ŋɯ³⁵	χɯ¹³	χɯ⁵⁵	χɯ⁵⁵	χɯ⁵⁵
泾县	kʰɿ³⁵	kʰɿ³¹	kʰɿ²³	ŋɿ³¹	hɿ²⁵	hɿ³¹	hɿ³¹	hɿ²³
茂林	pɸʰʅ²⁴	pɸʰʅ²¹	pɸʰʅ²⁴	ŋy⁵¹	hy²⁴	hy⁴²	hy⁴²	hy²⁴
厚岸	kʰy²²	kʰy³¹²	kʰy³⁵	ŋy⁵⁵	çy²⁴	çy⁵⁵	çy⁵⁵	çy⁵⁵

	欧	呕	富	副	浮	妇	负	谋
	流开一 平侯影	流开一 上厚影	流开三 去宥非	流开三 去宥敷	流开三 平尤奉	流开三 上有奉	流开三 上有奉	流开三 平尤明
高淳	ei⁵⁵	ei³³	fuᵦ³⁵	fuᵦ³⁵	vuᵦ²²	vuᵦ²²	vuᵦ¹⁴	mei²²
湖阳	ɣi⁴⁴	ɣi³³	fuᵦ³⁵	fuᵦ³⁵	uᵦ¹³	uᵦ⁵¹	fuᵦ⁵¹	muᵦ¹³
博望	ŋʒ⁴⁴	ŋʒ²²	fuᵦ³⁵	fuᵦ³⁵	fuᵦ³⁵	fuᵦ³⁵	fuᵦ³⁵	mʒ³⁵
新博邶家村	ʒ⁴⁴	ʒ⁴⁴	fuᵦ³¹²	fuᵦ³¹²	fuᵦ³⁵	fuᵦ³¹²	fuᵦ³¹²	mʒ³⁵
新博童王村	ŋʒ⁴⁴	ŋʒ⁴⁴	fuᵦ⁵¹	fuᵦ⁵¹	uᵦ³⁵	fuᵦ⁵¹	fuᵦ⁵¹	mʒ³⁵
年陡	ɯ⁴¹	ɯ⁴¹	fuᵦ⁵⁵	fuᵦ⁵⁵	fuᵦ¹³	fuᵦ⁵⁵	fuᵦ⁵⁵	muᵦ¹³
泾县	ŋɿ³¹	ɿ³¹	fuᵦ²³	fuᵦ²³	uᵦ²⁵	fuᵦ²³	fuᵦ²³	mɣ²⁵
茂林	ŋy⁵¹	y²¹	fuᵦ²⁴	fuᵦ²⁴	ɸuᵦ²⁴	uᵦ⁵¹	uᵦ²⁴	mɣ²⁴
厚岸	ɣ²²	ɣ²²	fuᵦ³⁵	fuᵦ³⁵	fuᵦ²⁴	fuᵦ⁵⁵	fuᵦ⁵⁵	mɣ²⁴

	纽	流	留	刘	柳	酒	秋	就
	流开三 上有泥	流开三 平尤来	流开三 平尤来	流开三 平尤来	流开三 上有来	流开三 上有精	流开三 平尤清	流开三 去宥从
高淳	ȵy⁵⁵	ȵy²²	ȵy²²	ȵy²²	ȵy⁵⁵	tɕy³³	tɕʰy⁵⁵	ʑy¹⁴
湖阳	ȵy³³	ly¹³	ly¹³	ly¹³	ly³³	tɕy³³	tɕʰy⁴⁴	ɕy⁵¹
博望	ȵy²²	ly³⁵	ly³⁵	ly³⁵	ly³⁵	tɕy²²	tɕʰy⁴⁴	ɕʰy⁵¹
新博邶家村	nu³⁵	liɯ³⁵	liɯ³⁵	liɯ³⁵	liɯ³⁵	tɕy³⁵	tɕʰy⁴⁴	ɕy⁵¹
新博童王村	ȵy⁴⁴	ly³⁵	ly³⁵	ly³⁵	ly³⁵	tɕy⁴⁴	tɕʰy⁴⁴	ɕʰy⁵¹
年陡	niɯ³⁵	liɯ¹³	liɯ¹³	liɯ¹³	liɯ³⁵	tɕiɯ³⁵	tɕʰiɯ⁴¹	tɕiɯ⁵⁵
泾县	ȵiɣ³¹	lɿ²⁵	lɿ²⁵	liɣ²⁵	liɣ³¹	tɕiɣ³¹	tɕʰiɣ³⁵	ɕʰiɣ²³
茂林	ȵy⁵¹	lᵈy²⁴	lᵈy²⁴	lᵈy²⁴	lᵈy⁵¹	tɕy²¹	tɕʰy³⁵	hy²⁴
厚岸	ȵy²²	ly²⁴	ly²⁴	ly²⁴	ly³¹²	tɕy³¹²	tɕʰy²²	ɕy⁵⁵

	修	绣	锈	囚	袖	抽	绸	筹
	流开三平尤心	流开三去宥心	流开三去宥心	流开三平尤邪	流开三去宥邪	流开三平尤彻	流开三平尤澄	流开三平尤澄
高淳	çy^{55}	çy^{35}	çy^{35}	zy^{22}	zy^{22}	tsʰei^{55}	zei^{22}	zei^{22}
湖阳	çy^{44}	çy^{35}	çy^{35}	zɤi^{13}	çy^{51}	tsʰɤi^{44}	zɤi^{13}	zɤi^{13}
博望	çy^{44}	çy^{35}	çy^{35}	çʰy^{35}	çʰy^{51}	tsʰʒ^{44}	sʰʒ^{35}	sʰʒ^{35}
新博邰家村	çy^{44}	çy^{312}	çy^{312}	çy^{35}	çy^{312}	tsʰʒ^{44}	sʰʒ^{35}	sʰʒ^{35}
新博童王村	çy^{44}	çy^{51}	çy^{51}	çʰy^{35}	çy^{51}	tsʰʒ^{44}	sʰʒ^{35}	sʰʒ^{35}
年陡	çiɯ^{41}	çiɯ^{55}	çiɯ^{55}	çʰiɯ^{13}	çʰiɯ^{55}	tsʰɯ^{41}	sʰɯ^{13}	sʰɯ^{13}
泾县	çiɤ^{35}	çiɤ^{23}	çiɤ^{23}	çʰiɤ^{25}	hɪ^{25}	tsʰɪ^{35}	hɪ^{25}	hɪ^{25}
茂林	çy^{35}	çy^{24}	çy^{24}	hy^{24}	hy^{24}	tɕʰy^{35}	hy^{24}	hy^{24}
厚岸	çy^{22}	çy^{55}	çy^{35}	tɕʰy^{24}	çy^{55}	tɕʰy^{22}	tɕʰy^{24}	tɕʰy^{24}

	邹	皱	愁	馊	搜	瘦	周	州
	流开三平尤庄	流开三去宥庄	流开三平尤初	流开三平尤生	流开三平尤生	流开三去宥生	流开三平尤章	流开三平尤章
高淳	tsei^{55}	tɕy^{35}	zei^{22}	sei^{55}	sei^{55}	sei^{35}	tsei^{55}	tsei^{55}
湖阳	tsɤi^{44}	tsɤi^{35}	zɤi^{13}	sɤi^{33}	sɤi^{33}	sɤi^{35}	tsɤi^{44}	tsɤi^{44}
博望	tsʒ^{44}	tsʒ^{35}	sʰʒ^{35}	sʒ^{44}	sʒ^{44}	sʒ^{35}	tsʒ^{44}	tsʒ^{44}
新博邰家村	tsʒ^{44}	tsʒ^{44}	sʰʒ^{35}	sʒ^{44}	sʒ^{44}	sʒ^{312}	tsʒ^{44}	tsʒ^{44}
新博童王村	tsʒ^{44}	tsʒ^{51}	sʰʒ^{35}	sʒ^{44}	sʒ^{44}	sʒ^{51}	tsʒ^{44}	tsʒ^{44}
年陡	tsɯ^{55}	tsɯ^{55}	çʰiɯ^{13}	sɯ^{55}	sɯ^{41}	sɯ^{55}	tʂɯ^{41}	tʂɯ^{41}
泾县	tsɪ^{23}	tsɪ^{23}	hɪ^{25}	sɪ^{35}	sɪ^{35}	sɪ^{23}	tsɪ^{35}	tsɪ^{35}
茂林	tɕy^{24}	tɕy^{24}	hy^{24}	çy^{35}	çy^{35}	çy^{24}	tɕy^{35}	tɕy^{35}
厚岸	/	tɕy^{35}	tɕʰy^{24}	çy^{22}	sɤ^{22}	çy^{35}	tɕy^{22}	tɕy^{22}

	帚	咒	臭	收	手	首	仇	寿
	流开三 上有章	流开三 去宥章	流开三 去宥昌	流开三 平尤书	流开三 上有书	流开三 上有书	流开三 平尤禅	流开三 去宥禅
高淳	tsei^{33}	tsei^{35}	tsʰei^{35}	sei^{55}	sei^{33}	sei^{33}	zei^{22}	zei^{14}
湖阳	tsɣi^{33}	tsɣi^{35}	tsʰɣi^{35}	sɣi^{33}	sɣi^{33}	sɣi^{33}	ʑy^{13}	sɣi^{51}
博望	/	tsʒ^{35}	tsʰʒ^{35}	sʒ^{44}	sʒ^{22}	sʒ^{22}	sʰʒ^{35}	sʰʒ^{51}
新博邰家村	tsʒ$^{-44}$	tsʒ$^{-44}$	tsʰʒ^{312}	sʒ^{44}	sʒ^{35}	sʒ^{35}	sʰʒ^{35}	sʰʒ^{51}
新博童王村	tsʒ^{44}	tsʒ^{51}	tsʰʒ^{51}	sʒ^{44}	sʒ^{44}	sʒ^{44}	sʰʒ^{35}	sʰʒ^{51}
年陡	tʂʰɯ^{35}	tʂɯ^{55}	tʂʰɯ^{55}	ʂɯ^{41}	ʂɯ^{35}	ʂɯ^{35}	ʂʰɯ^{13}	ʂʰɯ^{55}
泾县	tsɿ^{23}	tsɿ^{23}	tsʰɿ^{23}	sɿ^{35}	sɿ^{31}	sɿ^{31}	hɿ^{25}	hɿ^{23}
茂林	/	tɕy^{24}	tɕʰy^{24}	ɕy^{35}	ɕy^{21}	ɕy^{21}	hy^{24}	hy^{24}
厚岸	tɕʐ^{35}	tɕy^{35}	tɕʰy^{35}	ɕy^{22}	ɕy^{312}	ɕy^{312}	tɕʰy^{24}	ɕy^{55}

	阄	九	韭	救	丘	球	求	舅
	流开三 平尤见	流开三 上有见	流开三 上有见	流开三 去宥见	流开三 平尤溪	流开三 平尤群	流开三 平尤群	流开三 上有群
高淳	kei^{55}	tɕy^{33}	tɕy^{33}	tɕy^{35}	tɕʰy^{55}	ʑy^{22}	ʑy^{22}	ʑy^{14}
湖阳	tɕy^{44}	tɕy^{33}	tɕy^{33}	tɕy^{35}	tɕʰy^{44}	ʑy^{13}	ʑy^{13}	ɕy^{51}
博望	kʒ^{44}	tɕy^{22}	tɕy^{22}	tɕy^{35}	tɕʰy^{44}	ɕʰy^{35}	ɕʰy^{35}	ɕʰy^{51}
新博邰家村	kʒ^{44}	tɕy^{35}	tɕy^{35}	tɕy^{312}	tɕʰy^{44}	ɕʰy^{35}	ɕʰy^{35}	ɕʰy^{51}
新博童王村	kʒ^{44}	tɕy^{44}	tɕy^{44}	tɕy^{51}	tɕʰy^{44}	ɕʰy^{35}	ɕʰy^{35}	ɕy^{51}
年陡	tɕʰiɯ^{41}	tɕiɯ^{35}	tɕiɯ^{35}	tɕiɯ^{55}	tɕʰiɯ^{41}	ɕʰiɯ^{13}	ɕʰiɯ^{13}	tɕiɯ^{55}
泾县	kɿ^{35}	tɕiɤ^{31}	kɿ^{31}	tɕiɤ^{23}	tɕʰiɤ^{35}	ɕʰiɤ^{25}	ɕʰiɤ^{25}	hɿ^{31}
茂林	tɕy^{35}	tɕy^{21}	tɕy^{21}	tɕy^{24}	tɕʰy^{35}	hy^{24}	hy^{24}	hy^{51}
厚岸	tɕy^{22}	tɕy^{312}	tɕy^{312}	tɕy^{35}	tɕʰy^{22}	tɕʰy^{24}	tɕʰy^{24}	tɕʰy^{55}

	旧	牛	休	优	邮	游	有	右
	流开三 去宥群	流开三 平尤疑	流开三 平尤晓	流开三 平尤影	流开三 平尤云	流开三 平尤以	流开三 上有云	流开三 去宥云
高淳	ʑy¹⁴	ŋy²²	çy⁵⁵	y⁵⁵	y²²	y²²	y⁵⁵	y³⁵
湖阳	çy⁵¹	ŋy¹³	çy⁴⁴	y⁴⁴	y¹³	y¹³	y³³	y³⁵
博望	çʰy⁵¹	ŋy³⁵	çy⁴⁴	y⁴⁴	y³⁵	y³⁵	y²²	y³⁵
新博₍郎家村₎	çʰy⁵¹	nu³⁵	çy⁴⁴	y⁴⁴	y³⁵	y³⁵	y³⁵	y³¹²
新博₍童王村₎	çy⁵¹	ŋy³⁵	çy⁴⁴	y⁴⁴	y³⁵	y³⁵	y⁴⁴	y⁵¹
年陡	çʰiɯ⁵⁵	niɯ¹³	çiɯ⁴¹	iɯ⁴¹	iɯ¹³	iɯ¹³	iɯ³⁵	iɯ⁵⁵
泾县	hɿ²³	lei²⁵	çiɤ³⁵	jiɤ³¹	jiɤ²⁵	jiɤ²⁵	jiɤ³¹	jiɤ²³
茂林	hy²⁴	ŋy²⁴	çy³⁵	y⁵¹	y²⁴	y²⁴	y⁵¹	y²⁴
厚岸	tɕʰy⁵⁵	ŋy²⁴	çy²²	y²²	y²⁴	y²⁴	y⁵⁵	y⁵⁵

	油	彪	丢	纠~正	幽	探	贪	潭
	流开三 平尤以	流开三 平幽帮	流开三 平幽端	流开三 平尤见	流开三 平幽影	咸开一 去勘透	咸开一 平覃透	咸开一 平覃定
高淳	y²²	pio⁵⁵	ty⁵⁵	tɕy⁵⁵	y⁵⁵	tʰy⁵⁵	tʰei⁵⁵	dy²²
湖阳	y¹³	pio⁴⁴	ty⁴⁴	tɕy⁴⁴	y⁴⁴	tʰie³⁵	tʰie⁴⁴	ɡ̊ʰu¹³
博望	y³⁵	pio⁴⁴	ty⁴⁴	tɕy⁴⁴	y⁴⁴	tʰɛ³⁵	tʰu⁴⁴	ɡ̊ʰɛ³⁵
新博₍郎家村₎	y³⁵	pio⁴⁴	tio⁴⁴	tɕy⁴⁴	y⁴⁴	tʰu³¹²	tʰɛ⁴⁴	ɡ̊ʰɛ³⁵
新博₍童王村₎	y³⁵	pio⁴⁴	ty⁴⁴	tɕy⁴⁴	y⁴⁴	tʰɛ⁵¹	tʰu⁴⁴	ɡ̊ʰɛ³⁵
年陡	iɯ¹³	piɔ⁴¹	/	tɕiɯ⁴¹	iɯ⁴¹	tʰẽ⁵⁵	tʰũ⁴¹	ɡ̊ʰẽ¹³
泾县	jiɤ²⁵	piɔ³⁵	tiɔ³⁵	tɕiɤ³⁵	jiɤ³¹	tʰE²³	tʰE³⁵	ɡ̊ʰE²⁵
茂林	y²⁴	piɤ³⁵	ty³⁵	tɕy³⁵	y⁵¹	tʰɛ²⁴	tʰɛ³⁵	hɛ²⁴
厚岸	y²⁴	piɤ²²	ty²²	tɕy²²	y²²	tʰɛ⁵⁵	tʰɛ²²	tʰɛ²⁴

	南	男	参~加	惨	蚕	感	砍	含
	咸开一平覃泥	咸开一平覃泥	咸开一平覃清	咸开一上感清	咸开一平覃从	咸开一上感见	咸开一上感溪	咸开一平覃匣
高淳	ȵy²²	ȵy²²	tsʰei⁵⁵	tsʰei³³	ʑy²²	kei³³	kʰei³³	ʁei²²
湖阳	ȵu¹³	nu¹³	tɕʰie⁴⁴	tɕʰie³³	zu¹³	kɣi³³	kʰɣi³³	ʁɣi¹³
博望	ȵy³⁵	nɛ³⁵	tsʰɛ⁴⁴	tsʰɛ²²	sʰɛ³⁵	kɛ²²	kʰɛ³⁵	hɛ³⁵
新博郐家村	nu³⁵	nɛ³⁵	tsʰɛ⁴⁴	tsʰɛ³⁵	sʰu³⁵	kɛ³⁵	kʰɛ³⁵	hɛ³⁵
新博童王村	nu³⁵	nɛ³⁵	tsʰɛ⁴⁴	tsʰɛ⁴⁴	sʰu³⁵	kɛ⁴⁴	kʰɛ⁴⁴	hɛ³⁵
年陡	nũ¹³	nẽ¹³	tsʰẽ⁴¹	tsʰẽ⁴¹	sʰũ¹³	kẽ³⁵	kʰẽ³⁵	χẽ¹³
泾县	nE²⁵	lE²⁵	tsʰæ³⁵	tsʰæ³¹	hE²⁵	kE³¹	kʰæ³¹	hæ²⁵
茂林	lɛ²⁴	lɛ²⁴	tsʰæ³⁵	tsʰæ²¹	hɛ²⁴	kɛ²¹	kʰæ²¹	hæ²⁴
厚岸	lɛ²⁴	lɛ²⁴	tsʰæ²²	tsʰæ³¹²	sɛ²⁴	kɛ³¹²	kʰæ³¹²	χæ²⁴

	庵	暗	答	踏	纳	杂	鸽	盒
	咸开一平覃影	咸开一去勘影	咸开一入合端	咸开一入合透	咸开一入合泥	咸开一入合从	咸开一入合见	咸开一入合匣
高淳	ei⁵⁵	ei³⁵	taʔ³	dɑʔ¹³	naʔ¹³	zaʔ¹³	kuaʔ³	ʁaʔ¹³
湖阳	ɣi⁴⁴	ɣi³⁵	tɐʔ³⁵	ʒ̊ɐʔ⁵¹	nɐʔ⁵¹	zɐʔ⁵¹	kuɐʔ³⁵	χɐʔ⁵¹
博望	u⁴⁴	ŋɛ³⁵	taʔ⁵	tʰaʔ⁵	naʔ⁵¹	sʰaʔ⁵¹	kəʔ⁵	χəʔ⁵¹
新博郐家村	ŋɛ⁴⁴	ŋɛ³¹²	tɐʔ³⁵	tʰɐʔ³⁵	nɐʔ⁵¹	sʰɐʔ⁵¹	kəʔ³⁵	χɐʔ⁵¹
新博童王村	u⁴⁴	ŋu⁵¹	tɐʔ³⁵	f̬ɐʔ⁵¹	nɐʔ⁵¹	sʰɐʔ⁵¹	kəʔ³⁵	hɐʔ⁵¹
年陡	ũ⁴¹	ẽ⁵⁵	tɐʔ⁵	tʰɐʔ⁵	nɐʔ⁵	sʰɐʔ⁵	kəʔ⁵	χəʔ⁵
泾县	E³⁵	E²³	ta³¹	tʰa³¹	la³⁵	ha³⁵	kɛ³¹	hɛ³⁵
茂林	ɛ³⁵	ɛ²⁴	taʔ³	tʰaʔ³	laʔ⁵	haʔ⁵	kɛʔ³	hɛʔ⁵
厚岸	ɛ²²	ɛ³⁵	tɐʔ⁴	tʰɐʔ⁵	/	tsʰɐʔ⁵	kəʔ⁴	χəʔ⁵

	担_{挑~}	胆	毯	谈	淡	篮	榄_{橄~}	惭
	咸开一去阚端	咸开一上敢端	咸开一上敢透	咸开一平谈定	咸开一上敢定	咸开一平谈来	咸开一上敢来	咸开一平谈从
高淳	tie³⁵	tie³³	tʰie³³	die²²	die¹⁴	lie²²	ȵie²²	ʑie¹⁴
湖阳	tie³⁵	tie³³	tʰie³³	ɻ̥ʰie¹³	ɻ̥ie⁵¹	lie¹³	lie³³	ʑie¹³
博望	tɛ⁵¹	tɛ²²	tʰɛ²²	ɻ̥ʰɛ³⁵	ɻ̥ʰɛ⁵¹	lɛ³⁵	lɛ³⁵	sʰɛ³⁵
新博_{邰家村}	tɛ⁴⁴	tɛ³⁵	tʰɛ³⁵	ɻ̥ʰɛ³⁵	ɻ̥ʰɛ⁵¹	lɛ³⁵	lɛ³⁵	sʰɛ³⁵
新博_{童王村}	tɛ⁵¹	tɛ⁴⁴	tʰɛ⁴⁴	ɻ̥ʰɛ³⁵	ɻ̥ʰɛ⁵¹	lɛ³⁵	lɛ⁴⁴	sʰɛ³⁵
年陡	tẽ⁵⁵	tẽ³⁵	tʰẽ³⁵	ɻ̥ʰẽ¹³	tẽ⁵⁵	lẽ¹³	lẽ³⁵	tsʰẽ¹³
泾县	tæ̃²³	tæ̃³¹	tʰæ̃³¹	ɻ̥ʰæ̃²⁵	ɻ̥ʰæ̃³¹	næ̃²⁵	læ̃³¹	hæ̃²⁵
茂林	tæ²⁴	tæ²¹	tʰæ²¹	hæ²⁴	hæ⁵¹	læ²⁴	læ²¹	hæ²⁴
厚岸	tæ̃³⁵	tæ̃³¹²	tʰæ̃³¹²	tʰæ̃²⁴	tʰæ̃⁵⁵	læ̃²⁴	læ̃³¹²	tsʰæ̃²⁴

	暂	三	甘	柑	敢	喊	塔	蜡
	咸开一去阚从	咸开一平谈心	咸开一平谈见	咸开一平谈见	咸开一上敢见	咸开一上敢晓	咸开一入盍透	咸开一入盍来
高淳	ʑie¹⁴	ɕie⁵⁵	kei⁵⁵	kei⁵⁵	kei³³	ɕie³³	tʰaʔ³	laʔ¹³
湖阳	tɕie⁵¹	ɕie⁴⁴	kɤi⁴⁴	kɤi⁴⁴	kɤi³³	ɕie³³	tʰɐʔ³⁵	lɐʔ⁵¹
博望	tsɛ³⁵	sɛ⁴⁴	ku⁴⁴	kɛ⁴⁴	kɛ²²	χe²²	tʰaʔ⁵	laʔ⁵¹
新博_{邰家村}	tsɛ³¹²	sɛ⁴⁴	ku⁴⁴	ku⁴⁴	kɛ³⁵	χe³⁵	tʰɐʔ³⁵	lɐʔ⁵¹
新博_{童王村}	tsɛ⁵¹	sɛ⁴⁴	ku⁴⁴	kɛ⁴⁴	ku⁴⁴	χe⁴⁴	tʰɐʔ³⁵	lɐʔ⁵¹
年陡	tʂẽ⁵⁵	sẽ⁴¹	kũ⁴¹	kẽ⁻⁵⁵	kẽ³⁵	χẽ³⁵	tʰɐʔ⁵	lɐʔ⁵
泾县	tsæ̃²³	sæ̃³⁵	kᴇ³⁵	kᴇ³⁵	kᴇ³¹	χæ̃³¹	tʰaʔ³¹	laʔ³⁵
茂林	hæ⁵¹	sæ³⁵	kɛ³⁵	kɛ³⁵	kɛ²¹	χæ²¹	tʰaʔ³	laʔ⁵
厚岸	tsʰæ̃⁵⁵	sæ̃²²	kɛ²²	kɛ²²	kɛ³¹²	χæ³¹²	tʰɐʔ⁴	lɐʔ⁵

	磕	站车~	赚	斩	馋	杉	减	插
	咸开一入盍心	咸开二去陷知	咸开二去陷澄	咸开二上豏庄	咸开二平咸崇	咸开二平咸生	咸开二上豏见	咸开二入洽初
高淳	kʰuɑʔ³	ʑie¹⁴	tɕi³⁵	tɕi³³	ʑie²²	ɕie³⁵	tɕi³³	tsʰɑʔ³
湖阳	kʰuɐʔ³⁵	ɕie⁵¹	/	tɕie³³	ʑie¹³	sa⁴⁴	tɕi³³	tshɐʔ³⁵
博望	kʰəʔ⁵	tse³⁵	tsuɛ³⁵	tsɛ²²	sʰɛ³⁵	sɛ⁴⁴	tɕi²²	tsʰɑʔ⁵
新博郇家村	kʰəʔ³⁵	tse³¹²	tsuɛ³¹²	tse⁴⁴	sʰɛ³⁵	sɛ⁴⁴	tɕi³⁵	tsʰɐʔ³⁵
新博童王村	kʰəʔ³⁵	tsʰɛ⁵¹	tɕye⁵¹	tse⁴⁴	sʰɛ³⁵	sɛ⁴⁴	tɕi⁴⁴	tsʰɐʔ³⁵
年陡	kʰəʔ⁵	tʂɐ̃⁵⁵	tʂɐ̃⁵⁵	tʂɐ̃³⁵	tʂʰɐ̃¹³	ʂɐ̃⁴¹	tɕĩ³⁵	tʂʰɐʔ⁵
泾县	kʰɛ³¹	tsæ̃²³	hæ̃³¹	tsæ̃³¹	hæ̃²⁵	sæ̃³⁵	tɕĩ³¹	tsʰa³¹
茂林	kʰɛ³	tsæ²⁴	hæ⁴²	tsæ²¹	hæ²⁴	sæ³⁵	tɕiæ²¹	tsʰɑʔ³
厚岸	kʰəʔ⁴	tsʰɐ̃⁵⁵	tsʰɐ̃⁵⁵	tsɐ̃³¹²	tsʰɐ̃²⁴	sɐ̃²²	kɐ̃³¹²	tsʰɐʔ⁴

	闸~门	夹	掐	狭	搀	衫	监~牢	嵌
	咸开二入洽崇	咸开二入洽见	咸开二入洽溪	咸开二入洽匣	咸开二平衔初	咸开二平衔生	咸开二平衔见	咸开二平衔溪
高淳	zɑʔ¹³	kɑʔ³	kʰɑʔ³	/	tɕʰie⁵⁵	ɕie⁵⁵	tɕie⁵⁵	tɕʰie³⁵
湖阳	sɐʔ⁵¹	kɐʔ³⁵	kʰɐʔ³⁵	ɕiaʔ⁵¹	tɕʰie⁴⁴	ɕie⁴⁴	tɕi⁴⁴	tɕʰi³⁵
博望	sʰaʔ⁵¹	kaʔ⁵	tɕʰiaʔ⁵	ɕiaʔ⁵	tsʰɛ⁴⁴	sɛ⁴⁴	tsi⁴⁴	ɕʰi³⁵
新博郇家村	sʰɐʔ⁵¹	kɐʔ³⁵	kʰɐʔ³⁵	ɕiɐʔ³⁵	tsʰɛ⁴⁴	sɛ⁴⁴	tsi⁴⁴	hɛ⁵¹
新博童王村	sʰɐʔ⁵¹	kɐʔ³⁵	kʰɐʔ³⁵	ɕia³⁵	tsʰɛ⁴⁴	sɛ⁴⁴	tsi⁴⁴	tsʰi⁵¹
年陡	ʂʰɐʔ⁵	kɐʔ⁵	tɕʰiɐʔ⁵	ɕia¹³	tʂʰɐ̃⁴¹	ʂɐ̃⁴¹	tɕĩ⁴¹	/
泾县	ha³⁵	ka³¹	kʰa³¹	ha³⁵	tsʰæ̃³⁵	sæ̃³⁵	tɕi³⁵	kʰæ̃²³
茂林	haʔ⁵	kaʔ³	kʰaʔ³	haʔ⁵	tsʰæ³⁵	sæ³⁵	tɕiæ³⁵	kʰæ²⁴
厚岸	tsʰɐʔ⁵	kɐʔ⁴	kʰɐʔ⁴	χɐʔ⁵	tsʰæ̃²²	sæ̃²²	kæ̃²²	kʰæ̃³⁵

	岩	衔	甲	押	压	鸭	帘	尖
	咸开二平衔疑	咸开二平衔匣	咸开二入狎见	咸开二入狎影	咸开二入狎影	咸开二入狎影	咸开三平盐来	咸开三平盐精
高淳	ŋe²²	ʑie²²	tɕiaʔ³	ŋaʔ¹³	ŋaʔ¹³	ŋaʔ¹³	n̠i²²	tɕi⁵⁵
湖阳	ie¹³	ʑie¹³	kʰɐʔ³⁵	ɐʔ³⁵	ɰɐʔ5̲1̲	ɰɐʔ5̲1̲	li¹³	tɕi⁴⁴
博望	i³⁵	hɛ³⁵	tɕiaʔ⁵	ŋaʔ⁵¹	ŋaʔ⁵¹	ŋaʔ⁵	li³⁵	tsi⁴⁴
新博_{邰家村}	i³⁵	hɛ³⁵	tɕiɐʔ³⁵	ɐʔ³⁵	ŋaʔ³⁵	ŋɐʔ³⁵	li³⁵	tsi⁴⁴
新博_{童王村}	i³⁵	sʰi²⁴	tɕiɐʔ³⁵	ŋɐʔ³⁵	ŋaʔ³⁵	ŋɐʔ³⁵	li²⁴	tsi⁴⁴
年陡	iɛ¹³	/	tɕia³⁵	ɰɐʔ⁵	ɰɐʔ⁵	ɰɐʔ⁵	lĩ¹³	tɕĩ⁴¹
泾县	ŋæ²⁵	hæ²⁵	tɕia³¹	jia³¹	jia³¹	a³¹	li²⁵	tɕi³⁵
茂林	ŋæ²⁴	hiæ²⁴	tɕiaʔ³	jiaʔ³	aʔ³	aʔ³	lᵈi²⁴	tɕi³⁵
厚岸	ŋe²⁴	χæ²⁴	kɐʔ⁴	ɐʔ⁴	ɐʔ⁴	ɐʔ⁴	liɛ³⁵	tɕiɛ²²

	签	占~ト	陕	染	检	钳	验	淹
	咸开三平盐清	咸开三平盐章	咸开三上琰书	咸开三上琰日	咸开三上琰见	咸开三平盐群	咸开三去艳疑	咸开三平盐影
高淳	tɕʰi⁵⁵	tɕi⁵⁵	ɕie³³	n̠i⁵⁵	tɕi³³	ʑi²²	n̠i³⁵	ie⁵⁵
湖阳	tɕʰi⁴⁴	tɕie⁴⁴	ɕie³³	n̠i³³	tɕi³³	ʑi¹³	n̠i³⁵	ie⁴⁴
博望	tsʰi⁴⁴	tsɛ⁴⁴	ɕy³⁵	y²²	tsi⁴⁴	sʰi³⁵	i³⁵	ŋɛ⁴⁴
新博_{邰家村}	tsʰi⁴⁴	tsɛ⁴⁴	sɛ³⁵	y³⁵	tsi³⁵	sʰi³⁵	i³¹²	ŋɛ⁴⁴
新博_{童王村}	tsʰi⁴⁴	tsɛ⁴⁴	sɛ⁴⁴	y⁴⁴	tsi⁴⁴	sʰi³⁵	i⁵¹	ŋɛ⁴⁴
年陡	tɕʰĩ⁴¹	tʂɐ̃⁴¹	ʂɐ̃³⁵	ũ³⁵	tɕĩ³⁵	tɕʰĩ¹³	ĩ⁵⁵	ĩ⁴¹
泾县	tɕʰi³⁵	tsæ³⁵	sE³¹	n̠i³¹	tɕi³¹	ɕʰi²⁵	n̠i²³	ŋæ³⁵
茂林	tɕʰi³⁵	tsɛ³⁵	sɛ²¹	n̠i⁵¹	tɕi²¹	hi²⁴	n̠i²⁴	æ³⁵
厚岸	tɕʰiɛ²²	tsɛ³⁵	sæ³¹²	n̠iɛ⁵⁵	tɕiɛ³¹²	tɕʰiɛ²⁴	n̠iɛ⁵⁵	æ²²

	厌	炎	盐名	艳	聂	猎	接	折~叠
	咸开三去艳影	咸开三平盐云	咸开三平盐以	咸开三去艳以	咸开三入叶泥	咸开三入叶来	咸开三入叶精	咸开三入叶章
高淳	i³⁵	i²²	i²²	i¹⁴	ȵiəʔ¹³	ȵiəʔ¹³	tɕiəʔ³	tsəʔ³
湖阳	i³⁵	i¹³	i¹³	i³⁵	ȵiəʔ⁵¹	liəʔ⁵¹	tɕiəʔ³⁵	tsəʔ³⁵
博望	i³⁵	i³⁵	i³⁵	i³⁵	niɪʔ⁵¹	liɪʔ⁵¹	tɕiɪʔ⁵	tsəʔ⁵
新博郎家村	i³¹²	i³⁵	i³⁵	i³¹²	ȵieʔ⁵¹	lieʔ⁵¹	tɕieʔ³⁵	tsəʔ³⁵
新博童王村	i⁵¹	i³⁵	i³⁵	i⁵¹	ȵieʔ⁵¹	lieʔ⁵¹	tɕieʔ³⁵	tsəʔ³⁵
年陡	ĩ⁵⁵	ĩ¹³	ĩ¹³	ĩ⁵⁵	niɪʔ⁵	liɪʔ⁵	tɕiɪʔ⁵	tʂəʔ⁵
泾县	i²³	i²⁵	i²⁵	i²³	li³⁵	li³⁵	tɕi³¹	tsɛ³¹
茂林	i²⁴	i²⁴	i²⁴	i²⁴	ȵiɪʔ⁵	lᵈiɪʔ⁵	tɕiɪʔ³	tsɛʔ³
厚岸	jiɛ⁵⁵	jiɛ²⁴	jiɛ²⁴	jiɛ⁵⁵	ȵiɔʔ⁵	liɔʔ⁵	tɕiɔʔ⁴	tsəʔ⁴

	叶~子	剑	欠	严	劫	业	点	店
	咸开三入叶以	咸开三去酽见	咸开三去酽溪	咸开三平严疑	咸开三入业见	咸开三入业疑	咸开四上忝端	咸开四去㮇端
高淳	iəʔ¹³	tɕi³⁵	tɕʰi³⁵	ȵi²²	tɕiəʔ³	ȵiəʔ¹³	ti³³	ti³⁵
湖阳	ȵiəʔ⁵¹	tɕi³⁵	tɕʰi³⁵	i¹³	tɕiəʔ³⁵	ȵiəʔ⁵¹	ti³³	ti³⁵
博望	iɪʔ⁵¹	tsi³⁵	tsʰi³⁵	i³⁵	tɕiɪʔ³⁵	iɪʔ⁵¹	ti²²	ti³⁵
新博郎家村	ieʔ⁵¹	tsi³¹²	tsʰi³¹²	i³⁵	tɕʰieʔ³⁵	ieʔ⁵¹	ti³⁵	ti³¹²
新博童王村	ieʔ⁵¹	tsi⁵¹	tsʰi⁵¹	i³⁵	tɕieʔ³⁵	ieʔ⁵¹	ti⁴⁴	ti⁵¹
年陡	iɪʔ⁵	tɕĩ⁵⁵	tɕʰĩ⁵⁵	ĩ¹³	tɕiɪʔ⁵	iɪʔ⁵	tĩ³⁵	tĩ⁵⁵
泾县	i³⁵	tɕi²³	tɕʰi²³	i²⁵	tɕi³¹	i³⁵	ti³¹	ti²³
茂林	jiɪʔ⁵	tɕi²⁴	tɕʰi²⁴	ȵi²⁴	tɕiɪʔ³	ȵiɪʔ⁵	ti²¹	ti²⁴
厚岸	jiɔʔ⁵	tɕiɛ³⁵	tɕʰiɛ³⁵	ȵiɛ²⁴	tɕiɪʔ⁴	ȵiɔʔ⁵	tiɛ³¹²	tiɛ³⁵

	添	舔	甜	念	兼	歉	嫌	跌
	咸开四平添透	咸开四上忝透	咸开四平添定	咸开四去㮇泥	咸开四平添见	咸开四去㮇溪	咸开四平添匣	咸开四入帖端
高淳	tʰi⁵⁵	tʰi³³	di²²	ȵi³⁵	tɕi⁵⁵	tɕʰi³⁵	z̥i²²	tiəʔ³
湖阳	tʰi⁴⁴	tʰi³³	ɦʰi¹³	ȵi³⁵	tɕi⁴⁴	tɕʰi³⁵	i¹³	tiəʔ³⁵
博望	tʰi⁴⁴	tʰi²²	ɦʰi³⁵	ȵi³⁵	tsi⁴⁴	tsʰi³⁵	sʰi³⁵	tiɪʔ
新博邰家村	tʰi⁴⁴	tʰi³⁵	ɦʰi³⁵	ȵi³¹²	tsi⁴⁴	tsʰi³¹²	sʰi³⁵	tieʔ³⁵
新博童王村	tʰi⁴⁴	tʰi⁴⁴	ɦʰi³⁵	ȵi⁵¹	tsi⁴⁴	tsʰi⁵¹	sʰi³⁵	tieʔ³⁵
年陡	tʰĩ⁴¹	tʰĩ³⁵	tʰĩ¹³	nĩ⁵⁵	tɕĩ⁴¹	tɕʰĩ⁴¹	çĩ¹³	tiɪʔ⁵
泾县	tʰi³⁵	tʰi³¹	tʰi²⁵	ȵi²³	tɕiæ³⁵	tɕʰi²³	çʰi²⁵	ti³¹
茂林	tʰi³⁵	tʰi²¹	tʰi²⁴	ȵi²⁴	tɕi³⁵	tɕʰi²⁴	hi²⁴	tiɪʔ³
厚岸	tʰiɛ²²	tʰiɛ³¹²	tʰiɛ²⁴	ȵiɛ⁵⁵	tɕiɛ²²	tɕʰiɛ³⁵	çiɛ²⁴	tiɪʔ⁴

	贴	凡	范姓	法	品	林	侵	浸
	咸开四入帖透	咸合三平凡奉	咸合三上范奉	咸合三入乏非	深开三上寝滂	深开三平侵来	深开三平侵清	深开三去沁精
高淳	tʰiəʔ³	bie²²	bie²²	faʔ³	pʰin³³	ȵin²²	tɕʰin³⁵	tɕin³⁵
湖阳	tʰiəʔ³⁵	bie¹³	pie⁵¹	fɐʔ³⁵	pʰiŋ³³	liŋ¹³	tɕʰiŋ⁴⁴	tɕiŋ³⁵
博望	tʰiɪʔ⁵	fe³⁵	fe³⁵	faʔ⁵	pʰin²²	lin³⁵	tɕʰin⁴⁴	tɕin³⁵
新博邰家村	tʰieʔ³⁵	ʋɛ³⁵	fe³⁵	fɐʔ³⁵	pʰin³⁵	lin³⁵	tɕʰin⁴⁴	tɕin³¹²
新博童王村	tʰieʔ³⁵	ʋɛ³⁵	fe⁵¹	fɐʔ³⁵	pʰin⁴⁴	lin³⁵	tɕʰin⁴⁴	tɕin⁵¹
年陡	tʰiɪʔ⁵	fʰɐ̃¹³	fɐ̃⁵⁵	fɐʔ⁵	pʰien³⁵	lien¹³	tɕʰien⁴¹	/
泾县	tʰi³¹	wæ²⁵	wæ²³	fa³¹	pʰiŋ³¹	liŋ²⁵	tɕʰiŋ³⁵	tɕiŋ²³
茂林	tʰiɪʔ³	wæ²⁴	wæ⁵¹	faʔ³	pʰiɐŋ²¹	lᵈiɐŋ²⁴	tɕʰiɐŋ³⁵	tɕiɐŋ²⁴
厚岸	tʰiəʔ⁴	wæ̃²⁴	fæ̃⁵⁵	fɐʔ⁴	pʰin³¹²	lin²⁴	tɕʰin²²	tɕin³⁵

	心	寻	沉	参人~	针	枕	深	沈
	深开三平侵心	深开三平侵邪	深开三平侵澄	咸开一平侵生	深开三平侵章	深开三上寝章	深开三平侵书	深开三上寝书
高淳	çin⁵⁵	ʑin²²	zən¹⁴	sən⁵⁵	tsən⁵⁵	tsən³³	sən⁵⁵	sən³³
湖阳	çiŋ⁴⁴	ʑiŋ¹³	dzəŋ¹³	səŋ⁴⁴	tsəŋ⁴⁴	tsəŋ³³	səŋ⁴⁴	səŋ³³
博望	çin⁴⁴	çʰin³⁵	sʰən³⁵	sən⁴⁴	tsən⁴⁴	tsən²²	sən⁴⁴	sən²²
新博邰家村	çin⁴⁴	çʰin³⁵	sʰən⁻²¹	sən⁴⁴	tsən⁴⁴	tsən³⁵	sən⁴⁴	sən³⁵
新博童王村	çin⁴⁴	çʰyən³⁵	sʰən³⁵	sən⁴⁴	tsən⁴⁴	tsən⁴⁴	sən⁴⁴	sən⁴⁴
年陡	çien⁴¹	çʰien¹³	sʰən¹³	sən⁴¹	tʂən⁴¹	tʂən³⁵	ʂən⁴¹	ʂən³⁵
泾县	çiŋ³⁵	çʰiŋ²⁵	həŋ²⁵	səŋ³⁵	tsəŋ³⁵	tsəŋ³¹	səŋ³⁵	səŋ³¹
茂林	çieŋ³⁵	hieŋ²⁴	həŋ²⁴	səŋ³⁵	tsəŋ³⁵	tsəŋ²¹	səŋ³⁵	səŋ²¹
厚岸	çin²²	tɕʰin³⁵	tsʰən²⁴	sən²²	tsən²²	tsən³¹²	sən²²	sən³¹²

	任贵~	金	锦	琴	音	淫	粒	集
	深开三去沁日	深开三平侵见	深开三上寝见	深开三平侵群	深开三平侵影	深开三平侵以	深开三入辑来	深开三入缉从
高淳	zən¹⁴	tçin⁵⁵	tçin³³	ʑin²²	in⁵⁵	in²²	ȵiəʔ¹³	ʑiəʔ¹³
湖阳	ɻəŋ³⁵	tçiŋ⁴⁴	tçiŋ³³	ʑiŋ¹³	iŋ⁴⁴	iŋ¹³	liəʔ⁵¹	ʑiəʔ⁵¹
博望	iən³⁵	tçin⁴⁴	tçin²²	çʰin³⁵	in⁴⁴	in³⁵	liɿʔ⁵¹	tçiɿʔ⁵
新博邰家村	iən³¹²	tçin⁴⁴	tçin⁴⁴	çʰin³⁵	in⁴⁴	in³⁵	lieʔ⁵¹	tçieʔ³⁵
新博童王村	in⁵¹	tçin⁴⁴	tçin⁴⁴	çʰin³⁵	in⁴⁴	in³⁵	lieʔ⁵¹	tçieʔ³⁵
年陡	ɻən¹³	tçien⁴¹	tçien³⁵	çʰien¹³	ien⁴¹	ien¹³	liɿʔ⁵	tçiɿʔ⁵
泾县	həŋ²³	tçiŋ³⁵	tçiŋ³¹	çʰiŋ²⁵	iŋ³¹	iŋ²⁵	li³⁵	zɹ³¹
茂林	ȵiaŋ²⁴	tçiaŋ³⁵	tçiaŋ²¹	hiaŋ²⁴	jiaŋ⁵¹	jiaŋ²¹	lᵈiəʔ⁵	hiəʔ⁵
厚岸	ȵin⁵⁵	tçin²²	tçin³¹²	tçʰin²⁴	in²²	in²⁴	ləʔ⁵	tçiɿʔ⁴

	习	湿	汁	十	急	及	吸	单简~
	深开三入缉邪	深开三入缉书	深开三入缉章	深开三入缉禅	深开三入缉见	深开三入缉群	深开三入缉晓	山开一平寒端
高淳	ziəʔ¹³	səʔ³	tsəʔ³	zəʔ¹³	tɕiəʔ³	ziəʔ¹³	ɕiəʔ³	tie⁵⁵
湖阳	ɕiəʔ⁵¹	səʔ³⁵	tsəʔ³⁵	səʔ⁵¹	tɕiəʔ³⁵	tɕiəʔ⁵¹	ɕiəʔ³⁵	tie⁴⁴
博望	ɕiɪʔ⁵	səʔ⁵	tsəʔ⁵	səʔ⁵¹	tɕiɪʔ⁵	ɕʰiɪʔ⁵¹	ɕiɪʔ⁵	tɛ⁴⁴
新博 郎家村	ɕʰieʔ⁵¹	səʔ³⁵	tsɿ⁴⁴	səʔ⁵¹	tɕieʔ³⁵	ɕʰieʔ⁵¹	ɕieʔ³⁵	tɛ⁴⁴
新博 童王村	ɕieʔ³⁵	səʔ³⁵	tsɿ⁴⁴	səʔ⁵¹	tɕieʔ³⁵	ɕʰieʔ⁵¹	ɕieʔ³⁵	tɛ⁴⁴
年陡	ɕiɪʔ⁵	ʂəʔ⁵	tʂəʔ⁵	ʂəʔ⁵	tɕiɪʔ⁵	tɕiɪʔ⁵	ɕiɪʔ⁵	tẽ⁴¹
泾县	ɕʅ³¹	sɪ³¹	tsɪ³¹	hɪ³⁵	tɕʅ³¹	tɕʅ³¹	ɕʅ³¹	tæ³⁵
茂林	hiəʔ⁵	səʔ³	tsəʔ³	həʔ⁵	tɕiəʔ³	hiəʔ⁵	ɕiəʔ³	tæ³⁵
厚岸	ɕiɪʔ⁵	səʔ⁴	tsəʔ⁴	səʔ⁵	tɕiɪʔ⁴	tɕiɪʔ⁴	ɕiɪʔ⁴	tæ̃²²

	掸鸡毛~子	旦	滩	坦	炭	坛	蛋	难形
	山开一上旱端	山开一去翰端	山开一平寒透	山开一上旱透	山开一去翰透	咸开一平覃定	山开一去翰定	山开一平寒泥
高淳	die²²	tie³⁵	tʰie⁵⁵	tʰie³³	tʰie³⁵	die²²	die¹⁴	ȵie²²
湖阳	tie³³	tie³⁵	tʰie⁴⁴	tʰie³³	tʰie³⁵	ɕu¹³	ɕie⁵¹	nie¹³
博望	tɛ²²	tɛ³⁵	tʰɛ⁴⁴	tʰɛ²²	tʰɛ³⁵	ɕʰɛ³⁵	ɕʰɛ⁵¹	nɛ³⁵
新博 郎家村	tɛ³⁵	tɛ⁻⁴⁴	tʰɛ⁴⁴	tʰɛ³⁵	tʰɛ³¹²	ɕʰɛ³⁵	ɕʰɛ⁵¹	nɛ³⁵
新博 童王村	tɛ⁴⁴	tɛ⁵¹	tʰɛ⁴⁴	tʰɛ⁴⁴	tʰɛ⁵¹	ɕʰɛ³⁵	ɕʰɛ⁵¹	nɛ³⁵
年陡	tẽ³⁵	tẽ⁵⁵	tʰẽ⁴¹	tʰẽ³⁵	tʰẽ⁵⁵	tʰẽ¹³	ɕʰẽ⁵⁵	nẽ¹³
泾县	tæ³¹	tæ²³	tʰæ³⁵	tʰæ³¹	tʰæ²³	ɕʰæ²⁵	ɕʰæ³¹	næ²⁵
茂林	tæ²¹	hæ⁵¹	tʰæ³⁵	tʰæ²¹	tʰæ²⁴	he²⁴	hæ⁵¹	læ²⁴
厚岸	tæ³¹²	tæ³⁵	tʰæ²²	tʰæ³¹²	tʰæ³⁵	tʰɛ²⁴	tʰæ⁵⁵	læ²⁴

	拦	懒	烂	餐	灿	残	珊	伞
	山开一平寒来	山开一上旱来	山开一去翰来	山开一平寒清	山开一去翰清	山开一平寒从	山开一平寒心	山开一上旱心
高淳	ȵie²²	ȵie⁵⁵	ȵie³⁵	tɕʰie⁵⁵	tɕʰie³⁵	zɛ²²	ɕie³⁵	ɕie³³
湖阳	lie¹³	lie³³	lie³⁵	tɕʰie⁴⁴	tɕʰie³⁵	ʑie¹³	ɕie⁴⁴	ɕie³³
博望	lɛ³⁵	lɛ²²	lɛ³⁵	tsʰɛ⁴⁴	tsʰɛ³⁵	sʰɛ³⁵	sɛ⁴⁴	sɛ²²
新博 邸家村	lɛ³⁵	lɛ³⁵	lɛ³¹²	tsʰɛ⁴⁴	tsʰɛ³¹²	sʰɛ³⁵	sɛ⁴⁴	sɛ³⁵
新博 童王村	lɛ³⁵	lɛ⁴⁴	lɛ⁵¹	tsʰɛ⁴⁴	tsʰɛ⁵¹	sʰɛ³⁵	sɛ⁴⁴	sɛ⁴⁴
年陡	lẽ¹³	lẽ³⁵	lẽ⁵⁵	tsʰẽ⁴¹	tsʰẽ⁴¹	tsʰẽ¹³	sẽ⁴¹	sẽ³⁵
泾县	næ̃²⁵	næ̃³¹	læ̃²³	tsʰæ̃³⁵	tsʰɛ²³	hæ̃²⁵	sæ̃³⁵	sæ̃³¹
茂林	læ²⁴	læ⁵¹	læ²⁴	tsʰæ³⁵	tsʰæ²⁴	hæ²⁴	sæ³⁵	sæ²¹
厚岸	læ̃²⁴	læ̃⁵⁵	læ̃⁵⁵	tsʰæ̃²²	tsʰæ̃⁵⁵	tsʰæ̃²⁴	sæ̃²²	sæ̃³¹²

	肝	干~湿	竿	赶	刊	看~见	岸	汉
	山开一平寒见	山开一平寒见	山开一平寒见	山开一上旱见	山开一平寒溪	山开一去翰溪	山开一去翰疑	山开一去翰晓
高淳	kei⁵⁵	kei⁵⁵	kei⁵⁵	kei³³	kʰei⁵⁵	kʰei³⁵	ŋɛ³⁵	χei³⁵
湖阳	kɤi⁴⁴	kɤi⁴⁴	kɤi⁴⁴	kɤi³³	kʰɤi⁴⁴	kʰɤi³⁵	ŋɤi³⁵	χɤi³⁵
博望	kɛ⁴⁴	ku⁴⁴	ku⁴⁴	ku²²	kʰɛ⁴⁴	kʰu³⁵	ŋɛ³⁵	χɛ³⁵
新博 邸家村	ku⁴⁴	ku⁴⁴	kɛ⁴⁴	kɛ³⁵	kʰɛ⁴⁴	kʰu⁵¹	u⁵¹	χu³¹²
新博 童王村	ku⁴⁴	ku⁴⁴	kɛ⁴⁴	kɛ⁴⁴	kʰɛ⁴⁴	kʰu⁵¹	u⁵¹	χu⁵¹
年陡	kẽ⁴¹	kũ⁴¹	kẽ³⁵	kẽ³⁵	kʰẽ⁴¹	kʰẽ⁵⁵	ɰẽ⁵⁵	χẽ⁵⁵
泾县	kᴇ³⁵	kᴇ³⁵	kᴇ³¹	kᴇ³¹	kʰᴇ²³	kʰᴇ²³	ᴇ²³	χᴇ²³
茂林	kɛ³⁵	kɛ³⁵	kɛ²¹	kɛ²¹	kʰæ³⁵	kʰɛ²⁴	ŋɛ²⁴	χɛ²⁴
厚岸	kɛ²²	kɛ²²	kɛ³¹²	kɛ³¹²	kʰɛ²²	kʰɛ³⁵	ŋɛ⁵⁵	χɛ⁵⁵

	寒	韩	汗	鞍	安	按	案	达
	山开一平寒匣	山开一平寒匣	山开一去翰匣	山开一平寒影	山开一平寒影	山开一去翰影	山开一去翰影	山开一入曷定
高淳	ʁei²²	ʁei²²	χei³⁵	ŋei⁵⁵	ŋei⁵⁵	ŋei³⁵	ŋei³⁵	dɑʔ¹³
湖阳	ʁɤi¹³	ʁɤi¹³	χɤi⁵¹	ɤi⁴⁴	ɤi⁴⁴	ŋɤi³⁵	ŋɤi³⁵	ɻɐʔ⁵¹̠
博望	hɛ³⁵	hɛ³⁵	hɛ⁵¹	u⁴⁴	u⁴⁴	ŋɛ⁴⁴	ŋɛ³⁵	ɻʰaʔ⁵
新博 邰家村	hɛ³⁵	hɛ³⁵	hu³¹²	u⁴⁴	u⁴⁴	ɛ⁴⁴	ŋɛ³¹²	tɐʔ³⁵
新博 童王村	hɛ³⁵	hɛ³⁵	hu⁵¹	u⁴⁴	u⁴⁴	ŋɛ⁵¹	ŋɛ⁵¹	tɐʔ³⁵
年陡	χẽ¹³	χũ¹³	χũ⁵⁵	ũ⁴¹	ẽ⁴¹	ẽ⁴¹	ẽ⁵⁵	tɐʔ⁵
泾县	hᴇ²⁵	hᴇ²⁵	hᴇ²³	ᴇ³⁵	ᴇ³⁵	ᴇ²³	ᴇ²³	ta³¹
茂林	hɛ²⁴	hɛ²⁴	hɛ²⁴	ɛ³⁵	ɛ³⁵	ɛ³⁵	ɛ²⁴	haʔ⁵
厚岸	χɛ²⁴	χɛ²⁴	χɛ⁵⁵	ɛ²²	ɛ²²	ɛ²²	ɛ³⁵	tʰɐʔ⁵

	捺	辣	擦	萨菩~	割	扮	盼	办
	山开一入曷泥	山开一入曷来	山开一入曷清	山开一入曷心	山开一入曷见	山开二去裥帮	山开二去裥滂	山开二去裥并
高淳	nɑʔ¹³	lɑʔ¹³	tsʰɑʔ³	sɑʔ³	kuɑʔ³	pʰie⁵⁵	pʰie³⁵	bie²²
湖阳	nɐʔ⁵¹̠	lɐʔ⁵¹̠	tsʰɐʔ³⁵	sa³³	kəʔ³⁵	pie³⁵	pʰie³⁵	pie⁵¹
博望	naʔ⁵¹	laʔ⁵¹	tsʰaʔ⁵	saʔ⁵	kəʔ⁵	pɛ³⁵	pʰɛ³⁵	ɸʰɛ⁵¹
新博 邰家村	nɐʔ⁵¹	lɐʔ⁵¹	tsʰɐʔ³⁵	sɐʔ³⁵	kəʔ³⁵	pɛ³⁵	pʰu³¹²	ɸʰɛ⁵¹
新博 童王村	nɐʔ⁵¹	lɐʔ⁵¹	tsʰɐʔ³⁵	sɐʔ³⁵	kəʔ²⁴	pɛ⁵¹	pʰu⁵¹	ɸʰɛ⁵¹
年陡	nɛ⁵⁵	lɐʔ⁵	tsʰɐʔ⁵	sɐʔ⁵	kəʔ⁵	pẽ³⁵	pʰẽ³⁵	pẽ⁵⁵
泾县	la³⁵	la³⁵	tsʰa³¹	sa³¹	kɛ³¹	pæ³¹	pʰᴇ³⁵	ɸʰæ²³
茂林	laʔ⁵	laʔ⁵	tsʰaʔ³	saʔ³	kɛʔ³	pæ²⁴	pʰɛ²⁴	ɸʰæ²⁴
厚岸	lɐʔ⁵	lɐʔ⁵	tsʰɐʔ⁴	sɐʔ⁴	kəʔ⁴	pæ⁻²¹	pʰɛ³⁵	pʰæ⁵⁵

	盏	铲	山	产	间房~	艰	简	眼
	山开二上产庄	山开二上产初	山开二平山生	山开二上产生	山开二平山见	山开二平山见	山开二上产见	山开二上产疑
高淳	tɕie³³	tɕʰie³³	ɕie⁵⁵	tɕʰie³³	tɕie⁵⁵	tɕi⁵⁵	tɕi³⁵	ie⁵⁵
湖阳	tɕie³³	tɕʰie³³	ɕie⁴⁴	tɕʰie³³	tɕi⁴⁴	tɕi⁴⁴	tɕi³³	ie³³
博望	tsɛ⁴⁴	tsʰɛ²²	sɛ⁴⁴	tsʰɛ²²	kɛ⁴⁴	tsi⁴⁴	tsi³⁵	ŋɛ²²
新博邸家村	tsɛ⁻⁴⁴	tsʰɛ³⁵	sɛ⁴⁴	tsʰɛ³⁵	kɛ⁴⁴	tsi⁴⁴	tsi³⁵	ŋɛ³⁵
新博童王村	tsɛ⁴⁴	tsʰɛ⁴⁴	sɛ⁴⁴	tsʰɛ⁴⁴	kɛ⁴⁴	tsi⁴⁴	tsi⁴⁴	ŋɛ⁴⁴
年陡	tʂɐ̃⁵⁵	tʂʰɐ̃³⁵	ʂɐ̃⁴¹	tʂʰɐ̃³⁵	kɐ̃⁴¹	tɕĩ⁴¹	tɕĩ³⁵	ɥɐ̃³⁵
泾县	tsæ̃³¹	tsʰæ̃³¹	sæ̃³⁵	tsʰæ̃³¹	kæ̃³⁵	tɕi³⁵	tɕi³¹	ŋæ̃³¹
茂林	tsæ²¹	tsʰæ²¹	sæ³⁵	tsʰæ²¹	kæ³⁵	tɕiæ³⁵	tɕiæ²¹	ŋæ⁵¹
厚岸	tsæ̃³¹²	tsʰæ̃³¹²	sæ̃²²	sæ̃³¹²	kæ̃²²	tɕiɛ²²	kæ̃³¹²	ŋæ̃⁵⁵

	闲	限	八	拔	抹	扎	察	杀
	山开二平山匣	山开二上产匣	山开二入黠帮	山开二入黠并	山开二入黠明	山开二入黠庄	山开二入黠初	山开二入黠生
高淳	ʑie²²	ʑie¹⁴	paʔ³	baʔ¹³	maʔ¹³	tsaʔ³	tsʰaʔ³	saʔ³
湖阳	ʑie¹³	ʑie⁻²¹	pɐʔ³⁵	p̲ɐ̲ʔ̲⁵¹	m̲ɐ̲ʔ̲⁵¹	tsɐʔ³⁵	tsʰɐʔ³⁵	sɐʔ³⁵
博望	sʰi³⁵	si⁵¹	paʔ⁵	ɸʰaʔ⁵¹	maʔ⁵¹	tsaʔ⁵	tsʰaʔ⁵	saʔ⁵
新博邸家村	sʰi³⁵	si³¹²	pɐʔ³⁵	ɸʰɐʔ⁵¹	mɐʔ⁵¹	tsɐʔ³⁵	tsʰɐʔ³⁵	sɐʔ³⁵
新博童王村	sʰi³⁵	sʰi⁵¹	pɐʔ³⁵	ɸʰɐʔ⁵¹	mɐʔ⁵¹	tsɐʔ³⁵	tsʰɐʔ³⁵	sɐʔ³⁵
年陡	ɕʰĩ¹³	ɕĩ⁵⁵	pɐʔ⁵	pɐʔ⁵	mɐʔ⁵	tsɐʔ⁵	tsʰɐʔ⁵	ʂɐʔ⁵
泾县	ɕʰiæ²⁵	ɕʰiæ³¹	pa³¹	ɸʰa³⁵	ma³⁵	tsa³¹	tsʰa³¹	sa³¹
茂林	hiæ²⁴	hiæ⁵¹	paʔ³	ɸʰaʔ³	maʔ⁵	tsaʔ³	tsʰaʔ³	saʔ³
厚岸	χæ̃²⁴	χæ̃⁵⁵	pɐʔ⁴	pʰɐʔ⁵	moʔ⁵	tsɐʔ⁴	tsʰɐʔ⁴	sɐʔ⁴

	班	板	攀	蛮	慢	栈	删	奸
	山开二 平删帮	山开二 上潸帮	山开二 平删滂	山开二 平删明	山开二 去谏明	山开二 去谏崇	山开二 平删生	山开二 平删见
高淳	pie⁵⁵	pie³³	pʰie⁵⁵	mie²²	mie³⁵	tɕie³⁵	ɕie⁵⁵	tɕie⁵⁵
湖阳	pie⁴⁴	pie³³	pʰie⁴⁴	mie¹³	mie³⁵	tɕie⁵¹	ɕie⁴⁴	tɕi⁴⁴
博望	pɛ⁴⁴	pɛ²²	pʰɛ⁴⁴	mɛ³⁵	mɛ³⁵	tsɛ³⁵	sɛ⁴⁴	tsi⁴⁴
新博 郎家村	pɛ⁴⁴	pɛ³⁵	pʰu⁴⁴	mɛ³⁵	mɛ³¹²	tsɛ³¹²	sɛ⁴⁴	tsi⁴⁴
新博 童王村	pɛ⁴⁴	pɛ⁴⁴	pʰu⁴⁴	mɛ³⁵	mɛ⁵¹	tsɛ⁵¹	sɛ⁴⁴	tsi⁴⁴
年陡	pẽ⁴¹	pẽ³⁵	pʰẽ⁴¹	mẽ¹³	mẽ⁵⁵	/	sẽ⁴¹	tɕi⁴¹
泾县	pæ³⁵	pæ³¹	pʰE³⁵	mæ²⁵	mæ²³	tsæ³¹	sæ³⁵	tɕiæ³⁵
茂林	pæ³⁵	pæ²¹	pʰæ³⁵	mæ²⁴	mæ²⁴	tsæ²⁴	sæ³⁵	tɕiæ³⁵
厚岸	pæ²²	pæ³¹²	pʰæ̃²²	mæ̃²⁴	mæ̃⁵⁵	tsʰæ̃⁵⁵	sæ̃²²	kæ²²

	颜	瞎	鞭	变	篇	骗	便~宜	辩
	山开二 平删疑	山开二 入辖晓	山开三 平仙帮	山开三 去线帮	山开三 平仙滂	山开三 去线滂	山开三 平仙并	山开三 上狝并
高淳	ie²²	χaʔ³	pi⁵⁵	pi³⁵	pʰi³⁵	pʰi³⁵	bi²²	bi¹⁴
湖阳	ie¹³	χɐʔ³⁵	pi⁴⁴	pi³⁵	pʰi⁴⁴	pʰi³⁵	bi¹³	pi⁵¹
博望	i³⁵	χaʔ⁵	pi⁴⁴	pi³⁵	pʰi⁴⁴	pʰi³⁵	ɸʰi³⁵	ɸʰi⁵¹
新博 郎家村	i³⁵	χɐʔ³⁵	pi⁴⁴	pi³¹²	pʰi⁴⁴	pʰi³¹²	ɸʰi³⁵	ɸʰi⁵¹
新博 童王村	i³⁵	χɐʔ³⁵	pi⁴⁴	pi⁵¹	pʰi⁴⁴	pʰi⁵¹	ɸʰi³⁵	pi⁵¹
年陡	ĩ¹³	ɕiɐʔ⁵	pĩ⁴¹	pĩ⁵⁵	pʰĩ⁴¹	pʰĩ⁵⁵	pʰĩ¹³	pĩ⁵⁵
泾县	ŋæ²⁵	χa³¹	pi³⁵	pi²³	pʰi³⁵	pʰi²³	ɸʰi²⁵	ɸʰi²³
茂林	ŋæ²⁴	χaʔ³	pi³⁵	pi²⁴	pʰi³⁵	pʰi²⁴	ɸʰi²⁴	ɸʰi⁵¹
厚岸	ŋæ²⁴	χɐʔ⁴	pie²²	pie³⁵	pʰie²²	pʰie³⁵	pʰie²⁴	pʰie⁵⁵

	便_{方~} 山开三去线并	棉 山开三平仙明	免 山开三上狝明	面_{脸~} 山开三去线明	连 山开三平仙来	煎 山开三平仙精	剪 山开三上狝精	箭 山开三去线精
高淳	bi²²	mi²²	mi⁵⁵	mi³⁵	n̡i²²	tɕi⁵⁵	tɕi³³	tɕi³⁵
湖阳	pi⁵¹	mi¹³	mi³³	mi⁵¹	li¹³	tɕi⁴⁴	tɕi³³	tɕi³⁵
博望	ɸʰi³⁵	mi³⁵	mi²²	mi³⁵	li³⁵	tsi⁴⁴	tsi²²	tsi³⁵
新博_{郕家村}	ɸʰi⁵¹	mi³⁵	mi³⁵	mi³¹²	li³⁵	tsi⁴⁴	tsi³⁵	tsi³¹²
新博_{童王村}	ɸʰi⁵¹	mi³⁵	mi⁴⁴	mi⁵¹	li³⁵	tsi⁴⁴	tsi⁴⁴	tsi⁵¹
年陡	pʰĩ⁵⁵	mĩ¹³	mĩ³⁵	mĩ⁵⁵	lĩ¹³	tɕĩ⁴¹	tɕĩ³⁵	tɕĩ⁵⁵
泾县	ɸʰi²⁵	mi²⁵	mi³¹	mi²³	li²⁵	tɕi³⁵	tɕi³¹	tɕi²³
茂林	ɸʰi²⁴	mi²⁴	mi⁵¹	mi²⁴	lᵈi²⁴	tɕi³⁵	tɕi²¹	tɕi²⁴
厚岸	pʰiɛ⁵⁵	miɛ²⁴	miɛ³¹²	miɛ⁵⁵	liɛ³⁵	tɕiɛ²²	tɕiɛ³¹²	tɕiɛ³⁵

	迁 山开三平仙清	浅 山开三上狝清	钱 山开三平仙从	仙 山开三平仙心	鲜_{新~} 山开三平仙心	癣 山开三上狝心	线 山开三去线心	展 山开三上狝知
高淳	tɕʰi⁵⁵	tɕʰi³³	zi²²	ɕi⁵⁵	ɕi⁵⁵	ɕi³³	ɕi³⁵	tɕi³⁵
湖阳	tɕʰi⁴⁴	tɕʰi³³	zi¹³	ɕi⁴⁴	ɕi⁴⁴	ɕi³³	ɕi³⁵	tɕie³³
博望	tsʰi⁴⁴	tsʰi²²	sʰi³⁵	si⁴⁴	si⁴⁴	si²²	si³⁵	tsɛ²²
新博_{郕家村}	tsʰi⁴⁴	tsʰi³⁵	sʰi³⁵	si⁴⁴	si⁴⁴	si³⁵	si³¹²	tsɛ³⁵
新博_{童王村}	tsʰi⁴⁴	tsʰi⁴⁴	sʰi³⁵	si⁴⁴	si⁴⁴	si⁴⁴	si⁵¹	tsɛ⁴⁴
年陡	tɕʰĩ⁴¹	tɕʰĩ³⁵	ɕʰĩ¹³	ɕĩ⁴¹	ɕĩ⁴¹	ɕĩ³⁵	ɕĩ⁵⁵	tʂɛ̃³⁵
泾县	tɕʰi³⁵	tɕʰi³¹	ɕʰi²⁵	ɕi³⁵	ɕi³⁵	ɕi³¹	ɕi²³	tsɛ³¹
茂林	tɕʰi³⁵	tɕʰi²¹	hi²⁴	ɕi³⁵	ɕi³⁵	ɕi²¹	ɕi²⁴	tsɛ²¹
厚岸	tɕʰiɛ²²	tɕʰiɛ³¹²	ɕiɛ²⁴	/	ɕiɛ²²	ɕiɛ³¹²	ɕiɛ³⁵	tsɛ³¹²

	缠	战	扇~子	善	鳝	乾~坤	件	延
	山开三平仙澄	山开三去线章	山开三去线书	山开三上狝禅	山开三上狝禅	山开三平仙群	山开三上狝群	山开三平仙以
高淳	ʑi²²	tɕi³⁵	ɕi³⁵	ʑi²²	ʑi²²	ʑi²²	ʑi¹⁴	i²²
湖阳	zu¹³	tɕie³⁵	su³⁵	su⁵¹	su⁵¹	ʑi¹³	ɕi⁵¹	i¹³
博望	sʰɛ³⁵	tsɛ³⁵	ɕy⁴⁴	ɕy²²	ɕy³⁵	sʰi̯³⁵	sʰi̯⁵¹	i̯³⁵
新博 郎家村	sʰu³⁵	tsɛ³¹²	su³¹²	su⁵¹	su⁵¹	sʰi̯³⁵	sʰi̯³¹²	i̯³⁵
新博 童王村	sʰu³⁵	tsɛ⁵¹	su⁵¹	su⁵¹	ɕʰy⁵¹	sʰi̯³⁵	sʰi̯⁵¹	i̯³⁵
年陡	tʂʰẽ¹³	tʂẽ⁵⁵	ʂũ⁵⁵	ʂũ⁵⁵	ʂũ⁵⁵	ɕʰĩ¹³	ɕĩ⁵⁵	ĩ¹³
泾县	hɛ²⁵	tsɛ²³	sɛ²³	hɛ³¹	hɛ²⁵	ɕʰi²⁵	ɕʰi³¹	i²⁵
茂林	hɛ²⁴	tsɛ²⁴	sɛ²⁴	hɛ⁵¹	hɛ⁵¹	hi²⁴	hi⁵¹	i²⁴
厚岸	tsʰɛ²⁴	tsɛ³⁵	sɛ³⁵	sɛ⁵⁵	sɛ⁵⁵	kʰɛ²⁴	tɕʰiɛ⁵⁵	jiɛ²⁴

	演	鳖	别~人	灭	列	薛	哲	浙
	山开三上狝以	山开三入薛帮	山开三入薛并	山开三入薛明	山开三入薛来	山开三入仙心	山开三入薛知	山开三入薛章
高淳	in³³	piəʔ³	biəʔ¹³	miəʔ¹³	n̠iəʔ¹³	ɕiəʔ³	tsəʔ³	tsəʔ³
湖阳	i³³	piəʔ³⁵	piəʔ⁵̱¹	miəʔ⁵̱¹	liəʔ⁵̱¹	ɕyəʔ³⁵	tsəʔ³⁵	tsəʔ³⁵
博望	in²²	piɪʔ⁵	ɸʰiɪʔ⁵¹	miɪʔ⁵¹	liɪʔ⁵¹	ɕiɪʔ⁵	tsəʔ⁵	tsəʔ⁵
新博 郎家村	in³⁵	pieʔ³⁵	ɸʰieʔ⁵¹	mieʔ⁵¹	lieʔ⁵¹	ɕieʔ³⁵	tsəʔ³⁵	tsəʔ³⁵
新博 童王村	i⁴⁴	pieʔ⁴	pieʔ³⁵	mieʔ⁵¹	lieʔ⁵¹	ɕieʔ³⁵	tsəʔ³⁵	tsəʔ³⁵
年陡	ĩ³⁵	piɪʔ⁵	piɪʔ⁵	miɪʔ⁵	liɪʔ⁵	ɕiɪʔ⁵	tʂəʔ⁵	tʂəʔ⁵
泾县	i³¹	pi³¹	ɸʰi³⁵	mi³⁵	li³⁵	ɕi³¹	tsɛ³¹	tsɛ³¹
茂林	i²¹	piɪʔ³	ɸʰiɪʔ⁵	miəʔ⁵	lᵈiɪʔ⁵	ɕiɪʔ³	tsɛʔ³	tsɛʔ³
厚岸	jiɛ³¹²	piɔiʔ⁴	pʰiɔʔ⁵	miɔʔ⁵	liɔʔ⁵	ɕiɔʔ⁴	tsəʔ⁴	tsəʔ⁴

	舌	设	折~本:亏本	热	杰	孽	建	健
	山开三入薛船	山开三入薛书	山开三入薛禅	山开三入薛日	山开三入薛群	山开三入薛疑	山开三去愿见	山开三去愿群
高淳	zəʔ13	səʔ3	zəʔ13	n̩iəʔ13	ziəʔ13	n̩iəʔ13	tɕi35	tɕi35
湖阳	səʔ51	səʔ35	tsəʔ35	n̩iəʔ51	tɕiəʔ35	n̩iəʔ51	tɕi35	dʑi13
博望	sʰəʔ51	səʔ5	sʰəʔ51	ɹəʔ51	tɕiɪʔ5	niɪʔ51	tsi35	tsi35
新博邰家村	sʰəʔ51	səʔ35	səʔ35	ɹəʔ51	tɕieʔ35	n̩ieʔ51	tsi312	tsi312
新博童王村	səʔ51	səʔ51	səʔ51	ɹəʔ51	tɕieʔ35	n̩ieʔ51	tsi51	tsi51
年陡	ʂəʔ5	ʂəʔ5	tʂəʔ5	ɹəʔ5	tɕiɪʔ5	niɪʔ5	tɕĩ55	tɕĩ55
泾县	hɛ35	sɛ31	hɛ35	n̩i35	tɕi31	n̩i35	tɕi23	tɕi23
茂林	hɛʔ5	sɛʔ3	hɛʔ5	n̩iɪʔ5	hiɪʔ5	n̩iɪʔ5	tɕi24	tɕi24
厚岸	səʔ5	səʔ4	səʔ5	n̩iɔʔ5	tɕiɪʔ4	n̩iɔʔ5	tɕiɛ35	tɕiɛ35

	言	掀	献	揭	歇	边	扁	遍~~
	山开三平元疑	山开三平元晓	山开三去愿晓	山开三入月见	山开三入月晓	山开四平先帮	山开四上铣帮	山开四去霰帮
高淳	i22	ɕi55	ɕi35	tɕiəʔ3	ɕiəʔ3	pi55	pi33	bi14
湖阳	i22	ɕi44	ɕi35	tɕiəʔ35	ɕiəʔ35	pi44	pi33	pi35
博望	i35	si44	si35	tɕiɪʔ5	ɕiɪʔ5	pi44	pi22	pi35
新博邰家村	i35	si44	si312	tɕieʔ35	ɕieʔ35	pi44	pi35	pi312
新博童王村	i35	si44	si51	tɕieʔ35	ɕieʔ35	pi44	pi44	pi51
年陡	ĩ13	ɕĩ41	ɕĩ41	tɕiɪʔ5	ɕiɪʔ5	pĩ41	pĩ35	pʰĩ55
泾县	i25	ɕi35	ɕi23	tɕi31	ɕi31	pi35	pi31	pi23
茂林	n̩i24	ɕi35	ɕi24	tɕiɪʔ3	ɕiɪʔ3	pi35	pi21	pi24
厚岸	n̩iɛ24	ɕiɛ22	ɕiɛ55	tɕiɔʔ4	ɕiɔʔ4	piɛ22	piɛ312	pʰiɛ35

	片	辫~子	面~条	颠	典	天	填	殿
	山开四去霰滂	山开四上铣并	山开四去霰明	山开四平先端	山开四上铣端	山开四平先透	山开四平先定	山开四去霰定
高淳	pʰi³⁵	bi¹⁴	mi³⁵	ti⁵⁵	ti³³	tʰi⁵⁵	di²²	di¹⁴
湖阳	pʰi³⁵	pi⁵¹	mi⁵¹	ti³³	ti³³	tʰi⁴⁴	d̥ʰi¹³	d̥i¹³
博望	pʰi³⁵	ɸʰi⁵¹	mi³⁵	ti⁴⁴	ti²²	tʰi⁴⁴	d̥ʰi³⁵	ti³⁵
新博 郎家村	pʰi³¹²	ɸʰi⁵¹	mi³¹²	ti⁴⁴	ti³⁵	tʰi⁴⁴	d̥ʰi³⁵	ti³¹²
新博 童王村	pʰi⁵¹	ɸʰi⁵¹	mi⁵¹	ti⁴⁴	ti⁴⁴	tʰi⁴⁴	d̥ʰi³⁵	ti⁵¹
年陡	pʰĩ⁵⁵	pʰĩ⁵⁵	mĩ⁵⁵	tĩ⁴¹	tĩ³⁵	tʰĩ⁴¹	tʰĩ¹³	tĩ⁵⁵
泾县	pʰi²³	ɸʰi³¹	mi²³	ti³⁵	ti³¹	tʰi³⁵	tʰi²⁵	tʰi²³
茂林	pʰi²⁴	ɸʰi⁵¹	mi²⁴	ti³⁵	ti²¹	tʰi³⁵	tʰi²⁴	tʰi²⁴
厚岸	pʰiɛ³⁵	pʰiɛ⁵⁵	miɛ⁵⁵	tiɛ²²	tiɛ³¹²	tʰiɛ²²	tʰiɛ²⁴	tʰiɛ⁵⁵

	年	莲	练	荐	千	前	先	肩
	山开四平先泥	山开四平先来	山开四去霰来	山开四去霰精	山开四平先清	山开四平先从	山开四平先心	山开四平先见
高淳	ȵi²²	ȵi²²	ȵi³⁵	tɕi³⁵	tɕʰi⁵⁵	zi²²	ɕi⁵⁵	tɕi⁵⁵
湖阳	ȵi¹³	li¹³	li³⁵	tɕi³⁵	tɕʰi⁴⁴	zi¹³	ɕi⁴⁴	tɕi⁴⁴
博望	ȵi³⁵	li³⁵	li³⁵	tsi³⁵	tsʰi⁴⁴	sʰi³⁵	si⁴⁴	tsi⁴⁴
新博 郎家村	ȵi³⁵	li³⁵	li³¹²	tsi³¹²	tsʰi⁴⁴	sʰi³⁵	si⁴⁴	tsi⁴⁴
新博 童王村	ȵi³⁵	li²⁴	li⁵¹	tsi⁵¹	tsʰi⁴⁴	sʰi³⁵	si⁴⁴	tsi⁴⁴
年陡	nĩ¹³	lĩ¹³	lĩ⁵⁵	tɕĩ⁵⁵	tɕʰĩ⁴¹	ɕʰĩ¹³	ɕĩ⁴¹	tɕĩ⁴¹
泾县	ȵi²⁵	li²⁵	li²³	tɕi²³	tɕʰi³⁵	hi²⁵	ɕi³⁵	tɕi³⁵
茂林	ȵi²⁴	lᵈi²⁴	lᵈi²⁴	tɕi²⁴	tɕʰi³⁵	hi²⁴	ɕi³⁵	tɕi³⁵
厚岸	ȵiɛ²⁴	liɛ²⁴	liɛ⁵⁵	tɕiɛ³⁵	tɕʰiɛ²²	ɕiɛ²⁴	ɕiɛ²²	tɕiɛ²²

	坚	茧	见	牵	研	显	贤	现
	山开四平先见	山开四上铣见	山开四去霰见	山开四平先溪	山开四平先疑	山开四上铣晓	山开四平先匣	山开四去霰匣
高淳	tɕi⁵⁵	tɕi³³	tɕi³⁵	tɕʰi⁵⁵	ȵi⁵⁵	ɕi³³	ʑi²²	ʑi¹⁴
湖阳	tɕi⁴⁴	tɕi³³	tɕi³⁵	tɕʰi⁴⁴	ȵi¹³	ɕi³³	ʑi¹³	ɕi⁵¹
博望	tsi⁴⁴	tsi²²	tsi³⁵	tsʰi⁴⁴	i³⁵	si²²	sʰi³⁵	si⁵¹
新博邰家村	tsi⁴⁴	tsɛ³⁵	tsi³¹²	tsʰi⁴⁴	ȵi³⁵	si³⁵	sʰi³⁵	si³¹²
新博童王村	tsi⁴⁴	tsɛ⁴⁴	tsi⁵¹	tsʰi⁴⁴	i³⁵	si⁴⁴	sʰi³⁵	sʰi⁵¹
年陡	tɕĩ⁴¹	tɕĩ³⁵	tɕĩ⁵⁵	tɕʰĩ⁴¹	ĩ¹³	ɕĩ³⁵	ɕĩ¹³	ɕʰĩ⁵⁵
泾县	tɕi³⁵	tɕi³¹	tɕi²³	tɕʰi³⁵	ȵi⁻³³	ɕi³¹	ɕʰi²⁵	ɕi²³
茂林	tɕi³⁵	tɕi²¹	tɕi²⁴	tɕʰi³⁵	ȵi²¹	ɕi²¹	hi²⁴	hi²⁴
厚岸	tɕiɛ²²	tɕiɛ³¹²	tɕiɛ³⁵	tɕʰiɛ²²	ȵiɛ²⁴	ɕiɛ³¹²	ɕiɛ²⁴	ɕiɛ⁵⁵

	烟	燕~子	憋	撇	蔑	铁	捏~牙膏	节
	山开四平先影	山开四去霰影	山开四入屑帮	山开四入屑滂	山开四入屑明	山开四入屑透	山开四入屑泥	山开四入屑精
高淳	i⁵⁵	i³⁵	piəʔ³	pʰiəʔ³	miəʔ¹³	tʰiəʔ³	ȵiəʔ¹³	tɕiəʔ³
湖阳	i⁴⁴	i³⁵	piəʔ³⁵	pʰiəʔ³⁵	miəʔ⁵¹	tʰiəʔ³⁵	ȵiəʔ⁵¹	tɕiəʔ³⁵
博望	i⁴⁴	i³⁵	piɪʔ⁵	pʰiɪʔ⁵	miɪʔ⁵¹	tʰiɪʔ⁵	ȵiɪʔ⁵¹	tɕiɪʔ⁵
新博邰家村	i⁴⁴	i³¹²	pieʔ³⁵	pʰieʔ³⁵	mieʔ⁵¹	tʰieʔ³⁵	ȵieʔ⁵¹	tɕieʔ³⁵
新博童王村	i⁴⁴	i⁵¹	pieʔ³⁵	pʰieʔ³⁵	mieʔ⁵¹	tʰieʔ³⁵	ȵieʔ⁵¹	tɕieʔ³⁵
年陡	ĩ⁴¹	ĩ⁵⁵	piɪʔ⁵	pʰiɪʔ⁵	miɪʔ⁵	tʰiɪʔ⁵	niɪʔ⁵	tɕiɪʔ⁵
泾县	i³¹	i²³	pɻ³¹	pʰi³¹	mi³⁵	tʰi³¹	ȵi³¹	tɕi³¹
茂林	i⁵¹	i²⁴	piɪʔ³	pʰiɪʔ³	miəʔ⁵	tʰiɪʔ³	ȵiɪʔ³	tɕiɪʔ³
厚岸	jiɛ²²	jiɛ³⁵	piɔʔ⁴	pʰiɔʔ⁵	miɔʔ⁵	tʰiɔʔ⁴	ȵiɔʔ⁵	tɕiɔʔ⁴

	切	截	结	搬	半	潘	盘	拌
	山开四入屑清	山开四入屑从	山开四入屑见	山合一平桓帮	山合一去换帮	山合一平桓滂	山合一平桓并	山合一上缓并
高淳	tɕʰiəʔ^3	ʑiəʔ^{13}	tɕiəʔ^3	pu^{55}	pu^{35}	pʰu^{55}	bu^{22}	bu^{14}
湖阳	tɕʰiəʔ^{35}	tɕiəʔ^{35}	tɕiəʔ^{35}	pu^{44}	pu^{51}	pʰu^{44}	bu^{13}	pu^{51}
博望	tɕʰiɪʔ^5	tɕiɪʔ^5	tɕiɪʔ^5	pu^{44}	pu^{35}	pʰɛ^{44}	ɸʰu^{35}	ɸʰu^{51}
新博$_{郈家村}$	tɕʰieʔ^{35}	tɕieʔ^{35}	tɕieʔ^{35}	pu^{44}	pu^{312}	pʰɛ^{44}	ɸʰu^{35}	ɸʰu^{51}
新博$_{童王村}$	tɕʰieʔ^{35}	tɕieʔ^{35}	tɕieʔ^{35}	pu^{44}	pu^{51}	pʰɛ^{44}	ɸʰu^{35}	ɻ̥ʰu^{51}
年陡	tɕʰiɪʔ^5	tɕiɪʔ^5	tɕiɪʔ^5	pũ^{41}	pũ^{55}	pʰũ^{41}	fũ^{13}	pʰũ^{35}
泾县	tɕʰi^{31}	tɕi^{31}	tɕi^{31}	pE^{35}	pE^{23}	pʰE^{35}	ɸʰE^{25}	pɤ^{23}
茂林	tɕʰiɪʔ^3	tɕiɪʔ^3	tɕiɪʔ^3	pɛ^{35}	pɛ^{24}	pʰɛ^{35}	ɸʰɛ^{24}	ɸʰɛ^{51}
厚岸	tɕʰiɔʔ^4	tɕiɔʔ^4	tɕiɔʔ^4	pɛ^{22}	pɛ^{35}	pʰɛ^{22}	pʰɛ^{35}	pʰɛ^{55}

	叛	满	漫	端	短	团	断$_{拗~}$	段
	山合一去换并	山合一上缓明	山合一去换明	山合一平桓端	山合一上缓端	山合一平桓定	山合一上缓定	山合一去换定
高淳	bu^{14}	mu^{55}	mie^{35}	ty^{55}	ty^{33}	dy^{22}	dy^{14}	dy^{14}
湖阳	pu^{51}	mu^{33}	mu^{51}	tu^{44}	tu^{33}	ɻ̥ʰu^{13}	ɻ̥u^{51}	ɻ̥u^{51}
博望	pʰu^{35}	mu^{22}	mu^{35}	ty^{44}	ty^{22}	ɻ̥ʰy^{35}	ɻ̥ʰy^{51}	ɻ̥ʰy^{51}
新博$_{郈家村}$	pʰu^{312}	mu^{35}	mu^{51}	tu^{44}	tu^{35}	ɻ̥ʰu^{35}	ɻ̥ʰu^{51}	ɻ̥ʰu^{51}
新博$_{童王村}$	pʰu^{51}	mu^{44}	mu^{51}	tu^{44}	tu^{44}	ɻ̥ʰu^{35}	ɻ̥ʰu^{51}	ɻ̥ʰu^{51}
年陡	pʰẽ^{35}	mẽ^{35}	mẽ^{55}	tũ^{41}	tũ^{35}	tʰũ^{13}	tʰũ^{55}	tʰũ^{55}
泾县	pʰE^{23}	mE^{31}	mE^{23}	tE^{35}	tE^{31}	ɻ̥ʰE^{25}	ɻ̥ʰE	ɻ̥ʰE^{31}
茂林	pʰɛ^{24}	mɛ^{51}	mɛ^{24}	tɛ^{35}	tɛ^{21}	hɛ^{24}	hɛ^{51}	hɛ^{24}
厚岸	pʰɛ^{35}	mɛ^{55}	mɛ^{55}	tɛ^{22}	tɛ^{312}	tʰɛ^{24}	tʰɛ^{55}	tʰɛ^{55}

	暖	乱	钻_动	酸	算	官	管	灌
	山合一上缓泥	山合一去换来	山合一平桓精	山合一平桓心	山合一去换心	山合一平桓见	山合一上缓见	山合一去换见
高淳	ȵy^{55}	y^{35}	tɕy^{55}	ɕy^{55}	ɕy^{35}	ku^{55}	ku^{33}	ku^{35}
湖阳	ȵy^{51}	lu^{35}	tsu^{44}	su^{44}	su^{35}	ku^{44}	ku^{33}	ku^{35}
博望	ny^{22}	ly^{35}	tɕy^{44}	ɕy^{44}	ɕy^{35}	kuɛ^{44}	ku^{22}	kuɛ^{35}
新博_{邰家村}	nu^{35}	lu^{312}	tsɛ^{44}	su^{44}	su^{312}	ku^{44}	ku^{35}	ku^{312}
新博_{童王村}	nu^{44}	lu^{51}	tsu^{44}	su^{44}	su^{51}	ku^{44}	kuɛ^{44}	ku^{51}
年陡	nũ^{35}	lũ^{55}	tʂẽ^{55}	sũ^{41}	sũ^{55}	kũ^{41}	kũ^{35}	kũ^{55}
泾县	nE^{31}	lE^{23}	tsE^{35}	sE^{35}	sE^{23}	kuE^{35}	kuE^{31}	kuE^{23}
茂林	lɛ^{51}	lɛ^{24}	tsɛ^{35}	sɛ^{35}	sɛ^{24}	kuɛ^{35}	kuɛ^{21}	kuɛ^{24}
厚岸	lɛ^{55}	lɛ^{55}	tsɛ^{22}	sɛ^{22}	sɛ^{35}	kuɛ^{22}	kuɛ^{312}	kuɛ^{35}

	宽	款	唤	完	换	碗	拨	泼
	山合一平桓溪	山合一上缓溪	山合一去换晓	山合一平桓晓	山合一去换匣	山合一上缓影	山合一入末帮	山合一入末滂
高淳	kʰu^{55}	kʰu^{33}	χu^{-55}	u^{22}	u^{35}	u^{33}	paʔ^{3}	pʰaʔ^{3}
湖阳	kʰu^{44}	kʰu^{33}	χu^{51}	u^{13}	u^{35}	u^{33}	pɐʔ^{35}	pʰɐʔ^{35}
博望	kʰu^{44}	kʰu^{22}	χuɛ^{35}	u^{35}	u^{35}	u^{22}	poʔ^{5}	pʰoʔ^{5}
新博_{邰家村}	kʰu^{44}	kʰu^{35}	χu^{51}	uɛ^{35}	u^{51}	u^{35}	pəʔ^{35}	pʰəʔ^{35}
新博_{童王村}	kʰu^{44}	kʰu^{44}	χu^{51}	uɛ^{35}	u^{51}	u^{44}	pəʔ^{35}	pʰəʔ^{35}
年陡	kʰũ^{41}	kʰũ^{35}	χũ^{55}	ũ^{13}	χũ^{55}	ũ^{35}	pɐʔ^{5}	pʰoʔ^{5}
泾县	kʰuE^{35}	kʰuE^{31}	wE^{23}	wE^{25}	wE^{23}	wE^{31}	po^{31}	pʰɛ^{31}
茂林	kʰuɛ^{35}	kʰuɛ^{21}	χuɛ^{24}	wɛ^{24}	wɛ^{24}	wɛ^{21}	pɛʔ^{3}	pʰɛʔ^{3}
厚岸	kʰuɛ^{22}	kʰuɛ^{312}	wɛ^{55}	wɛ^{24}	wɛ^{55}	wɛ^{312}	pəʔ^{4}	pʰəʔ^{4}

	末	脱	夺	阔	豁~嘴	活	滑	挖
	山合一入末明	山合一入末透	山合一入末定	山合一入末溪	山合一入末晓	山合一入末匣	山合二入黠匣	山合二入黠影
高淳	maʔ13	tʰəʔ3	daʔ13	kʰuaʔ3	ʁuaʔ13	uaʔ13	uaʔ13	χuaʔ3
湖阳	meʁʔ51	tʰəʔ35	ɕaʔ51	kʰuɐʔ35	fuɐʔ35	χuɐʔ51	uɐʔ51	ua13
博望	moʔ51	tʰəʔ5	təʔ5	kʰuəʔ5	χuaʔ5	uɐʔ51	uaʔ51	ua44
新博邸家村	məʔ51	tʰəʔ35	ɕʰɚʔ51	kʰuəʔ35	χuəʔ35	uoʔ51	χenʔ51	ua44
新博童王村	məʔ51	tʰəʔ35	təʔ35	kʰuəʔ35	χuəʔ35	uəʔ51	uɐʔ51	ua44
年陡	moʔ5	tʰoʔ5	təʔ5	kʰuoʔ5	χuoʔ5	χuoʔ5	χuɐʔ5	ua41
泾县	mɛ35	tʰɛ31	ɕʰɤ35	kʰuɛ31	fɛ31	wɛ35	wa35	wa31
茂林	mɛʔ5	tʰɛʔ3	hɛʔ5	kʰuɛʔ3	fɛʔ3	wɛʔ5	waʔ5	waʔ3
厚岸	məʔ5	tʰəʔ4	tʰəʔ4	kʰuəʔ4	fəʔ5	wəʔ5	wɐʔ5	wɔ22

	闩门~	关~门	惯	还动	患	弯	刷	刮
	山合二平删生	山合二平删见	山合二去谏见	山合二平删匣	山合二去谏匣	山合二平删影	山合二入辖生	山合二入辖见
高淳	çy55	tçye55	tçye35	ʁuɛ22	ʁuɛ-22	ye55	suaʔ3	kuaʔ3
湖阳	çye44	tçye44	tçye35	ye13	ye51	ye44	ʃuɐʔ35	kuɐʔ35
博望	çy44	kuɛ44	kuɛ35	huɛ35	/	uɛ44	suaʔ5	kuaʔ5
新博邸家村	su44	kuɛ44	kuɛ312	uɛ35	χu3 312	uɛ44	çyəʔ35	kuəʔ35
新博童王村	çy44	kuɛ44	kuɛ51	uɛ35	huɛ51	uɛ44	çyɐʔ35	kuɐʔ35
年陡	ʂuã41	kuã41	kuã55	χuã13	χuã35	uã41	ʂuɐʔ5	kuɐʔ5
泾县	sɛ35	kuæ35	kuæ23	wæ25	wɛ23	wæ31	sa31	kua31
茂林	sɛ35	kuæ35	kuæ24	wæ24	wæ51	wæ51	suaʔ3	kuaʔ3
厚岸	sɛ22	kuæ̃22	kuæ̃35	wæ̃24	wæ̃55	wæ̃22	suɐʔ4	kuɐʔ4

	恋	全	泉	宣	选	旋头~	转~圈	传~达
	山合三去线来	山合三平仙从	山合三平仙从	山合三平仙心	山合三上狝心	山合三去线邪	山合三去线知	山合三平仙澄
高淳	ȵi³⁵	zi²²	zi²²	ɕi⁵⁵	ɕi³³	zi¹⁴	tɕy³⁵	ʑy²²
湖阳	li³⁵	zi¹³	zi¹³	ɕi⁴⁴	ɕi³³	ɕi⁵¹	tsu³⁵	zu¹³
博望	ȵi³⁵	ɕʰy³⁵	ɕʰy³⁵	si⁴⁴	si²²	ɕʰy³⁵	tɕy³⁵	ɕʰy³⁵
新博邻家村	lin³¹²	sʰi³⁵	sʰi³⁵	ɕy⁴⁴	si³⁵	ɕy³⁵	tɕy³⁵	ɕy³⁵
新博童王村	li⁵¹	sʰi³⁵	ɕʰy³⁵	si⁴⁴	si⁴⁴	ɕʰy³⁵	tɕy⁵¹	ɕʰy²⁵
年陡	li⁵⁵	ɕʰĩ¹³	ɕʰĩ¹³	ɕĩ⁴¹	ɕĩ³⁵	ɕʰĩ⁵⁵	tʂũ⁵⁵	ʂʰũ¹³
泾县	li²³	ɕʰĩ²⁵	ɕʰĩ²⁵	ɕĩ³⁵	ɕĩ³¹	ɕʰĩ⁻²⁵	tsE³¹	hE²⁵
茂林	lᵈi²⁴	hi²⁴	hi²⁴	ɕi³⁵	ɕi²¹	hi²⁴	tsɛ²¹	hɛ²⁴
厚岸	liɛ⁵⁵	ɕiɛ²⁴	ɕiɛ²⁴	ɕiɛ²²	ɕiɛ³¹²	ɕiɛ⁵⁵	tsɛ³⁵	tsʰɛ²⁴

	专	砖	穿	串	船	软	卷动	眷亲~
	山合三平仙章	山合三平仙章	山合三平仙昌	山合三去线昌	山合三平仙船	山合三上狝日	山合三上狝见	山合三去线见
高淳	tɕy⁵⁵	tɕy⁵⁵	tɕʰy⁵⁵	tɕʰy³⁵	ʑy²²	ȵy⁵⁵	tɕy³³	tɕy⁻³³
湖阳	tsu⁴⁴	tsu⁴⁴	tsʰu⁴⁴	tsʰu³⁵	zu¹³	ȵy³³	tɕy³³	tɕy³⁵
博望	tɕy⁴⁴	tɕy⁴⁴	tɕʰy⁴⁴	tɕʰy³⁵	ɕʰy³⁵	ȵy²²	tɕy²²	tɕy⁻⁴⁴
新博邻家村	tɕy⁴⁴	tɕy⁴⁴	tɕʰy⁴⁴	tɕʰy³¹²	ɕʰy³⁵	nu³⁵	tɕy³⁵	tɕy³⁵
新博童王村	tɕy⁴⁴	tɕy⁴⁴	tɕʰy⁴⁴	tɕʰy⁵¹	ɕʰy³⁵	ȵy⁴⁴	tɕy⁴⁴	tɕy⁵¹
年陡	tsũ⁴¹	tʂũ⁴¹	tʂʰũ⁴¹	tʂʰũ⁵⁵	ʂʰũ¹³	ɳʈũ³⁵	tɕyĩ³⁵	tɕyĩ⁵⁵
泾县	tsE³⁵	tsE³⁵	tsʰE³⁵	tsʰE²³	hE²⁵	ȵi³¹	tɕi³¹	tɕi³¹
茂林	tsɛ³⁵	tsɛ³⁵	tsʰɛ³⁵	tsʰɛ²⁴	hɛ²⁴	ȵi⁵¹	tɕi²¹	tɕi²⁴
厚岸	tsɛ²²	tsɛ²²	tsʰɛ²²	tsʰɛ⁵⁵	sɛ²⁴	ȵiɛ⁵⁵	kiɛ³¹²	kiɛ³⁵

	圈圆~	拳	权	圈猪~	圆	院	缘	铅~笔
	山合三平仙溪	山合三平仙群	山合三平仙群	山合三上狝群	山合三平仙云	山合三去线云	山合三平仙以	山合三平仙以
高淳	tɕʰy⁵⁵	zuei²²	ʐy²²	tɕʰy⁵⁵	y²²	y¹⁴	y²²	tɕʰie⁵⁵
湖阳	tɕʰy⁴⁴	dʐy¹³	ʐy¹³	tɕʰy⁴⁴	y¹³	y³⁵	y¹³	tɕʰie⁴⁴
博望	tɕʰy⁴⁴	ɕʰy³⁵	ɕʰy³⁵	tɕʰy⁴⁴	y³⁵	y³⁵	y³⁵	tsʰi⁴⁴
新博邰家村	tɕʰy⁴⁴	ɕy³⁵	ɕy³⁵	tɕy³¹²	y³⁵	y³¹²	y³⁵	tsʰi⁴⁴
新博童王村	tɕʰy⁴⁴	ɕʰy³⁵	ɕʰy³⁵	tɕy⁵¹	y³⁵	y⁵¹	y³⁵	tsʰi⁴⁴
年陡	tɕʰyĩ⁴¹	ɕʰyĩ¹³	ɕʰyĩ¹³	/	yĩ¹³	yĩ⁵⁵	yĩ¹³	tɕʰĩ⁴¹
泾县	tɕʰi³⁵	ɕʰi²⁵	ɕʰi²⁵	/	i²⁵	i²³	i²⁵	kʰæ̃³⁵
茂林	tɕʰi³⁵	hi²⁴	hi²⁴	tɕi²⁴	i²⁴	i²⁴	i²⁴	kʰæ³⁵
厚岸	kʰε²²	kʰε²⁴	kʰε²⁴	kε³⁵	jie²⁴	jie⁵⁵	jie²⁴	kʰæ̃²²

	捐	劣	绝	雪	阅	反	贩	翻
	山合三平仙以	山合三入薛来	山合三入薛从	山合三入薛心	山合三入薛以	山合三上阮非	山合三去愿非	山合三平元敷
高淳	tɕy⁵⁵	n̠iəʔ¹³	ziəʔ¹³	ɕiəʔ³	yəʔ¹³	ɕye³³	ɕye³⁵	ɕye⁵⁵
湖阳	tɕy⁴⁴	liəʔ⁵¹̲	tɕyəʔ³⁵	ɕiəʔ³⁵	yəʔ⁵¹̲	ɕye³³	ɕye³⁵	ɕye⁴⁴
博望	tɕy⁴⁴	niɪʔ⁵¹	tɕyəʔ⁵	ɕiɪʔ⁵	yəʔ⁵¹	fɛ²²	fɛ³⁵	fɛ⁴⁴
新博邰家村	tɕy⁴⁴	lieʔ⁵¹	tɕyəʔ³⁵	ɕieʔ³⁵	yəʔ⁵¹	fɛ³⁵	fɛ³¹²	fɛ⁴⁴
新博童王村	tɕy⁴⁴	n̠ieʔ⁵¹	tɕyəʔ³⁵	ɕieʔ³⁵	yəʔ⁵¹	fɛ⁴⁴	fɛ⁵¹	fɛ⁴⁴
年陡	tɕyĩ⁴¹	liɪʔ⁵	tɕyɪʔ⁵	ɕiɪʔ⁵	yɪʔ⁵	fɛ̃³⁵	fɛ̃⁵⁵	fɛ̃⁴¹
泾县	tɕi³⁵	li³⁵	tɕi³¹	ɕi³¹	i³⁵	fæ³¹	fæ²³	fæ³⁵
茂林	tɕi³⁵	lᵈiɪʔ⁵	hiɪʔ⁵	ɕiɪʔ³	jiɪʔ⁵	fæ²¹	fæ²⁴	fæ³⁵
厚岸	kε²²	liɪʔ⁵	kiɔʔ⁵	ɕiɔʔ⁴	jiɕiʔ⁵	fæ³¹²	fæ³⁵	fæ²²

	烦	饭	晚	万	劝	元	袁	源
	山合三平元奉	山合三去愿奉	山合三上阮微	山合三去愿微	山合三去愿溪	山合三平元疑	山合三平元云	山合三平元疑
高淳	bie²²	bie²²	mie⁵⁵	bie¹⁴	tɕʰy³⁵	y²²	y²²	y²²
湖阳	bie¹³	pie⁵¹	mie³³	mie⁵¹	tɕʰy³⁵	y¹³	y¹³	y¹³
博望	fɛ³⁵	uɛ³⁵	uɛ²²	uɛ³⁵	tɕʰy³⁵	y³⁵	y³⁵	y³⁵
新博郋家村	ʋɛ³⁵	ʋɛ³¹²	uɛ³⁵	uɛ³¹²	tɕʰy³¹²	y³⁵	y³⁵	y³⁵
新博童王村	ʋɛ³⁵	ʋɛ⁵¹	uɛ⁴⁴	uɛ⁵¹	tɕʰy⁵¹	y³⁵	y³⁵	y³⁵
年陡	fʰɐ̃¹³	ʋɛ̃⁵⁵	uɑ̃³⁵	uɑ̃⁵⁵	tɕʰyĩ⁵⁵	yĩ¹³	yĩ¹³	yĩ¹³
泾县	wæ̃²⁵	wæ̃²³	wæ̃³¹	wæ̃²³	tɕʰi²³	i²⁵	i²⁵	i²⁵
茂林	wæ²⁴	wæ²⁴	mæ⁵¹	wæ²⁴	tɕʰi²⁴	ȵi²⁴	i²⁴	ȵi²⁴
厚岸	wæ̃²⁴	wæ̃⁵⁵	mæ̃⁵⁵	wæ̃⁵⁵	kʰiɛ³⁵	ȵiɛ²⁴	jiɛ²⁴	ȵiɛ²⁴

	愿	冤	怨	园	远	发	罚	袜
	山合三去愿疑	山合三平元影	山合三去愿影	山合三平元云	山合三上阮云	山合三入月非	山合三入月奉	山合三入月微
高淳	y¹⁴	y⁵⁵	y³⁵	y²²	y⁵⁵	faʔ³	baʔ¹³	maʔ¹³
湖阳	y³⁵	y⁴⁴	y³⁵	y¹³	y³³	fɐʔ³⁵	fɐʔ⁵¹	uɐʔ⁵¹
博望	y³⁵	y⁴⁴	y³⁵	y³⁵	y²²	faʔ⁵	ɸʰaʔ⁵¹	uaʔ⁵¹
新博郋家村	y³¹²	y⁴⁴	y³¹²	y³⁵	y³⁵	fɐʔ³⁵	ɸʰɐʔ⁵¹	ʋɐʔ⁵¹
新博童王村	y⁵¹	y⁴⁴	y⁵¹	y³⁵	y⁴⁴	fɐʔ³⁵	ɸʰɐʔ⁵¹	uɐʔ⁵¹
年陡	yĩ⁵⁵	yĩ⁴¹	yĩ⁵⁵	yĩ¹³	yĩ³⁵	fɐʔ⁵	fʰɐʔ⁵	uɐʔ⁵
泾县	ȵi²³	i³¹	i²³	i²⁵	i³¹	fa³¹	wa³⁵	wa³⁵
茂林	ȵi²⁴	i⁵¹	i²⁴	i²⁴	i⁵¹	faʔ³	waʔ⁵	waʔ⁵
厚岸	ȵiɛ⁵⁵	jiɛ²²	jiɛ⁵⁵	jiɛ²⁴	jiɛ⁵⁵	faʔ⁴	faʔ⁵	wɐʔ⁵

	月	犬	县	渊	缺	血	吞	根
	山合三入月疑	山合四上铣溪	山合四去霰匣	山合四平先影	山合四入屑溪	山合四入屑晓	臻开一平痕透	臻开一平痕见
高淳	yəʔ13	tɕʰy33	zi14	y55	tɕʰyəʔ3	ɕyəʔ3	tʰən55	kən55
湖阳	yəʔ51	tɕʰy33	ɕi35	y44	tɕʰyəʔ35	ɕyəʔ35	tʰəŋ44	kəŋ44
博望	yəʔ51	tɕʰy35	sʰi51	y35	tɕʰyəʔ5	ɕiɿʔ5	tʰən44	kən44
新博邸家村	yəʔ51	tɕʰy35	sʰi51	y44	tɕʰyəʔ35	ɕieʔ35	tʰən44	kən44
新博童王村	yəʔ51	tɕʰy44	sʰi51	y44	tɕʰyəʔ35	ɕieʔ35	tʰən44	kən44
年陡	yɿʔ5	tɕʰyɿ̃35	ɕʰɿ̃55	yɿ̃55	tɕʰyɿʔ5	ɕyɿʔ5	tʰən41	kən41
泾县	ȵi35	tɕʰi31	ɕi23	i31	tɕʰi31	ɕi31	tʰəŋ35	kəŋ35
茂林	ȵiɿʔ5	tɕʰiɿ21	hi24	i51	tɕʰiɿʔ3	ɕiɿʔ3	tʰəŋ35	kəŋ35
厚岸	ȵiɔʔ5	kʰiɛ312	jie55	jie22	kʰiɔʔ4	ɕiɔʔ4	tʰən22	kən22

	恨	恩	宾	贫	民	邻	津	进
	臻开一去恨匣	臻开一平痕影	臻开三平真帮	臻开三平真并	臻开三平真明	臻开三平真来	臻开三平真精	臻开三去震精
高淳	ʁən14	ŋ̍55	pin55	bin22	min22	ȵin22	tɕin55	tɕin35
湖阳	χəŋ35	əŋ44	piŋ44	biŋ13	miŋ13	liŋ13	tɕiŋ44	tɕin35
博望	hən51	ŋən44	pin44	pʰin35	min35	lin35	tɕin44	tɕin35
新博邸家村	χən312	ən44	pin44	ɸʰin35	min35	lin35	tɕin44	tɕin312
新博童王村	hən51	ən44	pin44	ɸʰin35	min35	lin35	tɕin44	tɕin51
年陡	χən55	ən41	pien41	ɸʰien13	mien13	lien13	tɕien41	tɕien55
泾县	həŋ23	əŋ35	piŋ35	ɸʰiŋ25	miŋ25	liŋ25	tɕiŋ35	tɕiŋ23
茂林	həŋ24	əŋ35	piɐŋ35	ɸʰiɐŋ24	miɐŋ24	lᵈiɐŋ24	tɕiɐŋ35	tɕiɐŋ24
厚岸	χən55	ən22	pin22	pʰin24	min24	lin24	tɕin22	tɕin35

	亲~戚	秦	新	信	珍	镇	趁	陈
	臻开三平真清	臻开三平真从	臻开三平真心	臻开三去震心	臻开三平真知	臻开三去震知	臻开三去震彻	臻开三平真澄
高淳	tɕʰin^{55}	zin^{22}	ɕin^{55}	ɕin^{35}	tsən^{55}	tsən^{35}	tsʰən^{35}	zən^{22}
湖阳	tɕʰiŋ^{44}	ziŋ^{13}	ɕiŋ^{44}	ɕiŋ^{35}	tsəŋ^{44}	tsəŋ^{35}	tsʰəŋ^{35}	dzəŋ^{13}
博望	tɕʰin^{44}	ɕʰin^{35}	ɕin^{44}	ɕin^{35}	tsən^{44}	tsən^{35}	tsʰən^{35}	sʰən^{35}
新博邸家村	tɕʰin^{44}	ɕʰin^{35}	ɕin^{44}	ɕin^{312}	tsən^{44}	tsən^{312}	tsʰən^{312}	sʰən^{35}
新博童王村	tɕʰin^{44}	ɕʰin^{35}	ɕin^{44}	ɕin^{51}	tsən^{44}	tsən^{51}	tsʰən^{51}	sʰən^{35}
年陡	tɕʰien^{41}	ɕʰien^{13}	ɕien^{41}	ɕien^{55}	tʂən^{41}	tʂən^{55}	tʂʰən^{55}	ʂʰən^{13}
泾县	tɕʰiŋ^{35}	ɕʰiŋ^{25}	ɕiŋ^{35}	ɕiŋ^{23}	tsəŋ^{35}	tsəŋ^{23}	tsʰəŋ^{23}	həŋ^{25}
茂林	tɕʰiɐ̃^{35}	hiɐ̃^{24}	ɕiɐ̃^{35}	ɕiɐ̃^{24}	tsəŋ^{35}	tsəŋ^{24}	tsʰəŋ^{24}	həŋ^{24}
厚岸	tɕin^{22}	tɕʰin^{35}	ɕin^{22}	ɕin^{55}	tsən^{22}	tsən^{35}	tsʰən^{35}	tsʰən^{24}

	阵	真	诊	振	神	身	伸	辰
	臻开三去震澄	臻开三平真章	臻开三上轸章	臻开三去震章	臻开三平真船	臻开三平真生	臻开三平真书	臻开三平真禅
高淳	zən^{14}	tsən^{55}	tsən^{33}	tsən^{35}	zən^{22}	sən^{55}	sən^{55}	zən^{22}
湖阳	səŋ^{51}	tsəŋ^{44}	tsəŋ^{33}	tsəŋ^{35}	zəŋ^{13}	səŋ^{44}	səŋ^{44}	dzəŋ^{13}
博望	sʰən^{51}	tsən^{44}	tsən^{22}	tsən^{35}	sʰən^{35}	sən^{44}	sən^{44}	sʰən^{35}
新博邸家村	sʰən^{51}	tsən^{44}	tsən^{44}	tsən^{312}	sʰən^{35}	sən^{44}	sən^{44}	sʰən^{35}
新博童王村	sʰən^{51}	tsən^{44}	tsən^{44}	tsən^{51}	sʰən^{35}	sən^{44}	sən^{44}	sʰən^{35}
年陡	ʂʰən^{55}	tʂən^{41}	tʂən^{35}	tʂən^{55}	ʂʰən^{13}	ʂən^{41}	ʂən^{41}	ʂʰən^{13}
泾县	həŋ^{23}	tsəŋ^{35}	tsəŋ^{31}	tsəŋ^{23}	həŋ^{25}	səŋ^{35}	səŋ^{35}	həŋ^{25}
茂林	həŋ^{24}	tsəŋ^{35}	tsəŋ^{21}	tsəŋ^{24}	həŋ^{24}	səŋ^{35}	səŋ^{35}	həŋ^{24}
厚岸	tsʰən^{55}	tsən^{22}	tsən^{312}	tsən^{35}	sən^{24}	sən^{22}	sən^{22}	sən^{24}

	肾	人	忍	认	巾	紧	银	因
	臻开三上轸禅	臻开三平真日	臻开三上轸日	臻开三去震日	臻开三平真见	臻开三上轸见	臻开三平真疑	臻开三平真影
高淳	sən³⁵	ȵin²²	zən¹⁴	ȵin³⁵	tɕin⁵⁵	tɕin³³	ȵin²²	in⁵⁵
湖阳	sən⁵¹	ɻəʔ¹³	ɻəʔ³³	ȵiŋ³⁵	tɕiŋ⁴⁴	tɕiŋ³³	iŋ¹³	iŋ⁴⁴
博望	sən³⁵	iən³⁵	iən²²	iən³⁵	tɕin⁴⁴	tɕin²²	in³⁵	in⁴⁴
新博郡家村	sən³¹²	iən³⁵	iən³⁵	iən³¹²	tɕin⁴⁴	tɕin³⁵	in³⁵	in⁴⁴
新博童王村	sən⁵¹	iən³⁵	iən⁴⁴	iən⁵¹	tɕin⁴⁴	tɕin⁴⁴	in³⁵	in⁴⁴
年陡	ʂən⁵⁵	ɻəʔ¹³	ɻəʔ³⁵	ɻəʔ⁵⁵	tɕien⁴¹	tɕien³⁵	ien¹³	ien⁴¹
泾县	sən²³	ȵiŋ²⁵	ȵiŋ³¹	ȵiŋ²³	tɕiŋ³⁵	tɕiŋ³¹	iŋ²⁵	iŋ³¹
茂林	hən⁵¹	hən²⁴	ȵiɐŋ⁵¹	ȵiɐŋ²⁴	tɕiɐŋ³⁵	tɕiɐŋ²¹	ȵiɐŋ²⁴	jiɐŋ⁵¹
厚岸	sən⁵⁵	ȵin²⁴	ȵin⁵⁵	ȵin⁵⁵	tɕin²²	tɕin³¹²	ȵin²⁴	in²²

	印	引	笔	匹	密	栗	七	悉
	臻开三去震影	臻开三上轸以	臻开三入质帮	臻开三入质滂	臻开三入质明	臻开三入质来	臻开三入质清	臻开三入质心
高淳	in³⁵	in⁵⁵	piəʔ³	pʰiəʔ³	miəʔ¹³	ȵiəʔ¹³	tɕʰiəʔ³	ɕiəʔ³
湖阳	iŋ³⁵	iŋ³³	piəʔ³⁵	bi_z¹³	miəʔ⁵¹	liəʔ⁵¹	tɕʰiəʔ³⁵	ɕiəʔ³⁵
博望	in³⁵	in²²	piɪʔ⁵	pʰiɪʔ⁵	miɪʔ⁵¹	liɪʔ⁵¹	tɕʰiɪʔ⁵	ɕiɪʔ⁵
新博郡家村	in³⁵	in³⁵	pieʔ³⁵	pʰieʔ³⁵	mieʔ⁵¹	lieʔ⁵¹	tɕʰieʔ³⁵	ɕieʔ³⁵
新博童王村	in⁵¹	in⁴⁴	pieʔ³⁵	pʰɻ̩⁴⁴	mieʔ⁵¹	lieʔ⁵¹	tɕʰieʔ³⁵	ɕieʔ³⁵
年陡	ien⁵⁵	ien³⁵	piɪʔ⁵	pʰiɪʔ⁵	miɪʔ⁵	liɪʔ⁵	tɕʰiɪʔ⁵	ɕiɪʔ⁵
泾县	iŋ²³	iŋ³¹	pɻ̩³¹	pʰɻ̩³⁵	mi³⁵	li³⁵	tɕʰɻ̩³¹	ɕɻ̩³¹
茂林	jiɐŋ²⁴	jiɐŋ²¹	piəʔ³	pʰɻ̩³⁵	miəʔ⁵	lᵈiəʔ⁵	tɕʰiəʔ³	ɕiəʔ³
厚岸	in³⁵	in³¹²	piɪʔ⁴	pʰɻ̩³¹²	miɪʔ⁵	liɪʔ⁵	tɕʰiɪʔ⁴	ɕiɪʔ⁴

	侄	虱	质	实	失	日~头	吉	一
	臻开三入质澄	臻开三入栉生	臻开三入质章	臻开三入质船	臻开三入质书	臻开三入真日	臻开三入质见	臻开三入质影
高淳	zəʔ^{13}	səʔ^{3}	tsəʔ^{3}	zəʔ^{13}	səʔ^{3}	ȵiəʔ^{13}	tɕiəʔ^{3}	iəʔ^{13}
湖阳	səʔ^{51}	səʔ^{35}	tsəʔ^{35}	səʔ^{51}	səʔ^{35}	ȵiəʔ^{51}	tɕiəʔ^{35}	iəʔ^{35}
博望	səʔ^{51}	səʔ^{5}	tsəʔ^{5}	səʔ^{51}	səʔ^{5}	ɹər^{51}	tɕiɹʔ^{5}	iɹʔ^{5}
新博邴家村	səʔ^{51}	səʔ^{35}	tsəʔ^{35}	səʔ^{51}	səʔ^{51}	ɹər^{51}	tɕieʔ^{35}	ieʔ^{35}
新博童王村	səʔ^{51}	səʔ^{35}	tsəʔ^{35}	səʔ^{35}	səʔ^{35}	ɹər^{51}	tɕieʔ^{35}	ieʔ^{35}
年陡	tʂəʔ^{5}	səʔ^{5}	tʂəʔ^{5}	ʂəʔ^{5}	ʂəʔ^{5}	ɹər^{5}	tɕiɹʔ^{5}	iɹʔ^{5}
泾县	hɿ^{35}	sɿ^{31}	tsɿ^{31}	hɿ^{35}	sɿ^{31}	n̩^{35}	tɕʐ̩^{31}	ʐ̩^{31}
茂林	həʔ^{5}	səʔ^{3}	tsəʔ^{3}	həʔ^{5}	səʔ^{3}	ȵiəʔ^{5}	tɕiəʔ^{3}	jiəʔ^{3}
厚岸	tsʰəʔ^{5}	səʔ^{4}	tsəʔ^{4}	səʔ^{5}	səʔ^{4}	ȵiɹʔ^{5}	tɕiɹʔ^{4}	jiɹʔ^{4}

	斤~两	劲有~	勤	近	欣	殷	隐	奔
	臻开三平殷见	臻开三去焮见	臻开三平殷群	臻开三上隐群	臻开三平殷晓	臻开三平殷影	臻开三上隐影	臻合一平魂帮
高淳	tɕin^{55}	tɕin^{35}	zin^{22}	zin^{14}	ɕin^{55}	in^{55}	in^{33}	pən^{35}
湖阳	tɕiŋ^{44}	tɕiŋ^{35}	ziŋ^{13}	tɕiŋ^{51}	ɕiŋ^{44}	iŋ^{13}	iŋ^{44}	pəŋ^{44}
博望	tɕin^{44}	tɕin^{35}	ɕʰin^{35}	ɕʰin^{51}	ɕin^{44}	in^{35}	in^{22}	pən^{44}
新博邴家村	tɕin^{44}	tɕin^{312}	ɕʰin^{35}	ɕʰin^{51}	ɕin^{44}	in^{44}	in^{44}	pən^{44}
新博童王村	tɕin^{44}	tɕin^{51}	ɕʰin^{35}	ɕʰin^{51}	ɕin^{44}	in^{44}	in^{44}	pən^{44}
年陡	tɕien^{41}	tɕien^{55}	ɕʰien^{13}	tɕien^{55}	ɕien^{41}	ien^{41}	ien^{35}	pən^{41}
泾县	tɕiŋ^{35}	tɕiŋ^{23}	ɕʰiŋ^{25}	ɕʰiŋ^{31}	ɕiŋ^{35}	iŋ^{31}	iŋ^{31}	pəŋ^{35}
茂林	tɕiɐŋ^{35}	tɕiɐŋ^{24}	hiɐŋ^{24}	hiɐŋ^{51}	ɕiɐŋ^{35}	jiɐŋ^{51}	jiɐŋ^{21}	pəŋ^{35}
厚岸	tɕin^{22}	tɕin^{35}	tɕʰin^{24}	tɕʰin^{55}	ɕin^{22}	in^{22}	in^{312}	pən^{22}

	本	喷	盆	门	闷	墩	顿	钝
	臻合一 上混帮	臻合一 平魂滂	臻合一 平魂并	臻合一 平魂明	臻合一 去恩明	臻合一 平魂端	臻合一 去恩端	臻合一 去恩定
高淳	pən^{33}	p^{h}ən^{55}	bən^{22}	mən^{22}	mən^{35}	tən^{55}	tən^{35}	dən^{14}
湖阳	pəŋ^{33}	p^{h}əŋ^{35}	bəŋ^{13}	məŋ^{13}	məŋ^{35}	təŋ^{44}	təŋ^{35}	ʐəʐ^{51}
博望	pən^{22}	p^{h}ən^{44}	ɸən^{35}	mən^{35}	mən^{35}	tən^{44}	tən^{35}	tən^{35}
新博邰家村	pən^{35}	p^{h}ən^{44}	ɸən^{35}	mən^{35}	mən^{312}	tən^{44}	tən^{312}	tən^{44}
新博童王村	pən^{44}	p^{h}ən^{44}	ɸ^{h}ən^{35}	mən^{35}	mən^{44}	tən^{44}	tən^{51}	tən^{51}
年陡	pən^{35}	p^{h}ən^{41}	f^{h}ən^{13}	mən^{13}	mən^{55}	tən^{41}	tən^{55}	tən^{55}
泾县	pəŋ^{31}	p^{h}əŋ^{35}	ɸ^{h}əŋ^{25}	məŋ^{25}	məŋ^{23}	təŋ^{35}	təŋ^{23}	ʐ^{h}əŋ^{23}
茂林	pəŋ^{21}	p^{h}əŋ^{35}	ɸ^{h}əŋ^{24}	məŋ^{24}	məŋ^{24}	təŋ^{35}	təŋ^{24}	təŋ^{24}
厚岸	pən^{312}	p^{h}ən^{22}	p^{h}ən^{24}	mən^{24}	mən^{55}	tən^{22}	tən^{35}	t^{h}ən^{55}

	嫩	尊	村	寸	存	孙₋子	损	滚
	臻合一 去恩泥	臻合一 平魂精	臻合一 平魂清	臻合一 去恩清	臻合一 平魂从	臻合一 平魂心	臻合一 上混心	臻合一 上混见
高淳	nən^{35}	tsən^{55}	ts^{h}ən^{55}	ts^{h}ən^{35}	zən^{22}	sən^{55}	sən^{33}	kuən^{33}
湖阳	nəŋ^{35}	tsəŋ^{44}	ts^{h}əŋ^{44}	ts^{h}əŋ^{35}	zəŋ^{13}	səŋ^{44}	səŋ^{33}	kuəŋ^{33}
博望	lən^{35}	tsən^{44}	ts^{h}ən^{44}	ts^{h}ən^{35}	s^{h}ən^{35}	sən^{44}	sən^{22}	kuən^{22}
新博邰家村	nən^{51}	tsən^{44}	ts^{h}ən^{44}	ts^{h}ən^{312}	s^{h}ən^{35}	sən^{44}	sən^{35}	kuən^{35}
新博童王村	nən^{51}	tsən^{44}	ts^{h}ən^{44}	ts^{h}ən^{51}	s^{h}ən^{35}	sən^{44}	sən^{44}	kuən^{44}
年陡	nən^{55}	tsən^{41}	ts^{h}ən^{41}	ts^{h}ən^{55}	s^{h}ən^{13}	sən^{41}	sən^{35}	kuən^{35}
泾县	ləŋ^{23}	tsəŋ^{35}	ts^{h}əŋ^{35}	ts^{h}əŋ^{23}	həŋ^{25}	səŋ^{35}	səŋ^{31}	kuəŋ^{31}
茂林	ləŋ^{24}	tsəŋ^{35}	ts^{h}əŋ^{35}	ts^{h}əŋ^{24}	həŋ^{24}	səŋ^{35}	səŋ^{21}	kuəŋ^{21}
厚岸	lən^{55}	tsən^{22}	ts^{h}ən^{22}	ts^{h}ən^{35}	ts^{h}ən^{24}	sən^{22}	sən^{312}	kuən^{312}

	棍	坤	睏 动,睡	昏	魂	混	温	稳
	臻合一去慁溪	臻合一平魂溪	臻合一去慁溪	臻合一平魂晓	臻合一平魂匣	臻合一上混匣	臻合一平魂影	臻合一上混影
高淳	kuən³⁵	kʰuən⁵⁵	kʰuən³⁵	fən⁵⁵	ʁuən²²	ʁuən¹⁴	uən⁵⁵	uən³³
湖阳	kuəŋ³⁵	kʰuəŋ⁴⁴	kʰuəŋ³⁵	χuəŋ⁴⁴	uəŋ¹³	χuəŋ⁵¹	uəŋ⁴⁴	uəŋ³³
博望	kuən³⁵	kʰuən⁴⁴	kʰuən³⁵	χuən⁴⁴	huən³⁵	huən³⁵	uən⁴⁴	uən²²
新博 郎家村	kuən³¹²	kʰuən⁴⁴	kʰuən³¹²	χuən⁴⁴	χuən³⁵	χuən³¹²	uən⁴⁴	uən³⁵
新博 童王村	kuən⁵¹	kʰuən⁴⁴	kʰuən⁵¹	χuən⁴⁴	huən³⁵	huən⁵¹	uən⁴⁴	uən⁴⁴
年陡	kuən⁵⁵	kʰuən⁴¹	kʰuən⁵⁵	χuən⁴¹	χuən¹³	χuən⁵⁵	uən⁴¹	uən³⁵
泾县	kuəŋ²³	kʰuəŋ³⁵	kʰuəŋ²³	fəŋ³⁵	wəŋ²⁵	ɸʰəŋ²³	wəŋ³¹	wəŋ³¹
茂林	kuəŋ²⁴	kʰuəŋ³⁵	kʰuəŋ²⁴	fəŋ³⁵	wəŋ²⁴	χuəŋ²⁴	wəŋ⁵¹	wəŋ²¹
厚岸	kuən³⁵	kʰuən²²	kʰuən³⁵	fən²²	˙wən²⁴	fən⁵⁵	wən²²	wən³¹²

	不	没	突	卒	骨	忽	轮	遵
	臻合一入没帮	臻合一入没明	臻合一入没定	臻合一入没精	臻合一入没见	臻合一入没晓	臻合三平谆来	臻合三平谆精
高淳	pəʔ³	məʔ¹³	tʰəʔ³	tsəʔ³	kuəʔ³	fəʔ³	ləŋ²²	tsəŋ⁵⁵
湖阳	pəʔ³⁵	məʔ⁵¹	ɣəʔ³⁵	tsəʔ³⁵	kuəʔ³⁵	χuəʔ³⁵	ləŋ¹³	tsəŋ⁴⁴
博望	poʔ⁵	moʔ⁵¹	tʰəʔ⁵	tsəʔ⁵	kuoʔ⁵	χuoʔ⁵¹	lən³⁵	tsən⁴⁴
新博 郎家村	pəʔ³⁵	məʔ⁵¹	tʰəʔ³⁵	tsəʔ³⁵	kuəʔ³⁵	χuəʔ³⁵	lən³⁵	tsən⁴⁴
新博 童王村	pəʔ³⁵	məʔ⁵¹	tʰəʔ³⁵	tsəʔ³⁵	kuəʔ³⁵	χuəʔ³⁵	lən³⁵	tsən⁴⁴
年陡	poʔ⁵	moʔ⁵	tʰəʔ⁵	tsəʔ⁵	kuəʔ⁵	χoʔ⁵	nən¹³	tsən⁴¹
泾县	pɿ³¹	mɤ³⁵	ʂʰɿ³⁵	tsɿ³¹	kuɿ³¹	ho³⁵	ləŋ²⁵	tsəŋ³⁵
茂林	pəʔ³	məʔ⁵	tʰəʔ³	tsəʔ³	kuəʔ³	ɸʰəʔ⁵	ləŋ²⁴	tsəŋ³⁵
厚岸	pəʔ⁴	məʔ⁵	tʰəʔ⁴	tsəʔ⁴	kuəʔ⁴	wəʔ⁴	lən²⁴	tsən²²

	俊	笋	桦~头	准	春	唇	顺	纯
	臻合三去稕精	臻合三上准心	臻合三上准心	臻合三上准章	臻合三平谆昌	臻合三平谆船	臻合三去稕船	臻合三平谆禅
高淳	tɕyn³⁵	sən³³	ɕin³³	tsuən³³	tsʰuən⁵⁵	zuən²²	zuən¹⁴	zuən²²
湖阳	tɕyŋ³⁵	səŋ³³	səŋ³³	tʃuɛŋ³³	tʃʰuɛŋ⁴⁴	zəŋ¹³	səŋ⁵¹	ʒuɛŋ¹³
博望	tɕin³⁵	sən²²	sən²²	tɕyən²²	tɕʰyən⁴⁴	çʰyən³⁵	çʰyən⁵¹	çʰyən³⁵
新博邰家村	tɕin³¹²	sən³⁵	sən³⁵	tɕyən⁴⁴	tɕʰyən⁴⁴	çʰyən³⁵	çʰyən⁵¹	çʰyən³⁵
新博童王村	tɕyən⁵¹	sən⁴⁴	sən⁴⁴	tɕyən⁴⁴	tɕʰyən⁴⁴	çʰyən³⁵	çʰyən⁵¹	çʰyən³⁵
年陡	tɕyn⁵⁵	sən³⁵	sən³⁵	tʂuən³⁵	tʂʰuən⁴¹	ʂʰən¹³	ʂuən⁵⁵	ʂʰuən¹³
泾县	tɕiŋ²³	ɕiŋ³¹	ɕiŋ³¹	tsəŋ³¹	tsʰəŋ³⁵	həŋ²⁵	həŋ²³	həŋ²⁵
茂林	tɕyɐŋ²⁴	ɕiɐŋ²¹	ɕiɐŋ²¹	tsəŋ²¹	tsʰəŋ³⁵	həŋ²⁴	həŋ²⁴	həŋ²⁴
厚岸	tɕin³⁵	ɕin³¹²	sən³¹²	tsən³¹²	tsʰən²²	sən²⁴	sən⁵⁵	sən²⁴

	闰	均	匀	律	出	术	橘	分
	臻合三去稕日	臻合三平谆见	臻合三平谆以	臻合三入术来	臻合三入术昌	臻合三入术彻	臻合三入术见	臻合三平文非
高淳	zuən¹⁴	tɕyn⁵⁵	yn²²	ȵiəʔ¹³	tsʰuəʔ³	zuəʔ¹³	tɕyəʔ³	fən⁵⁵
湖阳	yŋ³⁵	tɕioŋ⁴⁴	ioŋ¹³	liəʔ⁵¹	tʃʰuəʔ³⁵	ʃuəʔ⁵¹	tʃyəʔ³⁵	fəŋ⁴⁴
博望	yən³⁵	tɕyən⁴⁴	yən³⁵	liɪʔ⁵¹	tsʰyəʔ⁵	çyəʔ⁵	tɕyəʔ⁵	fən⁴⁴
新博邰家村	yən³¹²	tɕyən⁴⁴	yən³⁵	lieʔ⁵¹	tɕʰyɪ³⁵	çyəʔ⁵¹	tɕyəʔ³⁵	fən⁴⁴
新博童王村	yən⁵¹	tɕyən⁴⁴	yən³⁵	lieʔ⁵¹	tɕʰyəʔ³⁵	çyəʔ⁵¹	tɕyəʔ³⁵	fən⁴⁴
年陡	yn⁵⁵	tɕyn⁴¹	yn³⁵	liɪʔ⁵	tʂʰuəʔ⁵	ʂuəʔ⁵	tɕyɪʔ⁵	fən⁴¹
泾县	iŋ²³	tɕiŋ³⁵	iŋ²⁵	li³⁵	tsʰɿ³¹	hɿ³⁵	tɕʅ³¹	fəŋ³⁵
茂林	ȵiɐŋ²⁴	tɕyɐŋ³⁵	jiɐŋ²⁴	/	tsʰəʔ³	həʔ⁵	tɕiəʔ³	fəŋ³⁵
厚岸	ȵin⁵⁵	kin²²	in²⁴	liɪʔ⁵	tsəʔ⁴	səʔ⁴	tɕiɪʔ⁴	fən²²

	粉	粪	芬	坟	份	纹	文	蚊~虫
	臻合三上吻非	臻合三去问非	臻合三平文敷	臻合三平文奉	臻合三去问奉	臻合三平文微	臻合三平文微	臻合三平文微
高淳	fən³³	fən³⁵	fən⁵⁵	bən²²	bən¹⁴	bən²²	bən²²	bən²²
湖阳	fəŋ³³	fəŋ³⁵	fəŋ⁴⁴	bəŋ¹³	fəŋ⁵¹	uəŋ¹³	uəŋ¹³	bəŋ¹³
博望	fən²²	fən³⁵	fən⁴⁴	ɸʰən³⁵	ɸʰən³⁵	uən³⁵	uən³⁵	uən³⁵
新博邰家村	fən³⁵	fən³¹²	fən⁴⁴	ɸʰən³⁵	ɸʰən³¹²	uən³⁵	uən³⁵	uən³⁵
新博童王村	fən⁴⁴	fən⁵¹	fən⁴⁴	ɸʰən³⁵	ʋən⁵¹	uən³⁵	uən³⁵	uən³⁵
年陡	fən³⁵	fən⁵⁵	fən⁴¹	fʰən¹³	fən⁵⁵	uən¹³	uən¹³	uən¹³
泾县	fəŋ³¹	fəŋ²³	fəŋ³⁵	wəŋ²⁵	wəŋ²³	wəŋ²⁵	wəŋ²⁵	wəŋ²⁵
茂林	fəŋ²¹	fəŋ²⁴	fəŋ³⁵	wəŋ²⁴	wəŋ²⁴	wəŋ²⁴	wəŋ²⁴	məŋ²⁴
厚岸	fən³¹²	fən³⁵	fən²²	wən²⁴	fən⁵⁵	wən²⁴	wən²⁴	wən²⁴

	问	军	裙	熏	训	云	运	佛
	臻合三去问微	臻合三平文见	臻合三平文群	臻合三平文晓	臻合三去问晓	臻合三平文云	臻合三去问云	臻合三入物敷
高淳	bən¹⁴	tɕyn⁵⁵	ʑyn²²	ɕyn⁵⁵	ɕyn³⁵	yn²²	yn³⁵	bəʔ¹³
湖阳	uəŋ³⁵	tɕioŋ⁴⁴	ʑioŋ¹³	ɕioŋ⁴⁴	ɕioŋ³⁵	ioŋ¹³	ioŋ³⁵	foʔ⁵¹
博望	uən³⁵	tɕyən⁴⁴	ɕʰyən³⁵	ɕyən⁴⁴	ɕyən³⁵	yən³⁵	yən³⁵	foʔ⁵
新博邰家村	uən³¹²	tɕyən⁴⁴	ɕʰyən³⁵	ɕyən⁴⁴	ɕyən³¹²	yən³⁵	yən³¹²	fəʔ³⁵
新博童王村	uən⁵¹	tɕyən⁴⁴	ɕʰyən³⁵	ɕyən⁴⁴	ɕyən⁵¹	yən³⁵	yən⁵¹	fəʔ³⁵
年陡	uən⁵⁵	tɕyn⁴¹	ɕʰyn¹³	ɕyn⁴¹	ɕyn⁵⁵	yn¹³	yn⁵⁵	foʔ⁵
泾县	wəŋ²³	tɕiŋ³⁵	ɕʰiŋ²⁵	ɕiŋ³⁵	ɕiŋ²³	iŋ²⁵	iŋ²³	ɸʰɿ³⁵
茂林	wəŋ²⁴	tɕyɐŋ³⁵	ɸʰiɐŋ²⁴	ɕiɐŋ³⁵	ɕyɐŋ²⁴	jiɐŋ²⁴	jiɐŋ²⁴	ɸʰəʔ⁵
厚岸	wən⁵⁵	kin²²	tɕʰin³⁵	ɕin²²	ɕin⁵⁵	in²⁴	in³⁵	fəʔ⁵

	物	屈	帮	榜	旁	忙	当~然	党
	臻合三入物微	臻合三入物溪	宕开一平唐帮	宕开一上荡帮	宕开一平唐并	宕开一平唐明	宕开一平唐端	宕开一上荡端
高淳	bəʔ¹³	tɕʰyəʔ³	pã⁵⁵	pã³³	bã²²	mã²²	tã³⁵	tã³³
湖阳	uəʔ⁵¹	tɕʰyəʔ³⁵	pɑ⁴⁴	pɑ³³	bɑ¹³	mɑ¹³	tɑ⁴⁴	tɑ³³
博望	uoʔ⁵¹	tɕʰyəʔ⁵	pɔ⁴⁴	pɔ²²	ɸʰɔ³⁵	mɔ³⁵	tɔ⁴⁴	tɔ²²
新博邱家村	uəʔ⁵¹	tɕʰyəʔ³⁵	pɔ⁴⁴	pɔ³⁵	ɸʰɔ³⁵	mɔ³⁵	tɔ⁴⁴	tɔ³⁵
新博童王村	uəʔ⁵¹	tɕʰyəʔ²⁴	pɔ⁴⁴	pɔ⁴⁴	ɸʰɔ³⁵	mɔ³⁵	tɔ⁴⁴	tɔ⁴⁴
年陡	uoʔ⁵	tɕʰyɪʔ⁵	pẽ⁴¹	pẽ³⁵	fʰẽ¹³	mẽ¹³	tẽ⁴¹	tẽ³⁵
泾县	ɸʰɿ³⁵	tɕʰiɤ³¹	pɜ³⁵	pɜ³¹	ɸʰɜ²⁵	mɜ²⁵	tɜ³⁵	tɜ³¹
茂林	ɸʰəʔ⁵	tɕʰiuʔ³	pɜ³⁵	pɜ²¹	ɸʰɜ²⁴	mɜ²⁴	tɜ³⁵	tɜ²¹
厚岸	wəʔ⁵	tɕʰioʔ⁴	pɜ²²	pɜ³¹²	pʰɜ²⁴	mɜ²⁴	tɜ²²	tɜ³¹²

	汤	躺	烫	糖	荡	郎	朗	浪
	宕开一平唐透	宕开一上荡透	宕开一去宕透	宕开一平唐定	宕开一上荡定	宕开一平唐来	宕开一上荡来	宕开一去宕来
高淳	tʰã⁵⁵	tʰã³³	tʰã³⁵	dã²²	dã¹⁴	lã²²	lã²²	lã³⁵
湖阳	tʰɑ⁴⁴	tʰɑ³³	tʰɑ³⁵	ɣ̥ʰɑ¹³	ɣ̥ɑ⁵¹	lɑ¹³	lɑ³³	lɑ³⁵
博望	tʰɔ⁴⁴	tʰɔ²²	tʰɔ³⁵	ɣ̥ʰɔ³⁵	tɔ³⁵	lɔ³⁵	lɔ²²	lɔ³⁵
新博邱家村	tʰɔ⁴⁴	tʰɔ³⁵	tʰɔ³¹²	ɣ̥ʰɔ³⁵	ɣ̥ʰɔ⁵¹	lɔ³⁵	lɔ³⁵	lɔ³¹²
新博童王村	tʰɔ⁴⁴	tʰɔ⁴⁴	tʰɔ⁵¹	ɣ̥ʰɔ³⁵	tɔ⁵¹	lɔ³⁵	lɔ³⁵	lɔ⁵¹
年陡	tʰẽ⁴¹	tʰẽ³⁵	tʰẽ⁵⁵	ɣ̥ʰẽ¹³	tẽ⁵⁵	lẽ¹³	lẽ³⁵	lẽ⁵⁵
泾县	tʰɜ³⁵	tʰɜ³¹	tʰɜ²³	ɣ̥ʰɜ²⁵	ɣ̥ʰɜ²³	lɜ²⁵	lɜ³¹	lɜ²³
茂林	tʰɜ³⁵	tʰɜ²¹	tʰɜ²⁴	hɜ²⁴	hɜ⁵¹	lɜ²⁴	lɜ²¹	lɜ²⁴
厚岸	tʰɜ²²	tʰɜ³¹²	tʰɜ³⁵	tʰɜ²⁴	tʰɜ⁵⁵	lɜ²⁴	lɜ³¹²	lɜ⁵⁵

	葬	仓	藏动	桑	缸	康	昂	行银~
	宕开一去宕精	宕开一平唐清	宕开一平唐从	宕开一平唐心	宕开一平唐见	宕开一平唐溪	宕开一平唐疑	宕开一平唐匣
高淳	tsã^{35}	tsʰã^{55}	zã^{22}	sã^{55}	kã^{55}	kʰã^{55}	ʁã^{22}	ʁã^{22}
湖阳	tsɑ^{35}	tsʰɑ^{35}	sɑ^{51}	sɑ^{44}	kɑ^{44}	kʰɑ^{44}	ɑ^{13}	ʁɑ^{13}
博望	tsɔ^{35}	tsʰɔ^{44}	sʰɔ^{35}	sɔ^{44}	kɔ^{44}	kʰɔ^{44}	ŋɔ^{35}	hɔ^{35}
新博邰家村	tsɔ^{312}	tsʰɔ^{44}	sʰɔ^{35}	sɔ^{44}	kɔ^{44}	kʰɔ^{44}	ɔ^{35}	hɔ^{35}
新博童王村	tsɔ^{51}	tsʰɔ^{44}	sʰɔ^{35}	sɔ^{44}	kɔ^{44}	kʰɔ^{44}	ŋɔ^{35}	χɔ^{35}
年陡	tsẽ^{55}	tsʰẽ^{41}	sʰẽ^{13}	sẽ^{41}	kẽ^{41}	kʰẽ^{41}	ẽ^{13}	χẽ^{13}
泾县	tsɿ^{23}	tsʰɿ^{35}	tsʰɿ^{25}	sɿ^{35}	kɿ^{35}	kʰɿ^{35}	ɿ^{25}	hɿ^{25}
茂林	tsɿ^{24}	tsʰɿ^{35}	hɿ^{24}	sɿ^{35}	kɿ^{35}	kʰɿ^{35}	ŋɿ^{24}	hɿ^{24}
厚岸	tsɿ^{35}	tsʰɿ^{22}	tsʰɿ^{24}	sɿ^{22}	kɿ^{22}	kʰɿ^{22}	ŋɿ^{24}	χɿ^{24}

	博	薄厚~	托	落	作	凿	索	各
	宕开一入铎帮	宕开一入铎并	宕开一入铎透	宕开一入铎来	宕开一入铎精	宕开一入铎从	宕开一入铎心	宕开一入铎见
高淳	paʔ^{3}	baʔ^{13}	tʰaʔ^{3}	laʔ^{13}	tsaʔ^{3}	zaʔ^{13}	suaʔ^{3}	kuaʔ^{3}
湖阳	poʔ^{35}	pɐʔ$^{\underline{51}}$	tʰɐʔ^{35}	lɐʔ$^{\underline{51}}$	tsɐʔ^{35}	sɐʔ$^{\underline{51}}$	ʃuɐʔ^{35}	kəʔ^{35}
博望	poʔ^{5}	poʔ^{5}	tʰəʔ^{5}	ləʔ^{51}	tsəʔ^{5}	sʰəʔ^{51}	səʔ^{5}	kəʔ^{5}
新博邰家村	pəʔ^{35}	/	tʰəʔ^{35}	ləʔ^{51}	tsəʔ^{35}	sʰo^{35}	səʔ^{35}	kəʔ^{35}
新博童王村	pəʔ^{35}	pəʔ^{35}	tʰəʔ^{35}	ləʔ^{51}	tsəʔ^{35}	sʰo^{35}	suᵦ^{44}	kəʔ^{35}
年陡	poʔ^{5}	pʰoʔ^{5}	tʰoʔ^{5}	loʔ^{5}	tsoʔ^{5}	soʔ^{5}	suᵦ^{55}	koʔ^{5}
泾县	po^{31}	ho^{35}	tʰo^{31}	lo^{35}	tso^{31}	ho^{35}	sɤ^{31}	ko^{31}
茂林	poʔ^{3}	ɸʰu^{51}	tʰoʔ^{3}	loʔ^{3}	tsoʔ^{3}	hoʔ^{5}	soʔ^{3}	ʁoʔ^{3}
厚岸	poʔ^{4}	pʰoʔ^{5}	tʰoʔ^{4}	loʔ^{4}	tsoʔ^{4}	soʔ^{5}	soʔ^{4}	koʔ^{4}

	恶形	娘	量动	两~个	将~来	蒋	酱	枪
	遇合一去暮影	宕开三平阳泥	宕开三平阳来	宕开三上养来	宕开三平阳精	宕开三上养精	宕开三去漾精	宕开三平阳清
高淳	uaʔ¹³	ȵiã²²	ȵiã²²	ȵio⁵⁵	tɕiã⁵⁵	tɕiã³³	tɕiã³⁵	tɕʰiã⁵⁵
湖阳	uɐʔ³⁵	ȵia¹³	lia¹³	ȵia³³	tɕia⁴⁴	tɕia³³	tɕia³⁵	tɕʰia⁴⁴
博望	ŋəʔ⁵¹	ȵiɔ³⁵	liɔ³⁵	liɔ²²	tɕiɔ⁴⁴	tɕiɔ²²	tɕiɔ³⁵	tɕʰiɔ⁴⁴
新博郘家村	ŋəʔ⁵¹	ȵiɔ³⁵	liɔ³⁵	liɔ³⁵	tɕiɔ³⁵	tɕiɔ³⁵	tɕiɔ³¹²	tɕʰiɔ⁴⁴
新博童王村	ŋuᵦ⁵¹	ȵiɔ³⁵	liɔ³⁵	liɔ⁴⁴	tɕiɔ⁴⁴	tɕiɔ⁴⁴	tɕiɔ⁵¹	tɕʰiɔ⁴⁴
年陡	uoʔ⁵	niẽ¹³	liẽ¹³	liẽ³⁵	tɕiẽ⁴¹	tɕiẽ³⁵	tɕiẽ⁵⁵	tɕʰiẽ⁴¹
泾县	o³¹	ȵiɜ²⁵	liɜ²⁵	liɜ³¹	tɕiɜ³⁵	tɕiɜ³¹	tɕiɜ²³	tɕʰiɜ³⁵
茂林	oʔ³	ȵiɜ²⁴	lᵈiɜ²⁴	lᵈiɣ⁵¹	tɕiɜ²⁴	tɕiɜ²¹	tɕiɜ³⁵	tɕʰiɜ³⁵
厚岸	oʔ⁴	ȵiɜ²⁴	tiɜ²⁴	liɜ³⁵	tɕiɜ²²	tɕiɜ³¹²	tɕiɜ³⁵	tɕʰiɜ²²

	抢	墙	匠	箱	想	详	张量	长~大
	宕开三上养清	宕开三平阳从	宕开三去漾从	宕开三平阳心	宕开三上养心	宕开三平阳邪	宕开三平阳知	宕开三上养知
高淳	tɕʰiã³³	ziã²²	ziã¹⁴	ɕiã⁵⁵	ɕiã³³	ziã²²	tsã⁵⁵	tsã³³
湖阳	tɕʰia³³	zia¹³	ɕia⁵¹	ɕia⁴⁴	ɕia³³	zia¹³	tsa⁴⁴	tsa³³
博望	tɕʰiɔ²²	ɕʰiɔ³⁵	ɕʰiɔ⁵¹	ɕiɔ⁴⁴	ɕiɔ²²	ɕʰiɔ³⁵	tsɔ⁴⁴	tsɔ²²
新博郘家村	tɕʰiɔ³⁵	ɕʰiɔ³⁵	ɕʰiɔ⁵¹	ɕiɔ⁴⁴	ɕiɔ³⁵	ɕʰiɔ³⁵	tsɔ⁴⁴	tsɔ³⁵
新博童王村	tɕʰiɔ⁴⁴	ɕʰiɔ³⁵	ɕʰiɔ⁵¹	ɕiɔ⁴⁴	ɕiɔ⁴⁴	ɕʰiɔ³⁵	tsɔ⁴⁴	tsɔ⁴⁴
年陡	tɕʰiẽ³⁵	ɕʰiẽ¹³	ɕʰiẽ⁵⁵	ɕiẽ⁴¹	ɕiẽ³⁵	ɕʰiẽ¹³	tʂẽ⁴¹	tʂẽ³⁵
泾县	tɕʰiɜ³¹	ɕʰiɜ²⁵	ɕʰiɜ²³	ɕiɜ³⁵	ɕiɜ³¹	ɕʰiɜ²⁵	tsɜ³⁵	tsɜ³¹
茂林	tɕʰiɜ²¹	hiɜ²⁴	hiɜ²⁴	ɕiɜ³⁵	ɕiɜ²¹	hiɜ²⁴	tsɜ³⁵	tsɜ²¹
厚岸	tɕʰiɜ³¹²	ɕiɜ²⁴	jiɜ⁵⁵	ɕiɜ²²	ɕiɜ³¹²	ɕiɜ²⁴	tɕiɜ²²	tɕiɜ³¹²

	帐敏~	长~短	肠	丈单位	装	壮	疮	床
	宕开三去漾知	宕开三平阳澄	宕开三平阳澄	宕开三上养澄	宕开三平阳庄	宕开三去漾庄	宕开三平阳初	宕开三平阳崇
高淳	tsã³⁵	zã²²	zã²²	zã¹⁴	tsuã⁵⁵	tsuã³⁵	tsʰuã⁵⁵	zuã²²
湖阳	tsɑ³⁵	zɑ¹³	zɑ¹³	sɑ⁵¹	tʃua⁴⁴	tʃua³⁵	tʃʰua⁴⁴	zɑ¹³
博望	tsɔ³⁵	sʰɔ³⁵	sʰɔ³⁵	sʰɔ⁵¹	tsuɔ⁴⁴	tsuɔ³⁵	tsʰuɔ⁴⁴	sʰuɔ³⁵
新博邵家村	tsɔ³¹²	sʰɔ³⁵	sʰɔ³⁵	sʰɔ⁵¹	tsuɔ⁴⁴	tsuɔ³¹²	tsʰuɔ⁴⁴	sʰuɔ³⁵
新博童王村	tsɔ⁵¹	sʰɔ³⁵	sʰɔ³⁵	sʰɔ⁵¹	tɕyɔ⁴⁴	tɕyɔ⁵¹	tɕʰyɔ⁴⁴	ɕʰyɔ³⁵
年陡	tʂẽ⁵⁵	ʂʰẽ¹³	ʂʰẽ¹³	tʂẽ⁵⁵	tʂuã⁴¹	tʂuã⁵⁵	tʂʰuã⁴¹	ʂʰuã¹³
泾县	tsɿ²³	hɿ²⁵	hɿ²⁵	hɿ³¹	tsɿ³⁵	tsɿ²³	tsʰɿ³⁵	hɿ²⁵
茂林	tsɿ²⁴	hɿ²⁴	hiɿ²⁴	hɿ⁵¹	tsɿ³⁵	tsɿ²⁴	tsʰɿ³⁵	hɿ²⁴
厚岸	tɕiɿ²⁴	tɕʰiɿ²⁴	tɕʰiɿ²⁴	tɕʰiɿ⁵⁵	tsɿ²²	tsɿ³⁵	tsʰɿ²²	sɿ²⁴

	状	霜	爽	章	掌	昌	厂	唱
	宕开三去漾崇	宕开三平阳生	宕开三上养生	宕开三平阳章	宕开三上养章	宕开三平阳昌	宕开三上养昌	宕开三去漾昌
高淳	zuã¹⁴	suã⁵⁵	suã³³	tsã⁵⁵	tsã³³	tsʰã⁵⁵	tsʰã³³	tsʰã³⁵
湖阳	ʃua⁵¹	ʃua⁴⁴	ʃua³³	tsɑ⁴⁴	tsɑ³³	tsʰɑ⁴⁴	tsʰɑ³³	tsʰɑ³⁵
博望	tsuɔ³⁵	suɔ⁴⁴	suɔ²²	tsɔ⁴⁴	tsɔ²²	tsʰɔ⁴⁴	tsʰɔ²²	tsʰɔ³⁵
新博邵家村	tsuɔ³¹²	suɔ⁴⁴	suɔ³⁵	tsɔ⁴⁴	tsɔ³⁵	tsʰɔ⁴⁴	tsʰɔ³⁵	tsʰɔ³¹²
新博童王村	ɕʰyɔ⁵¹	ɕyɔ⁴⁴	ɕyɔ⁴⁴	tsɔ⁴⁴	tsɔ⁴⁴	tsʰɔ⁴⁴	tsʰɔ⁴⁴	tsʰɔ⁵¹
年陡	tʂuã⁵⁵	ʂuã⁴¹	ʂuã³⁵	tʂẽ⁴¹	tʂẽ³⁵	tʂʰẽ⁴¹	tʂʰẽ³⁵	tʂʰẽ⁵⁵
泾县	tsɿ²³	sɿ³⁵	sɿ³¹	tsɿ³⁵	tsɿ³¹	tsʰɿ³⁵	tsʰɿ³¹	tsʰɿ²³
茂林	hɿ²⁴	sɿ³⁵	sɿ²¹	tsɿ³⁵	tsɿ²¹	tsʰɿ³⁵	tsʰɿ²¹	tsʰɿ²⁴
厚岸	tsʰɿ⁵⁵	sɿ²²	sɿ³¹²	tsɿ²²	tsɿ³¹²	tsʰɿ²²	tɕʰiɿ³¹²	tsʰɿ³⁵

	伤	赏	尝	上_动	让	姜	强	仰
	宕开三平阳书	宕开三上养书	宕开三平阳禅	宕开三上养禅	宕开三去漾日	宕开三平阳见	宕开三平阳群	宕开三上养疑
高淳	$sɑ̃^{55}$	$sɑ̃^{33}$	$zɑ̃^{22}$	$zɑ̃^{14}$	$ȵiɑ̃^{35}$	$tɕiɑ̃^{55}$	$ʑiɑ̃^{22}$	$ȵiɑ̃^{55}$
湖阳	$sɑ^{44}$	$sɑ^{33}$	$zɑ^{13}$	$sɑ^{51}$	$ȵiɑ^{35}$	$tɕiɑ^{44}$	$ʑiɑ^{13}$	$ȵiɑ^{33}$
博望	$sɔ^{44}$	$sɔ^{22}$	$s^hɔ^{35}$	$s^hɔ^{51}$	$iɔ^{35}$	$tɕiɔ^{44}$	$ɕ^hiɔ^{35}$	$iɔ^{22}$
新博_{邰家村}	$sɔ^{44}$	$sɔ^{35}$	$s^hɔ^{35}$	$s^hɔ^{51}$	$iɔ^{312}$	$tɕiɔ^{44}$	$ɕ^hiɔ^{35}$	$ȵiɔ^{35}$
新博_{童王村}	$sɔ^{44}$	$sɔ^{44}$	$s^hɔ^{35}$	$s^hɔ^{51}$	$iɔ^{51}$	$tɕiɔ^{44}$	$ɕ^hiɔ^{35}$	$iɔ^{44}$
年陡	$ʂə̃^{41}$	$ʂə̃^{35}$	$ʂ^hə̃^{13}$	$ʂ^hə̃^{55}$	$ə̃^{55}$	$tɕiə̃^{41}$	$ɕ^hiə̃^{13}$	$iə̃^{35}$
泾县	$sʒ^{35}$	$sʒ^{31}$	$hʒ^{25}$	$hʒ^{31}$	$ȵiʒ^{23}$	$tɕiʒ^{35}$	$ɕ^hiʒ^{25}$	$ȵiʒ^{31}$
茂林	$sʒ^{35}$	$sʒ^{21}$	$hʒ^{24}$	$hʒ^{51}$	$ȵiʒ^{24}$	$tɕiʒ^{35}$	$hiʒ^{24}$	$ȵiʒ^{51}$
厚岸	$sʒ^{22}$	$sʒ^{312}$	$ts^hʒ^{24}$	$sʒ^{55}$	$ȵiʒ^{55}$	$tɕiʒ^{22}$	$tɕ^hiʒ^{24}$	$ȵiʒ^{55}$

	乡	响	向	秧	羊	养	痒	样
	宕开三平阳晓	宕开三上养晓	宕开三去漾晓	宕开三平阳影	宕开三平阳以	宕开三上养以	宕开三上养以	宕开三去漾以
高淳	$ɕiɑ̃^{55}$	$ɕiɑ̃^{33}$	$ɕiɑ̃^{35}$	$iɑ̃^{55}$	$iɑ̃^{22}$	$iɑ̃^{55}$	$iɑ̃^{55}$	$iɑ̃^{35}$
湖阳	$ɕiɑ^{44}$	$ɕiɑ^{33}$	$ɕiɑ^{35}$	$iɑ^{44}$	$iɑ^{13}$	$iɑ^{33}$	$iɑ^{33}$	$iɑ^{35}$
博望	$ɕiɔ^{44}$	$ɕiɔ^{22}$	$ɕiɔ^{35}$	$iɔ^{44}$	$iɔ^{35}$	$iɔ^{22}$	$iɔ^{22}$	$iɔ^{35}$
新博_{邰家村}	$ɕiɔ^{44}$	$ɕiɔ^{35}$	$ɕ^hiɔ^{51}$	$iɔ^{44}$	$iɔ^{35}$	$iɔ^{35}$	$iɔ^{35}$	$iɔ^{312}$
新博_{童王村}	$ɕiɔ^{44}$	$ɕiɔ^{44}$	$ɕ^hiɔ^{51}$	$iɔ^{44}$	$iɔ^{35}$	$iɔ^{44}$	$iɔ^{44}$	$iɔ^{51}$
年陡	$ɕiə̃^{41}$	$ɕiə̃^{35}$	$ɕiə̃^{55}$	$iə̃^{41}$	$iə̃^{13}$	$iə̃^{35}$	$iə̃^{35}$	$iə̃^{55}$
泾县	$ɕiʒ^{35}$	$ɕiʒ^{31}$	$ɕ^hiʒ^{31}$	$jiʒ^{31}$	$jiʒ^{25}$	$jiʒ^{31}$	$jiʒ^{31}$	$jiʒ^{23}$
茂林	$ɕiʒ^{35}$	$ɕiʒ^{21}$	$ɕiʒ^{35}$	$jiʒ^{51}$	$jiʒ^{24}$	$jiʒ^{51}$	$jiʒ^{24}$	$jiʒ^{24}$
厚岸	$ɕiʒ^{22}$	$ɕiʒ^{312}$	$ɕiʒ^{55}$	$jiʒ^{22}$	$jiʒ^{24}$	$jiʒ^{55}$	$jiʒ^{55}$	$jiʒ^{55}$

	略	雀麻~	削	着睡~	脚	药	光	广
	宕开三入药来	宕开三入药精	宕开三入药心	宕开三入药澄	宕开三入药见	宕开三入药以	宕合一平唐见	宕合一上荡见
高淳	ȵiaʔ13	tɕʰiaʔ3	ɕiaʔ3	tsɑʔ3	tɕiaʔ3	iaʔ13	kuã55	kuã33
湖阳	liɐʔ51	tɕʰiɐʔ35	ɕiɐʔ35	sɐʔ51	tɕiɐʔ35	iɐʔ51	kuɑ44	kuɑ33
博望	niaʔ51	tɕʰiaʔ5	ɕiaʔ5	sʰaʔ51	tɕiaʔ5	iaʔ51	kuɔ44	kuɔ22
新博邻家村	liɐʔ51	tɕʰiɐʔ35	ɕiɐʔ35	sʰɐʔ51	tɕiɐʔ35	iɐʔ51	kuɔ44	kuɔ35
新博童王村	liɐʔ51	tɕʰiɐʔ35	ɕiɐʔ35	sʰɐʔ51	tɕiɐʔ35	iɐʔ51	kuɔ44	kuɔ44
年陡	liɪʔ5	tɕʰiɪʔ5	ɕiɔ41	tʂɐʔ5	tɕiɐʔ5	iɪʔ5	kuã41	kuã35
泾县	lio35	tɕʰio31	ɕio35	ho35	tɕio31	jio35	kuɜ35	kuɜ31
茂林	lᵈioʔ5	tɕʰioʔ3	ɕioʔ3	hioʔ5	tɕioʔ3	jioʔ5	kuɜ35	kuɜ21
厚岸	lioʔ5	tɕʰioʔ4	ɕioʔ4	tɕʰioʔ5	tɕioʔ4	jioʔ5	kuɜ22	kuɜ312

	慌	谎	黄	汪	郭	扩	霍	方
	宕合一平唐晓	宕合一上荡晓	宕合一平唐匣	宕合一平唐影	宕合一入铎见	宕合一入铎见	宕合一入铎晓	宕合三平阳非
高淳	fã55	fã33	uã22	uã55	kuaʔ3	kʰuaʔ3	χəʔ3	fã55
湖阳	χuɑ44	χuɑ33	uɑ13	uɑ44	kuɐʔ35	kʰuɐʔ35	χoʔ35	fɑ44
博望	χuɔ44	χuɔ22	uɔ35	uɔ44	kuoʔ5	kʰuoʔ5	χəʔ5	fɔ44
新博邻家村	χuɔ44	χuɔ35	uɔ35	uɔ44	kuəʔ35	kʰuəʔ35	χəʔ35	fɔ44
新博童王村	χuɔ44	χuɔ44	uɔ35	uɔ44	kuəʔ35	kʰuəʔ35	χəʔ51	fɔ44
年陡	χuã41	χuã35	χuã13	uã41	kuoʔ5	kʰuoʔ5	χuoʔ5	fẽ41
泾县	fɜ35	fɜ31	wɜ25	wɜ31	ko31	kʰo31	χo31	fɜ35
茂林	fɜ35	fɜ21	wɜ24	wɜ51	koʔ3	kʰuəʔ3	χoʔ3	fɜ35
厚岸	fɜ22	fɜ312	wɜ24	wɜ22	koʔ4	kʰuəʔ4	χoʔ4	fɜ22

	放	纺	房	防	芒	网	望	筐
	宕合三去漾非	宕合三上养敷	宕合三平阳奉	宕合三平阳奉	宕开一平唐明	宕合三上养微	宕合三去漾微	宕合三平阳溪
高淳	fã³⁵	fã³³	bã²²	bã²²	mã²²	mã⁵⁵	mã³⁵	kʰuã⁵⁵
湖阳	fɑ³⁵	fɑ³³	bɑ¹³	bɑ¹³	mɑ¹³	mɑ³³	uɑ³⁵	kʰuɑ⁴⁴
博望	fɔ³⁵	fɔ²²	ɸʰɔ³⁵	ɸʰɔ³⁵	mɔ³⁵	uɔ²²	uɔ³⁵	kʰuɔ⁴⁴
新博邰家村	fɔ³¹²	fɔ³⁵	fʰɔ³⁵	fʰɔ³⁵	mɔ³⁵	uɔ³⁵	uɔ³¹²	kʰuɔ⁴⁴
新博童王村	fɔ⁵¹	fɔ⁴⁴	ʋɔ³⁵	ʋɔ³⁵	mɔ³⁵	uɔ⁴⁴	uɔ⁵¹	kʰuɔ⁴⁴
年陡	fẽ⁵⁵	fẽ³⁵	fʰẽ¹³	fʰẽ¹³	mẽ¹³	uã³⁵	uã⁵⁵	kʰuã⁴¹
泾县	fɿ²³	fɿ³¹	ɸʰɿ²⁵	ɸʰɿ²⁵	mɿ²⁵	mɿ³¹	mɿ²³	kʰuɿ³⁵
茂林	fɿ²⁴	fɿ²¹	wɿ²⁴	ɸʰɿ²⁴	mɿ²⁵	mɿ⁵¹	mɿ²⁴	kʰuɿ³⁵
厚岸	fɿ³⁵	fɿ³¹²	fɿ²⁴	fɿ²⁴	mɿ²⁴	mɿ⁵⁵	mɿ⁵⁵	kʰuɿ²²

	狂	王	往	旺	邦	胖	棒	桩
	宕合三平阳群	宕合三平阳云	宕合三上养云	宕合三去漾云	江开二平江帮	江开二平江滂	江开二上讲并	江开二平江知
高淳	uã²²	uã²²	uã⁵⁵	uã³⁵	pã⁵⁵	pʰã³⁵	pã³⁵	tsuã⁵⁵
湖阳	guɑ¹³	uɑ¹³	uɑ³³	uɑ³⁵	pɑ⁴⁴	pʰɑ³⁵	pɑ⁵¹	tʃuɑ⁴⁴
博望	uɔ³⁵	uɔ³⁵	uɔ²²	uɔ²²	pɔ⁴⁴	pʰɔ³⁵	pɔ³⁵	tsuɔ⁴⁴
新博邰家村	huɔ³⁵	uɔ³⁵	uɔ³⁵	uɔ³¹²	pɔ⁴⁴	pʰɔ³¹²	pɔ³¹²	tsuɔ⁴⁴
新博童王村	kʰuɔ³⁵	uɔ³⁵	uɔ⁴⁴	uɔ⁵¹	pɔ⁴⁴	pʰɔ⁵¹	pɔ⁵¹	tɕyɔ⁴⁴
年陡	uã¹³	uã¹³	uã³⁵	uã⁵⁵	pẽ⁴¹	pʰẽ⁵⁵	pẽ⁵⁵	tʂuã⁴¹
泾县	kʰuɿ³¹	wɿ²⁵	wɿ³¹	wɿ²³	pɿ³⁵	pʰɿ²³	pɿ²³	tsɿ³⁵
茂林	kʰuɿ²⁴	wɿ²⁴	wɿ⁵¹	wɿ²⁴	pɿ³⁵	pʰɿ²⁴	pɿ²⁴	tsɿ³⁵
厚岸	kʰuɿ²⁴	wɿ²⁴	wɿ⁵⁵	wɿ⁵⁵	pɿ²²	pʰɿ³⁵	pɿ³⁵	tsɿ²²

	撞	窗	双	江	讲	降~落伞	腔	降投~
	江开二去绛澄	江开二平江初	江开二平江生	江开二平江见	江开二上讲见	江开二去绛见	江开二平江溪	江开二平江匣
高淳	zuã14	tsʰuã55	suã55	tɕiã55	kã33	kã35	tɕʰiã55	ʑiã22
湖阳	ʃua51	tʃʰua44	ɕua44	tɕia44	tɕia33	tɕia35	tɕʰia44	ʑia13
博望	sʰuɔ51	tsʰuɔ44	suɔ44	tɕiɔ44	tɕiɔ22	tɕiɔ35	tɕʰiɔ44	tɕiɔ35
新博部家村	sʰuɔ51	tsʰuɔ44	suɔ44	tɕiɔ44	tɕiɔ35	tɕiɔ312	tɕʰiɔ44	ɕʰiɔ35
新博童王村	ɕʰyɔ51	tɕʰyɔ44	ɕyɔ44	tɕiɔ44	tɕiɔ44	tɕiɔ51	tɕʰiɔ44	ɕʰiɔ35
年陡	tʂʰuã55	tʂʰuã41	ʂuã41	tɕiẽ41	tɕiẽ35	tɕiẽ55	tɕʰiẽ41	ɕʰiẽ13
泾县	hɿ23	tsʰɿ35	sɿ35	tɕiɿ35	kɿ31	tɕiɿ23	tɕʰiɿ35	ɕʰiɿ25
茂林	tsʰɿ24	tsʰɿ35	sɿ35	tɕiɿ35	tɕiɿ21	kɿ24	tɕʰiɿ35	hiɿ24
厚岸	tsʰɿ55	tsʰɿ22	sɿ22	kɿ22	kɿ312	kɿ35	tɕʰiɿ22	ɕiɿ24

	项	剥	桌	戳	捉	镯	觉	角
	江开二上讲匣	江开二入觉帮	江开二入觉知	江开二入觉彻	江开二入觉庄	江开二入觉崇	效开二去效见	江开二入觉见
高淳	ɕiã33	paʔ3	tsuaʔ3	tsʰuaʔ3	tsuaʔ3	yaʔ13	tɕyaʔ3	kuaʔ3
湖阳	ɕia51	pɐʔ35	tʃuɐʔ35	tʃʰuɐʔ35	tʃuɐʔ35	suɐʔ51	tʃyɐʔ35	kuɐʔ35
博望	ɕiɔ35	poʔ5	tɕyɐʔ5	tɕʰyɐʔ5	tɕyɐʔ5	ɕʰyɐʔ51	tɕiaʔ5	kəʔ5
新博部家村	ɕiɔ312	pəʔ35	tɕyɐʔ35	tɕʰyɐʔ35	tɕyɐʔ35	tɕyɐʔ35	tɕyɐʔ35	kəʔ35
新博童王村	ɕiɔ51	pəʔ35	tɕyɐʔ35	tɕʰyɐʔ35	tɕyɐʔ35	ɕʰyɐʔ51	tɕyɐʔ35	kəʔ35
年陡	ɕiẽ55	poʔ5	tʂoʔ5	tʂʰoʔ5	tʂoʔ5	tʂoʔ5	tɕiɔ55	kuoʔ5
泾县	ɕʰiɿ31	po31	tsɤ31	tɕʰio31	tso31	ho35	tɕio31	ko31
茂林	hiɿ24	poʔ3	tsoʔ3	tɕʰioʔ3	tsoʔ3	hoʔ5	tɕioʔ3	koʔ3
厚岸	χɿ55	poʔ4	tsoʔ4	tɕʰioʔ4	tsoʔ4	tsoʔ4	tɕioʔ4	koʔ4

	壳	乐音~	学	握	崩	朋	灯	等
	江开二入觉溪	江开二入觉疑	江开二入觉匣	江开二入觉影	曾开一平登帮	曾开一平登并	曾开一平登端	曾开一上等端
高淳	kʰuɑʔ³	ɣɑʔ¹³	ʑɣɑʔ¹³	uəʔ³	pən⁵⁵	bən²²	tən⁵⁵	tən³³
湖阳	kʰuɐʔ³⁵	ɣɐʔ⁵¹	ɕɣɐʔ⁵¹	uəʔ³⁵	pəŋ⁴⁴	bəŋ¹³	təŋ⁴⁴	təŋ³³
博望	kʰəʔ⁵	iaʔ⁵¹	ɕʰiaʔ⁵¹	uəʔ⁵	poŋ⁴⁴	pʰoŋ³⁵	təŋ⁴⁴	təŋ²²
新博郎家村	kʰəʔ³⁵	ɣəʔ⁵¹	ɕʰiɐʔ⁵¹	uəʔ³⁵	poŋ⁴⁴	ɸʰoŋ³⁵	təŋ⁴⁴	təŋ³⁵
新博童王村	kʰəʔ³⁵	ɣəʔ⁵¹	ɕʰiɐʔ⁵¹	uəʔ⁵¹	pəŋ⁴⁴	ɸʰoŋ³⁵	təŋ⁴⁴	təŋ⁴⁴
年陡	kʰoʔ⁵	ɣɪʔ⁵	ɕɣɪʔ⁵	uoʔ⁵	pən⁴¹	fʰən¹³	tən⁴¹	tən³⁵
泾县	kʰo³¹	jio³⁵	ɕʰio³⁵	o³⁵	pəŋ³⁵	ɸʰəŋ²⁵	təŋ³⁵	təŋ³¹
茂林	kʰoʔ³	jioʔ⁵	hioʔ⁵	woʔ⁵	pəŋ³⁵	ɸʰəŋ²⁴	təŋ³⁵	təŋ²¹
厚岸	kʰoʔ⁴	jioʔ⁴	χoʔ⁴	wəʔ⁴	pən²²	pʰoŋ²⁴	tən²²	tən³¹²

	凳	藤	邓	能	增	层	僧	肯
	曾开一去嶝端	曾开一平登定	曾开一去嶝定	曾开一平登泥	曾开一平登精	曾开一平登从	曾开一平登心	曾开一上等溪
高淳	tən³⁵	dən²²	tən⁵⁵	nən⁵⁵	tsən⁵⁵	zən²²	sən⁵⁵	kʰən³³
湖阳	təŋ³⁵	f̩ʰəŋ¹³	ɕəŋ⁵¹	nəŋ¹³	tsəŋ⁴⁴	zəŋ¹³	səŋ⁴⁴	kʰəŋ³³
博望	tən³⁵	f̩ʰən³⁵	f̩ʰən⁵¹	nən³⁵	tsən⁴⁴	sʰən³⁵	sən³⁵	kʰən²²
新博郎家村	tən³⁵	f̩ʰən³⁵	tən³¹²	lən³⁵	tsən⁴⁴	sʰən³⁵	sən⁴⁴	kʰən³⁵
新博童王村	tən⁵¹	f̩ʰən³⁵	tən⁵¹	nən⁴⁴	tsən⁴⁴	sʰən³⁵	sən⁴⁴	kʰən⁴⁴
年陡	tən⁵⁵	tʰən¹³	tən⁵⁵	nən¹³	tsən⁴¹	sʰən¹³	tsən⁴¹	kʰən³⁵
泾县	təŋ²³	f̩ʰəŋ²⁵	təŋ²³	ləŋ²⁵	tsəŋ³⁵	həŋ²⁵	səŋ³⁵	kʰəŋ³¹
茂林	təŋ²⁴	tʰiɐŋ²⁴	təŋ²⁴	ləŋ²⁴	tsəŋ³⁵	həŋ²⁴	səŋ³⁵	kʰəŋ²¹
厚岸	tən³⁵	tʰən²⁴	tən³⁵	lən²⁴	tsən²²	tsʰən²⁴	sən²²	kʰən²²

	恒	北	墨	得 晓~	特	贼	塞	刻
	曾开一平登匣	曾开一入德帮	曾开一入德明	曾开一入德端	曾开一入德定	曾开一入德从	曾开一入德心	曾开一入德溪
高淳	ʁən²²	pəʔ³	məʔ¹³	təʔ³	dəʔ¹³	zəʔ¹³	səʔ³	kʰəʔ³
湖阳	ʁəŋ¹³	poʔ³⁵	moʔ⁵¹	təʔ³⁵	tʰəʔ³⁵	səʔ⁵¹	səʔ³⁵	kʰəʔ³⁵
博望	hən³⁵	poʔ⁵	moʔ⁵¹	təʔ⁵	tʰəʔ⁵	sʰɜ³⁵	səʔ⁵	kʰəʔ⁵
新博 邶家村	χən³⁵	pəʔ³⁵	məʔ⁵¹	təʔ³⁵	tʰəʔ³⁵	tsəʔ³⁵	səʔ³⁵	kʰəʔ³⁵
新博 童王村	hən³⁵	pəʔ³⁵	məʔ⁵¹	təʔ³⁵	tʰəʔ⁵¹	sʰɜ³⁵	səʔ³⁵	kʰəʔ⁵¹
年陡	χən¹³	poʔ⁵	moʔ⁵	təʔ⁵	tʰəʔ⁵	sʰɿ¹³	səʔ⁵	kʰəʔ⁵
泾县	həŋ²⁵	pɿ³¹	mɿ³⁵	tɿ³¹	fʰɿ³⁵	hɿ³⁵	sɛ³⁵	kʰɿ³¹
茂林	həŋ²⁴	pəʔ³	miəʔ⁵	təʔ³	tʰəʔ³	həʔ⁵	ɕiəʔ³	kʰəʔ³
厚岸	χən²⁴	pəʔ⁴	miɿʔ⁵	təʔ⁴	tʰəʔ⁵	tsʰəʔ⁵	ɕiɿʔ⁴	kʰəʔ⁴

	黑	冰	凌	惩	蒸	证	称	秤
	曾开一入德晓	曾开三平蒸帮	曾开三平曾来	曾开三平蒸澄	曾开三平蒸章	曾开三去证章	曾开三平蒸昌	曾开三去证昌
高淳	χəʔ³	pin⁵⁵	n̠in²²	/	tsən⁵⁵	tsən³⁵	tsʰən⁵⁵	tsʰən³⁵
湖阳	χəʔ³⁵	piŋ⁴⁴	liŋ¹³	zəŋ¹³	tsəŋ⁴⁴	tsəŋ³⁵	tsʰəŋ⁴⁴	tsʰəŋ³⁵
博望	χəʔ⁵	pin⁴⁴	lin³⁵	tsʰən³⁵	tsən⁴⁴	tsən³⁵	tsʰən⁴⁴	tsʰən³⁵
新博 邶家村	χəʔ³⁵	pin⁴⁴	lin³⁵	sʰən³⁵	tsən⁴⁴	tsən³¹²	tsʰən⁴⁴	tsʰən³¹²
新博 童王村	χəʔ³⁵	pin⁴⁴	lin³⁵	sʰən³⁵	tsən⁴⁴	tsən⁵¹	tsʰən⁴⁴	tsʰən⁵¹
年陡	χəʔ⁵	pien⁴¹	lien¹³	ʂʰən¹³	tʂən⁴¹	tʂən⁵⁵	tʂən⁴¹	tʂʰən⁵⁵
泾县	hɿ³¹	piŋ³⁵	liŋ²⁵	tsʰəŋ³¹	tsəŋ³⁵	tsəŋ²³	tsʰəŋ³⁵	tsʰəŋ²³
茂林	χəʔ³	piɐŋ³⁵	lᵈiɐŋ²⁴	tsʰəŋ²¹	tsəŋ³⁵	tsəŋ²⁴	tsʰəŋ³⁵	tsʰəŋ²⁴
厚岸	χəʔ⁴	pin²²	lin²⁴	tsʰən³¹²	tɕin²²	tsən³⁵	tɕʰin²²	tɕʰin³⁵

	绳	剩	升单位	胜	承	兴绍~	鹰	应答~
	曾开三平蒸船	曾开三去证船	曾开三平蒸书	曾开三平蒸书	曾开三平蒸禅	曾开三平蒸晓	曾开三平蒸影	曾开三去证影
高淳	$zən^{22}$	$zən^{14}$	$sən^{55}$	$sən^{35}$	$zən^{14}$	$ɕin^{55}$	in^{35}	in^{35}
湖阳	$zəŋ^{13}$	$səŋ^{51}$	$səŋ^{44}$	$səŋ^{35}$	$zəŋ^{13}$	$ɕiŋ^{44}$	$iŋ^{44}$	$iŋ^{35}$
博望	$s^hən^{35}$	$s^hən^{51}$	$sən^{44}$	$sən^{35}$	$s^hən^{35}$	$ɕin^{44}$	in^{44}	in^{35}
新博邵家村	$s^hən^{35}$	$s^hən^{51}$	$sən^{44}$	$sən^{312}$	$s^hən^{35}$	$ɕin^{44}$	in^{44}	in^{35}
新博童王村	$s^hən^{35}$	$s^hən^{51}$	$sən^{44}$	$sən^{51}$	$s^hən^{35}$	$ɕin^{51}$	in^{44}	in^{51}
年陡	$ʂ^hən^{13}$	$ʂ^hən^{55}$	$ʂən^{41}$	$ʂən^{55}$	$ʂ^hən^{13}$	$ɕien^{55}$	ien^{41}	ien^{55}
泾县	$həŋ^{25}$	$həŋ^{23}$	$səŋ^{35}$	$səŋ^{23}$	$həŋ^{25}$	$ɕiŋ^{35}$	$iŋ^{31}$	$iŋ^{35}$
茂林	$həŋ^{24}$	$həŋ^{24}$	$səŋ^{35}$	$səŋ^{24}$	$həŋ^{24}$	$ɕiɐŋ^{24}$	$jiɐŋ^{51}$	$hiɐŋ^{51}$
厚岸	$sən^{35}$	$sən^{55}$	$ɕin^{22}$	$sən^{55}$	$ts^hən^{35}$	$ɕin^{35}$	in^{22}	in^{55}

	蝇	孕	逼	力	鲫	息	直	侧
	曾开三平蒸以	曾开三去证以	曾开三入职帮	曾开三入职来	曾开三入职精	曾开三入职心	曾开三入职澄	曾开三入职庄
高淳	in^{55}	yn^{35}	$piəʔ^{3}$	$ȵiəʔ^{13}$	$tɕiəʔ^{3}$	$ɕiəʔ^{3}$	$zəʔ^{13}$	$ts^həʔ^{3}$
湖阳	$iŋ^{13}$	$ioŋ^{35}$	$piəʔ^{35}$	$liəʔ^{\underline{51}}$	$tɕiəʔ^{35}$	$ɕiəʔ^{35}$	$səʔ^{\underline{51}}$	$tsəʔ^{35}$
博望	in^{44}	$yən^{35}$	$piɿʔ^{5}$	$liɿʔ^{51}$	$tɕiɿʔ^{5}$	$ɕiɿʔ^{5}$	$səʔ^{5}$	$ts^həʔ^{5}$
新博邵家村	in^{44}	$yən^{312}$	$pieʔ^{35}$	$lieʔ^{51}$	$tɕieʔ^{35}$	$ɕieʔ^{35}$	$tsəʔ^{35}$	$ts^həʔ^{35}$
新博童王村	in^{44}	$yən^{51}$	$pieʔ^{35}$	$lieʔ^{51}$	$tɕieʔ^{35}$	$ɕieʔ^{35}$	$səʔ^{51}$	$ts^həʔ^{35}$
年陡	ien^{41}	yn^{55}	$piɿʔ^{5}$	$liɿʔ^{5}$	$tɕiɿʔ^{5}$	$ɕiɿʔ^{5}$	$ʂ^həʔ^{5}$	$ts^həʔ^{5}$
泾县	$n̩^{31}$	$iŋ^{23}$	$pɿ^{31}$	$l̩^{35}$	$tɕʅ^{31}$	$ɕʅ^{31}$	$hɿ^{35}$	$ts^hɛ^{31}$
茂林	$jiɐŋ^{51}$	$jiɐŋ^{24}$	$piiʔ^{3}$	$l^diəʔ^{5}$	$tɕiəʔ^{3}$	$ɕiɿʔ^{3}$	$həʔ^{5}$	$tsəʔ^{3}$
厚岸	in^{24}	in^{55}	$piiʔ^{4}$	$liiʔ^{5}$	$tɕiiʔ^{4}$	$ɕiiʔ^{4}$	$tɕ^hiiʔ^{5}$	$tsəʔ^{4}$

	色	织	食动	识	植	弘	国	烹
	曾开三入职生	曾开三入职章	曾开三入职船	曾开三入职书	曾开三入职禅	曾开一平登匣	曾开一入德见	梗开二平庚滂
高淳	səʔ³	tsəʔ³	zəʔ¹³	səʔ³	zəʔ¹³	ʁəŋ²²	kuəʔ³	pʰəŋ⁵⁵
湖阳	səʔ³⁵	tsəʔ³⁵	səʔ⁵¹̱	səʔ⁵¹̱	səʔ⁵¹̱	ʁəŋ¹³	kuəʔ³⁵	pʰəŋ⁴⁴
博望	səʔ⁵	tsəʔ⁵	səʔ⁵¹	sʰəʔ⁵¹	tsəʔ⁵	hoŋ³⁵	kuoʔ⁵	pʰən⁴⁴
新博邰家村	səʔ³⁵	tsəʔ³⁵	səʔ⁵¹	səʔ⁵¹	tsəʔ³⁵	χoŋ³⁵	kuəʔ³⁵	pʰən⁴⁴
新博童王村	səʔ³⁵	tsəʔ³⁵	səʔ³⁵	səʔ³⁵	tsəʔ³⁵	χoŋ³⁵	kuəʔ³⁵	pʰən⁴⁴
年陡	səʔ⁵	tʂəʔ⁵	ʂʰəʔ⁵	ʂəʔ⁵	tʂəʔ⁵	χən¹³	kuoʔ⁵	pʰən⁴¹
泾县	sɛ³¹	tsɿ³¹	hɿ³⁵	sɿ³⁵	tsɛ³⁵	hoŋ²⁵	kuɪ³¹	pʰəŋ³⁵
茂林	sɛʔ³	tsəʔ³	həʔ⁵	səʔ³	həʔ⁵	həŋ²⁴	kuəʔ³	pʰəŋ³⁵
厚岸	səʔ⁴	tɕiɪʔ⁴	ɕiɪʔ⁵	ɕiɪʔ⁵	tsɛʔ⁴	χoŋ²⁴	kuəʔ⁴	/

	彭	盲	猛	孟	打	冷	撑	生
	梗开二平庚并	梗开二平庚明	梗开二上梗明	梗开二去映明	梗开二上梗端	梗开二上梗来	梗开二平庚彻	梗开二平庚生
高淳	bən²²	mã²²	mən⁵⁵	mən³⁵	ta³³	nən⁵⁵	tsʰən⁵⁵	ɕy⁵⁵
湖阳	bəŋ¹³	mɑ¹³	məŋ³³	məŋ³⁵	ta³³	ləŋ³³	tsʰəŋ⁴⁴	su⁴⁴
博望	ɸʰən³⁵	mɔ³⁵	moŋ²²	moŋ³⁵	ta²²	lən²²	tsʰən⁴⁴	sən⁴⁴
新博邰家村	ɸʰən³⁵	mɔ³⁵	moŋ³⁵	moŋ³⁵	ta³⁵	lən³⁵	tsʰən⁴⁴	sən⁴⁴
新博童王村	ɸʰoŋ²⁴	mɔ³⁵	moŋ⁴⁴	moŋ⁵¹	ta⁴⁴	lən⁴⁴	tsʰən⁴⁴	sən⁴⁴
年陡	fʰən¹³	mẽ¹³	mən³⁵	mən⁵⁵	ta³⁵	nən³⁵	tsʰən⁴¹	sən⁴¹
泾县	ɸʰəŋ²⁵	mɜ²⁵	moŋ³¹	moŋ³¹	ta³¹	ləŋ³¹	tsʰɜ³⁵	sɜ³⁵
茂林	ɸʰəŋ²⁴	mɜ²⁴	məŋ⁵¹	məŋ²⁴	ta²¹	ləŋ⁵¹	tsʰɜ³⁵	sɜ³⁵
厚岸	pʰən²⁴	mɜ²⁴	moŋ³¹²	moŋ⁵⁵	ta³¹²	lɜ⁵⁵	tsʰən²²	sɛ²²

	省~会	粳~米	埂田~	梗	坑	硬	行~为	衡
	梗开二上梗生	梗开二平庚见	梗开二上梗见	梗开二上梗见	梗开二平庚溪	梗开二去映疑	梗开二平庚匣	梗开二平庚匣
高淳	$sən^{33}$	$kən^{55}$	$kɣi^{33}$	$kɣi^{33}$	$kã^{-35}$	$ŋei^{35}$	zin^{22}	$ʁən^{22}$
湖阳	$sən^{33}$	$kəŋ^{44}$	$kɣi^{33}$	$kɣi^{33}$	$k^həŋ^{44}$	$ŋɣi^{35}$	$ziŋ^{13}$	$ʁəŋ^{13}$
博望	$sən^{22}$	$kən^{44}$	$kɣi^{22}$	$kən^{22}$	$k^hən^{44}$	$ŋən^{35}$	$hɔ^{35}$	$hən^{35}$
新博邰家村	$sən^{35}$	$kən^{44}$	$kən^{44}$	$kən^{35}$	$k^hən^{44}$	$ŋən^{312}$	$ɕ^hin^{35}$	$χən^{35}$
新博童王村	$sən^{44}$	$kən^{44}$	$kən^{44}$	$kən^{44}$	$k^hən^{44}$	$ŋən^{51}$	$ɕ^hiŋ$	$χən^{35}$
年陡	$ʂən^{35}$	$kən^{35}$	$kən^{35}$	$kən^{35}$	$k^hən^{41}$	$ɰən^{55}$	$ɕ^hien^{13}$	$χən^{13}$
泾县	$səŋ^{31}$	$kəŋ^{31}$	$kəŋ^{31}$	$kɜ^{31}$	$k^hɜ^{35}$	$ŋeɵ^{23}$	$ɕ^hiŋ^{25}$	$həŋ^{25}$
茂林	$səŋ^{21}$	$kəŋ^{21}$	$kɜ^{21}$	$kəŋ^{21}$	$k^hɜ^{35}$	$ŋeɵ^{24}$	$hiɐŋ^{24}$	$həŋ^{24}$
厚岸	$sən^{312}$	$kən^{312}$	$kɛ^{312}$	$kɛ^{312}$	$k^hɛ^{22}$	$ŋən^{55}$	$χɜ^{24}$	$χən^{24}$

	百	拍	白	陌	拆	泽	格	客
	梗开二入陌帮	梗开二入庚滂	梗开二入陌并	梗开二入陌明	梗开二入陌彻	梗开二入庚澄	梗开二入陌见	梗开二入陌溪
高淳	$pəʔ^3$	$p^həʔ^3$	$bəʔ^{13}$	$pəʔ^3$	$ts^həʔ^3$	$zəʔ^{13}$	$kəʔ^3$	$k^həʔ^3$
湖阳	$poʔ^{35}$	$p^hoʔ^{35}$	$poʔ^{\underline{51}}$	$moʔ^{\underline{51}}$	$ts^hɛʔ^{35}$	$tsəʔ^{35}$	$kəʔ^{35}$	$k^həʔ^{35}$
博望	$poʔ^5$	$p^hoʔ^5$	$ɸ^hoʔ^{51}$	$moʔ^{51}$	$ts^həʔ^5$	$tsəʔ^5$	$kəʔ^5$	$k^həʔ^5$
新博邰家村	$pəʔ^{35}$	$p^həʔ^{35}$	$ɸ^həʔ^{51}$	/	$ts^həʔ^{35}$	$tsəʔ^{35}$	$kəʔ^{35}$	$k^həʔ^{35}$
新博童王村	$pəʔ^{35}$	$p^həʔ^{35}$	$ɸ^həʔ^{51}$	$məʔ^{51}$	$ts^həʔ^{35}$	$tsəʔ^{35}$	$kəʔ^{35}$	$k^həʔ^{51}$
年陡	$poʔ^5$	$p^hoʔ^5$	$f^hoʔ^5$	$moʔ^5$	$ts^həʔ^5$	$s^həʔ^5$	$kəʔ^5$	$k^həʔ^5$
泾县	$pɛ^{31}$	$p^hɛ^{31}$	$ɸ^hɛ^{35}$	$mɪ^{35}$	$ts^hɛ^{31}$	$tsɛ^{31}$	$kɛ^{31}$	$k^hɛ^{31}$
茂林	$pɛʔ^3$	$p^hɛʔ^3$	$ɸ^hɛʔ^5$	$məʔ^5$	$ts^hɛʔ^3$	$hɜʔ^5$	$kɛʔ^3$	$k^hɛʔ^3$
厚岸	$pəʔ^4$	$p^həʔ^4$	$p^həʔ^5$	$məʔ^5$	$ts^həʔ^4$	$ts^həʔ^4$	/	$k^həʔ^4$

	额	吓	棚	蚌	萌	争	耕	茎
	梗开二入陌疑	假开二去祃晓	梗开二平耕滂	江开二上讲并	梗开二平耕明	梗开二平耕庄	梗开二平耕见	梗开二平耕匣
高淳	ŋəʔ¹³	χəʔ³	bəŋ²²	pã³⁵	məŋ²²	tsəŋ⁵⁵	kei⁵⁵	tɕin⁵⁵
湖阳	ɥəʔ⁵¹	χɛʔ³⁵	bəŋ¹³	pɑ⁵¹	məŋ¹³	tsəŋ⁴⁴	kəŋ⁴⁴	tɕiŋ⁴⁴
博望	ŋəʔ⁵¹	χəʔ⁵	pʰoŋ³⁵	pɔ³⁵	moŋ³⁵	tsəŋ⁴⁴	kəŋ⁴⁴	tɕin⁴⁴
新博邰家村	ŋəʔ⁵¹	χəʔ³⁵	ɸʰoŋ³⁵	poŋ³¹²	moŋ³⁵	tsəŋ⁴⁴	kəŋ⁴⁴	tɕin⁴⁴
新博童王村	əʔ⁵¹	χəʔ³⁵	ɸʰoŋ³⁵	pən⁵¹	moŋ³⁵	tsəŋ⁴⁴	kəŋ⁴⁴	tɕin⁴⁴
年陡	ɥəʔ⁵	χəʔ⁵	fʰən¹³	pən⁵⁵	məŋ¹³	tsəŋ⁴¹	kən⁴¹	tɕien⁴¹
泾县	ŋɛ³⁵	χɛ³¹	ɸʰəŋ²⁵	pəŋ²³	məŋ²⁵	tsəŋ³⁵	kɜ³⁵	tɕiŋ³⁵
茂林	ŋɛʔ⁵	χɛʔ³	ɸʰəŋ²⁴	ɸʰɛ⁵¹	məŋ²⁴	tsəŋ³⁵	kɜ³⁵	tɕiəŋ³⁵
厚岸	ŋəʔ⁵	χəʔ⁴	pʰoŋ²⁴	pɿ³⁵	moŋ²⁴	tsən²²	kən²²	tɕin²²

	幸	樱	麦	责	册	隔	核果~	兵
	梗开二上耿匣	梗开二平耕影	梗开二入麦明	梗开二入麦庄	梗开二入麦初	梗开二入麦见	梗开二入麦匣	梗开三平庚帮
高淳	zin¹⁴	in⁵⁵	məʔ¹³	tsəʔ³	tsʰəʔ³	kəʔ³	ʁəʔ¹³	pin⁵⁵
湖阳	ɕin⁵¹	iŋ⁴⁴	moʔ⁵¹	tsəʔ³⁵	tsʰəʔ³⁵	kəʔ³⁵	χəʔ⁵¹	piŋ⁴⁴
博望	ɕin³⁵	in⁴⁴	moʔ⁵¹	tsəʔ⁵	tsʰəʔ⁵	kəʔ⁵	χəʔ⁵¹	pin⁴⁴
新博邰家村	ɕin³¹²	in⁴⁴	məʔ⁵¹	tsəʔ³⁵	tsʰəʔ³⁵	kəʔ³⁵	χəʔ⁵¹	pin⁴⁴
新博童王村	ɕin⁵¹	/	məʔ⁵¹	tsəʔ³⁵	tsʰəʔ³⁵	kəʔ³⁵	χəʔ⁵¹	pin⁴⁴
年陡	ɕien⁵⁵	ien⁴¹	moʔ⁵	tsəʔ⁵	tsʰəʔ⁵	kəʔ⁵	χəʔ⁵	pien⁴¹
泾县	ɕiŋ²³	iŋ³¹	mɛ³⁵	tsɛ³¹	tsʰɛ³¹	kɛ³¹	he³⁵	piŋ³⁵
茂林	hiɛŋ⁵¹	jiɛŋ⁵¹	mɛʔ⁵	tsɛʔ³	tsʰɛʔ³	kɛʔ³	ɸʰəʔ⁵	piɛŋ³⁵
厚岸	ɕin³⁵	in²²	məʔ⁵	tsəʔ⁴	tsʰəʔ⁴	kɛʔ⁴	χəʔ⁵	pin²²

	丙	柄	平	病	明	命	京	景
	梗开三上梗帮	梗开三去映帮	梗开三平庚并	梗开三去映并	梗开三平庚明	梗开三去映明	梗开三平庚见	梗开三上梗见
高淳	pin^{33}	pin^{35}	bin^{22}	bin^{14}	min^{22}	min^{35}	$tɕin^{55}$	$tɕin^{33}$
湖阳	$piŋ^{33}$	$piŋ^{35}$	$biŋ^{13}$	$piŋ^{51}$	$məŋ^{13}$	$miŋ^{35}$	$tɕiŋ^{44}$	$tɕiŋ^{33}$
博望	pin^{22}	pin^{35}	$pʰin^{35}$	$pʰin^{51}$	min^{35}	min^{35}	$tɕin^{44}$	$tɕin^{22}$
新博邙家村	pin^{35}	pin^{312}	$ɸʰin^{35}$	$ɸʰin^{51}$	$mən^{35}$	min^{312}	$tɕin^{44}$	$tɕin^{35}$
新博童王村	pin^{44}	pin^{44}	$ɸʰin^{35}$	$ɸʰin^{51}$	$mən^{35}$	min^{51}	$tɕin^{44}$	$tɕin^{44}$
年陡	$pien^{35}$	$pien^{55}$	$pʰien^{13}$	$pien^{55}$	$mien^{13}$	$mien^{55}$	$tɕien^{41}$	$tɕien^{35}$
泾县	$piŋ^{31}$	$piŋ^{23}$	$ɸʰiŋ^{25}$	$ɸʰiŋ^{23}$	$məŋ^{25}$	$miŋ^{23}$	$tɕiŋ^{35}$	$tɕiŋ^{31}$
茂林	$piɐŋ^{21}$	$piɐŋ^{24}$	$ɸʰiɐŋ^{24}$	$ɸʰiɐŋ^{24}$	$miɐŋ^{24}$	$miɐŋ^{24}$	$tɕiɐŋ^{35}$	$tɕiɐŋ^{21}$
厚岸	pin^{312}	pin^{35}	$pʰin^{24}$	$pʰin^{55}$	min^{24}	min^{55}	$tɕin^{22}$	$tɕin^{312}$

	镜	庆	迎	英	影	映	碧	剧
	梗开三去映见	梗开三去映溪	梗开三平庚疑	梗开三平庚影	梗开三上梗影	梗开三去映影	梗开三入陌帮	梗开三入陌群
高淳	$tɕin^{35}$	$tɕʰin^{35}$	in^{22}	in^{55}	in^{33}	in^{35}	$piəʔ^{3}$	$tɕy_z^{35}$
湖阳	$tɕiŋ^{35}$	$tɕʰiŋ^{35}$	$iŋ^{13}$	$iŋ^{44}$	$iŋ^{33}$	$iŋ^{35}$	$piəʔ^{35}$	$tɕy_z^{35}$
博望	$tɕin^{35}$	$tɕʰin^{35}$	in^{35}	in^{44}	in^{22}	in^{35}	$piɿʔ^{5}$	$tɕy_z^{35}$
新博邙家村	$tɕin^{312}$	$tɕʰin^{312}$	in^{35}	in^{44}	in^{35}	in^{312}	$pieʔ^{35}$	$tɕy_z^{51}$
新博童王村	$tɕin^{51}$	$tɕʰin^{51}$	in^{35}	in^{44}	in^{44}	in^{51}	$pieʔ^{35}$	$tɕy_z^{51}$
年陡	$tɕien^{55}$	$tɕʰien^{55}$	ien^{13}	ien^{41}	ien^{35}	ien^{41}	$piɿʔ^{5}$	$tɕy_z^{55}$
泾县	$tɕiŋ^{23}$	$tɕʰiŋ^{23}$	$iŋ^{25}$	$iŋ^{31}$	$iŋ^{31}$	$iŋ^{31}$	$pɿ^{31}$	$tɕɿ^{23}$
茂林	$tɕiɐŋ^{24}$	$tɕʰiɐŋ^{24}$	$jiɐŋ^{24}$	$jiɐŋ^{51}$	$jiɐŋ^{21}$	$jiɐŋ^{24}$	$piɿʔ^{3}$	$tɕy^{24}$
厚岸	$tɕin^{35}$	$tɕʰin^{35}$	in^{24}	in^{22}	in^{312}	ji^{55}	$piɿʔ^{4}$	$tɕy^{35}$

	饼	聘	名	岭	令	精	井	清
	梗开三上静帮	梗开三去劲滂	梗开三平清明	梗开三上静来	梗开三去劲来	梗开三平清精	梗开三上静精	梗开三平清清
高淳	pin³³	pʰin³⁵	min²²	n̠in⁵⁵	n̠in³⁵	tɕin⁵⁵	tɕin³³	tɕʰin⁵⁵
湖阳	piŋ³³	pʰiŋ³⁵	miŋ¹³	liŋ³³	liŋ³⁵	tɕiŋ⁴⁴	tɕiŋ³³	tɕʰiŋ⁴⁴
博望	pin²²	pʰin³⁵	min³⁵	lin²²	lin³⁵	tɕin⁴⁴	tɕin²²	tɕʰin⁴⁴
新博邶家村	pin³⁵	pʰin³⁵	min³⁵	lin³⁵	lin³¹²	tɕin⁴⁴	tɕin³⁵	tɕʰin⁴⁴
新博童王村	pin⁴⁴	pʰin⁵¹	min³⁵	lin⁴⁴	lin⁵¹	tɕin⁴⁴	tɕin⁴⁴	tɕʰin⁴⁴
年陡	pien³⁵	pʰien⁴¹	mien¹³	lien³⁵	lien⁵⁵	tɕien⁴¹	tɕien³⁵	tɕʰien⁴¹
泾县	piŋ³¹	pʰiŋ²³	miŋ²⁵	liŋ³¹	liŋ²³	tɕiŋ³⁵	tɕiŋ³¹	tɕʰiŋ³⁵
茂林	pieŋ²¹	pʰieŋ²⁴	mieŋ²⁴	lᵈieŋ⁵¹	lᵈieŋ²⁴	tɕieŋ³⁵	tɕieŋ²¹	tɕʰieŋ³⁵
厚岸	pin³¹²	pʰin⁵⁵	min²⁴	lin⁵⁵	lin⁵⁵	tɕin²²	tɕin³¹²	tɕʰin²²

	请	情	净~水	晴	静	姓	贞	程
	梗开三上静清	梗开三平清从	梗开三去劲从	梗开三平清从	梗开三上静从	梗开三去劲心	梗开三平清知	梗开三平清澄
高淳	tɕʰin³³	zin²²	zin¹⁴	zin²²	zin¹⁴	ɕin³⁵	tsən⁵⁵	zən²²
湖阳	tɕʰiŋ³³	ziŋ¹³	ɕiŋ⁵¹	ziŋ¹³	ɕiŋ⁵¹	ɕin³⁵	tsəŋ⁴⁴	dzəŋ¹³
博望	tɕʰin²²	ɕʰin³⁵	ɕʰin⁵¹	ɕʰin³⁵	ɕʰin⁵¹	ɕin³⁵	tsən⁴⁴	sʰən³⁵
新博邶家村	tɕʰin³⁵	ɕʰin³⁵	ɕʰin⁵¹	ɕʰin³⁵	tɕin³¹²	ɕin³¹²	tsən⁴⁴	sʰən³⁵
新博童王村	tɕʰin⁴⁴	ɕʰin³⁵	ɕʰin⁵¹	ɕʰin³⁵	ɕʰin⁵¹	ɕin⁵¹	tsən⁴⁴	sʰən³⁵
年陡	tɕʰien³⁵	ɕʰien¹³	tɕien⁵⁵	ɕʰien¹³	tɕien⁵⁵	ɕien⁵⁵	tʂən⁴¹	ʂʰən¹³
泾县	tɕʰiŋ³¹	ɕʰiŋ²⁵	ɕʰiŋ²³	ɕʰiŋ²⁵	ɕʰiŋ²³	ɕiŋ²³	tsəŋ³⁵	həŋ²⁵
茂林	tɕʰieŋ²¹	hieŋ²⁴	hieŋ⁵¹	hieŋ²⁴	hieŋ⁵¹	ɕieŋ²⁴	tsəŋ³⁵	həŋ²⁴
厚岸	tɕʰin³¹²	tɕʰin²⁴	ɕin⁵⁵	tɕʰin²⁴	ɕin⁵⁵	ɕin³⁵	tsən²²	tsʰən²⁴

	郑	正~反	整	政	声	城	颈	轻
	梗开三去劲澄	梗开三去劲章	梗开三上静章	梗开三去劲章	梗开三平清生	梗开三平清禅	梗开三上静见	梗开三平清溪
高淳	tsən³⁵	tsən³⁵	tsən³³	tsən³⁵	sən⁵⁵	zən²²	tɕin³³	tɕʰin⁵⁵
湖阳	tsəŋ⁵¹	tsəŋ³⁵	tsəŋ³³	tsəŋ³⁵	səŋ⁴⁴	zəŋ¹³	tɕiŋ³³	tɕʰiŋ⁴⁴
博望	tsən³⁵	tsən³⁵	tsən²²	tsən³⁵	sən⁴⁴	sʰən³⁵	tɕin²²	tɕʰin⁴⁴
新博邰家村	tsən³¹²	tsən³¹²	tsən³⁵	tsən³¹²	sən⁴⁴	sʰən³⁵	tɕin³⁵	tɕʰin⁴⁴
新博童王村	tsən⁵¹	tsən⁵¹	tsən⁴⁴	tsən⁵¹	sən⁴⁴	sʰən³⁵	tɕin⁴⁴	tɕʰin⁴⁴
年陡	tʂən⁵⁵	tʂən⁵⁵	tʂən³⁵	tʂən⁵⁵	ʂən⁴¹	ʂʰən¹³	tɕien⁴¹	tɕʰien⁴¹
泾县	həŋ²³	tsəŋ³⁵	tsəŋ³¹	tsəŋ²³	səŋ³⁵	həŋ²⁵	tɕiŋ³¹	tɕʰiŋ³⁵
茂林	tsəŋ²⁴	tsəŋ²⁴	tsəŋ²¹	tsəŋ²⁴	səŋ³⁵	həŋ²⁴	tɕiɐŋ²¹	tɕʰiɐŋ³⁵
厚岸	tsən³⁵	tɕin³⁵	tsən³¹²	tsən³⁵	sən²²	tsʰən²⁴	tɕin³¹²	tɕʰin²²

	婴	赢	璧	僻	积	脊	惜	席
	梗开三平清影	梗开三平清以	梗开三入昔帮	梗开三入昔滂	梗开三入昔精	梗开三入昔精	梗开三入昔心	梗开三入昔邪
高淳	in⁵⁵	yn²²	piəʔ³	pʰiəʔ³	tɕiəʔ³	tɕiəʔ³	ɕiəʔ³	ziəʔ¹³
湖阳	iŋ⁴⁴	iŋ¹³	piəʔ³⁵	pʰiəʔ³⁵	tɕiəʔ³⁵	tɕiəʔ³⁵	ɕiəʔ³⁵	ɕiəʔ⁵¹
博望	in⁴⁴	in³⁵	piɪʔ⁵	pʰiɪʔ⁵	tɕiɪʔ⁵	tɕiɪʔ⁵	ɕiɪʔ⁵	ɕʰiɪʔ⁵¹
新博邰家村	in⁴⁴	in³⁵	pieʔ³⁵	pʰieʔ³⁵	tɕieʔ³⁵	tɕieʔ³⁵	ɕieʔ³⁵	ɕʰieʔ⁵¹
新博童王村	in⁴⁴	in³⁵	pi⁵¹	pʰʅ⁵¹	tɕieʔ³⁵	tɕieʔ³⁵	ɕieʔ³⁵	ɕʰieʔ⁵¹
年陡	ien⁴¹	ien¹³	piɪʔ⁵	pʰiɪʔ⁵	tɕiɪʔ⁵	tɕiɪʔ⁵	ɕiɪʔ⁵	ɕiɪʔ⁵
泾县	iŋ³¹	iŋ²⁵	pʅ³¹	pʰʅ³⁵	tɕʅ³¹	tɕʅ³¹	ɕʅ³¹	ʅ³⁵
茂林	jiɐŋ⁵¹	jiɐŋ²⁴	piɪʔ³	pʰiɪʔ³	tɕiəʔ³	tɕiəʔ³	ɕiəʔ³	hiəʔ⁵
厚岸	in²²	in²⁴	piɪʔ⁴	pʰiɪʔ⁴	tɕiɪʔ⁴	tɕiɪʔ⁴	ɕiɪʔ⁴	ɕiɪʔ⁵

	只__	尺	石	益	拼	瓶	铭	钉名
	梗开三入昔章	梗开三入昔昌	梗开三入昔禅	梗开三入昔影	梗开四平青滂	梗开四平青并	梗开四平青明	梗开四平青端
高淳	tsəʔ³	tsʰəʔ³	zəʔ¹³	iəʔ¹³	pʰin⁵⁵	bin²²	min²²	tin⁵⁵
湖阳	tsəʔ³⁵	tsʰəʔ³⁵	zɐʔ⁵¹	iəʔ³⁵	pʰiŋ⁴⁴	biŋ¹³	miŋ¹³	miŋ¹³
博望	tsəʔ⁵	tsʰəʔ⁵	səʔ⁵¹	iɪʔ⁵¹	pʰin⁴⁴	pʰin³⁵	min³⁵	tin⁴⁴
新博郎家村	tsəʔ³⁵	tsʰəʔ³⁵	səʔ⁵¹	ieʔ⁵¹	pʰin⁴⁴	ɸʰin³⁵	min³⁵	tin⁴⁴
新博童王村	tsəʔ³⁵	tsʰəʔ³⁵	səʔ⁵¹	ieʔ⁵¹	pʰin⁴⁴	ɸʰin³⁵	min³⁵	tin⁴⁴
年陡	tʂəʔ⁵	tʂʰəʔ⁵	ʂəʔ⁵	iɪʔ⁵	pʰien⁴¹	pʰien¹³	mien¹³	tien⁴¹
泾县	tsɛ³¹	tsʰɛ³¹	hɛ³⁵	ʅ³⁵	pʰiŋ³⁵	ɸʰiŋ²⁵	miŋ²⁵	tiŋ³⁵
茂林	tsɛʔ³	tsʰɛʔ³	hɛʔ⁵	jieʔ³	pʰiɐŋ³⁵	ɸʰiɐŋ²⁴	miɐŋ⁵¹	tiɐŋ³⁵
厚岸	tsɛʔ⁴	tsʰəʔ⁴	səʔ⁵	jiɪʔ⁴	pʰin²²	pʰin²⁴	min³⁵	tin²²

	顶	听	亭	定	宁安~	灵	青	星
	梗开四上迥端	梗开四平青透	梗开四平青定	梗开四去径定	梗开四平青泥	梗开四平青来	梗开四平青清	梗开四平青心
高淳	tin³³	tʰin⁵⁵	din²²	din¹⁴	n̪in²²	n̪in²²	tɕʰin⁵⁵	ɕin⁵⁵
湖阳	tiŋ³³	tʰiŋ⁴⁴	l̥ʰiŋ¹³	l̥iŋ⁵¹	n̪iŋ¹³	liŋ¹³	tɕʰiŋ⁴⁴	ɕiŋ⁴⁴
博望	tin²²	tʰin⁴⁴	l̥ʰin³⁵	l̥ʰin⁵¹	lin³⁵	lin³⁵	tɕʰin⁴⁴	ɕin⁴⁴
新博郎家村	tin³⁵	tʰin⁴⁴	l̥ʰin³⁵	l̥ʰin⁵¹	lin³⁵	lin³⁵	tɕʰin⁴⁴	ɕin⁴⁴
新博童王村	tin⁴⁴	tʰin⁴⁴	l̥ʰin³⁵	l̥ʰin⁵¹	n̪in³⁵	lin³⁵	tɕʰin⁴⁴	ɕin⁴⁴
年陡	tien³⁵	tʰien⁴¹	tʰien¹³	tien⁵⁵	lien¹³	lien¹³	tɕʰien⁴¹	ɕien⁴¹
泾县	tiŋ³¹	tʰiŋ³⁵	l̥ʰiŋ²⁵	l̥ʰiŋ²⁵	liŋ²⁵	liŋ²⁵	tɕʰiŋ³⁵	ɕiŋ³⁵
茂林	tiɐŋ²¹	tʰiɐŋ²⁴	tʰiɐŋ²⁴	tʰiɐŋ²⁴	lᵈiɐŋ²⁴	lᵈiɐŋ²⁴	tɕʰiɐŋ³⁵	ɕiɐŋ³⁵
厚岸	tin³¹²	tʰin²²	tʰin²⁴	tʰin⁵⁵	lin²⁴	lin²⁴	tɕʰin²²	ɕin²²

	醒	经	形	壁	劈	滴	踢	敌
	梗开四上迥心	梗开四平青见	梗开四平青匣	梗开四入锡帮	梗开四入锡滂	梗开四入锡端	梗开四入锡透	梗开四入锡定
高淳	çin³³	tçin⁵⁵	zin²²	piə?³	pʰiə?³	tiə?³	tʰiə?³	diə?¹³
湖阳	çiŋ³³	tçiŋ⁴⁴	iŋ¹³	piə?³⁵	pʰiə?³⁵	tiə?³⁵	tʰiə?³⁵	ȵiə?⁵¹
博望	çin²²	tçin⁴⁴	çʰin³⁵	piɪ?⁵	pʰiɪ?⁵	tiɪ?⁵	tʰiɪ?⁵	ɦiɪ?⁵¹
新博 郋家村	çin³⁵	tçin⁴⁴	çʰin³⁵	pie?³⁵	pʰie?³⁵	tie?³⁵	tʰie?³⁵	ɦie?⁵¹
新博 童王村	çin⁴⁴	tçin⁴⁴	çʰin³⁵	pie?³⁵	pʰie?³⁵	tie?³⁵	tʰie?³⁵	ɦie?⁵¹
年陡	çien³⁵	tçien⁴¹	çʰien¹³	piɪ?⁵	pʰiɪ?⁵	tiɪ?⁵	tʰiɪ?⁵	tiɪ?⁵
泾县	çiŋ³¹	tçiŋ³⁵	çʰiŋ²⁵	pɹ̩³¹	pʰi³¹	tɹ̩³¹	tʰɹ̩³¹	ɦʰɹ̩³⁵
茂林	çiɐŋ²¹	tçiɐŋ³⁵	hiɐŋ²⁴	piə?³	pʰiɪ?³	tiə?³	tʰiə?³	tʰiə?³
厚岸	çin³¹²	tçin²²	çin²⁴	piɪ?⁴	pʰiɪ?⁴	tiɪ?⁴	tʰiɪ?⁴	tʰiɪ?⁴

	历	绩	戚	锡	击	吃	横	矿
	梗开四入锡来	梗开四入锡精	梗开四入锡清	梗开四入锡心	梗开四入锡见	梗开四入锡溪	梗合二平庚匣	梗合二上梗见
高淳	ȵiə?¹³	tçiə?³	tçʰiə?³	çiə?³	tçiə?³	tçʰiə?³	uɛn²²	kʰuã³⁵
湖阳	liə?⁵¹	tçiə?³⁵	tçʰiə?³⁵	çiə?³⁵	tçiə?³⁵	tçʰiə?³⁵	ua¹³	kʰua³⁵
博望	liɪ?⁵¹	tçiɪ?⁵	tçʰiɪ?⁵	çiɪ?⁵	tçiɪ?⁵	tsʰə?⁵	huən³⁵	kʰuɔ³⁵
新博 郋家村	lie?⁵¹	tçie?³⁵	tçʰie?³⁵	çie?³⁵	tçie?³⁵	tsʰə?³⁵	χuən³⁵	kʰuɔ³¹²
新博 童王村	lie?⁵¹	tçie?⁴	tçʰie?³⁵	çie?³⁵	tçie?³⁵	tsʰə?³⁵	huən³⁵	kʰuɔ⁵¹
年陡	liɪ?⁵	tçiɪ?⁵	tçʰiɪ?⁵	çiɪ?⁵	tçiɪ?⁵	tʂʰə?⁵	χuən¹³	kʰuã⁵⁵
泾县	lɹ̩³⁵	tçɹ̩³¹	tçʰi³¹	çɹ̩³¹	tçɹ̩³¹	tçʰiɛ³¹	wɛ²⁵	kʰuʒ²³
茂林	lᵈiə?⁵	tçiə?³	tçʰiɪ?³	çiə?³	tçiə?³	tçʰiə?³	wɛ²⁴	kʰuʒ²⁴
厚岸	liɪ?⁵	tçiɪ?⁴	tçʰiɪ?⁴	çiɪ?⁴	tçiɪ?⁴	tçʰiɪ?⁴	wɛ²⁴	kʰuʒ³⁵

	轰	宏	获	兄	荣	泳	倾	琼
	梗合二平耕晓	梗合二平耕匣	宕合一入铎匣	梗合三平庚晓	梗合三平庚云	梗合三去映云	梗合三平清溪	梗合三平清群
高淳	χən⁵⁵	ʁən²²	uəʔ³	çyn⁵⁵	yn²²	yn³³	tɕʰyn⁵⁵	zyn²²
湖阳	χəŋ⁴⁴	ʁəŋ¹³	uəʔ⁵¹	çioŋ⁴⁴	ioŋ¹³	ioŋ³³	tɕʰiŋ⁴⁴	ʑioŋ¹³
博望	χoŋ⁴⁴	hoŋ³⁵	χuoʔ⁵¹	çioŋ⁴⁴	ioŋ³⁵	ioŋ²²	tɕʰiŋ⁴⁴	çʰioŋ³⁵
新博邰家村	χoŋ⁴⁴	χoŋ³⁵	χuəʔ⁵¹	çioŋ⁴⁴	ioŋ³⁵	ioŋ³⁵	tɕʰyən³⁵	çʰyən³⁵
新博童王村	χoŋ⁴⁴	hoŋ³⁵	huəʔ⁵¹	çioŋ⁴⁴	ioŋ³⁵	ioŋ⁴⁴	tɕʰiŋ⁴⁴	çʰioŋ³⁵
年陡	χən⁴¹	χən¹³	χuoʔ⁵	çyn⁴¹	yn¹³	yĩ³⁵	tɕʰyn³⁵	çʰyn¹³
泾县	χoŋ³⁵	hoŋ²⁵	hu³¹	çioŋ³⁵	jioŋ²⁵	jioŋ³¹	tɕʰiŋ³⁵	çʰioŋ²⁵
茂林	χəŋ³⁵	həŋ²⁴	ɸʰəʔ⁵	çioŋ³⁵	jiɐŋ²⁴	jiɐŋ²¹	tɕʰiɐŋ³⁵	hiɐŋ²⁴
厚岸	χoŋ²²	χoŋ²⁴	wəʔ⁵	çioŋ²²	jioŋ²⁴	jioŋ³¹²	tɕʰiŋ²²	tɕʰioŋ²⁴

	营	役	蓬	蒙	东	懂	冻	通
	梗合三平清以	梗合三入昔以	通合一平东并	通合一平东明	通合一平东端	通合一上董端	通合一去送端	通合一平东透
高淳	yn²²	yəʔ¹³	bən²²	mən³⁵	tən⁵⁵	tən³³	tən³⁵	tʰən⁵⁵
湖阳	iŋ¹³	iəʔ⁵¹	bəŋ¹³	məŋ⁴⁴	təŋ⁴⁴	təŋ³³	təŋ³⁵	tʰəŋ⁴⁴
博望	in³⁵	yəʔ⁵¹	pʰoŋ³⁵	moŋ³⁵	toŋ⁴⁴	toŋ²²	toŋ³⁵	tʰoŋ⁴⁴
新博邰家村	in³⁵	yəʔ⁵¹	ɸʰoŋ³⁵	moŋ³⁵	toŋ⁴⁴	toŋ³⁵	toŋ³¹²	tʰoŋ⁴⁴
新博童王村	iŋ²⁴	ɻ⁵¹	ɸʰoŋ³⁵	mən⁴⁴	toŋ⁴⁴	toŋ⁴⁴	toŋ⁵¹	tʰoŋ⁴⁴
年陡	ien¹³	yɪʔ⁵	fʰən¹³	mən¹³	tən⁴¹	tən³⁵	tən⁵⁵	tʰən⁴¹
泾县	iŋ²⁵	ɻ³⁵	ɸʰoŋ²⁵	moŋ²⁵	toŋ³⁵	toŋ³¹	toŋ²³	tʰoŋ³⁵
茂林	jiɐŋ²⁴	jiɪʔ⁵	ɸʰəŋ²⁴	məŋ²⁴	təŋ³⁵	təŋ²¹	təŋ²⁴	tʰəŋ³⁵
厚岸	in²⁴	jiɪʔ⁵	pʰoŋ²⁴	moŋ²⁴	toŋ³³	toŋ³¹²	toŋ³⁵	tʰoŋ²²

	桶	痛	同	动	洞	聋	弄名	棕
	通合一上董透	通合一去送透	通合一平东定	通合一上董定	通合一去送定	通合一平东来	通合一去送来	通合一平东精
高淳	tʰən³³	tʰən³⁵	dən²²	dən¹⁴	dən¹⁴	lən²²	nən³⁵	tsən³⁵
湖阳	tʰəŋ³³	tʰəŋ³⁵	ɦ̥əŋ¹³	ɦ̥əŋ⁵¹	ɦ̥əŋ⁵¹	ləŋ¹³	nəŋ³⁵	tsəŋ⁴⁴
博望	tʰoŋ³⁵	tʰoŋ³⁵	ɦ̥oŋ³⁵	ɦ̥oŋ⁵¹	ɦ̥oŋ⁵¹	loŋ³⁵	noŋ³⁵	tsoŋ⁴⁴
新博邰家村	tʰoŋ³⁵	tʰoŋ³¹²	ɦ̥oŋ³⁵	ɦ̥oŋ⁵¹	ɦ̥oŋ⁵¹	loŋ³⁵	noŋ³¹²	tsoŋ³¹²
新博童王村	tʰoŋ⁴⁴	tʰoŋ⁵¹	ɦ̥oŋ³⁵	ɦ̥oŋ⁵¹	ɦ̥oŋ⁵¹	loŋ³⁵	noŋ⁵¹	tsoŋ⁴⁴
年陡	tʰən³⁵	tʰən³⁵	tʰən¹³	tʰən⁵⁵	tʰən⁵⁵	lən¹³	nən⁵⁵	tsən⁴¹
泾县	tʰoŋ³¹	tʰoŋ²³	ɦ̥oŋ²⁵	ɦ̥oŋ³¹	ɦ̥oŋ²³	loŋ²⁵	loŋ²³	tsoŋ²³
茂林	tʰəŋ²¹	tʰəŋ²⁴	həŋ²⁴	həŋ⁵¹	həŋ²⁴	ləŋ²⁴	ləŋ²⁴	tsəŋ³⁵
厚岸	tʰoŋ³¹²	tʰoŋ³⁵	tʰoŋ²⁴	tʰoŋ⁵⁵	tʰoŋ⁵⁵	loŋ²⁴	loŋ⁵⁵	tsoŋ³⁵

	总	粽	葱	送	工	空~虚	孔	烘
	通合一上董精	通合一去送精	通合一平东清	通合一去送心	通合一平东见	通合一平东溪	通合一上董溪	通合一平东晓
高淳	tsən³³	tsən⁻³³	tsʰən⁵⁵	sən³⁵	kən⁵⁵	kʰən⁵⁵	kʰən³³	χən⁵⁵
湖阳	tsəŋ³³	tsəŋ³⁵	tsʰəŋ⁴⁴	səŋ³⁵	kəŋ⁴⁴	/	kʰəŋ³³	χəŋ⁴⁴
博望	tsoŋ²²	tsoŋ³⁵	tsʰoŋ⁴⁴	soŋ³⁵	koŋ⁴⁴	kʰoŋ⁴⁴	kʰoŋ²²	χoŋ⁴⁴
新博邰家村	tsoŋ³⁵	tsoŋ³¹²	tsʰoŋ⁴⁴	soŋ³¹²	koŋ⁴⁴	kʰoŋ⁴⁴	kʰoŋ³⁵	χoŋ⁴⁴
新博童王村	tsoŋ⁴⁴	tsoŋ⁵¹	tsʰoŋ⁴⁴	soŋ⁵¹	koŋ⁴⁴	kʰoŋ⁴⁴	kʰoŋ⁴⁴	χoŋ⁴⁴
年陡	tsən³⁵	tsən⁵⁵	tsʰən⁴¹	sən⁵⁵	kən⁴¹	kʰən⁴¹	kʰən³⁵	χən⁴¹
泾县	tsoŋ³¹	tsoŋ²³	tsʰoŋ³⁵	soŋ²³	koŋ³⁵	kʰoŋ³⁵	kʰoŋ³¹	foŋ³⁵
茂林	tsəŋ²¹	tsəŋ²⁴	tsʰəŋ³⁵	səŋ²⁴	kəŋ³⁵	kʰəŋ³⁵	kʰəŋ²¹	fəŋ³⁵
厚岸	tsoŋ³¹²	tsoŋ³⁵	tsʰoŋ³¹²	soŋ³⁵	koŋ²²	kʰoŋ²²	kʰoŋ³¹²	χoŋ²²

	红	翁	木	秃	读	鹿	族	谷
	通合一平东匣	通合一平通影	通合一入屋明	通合一入屋透	通合一入屋定	通合一入屋来	通合一入屋从	通合一入屋见
高淳	ʁən²²	ən⁵⁵	məʔ¹³	tʰɐʔ³	dəʔ¹³	ləʔ¹³	zəʔ¹³	kuəʔ³
湖阳	ʁəŋ¹³	əŋ⁴⁴	moʔ⁵¹	tʰɐʔ³⁵	təʔ³⁵	loʔ⁵¹	tsʰəʔ³⁵	kuəʔ³⁵
博望	hoŋ³⁵	oŋ⁴⁴	moʔ⁵¹	tʰəʔ⁵	ʃʰəʔ⁵¹	ləʔ⁵¹	tsʰəʔ⁵	kuoʔ³⁵
新博邸家村	χoŋ³⁵	oŋ⁴⁴	məʔ⁵¹	tʰəʔ³⁵	ʃʰəʔ⁵¹	ləʔ⁵¹	tsʰəʔ³⁵	kuəʔ³⁵
新博童王村	hoŋ³⁵	uən⁴⁴	məʔ⁵¹	tʰəʔ³⁵	ʃʰəʔ⁵¹	luᵦ⁵¹	tsəʔ³⁵	kuəʔ³⁵
年陡	χən¹³	ɕɥən⁵⁵	moʔ⁵	tʰoʔ⁵	təʔ⁵	loʔ⁵	tsʰəʔ⁵	kuoʔ⁵
泾县	hoŋ²⁵	oŋ³⁵	mei³⁵	tʰɤ³¹	ʃʰɤ³⁵	lɤ³⁵	tsʰɤ³¹	kuɪ³¹
茂林	həŋ²⁴	əŋ³⁵	muʔ⁵	tʰuʔ³	huʔ⁵	luʔ⁵	huʔ⁵	kuəʔ³
厚岸	χoŋ²⁴	oŋ²²	muʔ⁵	tʰəʔ⁴	tʰuʔ⁵	luʔ⁵	tsʰuʔ⁴	kuəʔ⁴

	哭	屋	冬	统	农	脓	宗	松~开
	通合一入屋溪	通合一入屋影	通合一平冬端	通合一去宋透	通合一平冬泥	通合一平冬泥	通合一平冬精	通合一平冬心
高淳	kʰuəʔ³	uəʔ³	tən⁵⁵	tʰən³³	lən²²	nən²²	tsən⁵⁵	sən⁵⁵
湖阳	kʰuəʔ³⁵	uəʔ³⁵	təŋ⁴⁴	tʰəŋ³³	noŋ¹³	nəŋ¹³	tsəŋ⁴⁴	səŋ⁴⁴
博望	kʰuoʔ⁵	uoʔ⁵	toŋ⁴⁴	tʰoŋ²²	loŋ³⁵	loŋ³⁵	tsoŋ⁴⁴	soŋ⁴⁴
新博邸家村	kʰuəʔ³⁵	uəʔ³⁵	toŋ⁴⁴	tʰoŋ³⁵	loŋ³⁵	loŋ³⁵	tsoŋ⁴⁴	soŋ⁴⁴
新博童王村	kʰuəʔ³⁵	uᵦ⁴⁴	toŋ⁴⁴	tʰoŋ⁴⁴	noŋ³⁵	noŋ³⁵	tsoŋ⁴⁴	soŋ⁴⁴
年陡	kʰuoʔ⁵	uoʔ⁵	tən⁴¹	tʰən³⁵	lən¹³	lən¹³	tsən⁴¹	sən⁴¹
泾县	kʰuɪ³¹	wɪ³¹	toŋ³⁵	tʰoŋ³¹	loŋ²⁵	loŋ²⁵	tsoŋ³⁵	soŋ³⁵
茂林	kʰuʔ³	wəʔ⁵	təŋ³⁵	tʰəŋ²¹	ləŋ²⁴	ləŋ²⁴	tsəŋ³⁵	səŋ³⁵
厚岸	kʰuʔ⁴	wəʔ⁴	toŋ²²	tʰoŋ³¹²	loŋ²⁴	loŋ⁵⁵	tsoŋ²²	tsoŋ²²

	宋	毒	风	丰	冯	凤	梦	隆
	通合一去宋心	通合一入沃定	通合三平东非	通合三平东敷	通合三平东奉	通合三去送奉	通合三去送明	通合三平东来
高淳	sən³⁵	dəʔ¹³	fən⁵⁵	fən⁵⁵	bən²²	bən¹⁴	mən³⁵	lən²²
湖阳	səŋ³⁵	ʐ̩ʔ⁵¹	fəŋ⁴⁴	fəŋ⁴⁴	bəŋ¹³	pəŋ⁵¹	məŋ³⁵	ləŋ¹³
博望	soŋ³⁵	ʐ̩ʰəʔ⁵¹	foŋ⁴⁴	foŋ⁴⁴	foŋ³⁵	ɸʰoŋ⁵¹	moŋ³⁵	loŋ³⁵
新博部家村	soŋ³¹²	ʐ̩ʰəʔ⁵¹	foŋ⁴⁴	foŋ⁴⁴	ɸʰoŋ³⁵	voŋ³¹²	moŋ³¹²	loŋ³⁵
新博童王村	soŋ⁵¹	ʐ̩ʰəʔ⁵¹	foŋ⁴⁴	foŋ⁴⁴	voŋ³⁵	voŋ⁵¹	moŋ⁵¹	loŋ³⁵
年陡	sən⁵⁵	təʔ⁵	fən⁴¹	fən⁴¹	fʰən¹³	fən⁵⁵	mən⁵⁵	lən¹³
泾县	soŋ²³	ʐ̩ʰɤ³⁵	foŋ³⁵	foŋ³⁵	ɸʰoŋ²⁵	ɸʰoŋ²³	moŋ²³	loŋ²³
茂林	səŋ²⁴	huʔ⁵	fəŋ³⁵	fəŋ³⁵	ɸʰəŋ²⁴	ɸʰəŋ²⁴	məŋ²⁴	ləŋ²⁴
厚岸	soŋ³⁵	tʰuʔ⁵	foŋ²²	foŋ²²	foŋ²⁴	foŋ⁵⁵	moŋ⁵⁵	loŋ²⁴

	中~秋	虫	终	众	充	绒	弓	穷
	通合三平东知	通合三平东澄	通合三平东章	通合三去送章	通合三平东昌	通合三平东日	通合三平东见	通合三平东群
高淳	tsən⁵⁵	zən²²	tsən⁵⁵	tsən³⁵	tsʰən⁵⁵	ʑn²²	kən⁵⁵	ʑyn²²
湖阳	tsəŋ⁴⁴	zəŋ¹³	tsəŋ⁴⁴	tsəŋ³⁵	tsʰəŋ⁴⁴	ioŋ¹³	kəŋ⁴⁴	zioŋ¹³
博望	tɕioŋ⁴⁴	sʰoŋ³⁵	tɕioŋ⁴⁴	tɕioŋ³⁵	tsʰoŋ⁴⁴	ioŋ³⁵	koŋ⁴⁴	ɕʰioŋ³⁵
新博部家村	tɕioŋ⁴⁴	ɕʰioŋ³⁵	tɕioŋ⁴⁴	tɕioŋ³¹²	tɕʰioŋ⁴⁴	ioŋ³⁵	koŋ⁴⁴	ɕʰioŋ³⁵
新博童王村	tɕʰioŋ⁴⁴	ɕʰioŋ³⁵	toŋ⁴⁴	tsoŋ⁵¹	tɕʰioŋ⁴⁴	ioŋ³⁵	koŋ⁴⁴	ɕʰioŋ³⁵
年陡	tʂuən⁴¹	ʂʰuən¹³	tsən⁴¹	tʂuən⁵⁵	tʂʰuən³⁵	iũ¹³	kən⁴¹	ɕʰyn¹³
泾县	tsoŋ³⁵	hoŋ²⁵	tsoŋ³⁵	tsoŋ²³	tsʰoŋ³⁵	ioŋ²⁵	koŋ³⁵	ɕʰioŋ²⁵
茂林	tsəŋ³⁵	həŋ²⁴	tsəŋ³⁵	tsəŋ²⁴	tsʰəŋ³⁵	jiɐ²⁴	kəŋ³⁵	hiɐŋ²⁴
厚岸	tsoŋ⁵⁵	tsʰoŋ²⁴	tsoŋ²²	tsʰoŋ⁵⁵	tsʰoŋ²²	jioŋ²⁴	koŋ²²	tɕʰioŋ²⁴

	雄	腹	服	目	六	竹	畜~牲	缩
	通合三平东云	通合三入屋非	通合三入屋奉	通合三入屋明	通合三入屋来	通合三入屋知	通合三入屋彻	通合三入屋生
高淳	ʐyn²²	fəʔ³	bəʔ¹³	məʔ¹³	ləʔ¹³	tsuəʔ³	tsʰuəʔ³	suɑʔ³
湖阳	ʑioŋ¹³	foʔ³⁵	foʔ⁵¹	moʔ⁵¹	loʔ⁵¹	tʃuəʔ³⁵	tsʰoʔ³⁵	ʃuɐʔ³⁵
博望	ɕʰioŋ³⁵	foʔ⁵	ɸʰoʔ⁵¹	moʔ⁵¹	ləʔ⁵¹	tɕyəʔ⁵	tsʰyəʔ⁵	səʔ⁵
新博_{郎家村}	ɕʰioŋ³⁵	fəʔ³⁵	ɸʰəʔ⁵¹	məʔ⁵¹	ləʔ⁵¹	tɕyəʔ³⁵	tɕʰyəʔ³⁵	səʔ³⁵
新博_{童王村}	ɕʰioŋ³⁵	fəʔ³⁵	ɸʰəʔ⁵¹	məʔ⁵¹	ləʔ⁵¹	tɕyəʔ³⁵	tɕʰyəʔ²⁴	səʔ³⁵
年陡	ɕʰyn¹³	foʔ⁵	foʔ⁵	moʔ⁵	ləʔ⁵	tʂoʔ⁵	tʂʰoʔ⁵	səʔ⁵
泾县	ɕʰioŋ²⁵	fei³¹	ɸʰei³⁵	mei³⁵	lɤ³⁵	tsɤ³¹	tsʰɤ³¹	sɤ³¹
茂林	hiɐŋ²⁴	fəʔ³	ɸʰəʔ⁵	muʔ⁵	luʔ⁵	tsuʔ³	tsʰuʔ³	suʔ³
厚岸	ɕioŋ²⁴	fəʔ⁵	fəʔ⁵	muʔ⁵	luʔ⁵	tsuʔ⁴	tsʰuʔ⁴	suʔ⁴

	粥	叔	熟	肉	菊	育	封	蜂
	通合三入屋章	通合三入屋书	通合三入屋禅	通合三入屋日	通合三入屋见	通合三入屋以	通合三平钟非	通合三平钟敷
高淳	tsuəʔ³	suəʔ³	zuɑʔ¹³	ȵieʔ¹³	tɕyəʔ³	yəʔ¹³	fən⁵⁵	fən⁵⁵
湖阳	tʃuəʔ³⁵	ʃuəʔ³⁵	ʃuəʔ⁵¹	mieʔ⁵¹	tɕyəʔ³⁵	yəʔ⁵¹	foŋ⁴⁴	fəŋ⁴⁴
博望	tɕyəʔ⁵	ɕyəʔ⁵	ɕʰyəʔ⁵¹	yəʔ⁵¹	tɕyəʔ⁵	yəʔ⁵¹	foŋ⁴⁴	foŋ⁴⁴
新博_{郎家村}	tɕyəʔ³⁵	ɕyəʔ³⁵	ɕʰyəʔ⁵¹	yəʔ⁵¹	tɕyəʔ³⁵	yəʔ⁵¹	foŋ⁴⁴	foŋ⁴⁴
新博_{童王村}	tɕyəʔ³⁵	ɕyəʔ³⁵	ɕʰyəʔ⁵¹	yəʔ⁵¹	tɕyəʔ³⁵	yəʔ⁵¹	foŋ⁴⁴	foŋ⁴⁴
年陡	tʂoʔ⁵	ʂoʔ⁵	ʂʰoʔ⁵	ɻoʔ⁵	tɕyɪʔ⁵	yɪʔ⁵	fən⁴¹	fən⁴¹
泾县	tsɤ³¹	sɤ³¹	hɤ³⁵	ȵiɤ³⁵	tɕiɤ³¹	jiɤ³⁵	foŋ³⁵	foŋ³⁵
茂林	tsuʔ³	suʔ³	huʔ⁵	ȵiuʔ⁵	tɕiuʔ³	jiuʔ⁵	fəŋ³⁵	fəŋ³⁵
厚岸	tsuʔ⁴	suʔ⁴	suʔ⁵	ȵiuʔ⁵	tɕiuʔ⁴	iuʔ⁵	foŋ²²	foŋ²²

	捧	逢	缝	奉	浓	龙	踪	从
	通合三上肿敷	通合三平钟奉	通合三平钟奉	通合三上肿奉	通合三平钟泥	通合三平钟来	通合三平钟精	通合三平钟清
高淳	pʰən³³	bən²²	bən²²	bən²²	lən²²	lən²²	tsən⁵⁵	zən²²
湖阳	pəŋ³³	bəŋ¹³	bəŋ¹³	pəŋ⁵¹	nəŋ¹³	ləŋ¹³	tsəŋ⁴⁴	zəŋ¹³
博望	pʰoŋ²²	ɸʰoŋ³⁵	ɸʰoŋ³⁵	ɸʰoŋ³⁵	loŋ³⁵	loŋ³⁵	tsoŋ⁴⁴	sʰoŋ³⁵
新博郜家村	pʰoŋ³⁵	ɸʰoŋ³⁵	ɸʰoŋ³⁵	foŋ³¹²	loŋ³⁵	loŋ³⁵	tsoŋ⁴⁴	sʰoŋ³⁵
新博童王村	pʰoŋ⁴⁴	ʋoŋ³⁵	ʋoŋ³⁵	ʋoŋ⁵¹	noŋ³⁵	loŋ³⁵	tsoŋ⁴⁴	sʰoŋ³⁵
年陡	pʰən³⁵	fʰən¹³	fʰən¹³	fʰən⁵⁵	lən¹³	lən¹³	tsən⁴¹	sʰən¹³
泾县	pʰəŋ³¹	ɸʰoŋ²⁵	ɸʰoŋ²⁵	ɸʰoŋ²³	loŋ²⁵	loŋ²⁵	tsoŋ³⁵	hoŋ²⁵
茂林	pʰəŋ²¹	ɸʰəŋ²⁴	ɸʰəŋ²⁴	ɸʰəŋ⁵¹	jiaŋ²⁴	ləŋ²⁴	tsəŋ³⁵	həŋ²⁴
厚岸	pʰoŋ³¹²	foŋ²⁴	foŋ²⁴	foŋ⁵⁵	loŋ²⁴	loŋ²⁴	tsoŋ²²	tsʰoŋ²⁴

	重~复	重形	钟	肿	种动	冲	恭	巩
	通合三平钟澄	通合三平钟澄	通合三平钟章	通合三上肿章	通合三去用章	通合三平钟昌	通合三平钟见	通合三上肿见
高淳	zən²²	zən¹⁴	tsən⁵⁵	tsən³³	tsən³⁵	tsʰən⁵⁵	kən⁵⁵	kən³³
湖阳	zəŋ¹³	səŋ⁵¹	tsəŋ⁴⁴	tsəŋ³³	tsəŋ³³	tsʰəŋ⁴⁴	kəŋ⁴⁴	kəŋ³³
博望	sʰoŋ³⁵	sʰoŋ³⁵	tɕioŋ⁴⁴	tɕioŋ²²	tɕioŋ³⁵	tɕʰioŋ⁴⁴	koŋ⁴⁴	koŋ²²
新博郜家村	ɕʰioŋ³⁵	ɕʰioŋ⁵¹	tɕioŋ⁴⁴	tɕioŋ³⁵	tɕioŋ³¹²	tɕʰioŋ⁴⁴	koŋ⁴⁴	koŋ³⁵
新博童王村	ɕʰioŋ³⁵	ɕʰioŋ³⁵	tɕioŋ⁴⁴	tɕioŋ⁴⁴	tɕioŋ⁵¹	tɕʰioŋ⁴⁴	koŋ⁴⁴	koŋ⁴⁴
年陡	sʰən¹³	tʂuən⁵⁵	tʂuən⁵⁵	tʂuən³⁵	tʂʰuən⁵⁵	tʂʰuən⁴¹	kən⁵⁵	kən³⁵
泾县	hoŋ²⁵	hoŋ³¹	tsoŋ³⁵	tsoŋ³¹	tsoŋ³¹	tsʰoŋ³⁵	koŋ³⁵	koŋ³¹
茂林	həŋ²⁴	həŋ⁵¹	tsəŋ³⁵	tsəŋ³¹	tsəŋ²⁴	tsʰəŋ³⁵	kəŋ³⁵	kəŋ²¹
厚岸	tsʰoŋ³⁵	tsʰoŋ⁵⁵	tsoŋ²²	tsoŋ²²	tsoŋ³¹²	tsʰoŋ²²	koŋ²²	koŋ³¹²

	恐	共	胸	雍	容	勇	用	绿
	通合三上肿溪	通合三去用群	通合三平钟晓	通合三平钟影	通合三平钟以	通合三上肿以	通合三去用以	通合三入烛来
高淳	kʰən^{33}	ʁən^{14}	ɕyn^{55}	yn^{55}	yn^{22}	yn^{33}	yn^{35}	ləʔ^{13}
湖阳	kʰəŋ^{33}	kəŋ^{51}	ɕioŋ^{44}	ioŋ^{44}	ioŋ^{13}	ioŋ^{33}	ioŋ^{35}	loʔ$^{\underline{51}}$
博望	kʰoŋ^{22}	hoŋ^{51}	ɕioŋ^{44}	ioŋ^{44}	ioŋ^{35}	ioŋ^{22}	ioŋ^{35}	ləʔ^{51}
新博 郐家村	kʰoŋ^{35}	koŋ^{312}	ɕioŋ^{44}	ioŋ^{44}	ioŋ^{35}	ioŋ^{35}	ioŋ^{312}	ləʔ^{51}
新博 童王村	kʰoŋ^{44}	koŋ^{51}	ɕioŋ^{44}	ioŋ^{44}	ioŋ^{35}	ioŋ^{35}	ioŋ^{51}	ləʔ^{51}
年陡	kʰən^{41}	kən^{55}	ɕyn^{41}	yn^{55}	yn^{13}	yn^{35}	yn^{55}	loʔ^{5}
泾县	kʰoŋ^{31}	koŋ^{23}	ɕioŋ^{35}	jioŋ^{31}	jioŋ^{25}	jioŋ^{31}	jioŋ^{23}	lɤ^{35}
茂林	kʰəŋ^{21}	kəŋ^{24}	ɕiɐŋ^{35}	ɡiɐŋ^{21}	jiɐŋ^{24}	jiɐŋ^{21}	jiɐŋ^{24}	luʔ^{5}
厚岸	kʰoŋ^{312}	kʰoŋ^{55}	ɕioŋ^{22}	jioŋ^{22}	jioŋ^{24}	jioŋ^{312}	jioŋ^{55}	luʔ^{5}

	足	俗	烛	赎	曲	局	玉	浴
	通合三入烛精	通合三入烛邪	通合三入烛章	通合三入烛船	通合三入屋溪	通合三入烛群	通合三入烛疑	通合三入烛以
高淳	tsəʔ^{3}	zuɑʔ^{13}	tsuəʔ^{3}	zuɑʔ^{13}	tɕʰyəʔ^{3}	zyəʔ^{13}	y$_z^{35}$	yəʔ^{13}
湖阳	tsəʔ^{35}	səʔ$^{\underline{51}}$	tʃuəʔ^{35}	ʃuəʔ$^{\underline{51}}$	tɕʰyəʔ^{35}	tɕyəʔ$^{\underline{51}}$	yəʔ$^{\underline{51}}$	yəʔ$^{\underline{51}}$
博望	tɕyəʔ^{5}	səʔ^{5}	tɕyəʔ^{5}	ɕʰyəʔ^{51}	tɕʰyəʔ^{5}	ɕʰyəʔ^{51}	y$_z^{35}$	y$_z^{35}$
新博 郐家村	tsəʔ^{35}	səʔ^{35}	tɕyəʔ^{35}	ɕʰyəʔ^{51}	tɕʰyəʔ^{35}	ɕʰyəʔ^{51}	y$_z^{312}$	yəʔ^{51}
新博 童王村	tsəʔ^{35}	səʔ^{35}	tɕyəʔ^{35}	su$_β^{35}$	tɕʰyəʔ^{35}	ɕʰyəʔ^{51}	y$_z^{51}$	y$_z^{51}$
年陡	tsəʔ^{5}	səʔ^{5}	tʂoʔ^{5}	ʂʰoʔ^{5}	tɕʰyɪʔ^{5}	tɕyɪʔ^{5}	y$_z^{55}$	y$_z^{55}$
泾县	tsɤ^{31}	sɤ^{31}	tsɤ^{31}	sɤ^{31}	tɕʰiɤ^{31}	ɕʰiɤ^{35}	ʅ^{35}	jiɤ^{35}
茂林	tsuʔ^{3}	huʔ^{5}	tsuʔ^{3}	huʔ^{5}	tɕʰiuʔ^{3}	hiuʔ^{5}	y^{24}	jiuʔ^{5}
厚岸	tsuʔ^{4}	suʔ^{4}	tsuʔ^{4}	suʔ^{4}	tɕʰiuʔ^{4}	tɕʰiuʔ^{5}	y^{55}	y^{55}

附录 1 发音人信息表

附表 1.1 高　淳

编　号	姓名代码	性　别	年　龄	备　注
S1	DZG	男	68	音系发音人
S2	DYD	男	70	

附表 1.2 湖　阳

编　号	姓名代码	性　别	年　龄	备　注
S1	XZM	男	61	音系发音人
S2	XYZ	女	52	
S3	XYG	男	50	
S4	XCH	女	36	
S5	XSH	男	36	
S6	XXC	男	54	
S7	XYQ	女	46	

附表 1.3 博　望

编　号	姓名代码	性　别	年　龄	备　注
S1	LXS	男	48	
S2	LYX	女	38	

编 号	姓名代码	性 别	年 龄	备 注
S3	SYQ	女	45	
S4	TYM	男	52	
S5	YHM	女	40	
S6	YXL	男	52	
S7	ZQQ	男	50	
S8	ZBS	男	49	音系发音人

附表 1.4 新 博

编 号	姓名代码	性 别	年 龄	备 注
S1	CQC	男	47	
S2	CZF	女	47	
S3	LH	女	27	
S4	TQH	女	30	
S5	TXT	男	53	
S6	ZJB	男	54	
S7	ZMD	女	43	
S8	ZMP	男	39	童王村音系发音人
S9	ZXY	女	38	
S10	TSX	男	68	邰家村音系发音人

附表 1.5 年 陡

编 号	姓名代码	性 别	年 龄	备 注
S1	SY	女	24	
S2	WLF	女	45	

编　号	姓名代码	性　别	年　龄	备　注
S3	XXB	男	54	
S4	XXD	男	70	
S5	YF	女	45	
S6	YML	女	53	
S7	GJY	男	67	音系发音人

附表 1.6　泾县园林村

编　号	姓名代码	性　别	年　龄	备　注
S1	SJX	男	74	
S2	SJP	男	61	音系发音人
S3	CYN	男	63	

附表 1.7　茂　　林

编　号	姓名代码	性　别	年　龄	备　注
S1	FYH	男	57	
S2	FYF	男	53	
S3	WZP	男	48	
S4	WZL	男	71	音系发音人
S5	LXZ	女	55	
S6	TXS	女	55	
S7	WCY	女	54	
S8	WL	女	42	
S9	WJ	女	39	

附表 1.8　桃花潭镇厚岸乡

编　号	姓名代码	性　别	年　龄	备　　注
S1	JWP	男	64	音系发音人
S2	WZQ	男	65	

附录 2　调查字表及词表

附表 2.1　新博方言送气擦音实验例字

清送气擦音	清擦音	清送气塞擦音
社 s^he^{51}	舍 se^{51}	菜 ts^he^{51}
在 s^he^{51}	赛 se^{51}	菜 ts^he^{51}
罪 $s^hʒ^{51}$	碎 $sʒ^{51}$	臭 $ts^hʒ^{51}$
受 $s^hʒ^{51}$	岁 $sʒ^{51}$	凑 $ts^hʒ^{51}$
像 $ɕ^hiɔ^{51}$	相~貌 $ɕiɔ^{51}$	呛 $tɕ^hiɔ^{51}$
象 $ɕ^hiɔ^{51}$	相~貌 $ɕiɔ^{51}$	呛 $tɕ^hiɔ^{51}$

附表 2.2　上海方言和新博方言实验例字

上海	z-组	柴 za^{13}	斜 zia^{13}			
	s-组	筛 sa^{53}	写 $ɕia^{34}$			
新博	s^h-组	茶 s^ha^{35}	查 s^ha^{35}	长 $s^hɔ^{35}$	财 s^he^{35}	随 $s^hʒ^{35}$	曹 s^ho^{35}
	s-组	沙 sa^{44}	沙 sa^{44}	桑 $sɔ^{44}$	鳃 se^{44}	搜 $sʒ^{44}$	扫 so^{44}

附表 2.3　年陡方言实验例字

哑	$ɰa^{35}$	狗	$kɯ^{35}$	鱼	y_z^{13}
家	ka^{41}	钩	$kɯ^{41}$	雨	y_z^{13}
改	$kæ^{35}$	歌	ko^{41}	五	$u_β^{35}$
拜	$pæ^{44}$	烟	$ĩ^{41}$	纸	$tɕʐ^{35}$

续　表

帮	pɐ̃⁴¹	边	pĩ⁴¹	枝	tɕʐ̩⁴¹
榜	pɐ̃³⁵	醉	tsɿ⁴⁴	四	sʐ̩⁴⁴
高	kɔ⁴¹	借	tsɿ⁴⁴	师	sʐ̩⁴¹
宝	pɔ³⁵	椅	i̥ᵤ³⁵		
搬	pũ⁴¹	医	i̥ᵤ⁴¹		

附表 2.4　新博方言声调实验例字

调类 ＼ 声类	全　清	次　清	全　浊	次　浊
平　声	丁东刚疤边	偏天开粗超	同平爬糖陈	羊阳麻
上　声	假古岛等纸	口普楚草	上坐断是舅	买女老马
去　声	到变帐盖霸	去唱怕菜	大树洞第阵	卖帽漏骂
入　声	得急笔脚切	剥尺拍脱铁	十杂熟肉读	六木药

附表 2.5　新博方言元音实验例字

元　音	例　字
入声韵[ɐ]	鸭、八
舒声韵[a]	哑、巴
入声韵[ə]	恶、格
舒声韵[ɔ]	钩、杯

附表 2.6　厚岸方言声调实验字表 (同附表 2.4)

附表 2.7　厚岸方言发声态实验字表

	iɪʔ		əʔ									aʔ	oʔ	uʔ	iuʔ
阴入	踢	吃	色	湿	失	泼	黑	说	拆	撒	擦	瞎	索	叔	曲
阳入	敌	直	石	十	实	白	盒	舌	侄	贼	杂	狭	凿	熟	局

附表 2.8　高淳方言声调实验字表

调类 ＼ 声类	全　清	次　清	全　浊	次　浊
平声	丁东刚疤边	偏天开粗超	同平爬糖陈	羊阳麻
上声	假古岛等纸	口普楚草	上坐断是舅	买女老马
去声	到变帐盖霸	去唱怕菜	大树洞第阵	卖帽漏骂
入声	得急笔脚切	剥尺拍脱铁	十杂熟肉读	六木药

附录 3　其他附表

附表 3.1　年陇方言女性发音人 F1、F2 和 F3 的
平均值（mean）和标准差（s.d.）

vowel	F1		F2		F3	
	mean	s.d.	mean	s.d.	mean	s.d
a	1 030	97	1 642	78	2 925	353
æ	697	53	2 094	177	2 946	182
ɐ	925	68	1 547	72	2 952	175
ɔ	644	49	1 026	72	3 198	141
ɯ	403	34	1 291	184	3 024	149
u	364	69	709	67	2 112	617
o	394	49	774	97	2 376	557
i	354	30	2 813	223	3 677	332
ɪ	425	53	2 512	171	3 176	308
iz	378	47	1 908	175	3 258	189
yz	291	39	1 867	156	2 923	224
uβ	328	42	923	155	2 338	346
ɭ	415	35	1 823	124	3 113	298
ɻ	440	55	1 542	90	3 061	165

附表 3.2   年陕方言男性发音人 F1、F2 和 F3 的
平均值(mean)和标准差(s.d.)

vowel	F1		F2		F3	
	mean	s.d.	mean	s.d.	mean	s.d
a	813	75	1 366	86	2 669	467
æ	613	69	1 684	113	2 532	104
ɐ	785	77	1 334	78	2 703	376
ɔ	541	53	950	53	2 775	329
ɯ	372	41	1 279	68	2 501	129
u	322	51	659	116	2 036	566
o	337	40	637	84	2 368	600
i	335	52	2 408	94	3 298	152
ɪ	389	36	2 119	160	2 896	355
iz	302	50	1 823	312	3 142	177
yz	289	63	1 738	329	2 612	199
uβ	364	41	804	121	1 991	325
ʅ	345	20	1 610	152	2 881	353
ɿ	355	31	1 235	99	2 752	244

参 考 文 献

江苏省地方志编纂委员会.江苏省志·方言志[M].南京：南京大学出版社，1998.

平悦玲等.吴语声调的实验研究[M].游汝杰，杨剑桥，主编.上海：复旦大学出版社，2001.

曹剑芬.常阴沙话古全浊声母的发音特点——吴语清浊音辨析之一[J].中国语文，1982(4).

曹志耘.汉语方言声调演变的两种类型[J].语言研究，1998(1).

曹志耘.吴徽语入声演变的方式[J].中国语文，2002(5).

曹志耘，王莉宁.汉语方言平去声的全次浊分调现象[J].中国语文，2014(6).

曹志耘.汉语方言地图集·语音卷[M].北京：商务印书馆，2008.

陈忠敏.上海话元音气声发声的EGG信号统计分析[M]//游汝杰，丁治民，葛爱萍.吴语研究(第六辑).上海：上海教育出版社，2011.

程宗洋.繁昌语音研究[D].济南：山东大学，2019.

邓岩欣.当涂境内的吴语[M]//上海市语文学会，香港中国语文学会.吴语研究(第四辑).上海：上海教育出版社，2008.

丁邦新.汉语方言区分的条件[M]//丁邦新语言学论文集.北京：商务印书馆，1998.

丁治民.宋末梦真诗韵与安徽宣城吴语[J].语文研究，2016(4).

方进.芜湖县方村话记音[J].中国语文，1966(2).

冯蒸.历史上的禅日合流与奉微合流两项非官话音变小考[M]//汉语音韵学论文集.北京：首都师范大学出版社，1997.

傅国通，蔡勇飞，鲍士杰等.吴语的分区(稿)[J].方言，1986(1).

高本汉.中国音韵学研究[M].赵元任，李方桂，罗常培，译.北京：商务印书馆，1915-1926/1940.

高淳县地方志编纂委员会.高淳县志[M].北京：方志出版社，1988.

高永安.宣城方言声调的早期形式[J].中州大学学报，2005(1).

高永安.明清皖南方音研究[M].北京：商务印书馆,2007.

合肥师范学院方言调查工作组.安徽方言概况[M].内部发行,1962.

侯超.江苏高淳方言声调的格局及历史演变[J].语言研究,2016a(4).

侯超.江苏高淳方言山咸摄一二等字的层次、分合及演变[J].南京师范大学
　　文学院学报,2016b(3).

侯超.江苏高淳方言古奉微母的特殊音变[J].方言,2018(3).

侯超,陈忠敏.宣州吴语浊音声母的声学实验研究——以苏皖交界地区方言
　　为例[J].中国语文,2019(6).

侯超.苏皖交界地区吴语古浊塞音声母的今读类型及演变模式[J].语言研
　　究,2020(2).

胡方.元音研究[M].北京：外语教学与研究出版社,2020.

黄雪贞.客家方言声调的特点[J].方言,1988(4).

蒋冰冰.宣州片吴语古全浊母的演变[J].方言,2000(3).

蒋冰冰.吴语宣州片方言音韵研究[M].上海：华东师范大学出版社,2003.

蒋冰冰.宣州片吴语入声演变的方式[M]//上海语文学会,香港中国语文学
　　会.吴语研究(第三辑).上海：上海教育出版社,2005.

李冬香.湖南赣语语音调查研究[M].北京：中国社会科学出版社,2015.

李倩,史濛辉,陈轶亚.声调研究中的一种新统计方法——"增长曲线分析"
　　法在汉语方言研究中的运用[J].中国语文,2020(5).

李如龙,张双庆.客赣方言调查报告[M].厦门：厦门大学出版社,1992.

李宇明.鄂豫方言中的颤音[J].华中师院学报,1984(5).

凌锋.苏州话[i]元音的语音学分析[M]//语言学论丛(四十三辑).北京：商
　　务印书馆,2011.

凌锋.跨方言声调对比的基频数据处理方法[M]//吴语研究(第八辑).上
　　海：上海教育出版社,2016.

凌锋,张宁芷.次清调类分合的语音学分析[R].第十届国际吴语研讨会,
　　2018.

凌锋,史濛辉,沈瑞清,袁丹.发声态研究的相关问题与 VoiceSauce 的使用
　　[J].方言,2019(4).

刘纶鑫.客赣方言的声调系统综述[J].南昌大学学报(人社版),2000(4).

刘丹青.语言学前沿与汉语研究[M].上海教育出版社,2005.

刘祥柏,陈丽.安徽泾县查济方言[M].北京：中国社会科学出版社,2017.

刘祥柏,陈丽.安徽芜湖六郎方言语音系统[J].方言,2018(3).

刘泽民.客赣方言历史层次研究[D].上海：上海师范大学,2004.

罗常培.厦门音系[M]//罗常培文集(第一卷).济南:山东教育出版社,1999.

罗常培.临川音系[M]//罗常培文集(第一卷).济南:山东教育出版社,1999.

罗美珍,邓晓华.客家方言[M].福州:福建教育出版社,1995.

罗昕如.湘语与赣语比较研究[M].长沙:湖南师范大学出版社,2011.

罗肇锦.客话特点的认定与客族迁徙[M]//李如龙,周日健.客家方言研究——第二届客家方言研讨会论文集.广州:暨南大学出版社,1998.

麦耘.音韵学概论[M].南京:江苏教育出版社,2009.

孟庆惠.皖南铜太方言与吴语的关系[M]//复旦大学中国语言文学研究所吴语研究室.吴语论丛.上海:复旦大学出版社,1988.

安徽省志地方志编纂委员会.安徽省志·方言志[M].合肥:方志出版社,1997.

钱乃荣.当代吴语研究[M].上海:上海教育出版社,1992.

任念麒.上海话发声类型和塞辅音的区别特征[M].上海:上海辞书出版社,2006.

沈明,黄京爱.安徽宣城(雁翅)方言音系[J].方言,2015(1).

沈明.安徽宣城(雁翅)方言两字组连读变调[J].方言,2016a(2).

沈明.安徽宣城(雁翅)方言[M].北京:中国社会科学出版社,2016b.

沈瑞清.闽北石陂方言声调的音系表达——兼论其"清浊对立"的语音性质[J].方言,2014(4).

沈瑞清.喉塞尾、时长与元音音质——从松江叶榭话的入声舒化谈到北部吴语舒入声对比的元音类型[R].方言类型研讨会,北京语言大学,2014.

沈瑞清,林晴.喉化结尾(final glottalization)的多样性及其对演化模式的影响——以两种汉语方言的比较为例[R].汉语方言类型研讨会,广东技术师范学院,2016.

石锋.苏州话浊塞音的声学特征[J].语言研究,1983(1).

石锋.吴江方言声调格局的分析[J].方言,1992(3).

石汝杰.汉语方言中高元音的强摩擦倾向[J].语言研究,1998(1).

史皓元(R.V. Simmons),石汝杰,顾黔.江淮官话与吴语边界的方言地理学研究[M].上海:上海教育出版社,2006.

史濛辉,陈轶亚.湘语双峰方言的"清浊同调"——基于语音实验的探讨[J].中国语文,2022(6).

史濛辉,陈轶亚,陶寰.汉语方言声调与声母关系评述[M]//汉语方言研究的多维视角——游汝杰教授八秩寿庆论文集.上海:上海教育出版社,2022.

苏寅.皖南芜湖县方言语音研究[D].桂林:广西师范大学,2010.

孙宜志.安徽江淮官话语音研究[M].合肥:黄山书社,2006.

孙宜志.江西赣方言语音研究[M].北京:语文出版社,2007.

汤威.南陵吴语声调实验研究[D].合肥:安徽大学,2022.

万波.赣语声母的历史层次研究[M].北京:商务印书馆,2009.

汪平.高淳方言的特点[R].第四届国际吴方言学术研讨会,2006.

王福堂.汉语方言语音的演变和层次(修订本)[M].北京:语文出版社,2005.

王福堂.崇明方言声母的 ɦfi 和 fi[M]//汉语方言论集(增订本).北京:商务印书馆,2021.

王洪君.层次与演变阶段——苏州话文白异读析层拟测三例[J].语言暨语言学,2006,7(1).

王洪君.也谈闽北方言的浊弱化声母:兼论原始语构拟如何鉴别和处理借用成分以及平等混合造成的无条件分化[J].语言学论丛,2012(46).

王莉宁.汉语方言上声的全次浊分调现象[J].语言科学,2012(1).

王莉宁.汉语方言阴调与阳调调值比较类型及其地理分布[J].云南师范大学学报(哲学社会科学版),2014(2).

王士元.竞争性演变是残留的原因[M]//语言的探索——王士元语言学论文选译.石锋等,译.北京:北京语言文化大学出版社,2000.

王双成.藏语送气擦音的来源[J].语言科学,2015(5).

王仲黎.祁阳方言语音研究[D].天津:南开大学,2009.

卫子豪.宣州吴语繁昌话浊擦音声母产出线索研究[D].上海:复旦大学,2020.

吴永焕.汉语方言中的[pf][pf']声母[M]//语言研究的务实与创新:庆祝胡明扬教授八十华诞学术论文集.北京:外语教学与研究出版社,2004.

夏才发.焦村方言音韵研究[D].合肥:安徽师范大学,2007.

夏俐萍.论全浊声母的弱化音变[J].中国语文,2015(5).

谢留文.客家方言语音研究[M].北京:中国社会科学出版社,2003.

谢留文.江苏高淳(古柏)方言同音字汇[J].方言,2016(3).

谢留文.江苏高淳(古柏)方言[M].北京:中国社会科学出版社,2018.

熊桂芬.释鄂东南方言来母和透定母的特殊读音[J].长江学术,2010(1).

徐建.皖西南赣语来母细音前今读塞音现象考察[J].安徽农业大学学报(社会科学版),2019(3).

徐通锵.历史语言学[M].北京:商务印书馆,1996.

徐越.汉语方言中的气流分调现象[J].中国语文,2013(3).

徐越,朱晓农.喉塞尾入声是怎么舒化的——孝丰个案研究[J].中国语文, 2011(3).

许宝华,汤珍珠.上海市区方言志[M].上海:上海教育出版社,1988.

许宝华,汤珍珠,钱乃荣.新派上海方言的连读变调[J].方言,1981(2).

许宝华,汤珍珠,游汝杰.吴语在溧水县境内的分布[J].方言,1985(1).

颜森.江西方言的分区[J].方言,1986(1).

颜森.黎川方言研究[M].北京:社会科学文献出版社,1993.

颜逸明.高淳方言调查报告[M]//语文论丛(第2辑).上海:上海教育出版 社,1983.

杨建芬.现代汉语方言中次浊声母字声调研究[D].香港:香港中文大学, 2013.

叶祥苓.苏浙皖三省交界处的方言[J].方言,1984(4).

游汝杰.汉语方言学教程(第二版)[M].上海:上海教育出版社,2016b.

游汝杰.江苏省溧水县方言述略[M]//边界方言语音与音系演变论集.上海: 中西书局,2016a.

袁丹.吴语常熟、湖阳、温州方言入声字的语音变异——从单字和两字组前 字来看[M]//语言研究集刊(第13辑),2014.

袁丹.基于实验分析的吴语语音变异研究[M].上海:上海世纪出版集团, 2015a.

袁丹.吴语常熟、常州、海门方言中匣母字的语音变异[M]//语言学论丛(第 52辑),2015b.

袁丹,凌锋.当涂湖阳乡大邢村方言定母字的语音变体[J].常熟理工学院学 报(哲学社会科学),2018(3).

袁丹.皖南吴语铜泾片送气擦音 sʰ-/ɕʰ-的来源及其音变——以新博方言为 例[J].中国语文,2019(1).

袁丹.安徽泾县茂林方言同音字汇[J].常熟理工学院学报(哲学社会科学), 2022a(1).

袁丹.语言接触作用下反向音变所形成的特殊元音格局:基于皖南吴语年陡 方言的声学实验分析[M]//汉语方言研究的多维视角:游汝杰教授八秩 寿庆论文集.上海:上海教育出版社,2022b.

袁丹.宣州片吴语全浊声母的音变[M]//语言研究集刊(第31辑).上海:上 海辞书出版社,2023a.

袁丹.宣州片吴语茂林方言全浊声母演变研究[J].语言研究,2023b(1).

袁丹,夏俐萍,陈轶亚.湘语祁东方言次浊字调值分化路径研究.待刊。

张爱云.宣州吴语古上声的分合类型及其官话化[J].方言,2020(4).

张惠英.崇明方言研究[M].北京:中国社会科学出版社,2009.

张静芬,朱晓农.潮汕入声:从阴高阳低到阴低阳高[J].语言研究,2018(4).

张林,谢留文.安徽铜陵吴语记略[M].北京:中国社会科学出版社,2010.

张双庆,万波.赣语南城方言古全浊上声字今读的考察[J].中国语文,1996(5).

张薇.高淳方言语音研究[D].南京:南京大学,2014.

赵国富.安徽繁昌方言音系[J].方言,2020(1).

赵元任.现代吴语的研究[M].清华学校研究院丛书第四种,1928(科学出版社1956年重印).

赵元任.语言问题[M].北京:商务印书馆,1980.

赵元任.音位标音法的多能性[M]//赵元任语言学论文集.北京:商务印书馆,1934/2002.

赵元任,丁声树,杨时逢.湖北方言调查报告[M].上海:商务印书馆,1948.

曾献飞.湘南官话语音研究[D].长沙:湖南师范大学,2004.

曾晓渝.试论调值的阴低阳高[J].西南师范大学学报,1988(4).

郑伟,袁丹,沈瑞清.安徽当涂湖阳吴语同音字汇[J].方言,2012(4).

郑张尚芳.皖南方言的分区(稿)[J].方言,1986(1).

郑张尚芳.皖南方言中强送气弱通音声母的分布及变异[M]//郑伟.边界方言语音与音系演变论集.上海:中西书局,2016.

中国社会科学院,澳大利亚人文科学院.中国语言地图集·汉语方言卷[M].香港:朗文,1987.

中国社会科学院语言研究所,中国社会科学院民族学人类学研究所,香港城市大学语言资讯科学中心.中国语言地图集(第2版)·汉语方言卷[M].北京:商务印书馆,2012.

钟智翔.缅语语音的历史语言学研究[M].上海:上海交通大学出版社,2010.

周殿福,吴宗济.普通话发音图谱[M].北京:商务印书馆,1963.

诸萍.高淳方言研究[D].南京:南京林业大学,2016.

朱蕾.皖南泾县方言音韵研究[D].南京:南京大学,2006.

朱蕾.皖南泾县吴语入声的演变[J].语言科学,2007(5).

朱蕾.宣州吴语铜泾型古全浊声母的演变[J].方言,2009(2).

朱蕾.试论皖南泾县吴语声化韵的形成和演变[J].方言,2011(1).

朱晓农.汉语元音的高顶出位[J].中国语文,2004(5).

朱晓农.历史音系学的新视野[J].语言研究,2006(4).

朱晓农,徐越.弛化:探索吴江次清分调的原因[J].中国语文,2009(4).

朱晓农.语音学[M].北京:商务印书馆,2010.

朱晓农,洪英.潮州话入声的"阴低阳高"[M]//中国语言学集刊(第4卷第
1期).北京:中华书局,2000.

朱晓农,韦名应,王俊芳.十五调和气调:侗语榕江县口寨方言案例[J].民族
语文,2016(5).

朱晓农,朱瑛,章婷.边缘吴语:通泰方言案例[M]//边界方言语音与音系演
变论集.上海:中西书局,2016.

朱晓农,焦磊,严至诚,洪英.入声演化三途[J].中国语文,2008(4).

Bates, D., Maechler, M., Bolker, B., Walker, S. Fitting Linear Mixed-
Effects Models Using lme4[J]. Journal of Statistical Software, 2015, 67(1).

Blevins, J. Evolutionary Phonology: The Emergence of Sound Patterns
[M]. Cambridge: Cambridge University Press, 2004.

Bradley, D. Changes in Burmese Phonology and Orthography[R]. Keynote
talk at SEALS Conference, Kasetsart University, Thailand, 2011.

Chao, Y.-R. The Changchow Dialect[J]. Journal of the American Oriental
Society, 1970, 90(1).

Chen, Y.-Y., Gussenhoven, C. Shanghai Chinese [J]. Journal of the
International Phonetic Association, 2015, 45(3).

Chirkova, K., Chen, Y.-Y. Lizu[J]. Journal of the International Phonetic
Association, 2013, 43(1).

Cho, T., Ladefoged, P. Variation and Universals in VOT: Evidence from 18
Languages[J]. Journal of Phonetics, 1999, 27.

Craioveanu, R. The Rise and Fall of Aspirated Fricatives[C]. Proceedings of
the 2013 Annual Conference of the Canadian Linguistic Association, 2013.

Crothers, J. Typology and Universals of Vowel Systems [M]// J. H.
Greenberg et al. Universals of Human Language, Vol. 2, Phonology.
Stanford: Stanford University Press, 1978.

Hashimoto, M.-J(桥本万太郎). The Hakka Dialect: A Linguistic Study of Its
Phonology, Syntax and Lexicon[M]. Cambridge: Cambridge University
Press, 1973.

Hock. H.-H. Principles of Historical Linguistics (second revised and updated
edition)[M]. Berlin · New York: Mouton de Gruyter, 1991.

Hong, Y. Phonation Types in the Entering Tone Syllables of Chaozhou Dialect

[D]. Hong Kong: The Hong Kong University of Technology and Science, 2009.

Hong, Ying. A Phonetic Study of Chaozhou Chinese[D]. Hong Kong: The Hong Kong University of Technology and Science, 2013.

Hu, F. An Acoustic and Articulatory Analysis of Vowels in Ningbo Chinese [C].2003 年语音研究报告: 中国语言学会语音学分会,2003.

Jacques, G. A Panchronic Study of Aspirated Fricatives, with New Evidence from Pumi[J]. Lingua, 2011, 121(9).

Johnson, K. Acoustic and Auditory Phonetics (second edition) [M]. Blackwell Publishing, 2003.

Jongman. A., Wayland. R., Wong. S. Acoustic Characteristics of English Fricatives[J]. The Journal of the Acoustical Society of America, 2000,108(3).

Kennedy, G. A. Two Tone Patterns in Tangsic[J]. Language, 1953, 29(3).

Labov, W. Principles of Linguistic Change [M]. Vol. 1: Internal factors, Oxford UK & Cambridge USA: Blackwell, 1994.

Ladefoged, P. Phonetic Data Analysis: An Introduction to Fieldwork and Instrumental Techniques[M]. Blackwell, 2003.

Ladefoged, P., Everett, D. The Status of Phonetic Rarities[J]. Language, 1996, 72(4).

Ladefoged, P., Johnson, K. A Course in Phonetics (sixth edition) [M]. Wadsworth, 2011.

Ladefoged, P., Maddieson, I. The Sounds of the World's Languages [M]. Blackwell Publishing, 1996.

Lee, W.-S., Eric, Z. Standard Chinese (Beijing) [J]. Journal of the International Phonetic Association, 2003, 33(1).

Liberman, A. M., Delattre, P. C., Gerstman, L. J., Cooper, F. S. Tempo of Frequency Change as a Cue for Distinguishing Classes of Speech Sounds [J]. Journal of Experimental Psychology, 1956, 52(2).

Lindau, M. Vowel Features[J]. Language, 1978, 54(3).

Ling, F. A Phonetic Study of the Vowel System in Suzhou Chinese [D]. Hongkong: City University of Hongkong, 2009.

Mack, M., Blumstein, S. E. Further Evidence of Acoustic Invariance in Speech Production: The Stop-glide Contrast[J]. Journal of the Acoustical Society of America, 1983, 73(5).

Maddieson, I. Patterns of Sounds [M]. Cambridge: Cambridge University Press, 1984.

Miller, J.L., Liberman, A.M. Some Effects of Later-occurring Information on the Perception of Stop Consonant and Semivowel [J]. Perception & Psychophysics, 1979, 25(6).

Mirman, D. Growth Curve Analysis and Visualization Using R [M]. A Chapman and Hall Book/CRC, 2014.

Norman, Jerry(罗杰瑞). What is a Kejia Dialect[M]//"中研院"第二届国际汉学会议论文集·语言与文字组(上).台北:"中研院",1989.

Ohala, J. J. The Listener as a Source of Sound Change[C]. Papers from the Parasession on Language and Behavior Chicago Linguistic Society, 1981.

Ohala. J. J. Sound Change is Drawn from a Pool of Synchronic Variation [M]// L. E. Breivik, E. H. Jahr.Language Change: Contributions to the Study of Its Causes. Berlin: Mouton de Gruyter, 1989.

Pulleyblank E. G. Middle Chinese: A Study in Historical Phonology [M]. Vancouver: University of British Columbia Press, 1984.

R Core Team. R: A Language and Environment for Statistical Computing [J/OL]. R Foundation for Statistical Computing, Vienna, Austria. URL https://www.R-project.org/, 2017.

Recasens, D., Pallarès, M.-D. A Study of /ɾ/ and /r/ in the Light of the "DAC" Coarticulation Model[J]. Journal of Phonetics, 1999,27(2).

Reetz, H., Jongman, A. Phonetic: Transcription, Production, Acoustics, and Perception[M]. Wiley-Blackwell, 2011.

Shen, R.-Q. Exploring Phonetic Properties of Northern Min: A Case Study of Shibei[D]. Hongkong: Hongkong University of Science and Technology, 2012.

Shen, Zhongwei. Studies on the Menggu Ziyun [M]. Taipei: Institute of Linguistics, 2008.

Shi, M.-H. Consonant and Lexical Tone Interaction: Evidence from Two Chinese Dialects[D]. Netherlands Graduate School of Linguistics, 2020.

Shi, M.-H, Chen, Y.-Y, Mous, M. Tone Split and Laryngeal Contrast of Onset Consonant in Lili Wu Chinese [J]. The Journal of the Acoustical Society of America, 2020, 147(4).

Shinn, P. C., Blumstein, S. E. On the Role of the Amplitude Envelope for the

Perception of ［b］ and ［w］［J］. Journal of the Acoustical Society of America, 1984, 75(4).

Solé, M. J. Phonological Universals: Trilling, Voicing, and Frication［C］. Proceedings of the Twenty-Fourth Annual Meeting of the Berkeley.Linguistics Society : General Session and Parasesseion on Phonetics and Phonological Universals,1998(24).

Sun, Jackson T.-S. Aspects of the Phonology of Amdo Tibetan: Ndzorge Shæme Xra dialect［M］. Tokyo: Institute for the Study of Languages and Cultures of Asia and Africa,1986.

Tian, J., Kuang, J.-J. The Phonetic Properties of the Non-modal Phonation in Shanghainese ［J］. Journal of the International Phonetic Association, 2021, 51(2).

Wang, W. S.-Y. Phonological Features of Tone［J］. International Journal of American Linguistics, 1967,33(2).

Wang, W. S.-Y. Competing Changes as a Cause of Residue［J］. Language, 1969, 45(1).

Wheatley, Julian K. Burmese ［M］//Graham Thurgood and Randy LaPolla. The Sino-Tibetan Languages. London: Routledge,2003.

Yuan, D., Ling, F., Shen, R.-Q., Shi M.-H. Bilabial Trill Induced by Fricative High Rounded Vowel: The Emerging of "TB" in the Wu Dialect of Su-Wan Boundary［J］. Journal of Chinese Linguistics,2019,47(1).

Zhang, J., Yan, H.-B. Contextually Dependent Cue Realization and Cue Weighting for a Laryngeal Contrast in Shanghai Wu［J］. The Journal of the Acoustical Society of America, 2018, 144(3).

后　记

　　宣州片吴语研究起步较晚,长期以来鲜有深入细致的调查报告。近二十年来,随着经济的快速发展,各地区之间交流愈加频繁,江淮官话对宣州片吴语的影响日益增强,再加上乡镇小学、初中撤并,年轻一代改说普通话和江淮官话的情况越来越普遍,宣州片吴语日益萎缩,濒危情况严重。2010 年以来,中国社会科学院语言研究所陈丽、刘祥柏、沈明、谢留文等多位老师出版了关于安徽宣城(雁翅)、安徽芜湖(六郎)、安徽泾县(查济)和江苏高淳(古柏)方言的四本详实的调查报告,为深化宣州片吴语研究打下了基础。

　　本书以宣州片吴语语音演变为研究对象,该片吴语语音最大的特点是全浊声母的读音。2010 年博士在读期间,我第一次赴湖阳、年陡调查,初次听到湖阳和年陡的全浊声母读音,一头雾水,完全不知该如何记音。经过十多年的调查和实验分析研究,才逐渐弄清了它们的语音性质。这期间虽然走过不少弯路,但也慢慢积累了田野语音调查和语音实验分析的经验。其中有两点,是我这些年来最深刻的体会。

　　第一,传统的方言学调查是开展田野语音实验研究的基础,必须先扎实地进行整本方言调查字表的听音记音,核对完同音字表,弄清该方言的音系,才能开展下一步的实验语音专题调查。

　　第二,实验仪器和实验分析对于判断一个音的语音性质至关重要,而正确地判定一个音的语音性质又是开展音变研究的基础。这十多年的调查中有一个经历令我记忆深刻。2010 年当我第一次在年陡和湖阳方言中听到"爬""耙"字的发音时,听感上像是擦音[f],但又总觉得和一般的[f]不一样。当时我带了一个索尼的手持话筒,录音后用 Praat 观看语图,发现和一般的[f]并无差别。2013 年,我再次到年陡调查时,随身携带了一套声卡和头戴式话筒(SoundDevices Usbpre 2 外置声卡、AKG‑C544L 头戴式指向性话筒)。这一次语图上清晰地显示了两段擦音段,一段是唇齿擦音[f],而另一段则是喉擦音[h]。我这才意识到之前带的录音声卡不够灵敏,导致未能捕捉到另一段擦音,而正是这次偶然的更换声卡,才带来了突破性的发现。

　　感谢这十二年来陪我在宣州片吴语地区调查的同行和学生,特别是我的学生徐添恩、李奎霖、王聪、谈周婷、林宇昕、朱一、毛希宁、张俊杰、陈微淙等同学(排名不分先后),他们为本书做了很多数据处理、校对以及统计分析工作。

　　本书获得 2021 年国家社科基金后期资助,非常感谢审稿人的肯定,你们的肯定不仅是对我本人工作的肯定,也是对田野语音调查和实验研究的肯定,让我这十二年来的付出和努力画上圆满的句号。

　　《宣州片吴语语音演变研究》即将付梓,但它并不是一个终点,而是新的开始!

袁　丹

2023 年 8 月于书香名第

图书在版编目（CIP）数据

宣州片吴语语音演变研究 / 袁丹著. — 上海：上海教育出版社，2023.12
ISBN 978-7-5720-2407-8

Ⅰ.①宣… Ⅱ.①袁… Ⅲ.①吴语－语音－研究－宣州区 Ⅳ.①H173

中国国家版本馆CIP数据核字(2024)第001700号

责任编辑　毛　浩
封面设计　郑　艺

宣州片吴语语音演变研究
袁　丹　著

出版发行　上海教育出版社有限公司
官　　网　www.seph.com.cn
地　　址　上海市闵行区号景路159弄C座
邮　　编　201101
印　　刷　上海颛辉印刷厂有限公司
开　　本　700×1000　1/16　印张 22.25
字　　数　402 千字
版　　次　2023年12月第1版
印　　次　2023年12月第1次印刷
书　　号　ISBN 978-7-5720-2407-8/H·0079
定　　价　96.00 元

如发现质量问题，读者可向本社调换　电话：021-64373213